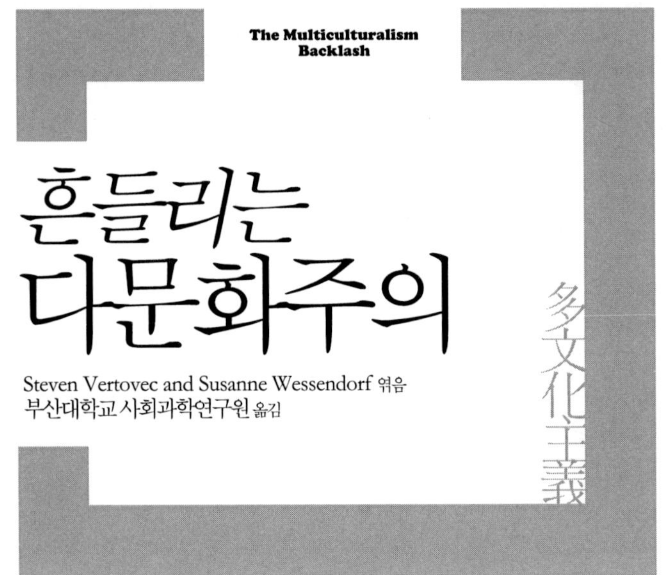

The Multiculturalism Backlash

흔들리는 다문화주의

多文化主義

Steven Vertovec and Susanne Wessendorf 엮음

부산대학교 사회과학연구원 옮김

박영사

역자 서문

한국 사회는 전통적으로 동질적인 혈통으로 구성된 민족국가로 자부했다. 하지만 1991년 해외투자기업 연수제도가 실시된 이래, 이주노동자, 결혼이주여성 등이 빠른 속도로 증가하고 있다. 이에 따라 2000년대 이후 이주민 문제에 대한 사회적 관심도 높아졌고, 이주민 인권문제, 다문화 사회와 다문화 국가로의 이행에 관한 정책적 논의도 활발해지고 있다. 한국사회의 구성원들이 다문화주의에 대해 보이는 태도는 긍정과 부정이 엇갈리고 있지만, 어쨌든 다문화 사회나 다문화 국가는 이미 현실화되고 있다.

하지만 다문화주의의 경험이 상대적으로 짧은 탓에 한국 사회의 다문화 관련 정책은 아직 많은 시행착오를 겪고 있으며, 학술적 논의 수준이나 연구 성과 역시 일천한 상태이다. 이 점에서 다문화 사회의 역사가 오랜 국가의 정책적 사례나 관련 외국 학계의 연구경험에서 배워야 할 부분이 많이 남아 있다.

버토벡과 베센도르프가 편집한 <다문화주의에 대한 반격(*The Multiculturalism Backlash*)>은 바로 이러한 측면에서 매우 유용하고 흥미로운 책이다. 이 책은 지난 수십 년간 유럽과 북미 각국에서 다문화주의를 둘러싸고 전개된 정치과정과 정책, 사회 갈등의 경험을 정리한 일종의 사례집이다. 이 책은 영국, 네덜란드, 프랑스, 덴마크, 스위스, 독일, 스페인, 캐나다 등의 사례를 다룬 논문을 수록했다. 이처럼 선진 여러 국가의 사례는 상대적으로 역사가 짧은 한국 다문화주의 관련 정책과 학술적 논의에도 적지 않은 시사점을 제공할 수 있을 것으로 보인다. 이것이 바로 이 책을 번역대상으로 선정한 이유이다.

부산대학교 사회과학연구원은 그동안 한국 다문화주의에 대한 이해를 넓히기 위한 작업의 일환으로 해외의 다문화주의 관련 저작들을 번역해왔다. 이 책은 빈센트 파릴로(Vincent N. Parrillo)의 <인종과 민족관계의 이해(*Understanding Race and Ethnic Relations*)>, 앤 필립스(Anne Phillips)의 <문화 없는 다문화주의(*Multiculturalism Without Culture*)>에 이어 출판되는 세 번째 번역서이다.

하지만 번역서 선정 후 작업과정은 그리 순탄하지만은 않았다. 이 책은 8개 국가의 다양하고 흥미로운 사례를 수록하였다는 장점이 있지만, 그 때문에 각 국가의 특수한 정치적·사회적 맥락을 파악하는 데에는 적지 않은 어려움이 있었다. 이러한 와중에 2012년 출판을 목표로 하였던 작업이 계속 지연되어 2014년 말에 이르러서야 마무리될 수 있었다. 그 과정에서 연구원의 인적 구성에도 일부 변화가 있었다. 어쨌든 번역작업 완수를 위해 귀중한 시간과 노력을 투자해준 교수들과 전임연구원들에게 감사를 표한다. 아울러 오랫동안 이 작업이 끝나기를 기다려주고 좋은 책으로 만들어준 박영사 관계자 분들에게도 감사의 마음을 전한다.

2014년 11월

번역자 일동

차 례

제 1 장
서론: 유럽 반(反)다문화주의의 현주소

스티븐 버토벡 · 주잔느 베센도르프

제 2 장
다문화주의의 부침(浮沈)? 다양성 사회(diverse society)에 있어서 포섭과 수용에 관한 새로운 논쟁

윌 킴리카

제 3 장
영국인(British)과 타자: '인종'에서 '종교'로

랄프 그릴로

제 4 장
관용에서 억압으로: 다문화주의에 대한 네덜란드의 반격

바우커 프린스·사위트리 사하르소

제 5 장
"아직 우리가 모두 다문화주의자인 것은 아니다": 강경한 통합과 온화한 차별반대 사이에서 흔들리는 프랑스

빠뜨릭 시몽·발레리 살라 팔라

제 6 장
덴마크 대 다문화주의
울프 헤데토프트

제 7 장
스위스: 다문화 정책이 없는 다문화국가?
지안니 다마토

제 8 장
독일, 자각적 '이민국가'의 통합정책과 다원주의
카렌 쇤밸더

제 9 장
스페인에서의 역동적 다양성: 오래된 질문과 새로운 도전
리카르도 사파타-바레로

제10장
다문화주의: 캐나다의 대응

데이비드 레이

제 1 장

서론: 유럽 반(反)다문화주의의 현주소

스티븐 버토벡 · 주잔느 베센도르프

"다문화주의는 죽었다." 런던 폭탄테러[1] 1주기인 2006년 7월 7일, 영국의 일간지 <데일리 메일(*Daily Mail*)>의 제1면 헤드라인이다. 이러한 선언은 지난 수년 간 공공연한 비판에 의해 예견될 수 있었던 것으로, 1970년대 이후 유럽의 정치를 지배했던 특정 자유주의 이데올로기가 철저히 실패했으며, 심지어 이슬람 테러리즘이 만연하는 위험한 사회적 여건을 만들기까지 했음을 나타낸다. 이처럼 일파만파로 확대일로에 있는 회의론은 다문화주의에 대한 언어적 반발의 형태로 최고조에 달해, 급기야 <이코노미스트(*Economist*)>의 칼럼니스트인 베지홋(Bagehot)은 다음과 같이 논평하기에 이르렀다(*The Economist*, 2007).

1 2005년 7월 7일 출근시간 런던의 지하철역 2곳과 2층 버스에서 발생한 폭탄테러 사건으로 56명의 사망자와 700여 명의 부상자가 발생하였다. 파키스탄계 이민자에 의해 감행된 테러로 알려지자 이민정책에 우호적인 노동당이 곤경에 처하였고, 정부의 다문화주의 정책에 대한 반대 여론이 힘을 얻는 계기가 되었다. ㅡ 역자 주

> 한때 다문화주의는 '카레요리'와 '노팅힐 축제'2를 의미했다. 하지만 요즘 영국 정치인 혹은 정책에 다문화주의라는 말을 갖다 붙인다면, 그것은 '사회주의'나 '네오콘'만큼 경멸적인 용어로 들릴 것이다. 다문화주의가 파국으로 치달을 수 있는 순진한 이념으로서, 그런 이념의 시대는 이미 지나가 버렸거나 혹은 결코 오지 말았어야 했다고 영국의 주요 정당은 확신한다.

물론 反다문화주의 정서가 영국에만 국한된 현상은 아니다. 2000년대 이후 유럽 전역에 걸쳐 다문화주의에 대한 원성이 도처에서 동시다발적으로 터져 나와 급기야 한 목소리로 수렴하는 현상마저 두드러진다. 사회적·정치적 상황의 다양성에도 불구하고 어떻게 그리고 어떤 이유로 이처럼 겉보기에 유사한 공공 토론의 장이 열렸는가?

이 책은 유럽 7개국의 정치사회적 맥락에서 (이민과 이민자 통합의 이슈와 본질적으로 결부된) 다문화주의에 대한 논의와 공공정책을 바탕으로 위 질문에 답하고자 한다. 이 책은 또한 다문화주의를 둘러싼 주요쟁점에 있어 저명한 두 캐나다인의 깊은 성찰에 힘입은 바 크다. 이하의 장은 모두 다문화주의에 관한 공식적이며 정치적인 과정, 보다 정확히 말해, 다문화주의란 무엇을 의미하는지에 대한 비교연구의 시각을 제공한다. 물론 이 책이 다루는 유럽 7개국에서 다문화주의에 관한 공식적이며 정치적인 과정상의 수많은 공통점이 발견되지만(이 책의 서론에 해당하는 이번 장에서 할 과업의 일부가 바로 공통된 과정을 발견하는 것이다), 이 책의 각

2 매년 8월 마지막 주에 열리는 런던의 노팅힐 카니발(Notinghill Carnival)을 말한다. 카니발의 기원은 1958년 노팅힐 인종폭동이 있었던 이듬해 1959년 1월 30일 세인트 판크라스 시공회당에서 열린 '캐러비안 카니발'이었다고 전해지는데, 노팅힐 인종폭동으로 인해 카리브해 연안국 이민자와 영국인 간의 냉랭해진 관계에 새 기운을 불어넣고자 하는 시도였다고 한다. 노팅힐 카니발은 매해 백만 명이 넘는 관중을 끌어들이는 유럽 최대축제 중의 하나로 자리매김했다. — 역자 주

장은 다문화주의에 대한 반발 — 일견 유럽 전역에서 광범위하게 일어나는 것처럼 보이는 — 을 둘러싸고 일어나는 국가별로 구체화된 논쟁과 그 논쟁의 지역적 전개과정을 검토하는 작업이 반드시 필요하다는 점을 강조한다.

다문화주의의 유형

'-주의'라는 접미어는 독특한 이념적 근본원리를 의미하지만, 다문화주의는 뭐라 딱 꼬집어 정의하기가 무척 어렵다. 다양한 철학적 사고, 제도적 틀 그리고 정치적 개입행위를 다문화주의라는 하나의 집합적인 항목으로 지칭한 것이다. 그러나 사회과학자들은 다양한 유형의 다문화주의를 구분한다(여기서 우리는 구체적인 정책과 공적 제도를 통해 다문화주의에 초점을 맞춘다. 즉, 이 책에서는 정치철학분야에서 찰즈 테일러(Charles Taylor, 1992), 윌 킴리카(Will Kymlicka, 1995), 비쿠 파레크(Bhikhu Parekh, 2000), 브라이언 베리(Brian Barry, 2001), 타리크 모두드(Tariq Modood, 2007), 그리고 앤 필립(Anne Pillips, 2007) 등에 의해 대표되던 다문화주의에 대한 논쟁에 그리 큰 관심을 두지 않는다). 주류에서 이탈된 시민 프로그램은 '급진적 다문화주의' 혹은 '다중심주의적 다문화주의(Sohat and Stam, 1994)', '반란적 다문화주의(Giroux, 1994)', '공적 공간의 다문화주의(Vertovec, 1996)', '차이의 다문화주의(Turner, 1993)', '비판적 다문화주의(Chicago Cultural Studies Group, 1994)', '약한' 혹은 '강한' 다문화주의(Grillo, 2005)로 명명될 수 있을 것이다. 실제로 가라드 드란티(Garard

Delanty)가 아홉 가지 유형의 다문화주의의 목록을 제시하였다면, 스티븐 버토벡은 최소한 8가지 유형의 서로 다른 다문화주의가 있음을 지적한다(Vertovec, 1998).

다문화주의를 공적 조치의 묶음으로 생각할 때, 공식적이건 아니건 간에 다문화 정책을 수행하는 것으로 잘 알려진 국가 — 호주, 캐나다, 미국, 영국, 스웨덴 그리고 네덜란드 — 를 비교하여 다문화주의를 유형화한다면 그 작업은 한층 복잡해진다. 국가들 — 그리고 국가 내 도시들 — 은 다문화주의에 대해 같은 방식으로 접근하지 않았고, 동일한 정책수단을 채택하지도 않았으며, 동일한 제도도 수립하지 않았다(Martiniello, 1998; Bennett, 1998; Rogers & Tillie, 2001을 참조). 한 나라 안에서 조차도 다문화주의에 대한 전반적인 의제와 관련된 정책은 동일한 관점, 목적 그리고 발전과정을 취하지 않았다. 따라서 스튜어트 홀(Stuart Hall, 2001: 3)이 관찰한 바와 같이, '지난 수년 간 '다문화주의'라는 용어는, 잘못된 선로를 가는 기차처럼 그리고 오해의 소지가 있는 일반개념처럼, 무엇이든 무분별하게 수용하여 모호하고, 산만하여 종잡을 수 없는 담론의 장을 지칭하게 되었다. 다문화주의를 언급하는 것은 다채로운 정치적 전략을 구사하는 것이다.' 다문화주의를 둘러싼 신조 혹은 관행을 우리가 구체적으로 인지할 수 있도록 공식화하는 것은 쉽지 않다. 게리 프리만(Gary Freeman)의 지적대로, 실제 정부는 어느 곳에서든 갖가지 수단과 조치를 마련하지만 다소 정돈되지 않은 밀실을 통해 이민자와 소수민족의 통합문제를 다루었다. '어떤 국가도 진정으로 일관된 통합체제를 갖추지 않았다'고 프리만(Freeman, 2004: 946)은 말한다. '대신에 다양한 사회영역에서 생겨난 다면적이고, 금방 무너질 것 같고, 느슨하게 연결된 규제, 법규, 제도, 관행이 함께 모여 틀(framework)이 생겨나고, 이러한 틀 안에서 이주민과 선주민이 서로의 차이를 극복할 수 있을 것이다.' 실제로 다양한 영역에서 형성되는 공공 거버넌스는 이러한 정책 짜깁기의 산물이다. 우리는 잘 통합된 정책과 제도의 단일한 집합이라기보다는 대체로 "약하지만 적어도 함께 작동할 수 있는 하부체계의 틀 구조"를 발견한다(위의 책).

프리만의 관찰에 의하면 '대부분 이민자만을 위해 만들어진 것이 아닌 원래 다른 목적으로 만들어진 제도가 이민자를 관리한다(위의 책, 948).' 즉, 이민자와 소수민족은 그들이 관계를 맺는 공적 제도 — 여기에는 주민협의체와 시의회에서부터 지방과 중앙의 정부기관을 포함하는 다양한 수준의 행정단위, 학교와 대학, 도서관, 병원과 진료소, 법정과 경찰, 사회 서비스, 청소년 클럽, 직업소개소, 스포츠레저시설, 다양한 형태의 인쇄, 라디오, TV, 인터넷 미디어매체 — 에 관여하고, 그러한 제도를 통해 통합된다.

그러한 다양한 제도 내에서 그리고 제도 간을 관통하며, 전례화된 다문화주의(rubric multiculturalism)는 다음과 같은 다양한 조치를 낳았다.

- 공적 인정(recognition): 소수민족단체, 시설, 활동에 대한 지원, 공공 자문기관이 소수민족 단체를 통합하는 것
- 교육: 복장규정, 성별에 따른 관행 그리고 특정 민족과 종교적 소수자의 가치에 민감한 다른 이슈에 대한 고려, 소수민족 학생의 배경을 반영한 커리큘럼 구축(소수민족이 아닌 아동에게 같은 또래의 소수민족 친구의 배경에 대해 가르치고, 소수민족 학생의 자아상을 지지하려고 의도된 것임), 모국어 교육과 언어 지원, 소수자 집단 자체의 학교 건립(보통 이러한 학교는 종교적 색채를 띠며, 공적인 재정지원이 있을 수도 있음).
- 사회 서비스: 문화적으로 민감한 사안과 관련된 업무수행을 위해 공무원, 사회복지사, 의료서비스 공급자, 경찰 그리고 사법당국자 간 정보교류, 구조개편과 재훈련.
- 정보공개: 다양한 언어를 통해 국가가 제공하는 정보(예, 건강증진 캠페인).

- 법률: 법적으로 용인된 문화적 예외 사안(예, 시크교도는 오토바이 헬멧을 쓰는 대신에 터번을 쓰도록 허락됨), 성경 이외의 다른 경전에 대한 맹세(예: 코란, 바가바드기타[3]), 결혼, 이혼 그리고 상속에 대한 다양한 전통을 인정; 차별 혹은 증오를 고무하는 행위로부터의 보호.
- 종교 시설: 예배장소 건립, 묘지와 장례식장 건립의 허가와 지원, 직장에서 예배시간 허용.
- 음식: 의식을 거친 도살, 공공기관에서 배제된 음식의 제공(할랄,[4] 코셔,[5] 채식주의).
- 방송과 미디어: 비차별을 보장하거나 고정관념을 피하도록 집단 이미지 모니터링, 소수자 그룹을 위한 자체 미디어 시설의 제공.

위에서 열거한 모든 영역에 단일한 원칙이 골고루 적용되지는 않는다. 그렇다고 각 영역별로 열거한 일련의 조치가 어떤 광범위하고 보완적인 목적이 없다는 의미는 아니다. 1960년대 이래 많은 나라에서 존재했었던 (위에서 열거한) 하나의 영역 혹은 여러 영역에서 공통적으로 나타나는 목적을 확인할 수 있다. 그 중에서도 차별을 줄이고, 기회의 평등을 증진하고, 사회 내 모든 참여를 방해하는 장애를 극복하고, 공공서비스에 대한 자유로운 접근을 허락하고, (동화시키는 것이 아니라) 문화적 정체성을 인정하고, 그들의 (정치적) 대표를 위해 공적 공간을 개방하고, 민족적 다원주의의 수용과 모든 집단을 아우르는 문화적 이해를 증진하는 것 등을 그 목적으로 선별할 수 있다. 이 목적은 동질적이지 않아 서로 다른

3 고대 인도의 힌두교 경전의 하나. 거룩한 신의 노래라는 뜻으로 내용면에서 우주의 원리를 해설하거나 헌신과 행동에 대한 철학적 생각을 담았다. — 역자 주

4 식물성 음식과 해산물, 육류 중 이슬람 율법에 따라 가공해 무슬림이 먹을 수 있도록 허용된 식품이다. — 역자 주

5 유대교의 율법에 따라 만든 음식을 뜻한다. — 역자 주

공적 조치를 필요로 하지만, 분명히 서로 조화롭게 자리매김하였다. 이러한 관점에서, 다문화주의는 문화·종교적으로 이질적인 이민자와 소수민족의 참여와 통합을 위한 상호보완적인 접근 또는 방법으로 폭넓게 묘사할 수 있다.

다문화주의는 서서히 죽어 가는가?

다문화주의 정책이 시행되기 시작한 1970년대 이후로 다문화주의에 대한 비판이 없었던 적은 없었다. 1980년대 내내, 스완보고서(Swann Report),[6] 허니포드 사건(Honeyford affair)[7]과 루시디(악마의 시) 사건[8]은

6 1985년 영국의 소수민족아동의 교육을 위한 조사위원회(Committee of Enquiry into the Education of Children from Ethnic Minority Groups)의 공식보고서로, '모두를 위한 교육(Education for All)'이라는 제하의 800쪽이 넘는 분량이다(이 책 제3장을 참조할 것). ㅡ 역자 주

7 잉글랜드 북부의 도시 브래드포드(Bradford)의 중학교 교장 레이 허니포드(Ray Honeyford)가 1984년 인종과 문화, 그리고 융합에 대해 비판적인 글을 보수성향의 영국 계간지인 〈솔즈베리 리뷰(*Salisbury Review*)〉에 기고하여 영국에 다문화주의 교육을 둘러싼 논쟁을 불러일으킨 사건이다. 이후 허니포드는 인종주의 혐의로 고소당하였고, 해직되었다. ㅡ 역자 주

8 영국에서 출판된 살만 루시디(Salman Rushdie)의 『악마의 시(*The Satanic Verses*)』라는 소설이 이슬람교의 선지자 마호메트를 모독했다는 이유로 이슬람국가에서 판매금지 조치가 내려지고, 급기야 1989년 2월 이란의 최고지도자 호메이니가 작가 루시디의 사형을 선고하고 100만 달러의 현상금을 걸어 암살을 독려하면서, 세계를 경악케 한 사건이다. 이 사건은 표현과 언론의 자유를 명분으로 하는 유럽의 논리와 종교적 진리를 강력히 지지하는 이슬람의 논리가 대결하는 사태로 발전하여, 급기야 영국과 이란이 단교를 하고 루시디는 오랜 피신생활을 해야 하는 상황에 처했다. ㅡ 역자 주

영국에서 발생한 대표적인 사례로 다문화주의 실현을 위한 정책발안과 제도적 틀에 대한 공중의 열띤 논쟁을 촉발시켰다(Verma, 1989; Halstead, 1988; Lewis, 2002을 참조). 1990년대 초부터 네덜란드에서도 당시 대세로 받아들여졌던 소수민족 지원정책이 정치적 비난을 받아야 했다(이 책에 수록된 제4장을 참조). 1990년대 캐나다의 몇몇 소수민족 대표도 다문화주의 정책이 자칫 소수민족을 소외시키고 문화적 상이성을 재생산할 수 있다고 우려하면서 점차 다문화주의에 대해 비판적인 견해를 표명했다(이 책에 수록된 제10장을 참조). 실제로 이 책의 몇몇 장은 장기간에 걸쳐 일었던 다문화주의를 둘러싼 다양한 국가적 논란을 소개한다.

그렇지만 21세기로 접어들 무렵, 다문화주의에 대한 산발적인 비판의 목소리는 화음이 어우러진 합창처럼 들렸다(그러나, 이어서 기술하겠지만, 굳이 비유를 하자면 비판자가 동일한 악보를 보고 노래를 부르는 것인지는 의심의 여지가 있다). 다문화주의에 대한 비판이 잘 어우러진 합창처럼 들리는 이유는 대부분의 정치과정처럼 아마도 이러한 비판이 세인의 관심을 끌지만 일회성을 띠기 때문일 것이다. 2000년대에 들어서면서 연이어 터지는 사건 혹은 정부의 중대발표는 정부당국 회의, 신문과 잡지, TV 토크쇼와 청취자 전화참여 라디오프로그램에서 한바탕 논쟁의 소용돌이를 일으켰다. 이 논쟁의 중심에는 이민자, 회교도 그리고 다문화주의가 있었다. 이러한 일회성 사건을 모두 망라할 수 없기에 영국에서 발생한 몇 가지 주요사건을 열거하면 아래와 같다. 이 사건과 추가적인 예는 이 책의 다른 장에서도 찾아볼 수 있다.

2000년 1월. 네덜란드의 저널리스트인 파울 쉐페르(Paul Scheffer, 2000)는 '다문화주의적 드라마'라는 제목의 기사를 통해, 소수민족의 실업, 빈곤, 범죄행위 그리고 학교중퇴에 관한 통계가 지나치게 부풀려졌다고 주장했다. 이 노골적인 비판은 좌파지식인들에 의해 처음 제기된 것으로, 다문화주의 정책이 정치인들로 하여금 이 사실을 외면하게 했다고 주장했다.

2001년 5월. 영국 북부의 세 도시에서 백인청년에 대한 방글라데시와 파키스탄계 청년들의 불만이 폭동으로 번졌다. 그 소동을 조사한 공식 보고서(캔틀 보고서로 알려진)는 다음과 같은 의견을 제시한다.

> 분리된 교육제도·공동체·시민사회 조직, 고용, 신앙을 위한 공간, 언어, 사회·문화적 네트워크는 많은 공동체가 병렬적으로 나열된 삶의 연속선상에서 서로 얽히지 못한 채 작동하였음을 의미한다. 이러한 삶은 서로 중첩되지 못하며, 유의미한 상호교류의 증진은 말할 것도 없고, 어떤 접점조차 찾지 못하는 경우가 허다하다(Home Office, 2001: 9).

2001년 9월. 미국에서 일어난 9.11 사태와 테러공격은 이슬람 테러리즘의 위협을 서방세계의 가장 중대한 공공 관심사로 만들었다.

2001년부터 2002년 5월까지. 무슬림의 타고난 동화불가능성과 무슬림 이민을 공공연히 비판하는 핌 포트윈(Pim Fortuyn)이 네덜란드 정계에 부상했다(그리고 사망했다).[9]

2003년 2월. 2001년 영국 센서스 결과는 몇몇 소수민족(특히 방글라데시와 파키스탄) 집단이 극도로 열악한 사회경제적 조건에 처했다고 밝혔다. 다문화주의 정책이 비난받아야 할 것인지, 이주민(그리고 무슬림 문화)이 비난받아야 할 것인지에 대한 대중적 논란이 일어났다.

2004년 2월. <프로스펙트(*Prospect*)>지의 편집자인 데이비드 굿

9 2002년 네덜란드 총선 당시 환경운동가인 반 더 그라프(Volert van der Graaf)에 의해 피살된다. 반 더 그라프는 법정에서 살해 이유를 포트윈이 자신의 정치권력을 확대하기 위해 사회적 약자인 무슬림을 희생양으로 삼는 것을 저지하기 위해서였다고 밝혔다. ― 역자 주

하트(David Goodhart, 2004)가 '너무 다양한가?'라는 기사를 썼다. 중도좌파의 시각에서 굿하트는 복지에 대한 사회적 합의가 민족적 다양성으로 인해 흔들린다는 논란의 여지가 있는 의견을 제시했다. 또한 같은 달, 프랑스 의회는 학교에서 이슬람의 히잡 착용을 금지하는 새로운 법안을 가결했다. 전 유럽의 사회평론가들은 자신들이 살고 있는 사회에서 이 이슈가 갖는 의미를 살펴보았다.

2004년 3월. 마드리드 열차 폭파사건은 유럽인에게 무슬림 테러리스트가 주변에 암약한다는 공포심을 증폭시켰다.

2004년 4월. 좌파로부터 제기된 또 다른 비판에서, 인종평등위원장인 트레버 필립스(Trevor Phillips)는 단결된 영국의 정체성이 점차 요구되는 시기에 분리주의를 주장하는 '다문화주의'는 폐기되어야 한다고 주장했다.

2004년 11월. 무슬림 과격주의자에 의한 영화제작자 테오 반 고흐(Theo van Gogh) 피살사건은 관용, 표현의 자유 그리고 편협한 무슬림 소수자에 대한 공공의 토론에 불을 지폈다.

2005년 7월. 런던 폭탄테러 사건은 특히 범인들이 영국에서 출생하고 자란 무슬림이었기 때문에, 어떻게 이러한 상황이 벌어졌는지, 그리고 무엇을 했어야 했는지에 대한 논평이 활발히 개진되었다.

2005년 9월. 덴마크의 <율랜츠 포스텐(*Jyllands-Posten*)>지가 모하메드에 관한 악명 높은 만평을 발표하고, 그로 인해 유럽 전역 곳곳에서 서양/'수용국'의 포용성 對 이슬람/이주민의 비타협성을 대치시키는 중대한 논쟁이 일어났다. 같은 달 영국의 트레버 필립스는 공동체 간 교류가 점차 단절되면서 나라가 마치 '몽유병 환자처럼 분리'되는 시대로 접어들었다는 요지의 논란이 될 만한 발언을 했다.

2005년 10월부터 11월. 파리 근교와 프랑스 전 지역에서 발생한 폭동이 이주민 청년들에 의해 자행된 것으로 묘사됐다(폭동의 상당부분이 백인 청년들에 의해 자행되었음에도 불구하고). 어떤 소식통은 폭동을 무슬림 청년들이 일으킨 것으로 보도했다.

2006년 10월. 정부 각료인 잭 스트로(Jack Straw)가 얼굴에 베일을 덮지 않은 무슬림 여성을 선호한다고 말했다. 이어진 논쟁에서 다음 두 가지 대조적인 질문이 던져졌다. 영국사회가 소수자에게 요구해야 하는 순응의 정도는 어디까지인가? 비록 다수가 반기지 않을지라도 소수자 스스로가 믿는 가치를 실천할 수 있도록 용인하는 정도는 어디까지인가?

유독 무슬림과 이슬람을 둘러싼 이슈임에도 불구하고, 앞서 열거한 사례는 다양한 의도와 목적을 가진 비평가들이 이민자/소수자를 위한 문화적 포용정책을 비난하기 위해 기치를 올린 대표적인 사건들이다. 이 사건들은 오랫동안 다문화주의의 사망을 선언 — 그리고 보증하는 — 하고자 했던 비판자에게 다문화주의를 관에 넣어 봉인할 때 필요한 대못을 제공하는 것처럼 보였다.

다문화주의에 대한 반격: 그 핵심이 되는 독특한 표현양식

위에서 언급한 사건과 그 외의 사건을 둘러싼 공적인 논쟁에 의해 힘입어, 다문화주의에 대한 반격은 비난에 대한 구체적인 표현양식과 전술을 야기하였다. 때때로 이들 표현양식과 전술은 다른 표현양식과 전술과 함께 사용되거나 상호 의존하는 일련의 추론을 통해 제시된다. 각각의 경우, 추론전략은 손쉽고 분명하게 논박될 수 있도록 설정된 다문화주의에 대한 묘사를 근거로 세워진다. 아래에서 제시되겠지만, 이들 다문화주의에 대한 묘사는 명백히 편향되었거나, 잘못된 것이거나, 거짓된 것이다. 그럼에도 불구하고 우리는 다문화주의에 대한 부당한 비판이 유럽 전역에 걸쳐 공통적으로 일어났음을 목도한다(담론이 수렴하는 과정에서 어느 한 나라의 비평가가 주장하는 바가 다른 나라에서 얼마나 직접적으로 받아들여졌는지는 단언하기 힘들지만 말이다. 예를 들자면 영국인이 네덜란드 작가 파울 쉐페르에, 덴마크인이나 독일인이 영국의 저널리스트인 데이비드 굿하트에 의해 고무되는 것처럼). 주로 영국에서 회자되던 몇 가지 서술 — 하지만 영국에 국한되지 않고 다른 곳에서도 다문화주의에 대한 반격의 반향을 일으켰던 — 을 이용해 2000년대를 맞는 다문화주의에 대한 반격의 주요 비판을 개관한다.

다문화주의는 단일한 '독트린'이다

이런 식의 비판이 취하는 기본적인 계책은 다문화주의를 단일하고 고정된 이데올로기 혹은 도그마로 묘사하고 그 점을 강조하는 것이다. 이렇게 되었을 때, 다문화주의는 더 쉽게 비난에 노출될 수 있다. 이민자와 소수민족이 사회에 적응하고 그 일원으로서 안착하는 데 관여하는 정책, 관행과 제도적 조정활동이 산만하게 기워진 누더기와 같아서, 반격의 담론을 옹호하는 자는 그것이 구체적으로 어떤 것인지 알지 못해 간과하거나 혹은 아예 의도적으로 무시한다. 반면, 이 비평가들은 다문화주의를 비판하는 데 있어서, 백인 진보주의자와 소수민족 활동가로 이루어진 '다문화주의 산업'이라는 별로 난해하지 않은 그림에 색칠을 하는 것이 중요하다는 것은 알고 있다. 이런 식으로 영국의 칼럼니스트 멜라니 필립스

(Melanie Phillips, 2006a)는 '다문화주의가 국가의 덕목으로 당연한 교리와 같다고 여기는 다수의 관료가 다문화주의를 강제하여, 영국인은 다문화주의를 마치 영국적인 삶의 원동력으로 여기게 되었다. 하지만 당연한 덕목을 강제한 결과 영국인의 삶은 인종적·민족적, 그리고 문화적으로 분열되었다'고 주장한다. <선데이 타임즈(*Sunday Times*)>의 기자 재스퍼 제라드(Jasper Gerard, 2006)는 '정통 다문화주의에 의해 고무된 대다수의 이민자가 현지에 적응하려는 전향적 태도보다는 자신이 다르다는 사실에 힘입어 어떻게 숨어버리는가'에 대해 묘사한다. 페이션스 휫크롭트(Patience Wheatcroft, 2006)는 <데일리 텔레그래프*(Daily Telegraph)*>에서 '다문화주의 독트린이 모든 믿음이 번성하는 데 어떻게 지대한 역할을 했는지'에 관한 글을 썼다. 반면, <데일리 메일>의 제임스 슬랙(James Slack, 2006)은 '서로 다른 공동체를 통합하려고 해서는 안 되며, 자신의 문화와 정체성을 유지해야 한다'는 '좌익의 독트린'과 '다문화주의의 도그마'에 대해 말한다. 이러한 다문화주의와 싸워야 하는 단일한 독트린으로 똘똘 뭉친 정치인은 계몽운동을 전개할 수 있다. 이런 맥락에서 2007년 보수당 당수인 데이비드 카메론(David Cameron)은 영국의 집단정체성을 의도적으로 약화시키는 데 기여하는 것으로서 '다문화주의의 교리'를 비판했다(<*The Economist*>, 2007). 카메론은 자신이 '재앙에 가깝고' '망신스럽다'고 부른 '국가 다문화의주의 독트린'에 시비를 걸었던 것이다(<*Daily Mail*>, 2008년 2월 26일).

다문화주의는 토론의 여지를 없앤다

비평가는 다문화주의가 일단 한 나라의 정책으로 받아들여지면 비록 그것이 그 나라에 잘 맞지 않을지라도 하나의 지배적인 이데올로기로 자리 잡기 때문에 사람들의 생각과 표현을 통제하는 사회분위기를 조장했다고 주장한다. 이런 식으로 다문화주의에 반격을 가하는 비평가는 실제로 인종과 이민에 대해 토론하고자 하는 어떤 시도도 차단해 버리는 '정치적 정당성의 폭압'(Wheatcroft, 2006)에 대해 대담하게 맞서야 한다고 주장한다. 예를 들면, 데이비드 카메론은 다문화주의와 다문화주의에 수반되는 우려 — 혹시 이민자나 소수민족에게 모욕을 주지는 않을까, 또는 혹시 인종주의자라는 누명을 쓰지는 않을까 — 에 대해 비난했다(<*Daily Mail*>, 2008년 2월 26일). 또 다른 방식으로 독일 기민당의 원로 정치가인 폴커 카우더(Volker Kauder)는 과거에는 어떤 주제가 공적인 자리에서는 '금기'시 되었으나 현재는 '거짓 다문화 이데올로기로부터 비롯된 외면과 무분별의 시간은 끝났다'고 말했다(<*Bild*>, 2006년 4월 1일). 영국의 <데일리 익스프레스(*Daily Express*)>도 다음과 같이 말한다. '무슬림과 이슬람 테러리스트가 비무슬림 이웃으로부터 완전히 분리되어 살아가는 것이 용인되었었다.' 결과적으로 '정치적으로 정당화되는 문화적 굴복의 시대는 끝나야 한다(<*Daily Express*>, 2007a).'

다문화주의는 분리(separateness)를 조장했다

다문화주의에 대해 공통적으로 가해지는 불평은, 사실이라기보다는 아마도 그러하리라고 추정되는 것인데, 다문화주의가 사회를 파탄시킨다는 것이다. 이러한 주장은 특히 다문화주의가 인종적 분리주의를 조장하고, 보편적인 국가적 가치를 명시적으로 부정하며, 사회적 통합에 무관심하다는 식으로 개진된다. 예를 들어, 당시 제1야당이었던 보수당의 내무장관내정자 데이비드 데이비스는 무슬림이 주류 영국사회에 통합되려는 노력을 해야만 한다고 말하는 가운데(<*Daily Telegraph*>, 2005년 8월 4

일), '다른 신념과 문화를 가진 사람에게 통합에 대한 기대를 갖지 않고도 정착할 수 있게끔 해 준 다문화주의 정책에 변화가 있을 것'임을 예고했다. 그는 '정부당국이 그런 사람으로 하여금 국민으로서 견지해야 할 공통된 가치를 함양하기보다는 독특한 정체성을 갖도록 격려하는 것처럼 보인다'고 말한다. 보수주의적 칼럼니스트인 존 오설리반(John O'Sullivan, 2007)은 <데일리 텔레그래프>의 기고문에서, '다문화주의는 소수자가 자신의 문화와 정체성을 유지하도록 격려한다. 그래서 영국의 통치자는 열과 성을 다해 그 차이점과 다양성 속에 내재된 긴장을 극대화하려는 조치를 취한다'고 했다. 반격 담론의 물결(역시 세인의 관심을 확 끌지만 일회성인 사건이 그 흐름을 유지하는 것 같은)은 결국 당시 여당이었던 노동당원으로 하여금 다문화주의 비판을 수용하게끔 했다. 그리하여 2006년 당시 지방자치장관(Secretary of State for Communities and Local Government)이었던 루스 켈리(Ruth Kelly) 하원의원은 '우리가 다문화주의의 가치에 대해 획일적인 합의를 하던 시점에서 이제는 그것이 분리를 조장하는 것은 아닌가 하는 질문을 던져볼 수 있는 시점에 이르렀다'고 말했다(<*Daily Mail*>, 2006년 8월 24일). 데이비드 카메론은 서로 다른 문화가 따로 떨어져 공존하는 것이 당연하다고 여기는 다문화주의는 위험스럽게도 영국인의 정체성에 대한 의식을 약화시키고 '문화적 분리주의정책'을 초래한다고 경고한 바 있는데(<*Daily Mail*>, 2008년 2월 26일) 보수당원은 카메론과 같은 입장에서 기꺼이 반격의 주제를 이어갔다.

이 같은 종류의 담론 대부분은 2001년 캔틀 보고서와 이 보고서가 보여주는 '병렬적인 삶'에 대한 이미지(이 책의 제3장을 참조)로부터 비롯된다. 1990년대 한 유명한 보고서(Heitmeyer, 1996 참조)가 발표된 이래로 '병렬 사회(Parallelgesellschaften)'라는 개념이 생기게 된 독일에서는 다문화주의의 결과는 자기-분리적 병렬사회라는 식의 비판이 제기되었다

(<*Focus*>, 2004년 10월 24일; <*Tagesspeigel*>, 2008년 1월 17일). 프랑스에서도 유사하게 인구의 일부가 계속해서 분리되는 이미지는 프랑스 사회가 행여 작은 나라로 쪼개지는 것은 아닌가에 대한 두려움과 '사회주의식 공동체주의' 국가로 변질되는 것은 아닌가 하는 우려로 표현되었다(이 책의 제5장을 참조).

다문화주의는 보편적 가치를 거부한다

다문화주의가 분리주의를 촉진한다는 주장은 다문화주의의 그러한 특성으로 말미암아 어떤 형태의 보편성에도 관심을 두지 않는다는 비판으로 이어진다. 영국 노동당 내각의 내무장관이었던 데이비드 블런켓(David Blunkett)마저도 이 비판에 동조했는데, 그는 '공동체의 결속보다는 공동체 내의 이질성에 특전을 부여하는 고삐 풀린 다문화주의'(Blunkett, 2002: 6)에 염증이 났던 것이다. 몇몇 노동당원은 '다문화주의가 유럽주의와 만나 영국다움에 내재된 모든 자긍심과 의미를 빼내가 버렸기'(O'Sullivan, 2007) 때문에 영국다움을 회복하기 위한 해결책으로 다문화주의를 포기하고 국가정체성을 진작시킬 것을 제안했다. 이 제안은 앞서 언급한 트레버 필립스의 2004년 주장과 일맥상통하는데, 다문화주의로 인해 야기된 피해를 좌파도 직시하게 되었음을 의미한다. 우파는 이러한 사실을 항상 직시했다. 예를 들어 2007년 우파 싱크탱크인 Policy Exchange의 보고서는 '1980년대 이후 시행된 다문화주의 정책은 이미 공유된 국가정체성을 훼손하면서까지 문화적 차이를 강조하여 인종, 종교 그리고 문화를 기준으로 국민을 갈라놓았다'(<*Daily Mail*>, 2007년 1월 29일)고 혹평했다. 독일에서도 역시 이러한 담론이 존재한다(눈에 띌 만한 다문화주의 정책이 없음에도 불구하고; 이 책에 수록된 제8장을 참조). 일례로 스테판 루스트(Stefan Lust)는 수용국의 보편적 문화 대신에 모국의 정체성을 인정해야 한다는 다문화주의는 '반드시 재앙으로 이어진다'고 주장했다(<*Tagesspeigel*>, 2008년 1월 17일; 2008년도 저서 「다문화여 안녕(*Abschied von Multikulti*)」에서도 이 주장은 반복된다). 그는 영국과 네덜란드와 같은 곳에서 다문화주의는 태생적으로 분리와 인종적 갈등으로 이어질 수밖에 없다고 주장한다.

다문화주의는 '문제가 있다'는 말 자체를 부정한다

이데올로기는 사물을 정확하게 보고, 사물에 관해 솔직히 말하고, 그리고 보편성을 증진하는 능력을 통제했다고 여겨졌다. 이러한 생각은 다문화주의가 하나의 이데올로기로서, 이민자나 소수민족과 관련된 사회문제를 사람들이 부정하도록 통제했다는 주장과 결부된다. 이는 파울 쉐페르(Paul Scheffer, 2000)가 처음으로 제기한 다문화주의 비판의 주요 내용으로, 네덜란드 사회에서 경제적·사회적으로 성공하지 못한 새로운 계급 — 비서양계 이주민, 그리고 이주민 2세대와 3세대 후손으로 구성된 그룹 — 의 출현으로 대표되는 새로운 사회적 대립이 나타났음을 의미한다. 쉐페르는 네덜란드 정부가 공허한 세계시민주의적 관점에서 그저 다문화사회를 찬양하고자 했기 때문에 이 새로운 사회적 대립을 못 본체 한다고 말했다. 베를린의 노이쾰른(Neukölln) 자치구 구청장인 하인즈 부쉬코우스키(Heinz Buschkowsky)도 그와 유사한 주장을 했다. 그는 '다문화 낭만주의'에 빠진 독일 정치가들이 '작동중인 시한폭탄'처럼 인종적 분리주의와 불만에 가득 찬 젊은이들을 외면하였다고 호되게 비판했다(<*Focus*>, 2004년 10월 24일). 또 다른 예는 2006년 일간지 <빌트(*Bild*)>가 역사학자 아널프 베어링(Arnulf Baring)을 인터뷰한 내용에서 찾을 수 있다.

독일에 사는 외국인이 게르만 문화를 받아들이지 않았으며, 많은 사람이 이 사실을 간과하였다는 견해의 대변자로서, 베어링은 '어리석은 자는 독일인이라기보다는 바로 지난 수십 년간 우리에게 다문화주의의 꿈을 심어 준 정치인과 공상적 박애주의자였다'고 말했다(<*Bild*>, 2006년 4월 5일).

다문화주의는 비난받아 마땅한 관례를 지지한다

어떤 문화든 좋은 것이라는 식의 문화상대주의는 다문화주의 독트린의 맹목적인 성격을 잘 보여준다. 이런 이유로 비평가들은 다문화주의가 여성차별, 강제결혼, 명예살인, 여성할례 등과 같은 후진적인 소수문화를 옹호한다고 말한다. 비평가들은 이러한 후진적 소수문화를 예로 들면서, '정치적으로는 문제될 게 없다'는 식으로 문제제기 자체를 묵살하는 다문화주의의 풍조는 도덕적으로 문제가 있다고 분노한다. 파울 클리터(Paul Cliteur, 2001)는 네덜란드 신문 <한델스발트(*NRC Handelsblad*)>에 쓴 기고문에서 모든 문화는 동등하다는 견해를 지지하는 정치가와 지식인을 비난했다. 문화상대주의가 보편적 가치에 대한 열린 토론을 저해하는 역할만 한다는 것이다. 어떤 문화는 사악하고, 어떤 문화는 여성을 억압하며, 또 어떤 문화는 하찮은 비행을 과도하게 처벌하는데도 불구하고, 모든 문화는 동등하다는 식으로 말하는 문화상대주의를 클리터는 터무니없는 것으로 여긴다. (이 책에서) 울프 헤데토프트가 논의한 것처럼, 덴마크에서는 비난받아야 마땅한 관례는 비난의 대상이 되어야 한다는 주장이 정부문서에 나타나는데, 이 정부문서에 고정된 '핵심 가치'로서 묘사되는 '문화'는 이민자가 얼마나 덴마크사회에 통합되었는가를 측정하는 척도로 사용되었다. 따라서 '문화'와 '문화적 차이'가 내포하는 상대적이지 않고 고정된 의미는, 새내기 이주자와 (좌익성향의 자유주의자들을 포함하는) 내부의 적 모두와 치러야만 하는 '문화전쟁'이 내포하는 의미와 직접적으로 관련된다.

영국에서도 이러한 견해는 오랫동안 존재해 왔지만(루시디 사건과 이에 대한 무슬림의 격한 반응이 있었던 즈음부터), 특히 런던 폭탄테러의 비극은 이 반격의 표현양식을 촉발시켰다. 테러사건이 일어난 직후 <데일리 메일>의 칼럼니스트인 멜라니 필립스(Melanie Phillips, 2005)는 한치의 주저함도 없이 다문화주의를 비난했다. 런던 폭탄테러가 발생하자, 무슬림은 이 무시무시한 사건에 책임을 져야만 하는 공동체의 일원이 아닌 사건의 주된 희생자로 비춰지게 되었다는 것이다. 위에서 개략적으로 설명한 몇몇 반격의 비유를 섞어가며 필립스는 다음과 같이 글을 잇는다.

> 이 도덕적 전도는 영국이 지난 수년 간 다문화주의라는 형편없는 독트린에 따라 문화적 세뇌를 시행한 결과이다. 이 독트린에 의하면 다른 소수자에게는 물론 무슬림에게도 영국의 문화와 가치의 핵심을 가르쳐서는 안 된다. 대신 이 독트린은 공동체 내에 분리를 조장하는 치명적인 분열의 문화를 촉진시킨다. 이러한 문화 속에서 소수자의 문화는 대다수 영국인의 가치와 전통보다 우수하진 않을지라도 동등한 것으로 여겨진다.
>
> 더욱 가관인 것은 다문화주의가 '희생자 문화'에서 목격되는 도덕적 불감증을 유발한다는 점이다. '희생자 문화'하에서는 어떤 소수민족의 잘못을 지적하는 것 자체가 인종차별주의적인 것으로 여겨지기 때문에 즉각적인 비난의 대상이 된다.
>
> 우리는 이미 다문화주의와 다문화주의가 가져온 도덕적 전도와 방종이라는 암적인 결과에 대해 엄청난 대가를 치렀다.

필립스는 자신의 책 「런더니스탄(*Londonistan: How Britain is Creating a Terror State Within*)」(Phillips, 2006a)에서 이 주장을 확대시킨다. 이 책 외에도 그녀는 '급진적 평등주의의 결과, 사람들은 행위에 근거하여 도덕적 판단을 하는 것이 점점 더 불가능해 진다'고 주장한다(Phillips, 2006b). 이때 급진적 평등주의라 함은 '모든 문화와 생활방식은 동등한 타당성과 도덕적 위상을 갖는다는 것'을 의미하며, 필립스의 다문화주의 비판은 다문화주의의 중심에 바로 이 급진적 평등주의가 위치한다는 핵심가정에 기초하였다. 필립스의 추론은 설득력을 얻었고, 최소한 억측에 가까운 새로운 이야기는 아니다. 7.7 런던 폭탄테러 추모일, 영국의 <데일리 익스프레스>는 '다문화주의는 영국에서 테러를 번창시켰다'는 노골적인 헤드라인하에 무슬림에 대하여 다음과 같이 적었다.

> 대부분의 무슬림은 우리 문화, 여성에 대한 우리의 태도, 자유에 대한 우리의 가치를 이해하지 못할 것이다. 아마도 상당수의 무슬림은 이해하려는 시도조차 안 할지도 모른다. 아무리 낙관적으로 전망해 봐도, 무슬림은 이해 못 할 것이고, 최악의 경우를 생각해 보면, 젊은이들을 급진적으로 만들고 죽음과 테러로 이어지는 말을 퍼뜨리고 싶어 할 것이다. 다문화주의의 파괴적인 독트린이 이런 상황을 용인했다. 정부는 이 상황이 지속되는 것을 막아야 한다.

실제로 확대일로에 있는 다문화주의에 대한 반격운동의 일환으로, 보수당의 당수인 데이비드 카메론은 만약 다문화주의를 이대로 내버려 둔다면 영국이 샤리아 법(Sharia Law)을 받아들여야 하는 상황에 봉착할지도 모른다고 경고했다. 반격의 세 가지 주된 표현양식(단일 독트린으로서의 다문화주의, 이슬람교를 인정해야 할지도 모른다는 두려움, 분리주의의 육성)을 한 문장으로 엮어, 카메론은 말하길,

> 다문화주의는 우리나라의 너무 많은 부분에서 추진되는 문화적 분리정책이라는 것을 확고히 하기 위해 글자 그대로 법적 분리정책을 제도화하는 것을 의미한다. 현재 신망을 상실한 채 국가가 추진하는 다문화주의의 논리적 귀결은 무슬림을 위한 샤리아 법의 도입이다(<*Daily Mail*>, 2008년 2월 26일).

다문화주의는 테러리스트에게 피난처를 제공한다

멜라니 필립스가 반격의 담론에 가담하며 앞서 지적했듯이, 다문화주의에 대한 반격의 공공 담론은 테러를 둘러싼 공포(또는 혹자에 의하면 그러한 공포의 조작)와 결부되었다. 캐나다에서 테러를 저지른 혐의로 17명의 무슬림이 체포된 직후, 필립스(Phillps, 2006c)는 다음과 같이 적었다.

> 영국과 캐나다에서 일종의 신조(faith)처럼 여겨지는 다문화주의가 실제로 대혼란을 야기했다는 사실에 귀 기울일 필요가 있다. 이 신조에 따르면 모든 소수문화는 다수문화와 동등한 지위를 누려야만 하며, 소수자의 문화에 다수의 문화를 강요하는 어떤 시도도 말 그대로 인종 차별주의적인 것이 된다. 이 신조는 성전에 나서야 한다는 이슬람 교리의 해석, 즉 공격적인 이슬람주의가 목소리를 높였던 문화적 진공상태를 만드는 데 일조했다. 다문화주의는 이러한 종교적 파시즘이 번성할 수 있는 환경을 만들 뿐만 아니라, 결정적으로 그러한 파시즘으로부터 우리 자신을 방어할 수 있는 능력을 약화시킨다.
>
> …다문화주의는 수많은 무슬림계 영국인이 소외되어 지하드[10]의 위험한 유혹에 쉽게 빠져들도록 만드는 상황을 더욱 악화시켰다.

필립스(Phillips, 2006b)는 좀 더 간결하게 말한다. '다문화주의에 급진적 이슬람주의를 더하면 일종의 폭발성이 강한 혼합물이 된다.' 필시

10 이슬람교를 지키기 위한 성전(聖戰) — 역자 주

누군가는 이것을 뭔가 행동을 취하라는 신호로 받아들였을 것이다. 국방과 안보문제를 다루는 싱크탱크인 영국 왕립합동군사연구소(Royal United Services Institute)의 한 보고서를 다루면서, 일간지 <데일리 메일>은 '다문화주의가 영국을 "테러리스트의 만만한 상대"로 전락시켰다'고 선언했다(<*Daily Mail*>, 2008년 2월 1일). 한발 더 나아가 당시 제1야당인 보수당의 내무장관 내정자 도미닉 그리브(Dominic Grieve, <*Guardian*>, 2008년 9월 27일)는 다문화주의가 '끔찍한' 유산을 남겼다고 말한다. 그 유산으로 말미암아 정치적 스펙트럼을 가로질러 나온 극단주의자로 채워지는 일종의 공백이 생겼고, 영국에 오랫동안 거주해 왔던 주민은 두려움에 싸이게 되었다고 그는 말한다.

다문화주의에 대한 반격: 주제와 책략

현 단계의 다문화주의 논쟁이 한창 진행 중인 가운데, 바우커 프린스와 보리스 슬라이퍼(Baukje Prins and Boris Slijper 2002)는 앞서 언급한 주장을 대상으로 담론분석을 실시했다(이 책의 제 4장에서 분석결과 중 상당수가 재론될 것이다). 프린스와 슬라이퍼는 개별 국가적 맥락과 상관없이 논쟁을 관통하는 다섯 개의 주제 내지는 되풀이되는 논지를 발견했다: (1) 기본 이슈로서 면밀한 검토가 이루어지는 관용과 동화불가능성을 둘러 싼 문화 간(특히 이슬람과 서양의 가치 간) 충돌; (2) 사회적 화합에 대한 위협으로 강조되는 분리주의, 혹은 드러내 놓고 동화되기를 원치 않는 태도와 더불어 인종적 다양성과 민족정체성의 갈등; (3) 통합이 실패했다는 증거인 동시에 이민자의 사회경제적 위치를 말해주는 높은 실업, 복지의존성 그리고 청소년 범죄율. 여기서 비난받아야 할 것이 시스템인가 아니면 희생자 자신인가의 문제는 구조적 불평등 혹은 뿌리 깊은 차별의 관점에서가 아니라, 다문화주의 정책의 관점에서 제기되는 경향이 있다. 즉 다문화주의가 태생적으로 민족국가에 대한 충성심이 약하고 복지에 과도하게 의존하는 이민자문화에 영합했다는 말이다; (4) 이민과 망명에 관한 정책. 이 정책은 다문화주의와 통합에 관한 논쟁을 이민에 관한 논쟁과 직접적으로 관련짓는다. 이때 논란이 되는 이민이란 인구과잉, 질병의 온상, 안보위협으로서 이민을 말하며 특히 다문화주의라는 조건하에서 사회통합의 또 다른 실패를 낳는 주된 원인으로 여겨진다; (5) 논쟁에 대한 또 다른 논쟁. 이는 논쟁자가 이슈에 대해 말하는 방식이 다시 논쟁의 대상이 된다는 의미이다. 여기에는 '올바른(correct)' 용어의 사용, 상대방을 논박하거나 악마로 만드는 전략, 말할 수 있는 것과 없는 것, 인종주의로 취급될 만한 것과 아닌 것이 포함된다. 프린스와 슬라이퍼는 다음과 같이 강조한다.

> 마침내, 다문화사회에 관한 논쟁에서 우리가 파악한 다섯 가지 이슈에 관하여 … 각각의 입장은 고전적인 좌파와 우파 간의, 혹은 보다 최근의 흑인과 백인 간, 이주민과 토착민 간, 이슬람과 서방 간의 대립으로 쉽게 축소될 수 없다(위의 책, 327쪽).

실제로 그들은 '각 국가별 논쟁 속에서 외국인을 혐오하는 이민자, 정치적으로 올바르지 못한 무슬림과 진보적 현실주의와 같이 이례적이고 "비정상적인" 입장의 다양한 예를 발견한다'고 말한다(위의 책). 앞 절에서 예를 들어 입증한 대로 그러한 모든 담론을 연결하는 하나의 순차논리는 이러하다. (a) 다문화주의는 문화적 차이를 두드러지게 하고 온존시킨다. (b) 그러한 차이는 집단 간의 분리로 이어지고, (c) 분리는 사회경제적 입장의 골을 깊게 만들고, 사회적 관계의 붕괴를 가속화하고, 극단주의와 테러리즘을 배양한다. 이러한 사고의 연장선상에서 다문화주의에 대한 비난은 또한 이민자와 소수민족에 대한 비난으로 이어진다: 이런 모든 부정적 결과를 초래한 원인은 다문화주의가 지지하는 욕망, 즉 이민자와 소수민족이 스스로의 고유한 문화적 전통과 정체성을 유지하려는 욕망에 있다는 생각으로 이어진다.

반격의 주장에서 개진되는 전형적인 주제에 더해, 공통적으로 발견되는 일련의 책략 혹은 담론적인 작전계획이 존재한다. 바우커 프린스와 사위트리 사하르소는 이 책의 자신들이 서술한 장에서 1990년대부터 2000년대 후반까지 네덜란드에서 벌어진 다문화주의를 둘러싼 공적 논쟁을 면밀히 검토한다. 이 기간에 걸쳐 프린스와 사하르소는 스스로 '신현실주의(new realism)'라고 칭한 사조의 출현을 목도한다. '신현실주의'는 사회적 금기에 맞서고, 침묵을 깨고, 정치적으로 옳다는 (좌파적) 합의에 의해 가려진 사회의 해악에 배짱 있게 개입하고 진실을 말하는 것, 즉 그 주창자가 용기라고 여기는 것을 특징으로 한다. 프린스와 사하르소는 어떻게 다섯 가지의 독특한 특징이 새로운 현실주의라는 장르를 구성하는지 기술했다. 첫째, 저자들은 사실을 직시하고 지배적인 담론에 의해 아마도 가려졌을 진실에 대해 솔직히 말하는 존재로서 자기 자신을 묘사하였다. 둘째, 신현실주의자는 자신을 보통사람, 즉 (실제 무슨 일이 벌어지는지 아는) 현지인의 대변인으로 설정한다. 새로운 현실주의의 세 번째 특징은 새로운 현실주의라는 것이 국가사회 전체의 특징이라고 주장하는 것이다 (프린스와 사하르소의 사례인 네덜란드에서, 새로운 현실주의자는 '네덜란드다움'이 '솔직함'이라는 말과 같다고 주장한다). 네 번째 특징으로 새로운 현실주의는 진보적 엘리트가 공공영역을 지배했고 진정한 논쟁의 가능성을 억눌렀다고 주장하면서 좌파에 대해 저항한다. 새로운 현실주의의 마지막 특징은 성별을 구분하는 담론에 있다. 이 담론을 자신의 대의명분을 위한 심사숙고의 무기로 삼아 젠더와 성적취향에 대해 당연하다고 여겨지는 태도를 논쟁 속으로 끌어들이는 것이다.

또 하나의 중요한 담론상의 작전계획은 정치적으로 옳다는 것을 비난하는 것이다. 종종 우파는 궁극적인 자격박탈권이자 무기로 이러한 비난을 우선시 한다(좌파로부터 인종주의적이라는 비난에 직면하는데, 좌파 역시 동일한 효과를 얻기 위해 이러한 비난을 던진다). 反다문화주의자는 '정치적 올바름'의 논지는 언어를 통제하여 현실 이슈와 사회적 문제에 대해 말하기를 거부한다고 주장한다. 따라서 비록 공공영역을 지배하는 것으로 여겨지지만 '정치적 올바름'의 논지는 거짓이라는 것이다. 다시 말해, 새로운 현실주의자 스타일의 다문화비판자는 자신을 용감하게 진실을 말하는 사람으로 만들어 내는데, 이들은 낙인찍힐 위험이 있을지라도 의견의 자유가 보장된 공개된 논쟁이 반드시 필요하다는 반박의 여지가 없는 관점을 강조한다. 그러나 이러한 담론상의 작전계획은 오로지 다문화주의의 첫 그림을 교조적이고, 논쟁을 억압하는, 분리를 조장하는, 공통의 가치를 부정하는, 문제를 부정하는, 과도하게 상대적인, 테러주의자가 은신하는 실체로 채색해야만 작동할 수 있다.

반격의 영향

유럽 전역을 아우르는 맥락에서 다문화주의를 공격하는 담론은 확실히 공공영역에서 어떠한 일정한 분위기를 조장했다. 대략적으로 말하면, 다문화주의라는 용어는 잘못 판단된 정책이라는 생각과 성공적으로 관련지어졌다. 우파와 중도좌파 정치인은 다문화주의와 관계를 끊길 원한다. 극명한 한 예로서, 2002년 스티븐 버토벡은 당시 영국 내무장관 데이비드 블런켓의 수석 연설문 작성참모로부터 '장관님은 결코 M－으로 시작하는 단어(다문화주의(multiculturalism)의 첫 알파벳인 M을 지칭)를 다시는 쓰지 않을 것'이라는 말을 들었다. 이러한 다문화주의와의 개념적 이격은 중요한 정치적 트렌드가 되었다. 영국 내무성이 주요 정책강령인 '기회증진, 사회강화: 인종적 평등과 공동체의 결속을 증대시키려는 정부의 전략'(Home Office, 2005)에 착수했을 때, 그 문건의 어느 곳에서도 '다문화' 혹은 '다문화주의'라는 단어는 찾을 수 없었다. 2007년 영국의 '통합과 화합 위원회(Commission on Integration and Cohesion: CIC)'가 설립될 무렵, 위원회가 밝힌 문제접근 방식을 다음에서 엿볼 수 있다. '우리는 단어의 선택을 현재 분위기에 맞출 필요가 있다. 그러므로 우리는 보고서에 "다문화주의"라는 용어를 사용하지 않을 작정인데, 왜냐하면 다문화주의라는 것이 "잡동사니" 같고 혼란스러운 성질의 용어이기 때문이다(CIC, 2007: 13).' 그러나 공적 논쟁에서 다문화주의를 완전히 벗어나는 패러다임의 전환은 일어나지 않았다. 사실 내부적으로 비판은 다문화주의에 대한 반격에 대한 또 다른 반격으로 이어졌다(Eller, 1997 참조). 이러한 현상은 데이비드 굿하트가 '너무나 다양한(Too Diverse)'이라는 기사를 쓴 이후 명백히 드러났다. 영국의 월간지 <프로스펙트>에 그의 기사가 게재되자, 일간지 <가디언(*Guardian*)>은 굿하트의 기사와 더불어 그의 의견을 강하게 부인하는 논평과 독자기고로 채워진 특집 기사난을 마련하기도 했다. 2004년 후반 월간지 <프로스펙트> 또한 케이트 반팅(Keith Banting), 윌 킴리카, 나단 글레이저(Nathan Glazer), 피쿠 파렉(Bhikhu Parekh)과 사스키아 사센(Saskia Sassen)을 포함하는 다양한 논평가의 비판적 반응을 인터넷판에 실었다. 반격이 계속되자, 앤서니 기든스(Anthony Giddens, 2006)는 공공 논쟁의 성격에 대한 우려를 표명했다. '여기서 진행되는 다문화주의에 관한 논쟁 그 자체는 좋지만 논쟁의 대부분은 조악하고, 무지하고 오해에서 비롯된 것이다. 다문화주의는 대부분의 비판자가 생각하는 것처럼 그리 단순하지 않다.' 주간지 <이코노미스트>의 칼럼니스트 베지홋 역시 '다문화주의를 헐뜯는 자가 명예살인, 강제결혼 그리고 자민족언어를 배우고자 하는 욕구와 같은 손쉬운 표적을 어떻게 집중적으로 공격하는지', 결국에는 다문화주의의 의도와 결과를 찬양하는 저명한 잡지가 어떻게 출현하게 되었는지에 대해 언급하면서 비판의 어조에 대해 우려했다.

반격의 담론이 실제 정책과 제도적 관행에 어떤 영향을 미쳤는가? 크리스티앙 욥케(Christian Joppke)는 유럽이 공식적인 다문화주의 정책으로부터 대거 후퇴하였다고 주장한다. 그는 다음 세 가지를 포함해 후퇴를 일으키는 많은 원인에 대해 말했다.

> (1) 공식적인 다문화주의 정책에 대한 대중의 지지 부족, (2) 이러한 정책에 내재된 결함과 그로 인한 정책적 실패, 특히 사회경제적 소외화 그리고 이주자와 그 자녀 스스로가 자초한 사회로부터의 분리라는 측면에서, 그리고 (3) 자유에 반대하는 자에게 최소한의 자유를 부여하는 데 있어 자유주의 국

가의 새로운 자기주장(Joppke, 2004: 244).

잘 알려진 이 세 가지 동향은 반격의 담론과 잘 어울려서, 종종 반격의 담론이 이 세 가지 동향을 사람들에게 일깨워주곤 한다. 공식적인 다문화주의로부터 대거 후퇴가 실제 있었으며, 앞서 말한 후퇴의 원인 또한 사실인가? 이제부터 각각의 주장이 제시한 증거를 면밀히 고찰해 보자.

(1) 대중의 지지 부족

욥케뿐만 아니라 최근 어떤 관찰자도 다문화정책을 거스르는 중대한 여론의 변화가 실제로 있었다는 증거를 제시하지는 못했다. 신문지상, 정치인의 발언, 그리고 토론 프로그램에서 발견되는 반격 담론의 겉모습, 난폭함 그리고 편재성과 실제 일반 대중이 가지는 의견상의 변화를 동일시해선 안 된다. 오히려 혹자는 반격 담론의 대부분은 여론을 진정으로 반영한 것이라기보다는 '의미 없는 소음'에 지나지 않는다고 주장한다. 지금까지 드러내 놓고 다문화정책에 대한 여론조사를 실시한 경우는 없다. 다문화정책에 대한 대중의 의견은 기껏해야 광범위한 여론조사를 실시할 때 단지 다문화 수용성에 대한 질문을 몇 가지 끼워 넣어 알게 된 것이다.

다른 많은 정치쟁점과 마찬가지로 여론이란 매우 자주 모순되고 불확실한 성질을 갖는다. 런던 폭탄테러 한 달 후인 2005년 8월, 영국 BBC와 시장조사업체인 MORI가 공동으로 실시한 여론조사는 이러한 상황을 잘 보여준다. 조사에 의하면 대중은 다문화주의에 대하여 혼란스러워한다(BBC, 2005). 당시 설문에 응답한 영국인의 58%는 '영국에 살려고 온 사람이라면 영국의 가치와 전통을 수용해야만 한다'에 동의하였고, 32%만이 '영국에 살려고 온 사람일지라도 자신의 가치와 전통에 따라 자유롭게 살아야 한다'는 주장에 동의하였다. 한편 동일 응답자의 62%는 '다문화주의가 영국을 보다 좋은 곳으로 만든다'는 주장에 동의하였다. 또한, 21%의 응답자는 '영국에서 다문화정책은 실수였고 폐기되어야 한다'는 주장에 동의한 데 반해, 32%는 '다문화주의는 영국적인 생활방식을 위협한다'고 응답했다.

더욱이, 영국정부가 실시한 여론조사에 의하면 (반격의 담론이 꾸준히 세를 더하던) 그 무렵에도 이미 다양성에 대해 상당히 긍정적인 견해가 수치 면에서 좀 더 높게 나왔다. '2003년부터 2005년까지 여러 인종이 혼재되어 사는 지역에 거주하면서 자기지역 사람이 인종적 다양성을 존중한다고 느낀 백인의 비율이 79%에서 82%로 증가했다(DCLG, 2007: 219).' 이와 같은 조사결과는 역시 유럽전역에 걸쳐 재연되었다. 유로바로미터는 유럽연합 전역에 걸쳐 실시하는 여론조사의 하나로 27,000여 명을 대상으로 정기적으로 실시된다. 유로바로미터는 다음과 같은 질문에 근거하여 '다문화사회에 대한 저항성'을 살펴보았다. '사회가 서로 다른 인종, 종교 혹은 문화로부터 온 사람으로 구성된다는 것은 좋은 일인가?' '인종, 종교 혹은 문화적 다양성은 한 나라를 보다 강건하게 만드는가?' 설문에 응답한 유럽연합인 중 25%만이 다문화사회에 대한 저항성을 보였다. 분명히 몇몇 나라는 시간이 지남에 따라 보다 강한 저항성을 보이는 경향을 보였으나, 유로바로미터의 측정치를 시계열적으로 분석한 바에 의하면, '전체적으로, 1997년에서 2000년 사이의 전반적인 증가와 2000년에서 2003년 사이의 전반적인 하락의 결과, 다문화사회에 대한 저항성 정도는 다소 안정적으로 유지되었다(Coenders *et al.*, 2003: 43).' 마찬가지로 2007년도 유로바로미터에 의하면, 유럽연합인의 거의 4분의

3은 다른 인종, 종교 혹은 민족적 배경을 가진 사람이 자국의 문화적 삶을 풍요롭게 한다고 믿었다(Gallup, 2007). 이에 더해 '83%라는 상당히 높은 수치의 유럽연합인이 문화 간 상호접촉으로 발생하는 이익에 대해 동의했고, 응답자의 3분의 2는 젊은 세대가 가족의 문화적 전통을 지켜야 한다는 견해에 동의했다(위의 책, 4쪽).' 이러한 조사결과가 모든 게 잘 될 것이라는 희망적인 메시지로 읽혀서는 안 된다. 인종차별주의와 외국인에 대한 혐오증은 만연하고 차별은 도처에 널리 퍼져있다(그 예로 FAR, 2008을 참고). 비록 여론조사가 정확하거나 완전히 믿을 만한 것은 아니지만, 여전히 여론조사가 밝히는 바는 다문화주의에 대한 반격의 포화에도 불구하고, 다문화사회와 소수문화 보호에 관한 사람들의 태도가 그렇게 심하게 변하지 않았다는 것이다.

(2) 정책적 결함, 이주자의 사회경제적 소외와 자발적 분리(self-segregation)[11]

유럽 전역에 걸쳐 최근 유입된 이주자 출신의 소수자는 대체로 낮은 교육성취도, 열악한 주거조건, 높은 실업률 혹은 질이 낮은 고용조건으로 특징지어진다. 단언컨대 맥락에 따라 그러한 특징은 실패한 정책에 의해 보다 고착화된다. 하지만 이러한 정책이 '다문화주의'에 관한 것이었는지, 아니면 단지 교육정책, 주거정책 그리고 일자리 창출정책이 실패한 것인지 어떻게 알 수 있는가? 즉, 문화수용정책(이 서론의 첫 번째 절에서 언급한 바와 같이, 병원에서 할랄푸드를 제공하는 것, 문화적으로 민감할 수 있는 의료서비스를 위한 재교육 프로그램, 혹은 소수자가 운영하는 미디어에 대한 지원

11 도시 내 소수민족이 집단적으로 거주하면서 주변지역과는 이질화되어 가는 현상을 말한다. ㅡ 역자 주

정책과 같은)이 앞서 말한 소수자가 처한 불리한 사회경제적 특성을 낳았거나 아니면 악화시켰다는 증거는 없다. 그러한 특징은 실패한 다문화정책이라기보다는 오히려 명백한 차별, 노동시장의 유동성과 궁핍이 발생하는 지형에 의해 발전되고 유지되었다.

그렇다면 다문화주의라는 미명으로 이주자와 소수민족이 자기만의 집단거주지 속으로 은신해 버렸다는 주장은 타당한가? 소수민족이 밀집되어 사는 지역은 분명히 존재한다. 그러나 최근의 데이터는 이 지역이 딱히 우려할 만한 양상을 보였다거나 확대되었다고 말하지는 않는다. 예컨대, 영국의 일반 대중은 무슬림이 의도적으로 주류사회와 거리를 두고자 한다고 믿는데, 이미 잘 알려진 주제인 자발적 분리와 관련해 영국 브래드포드(Bradford)市를 연구한 데보라 필립스(Deborah Phillips, 2006)는 다음과 같은 사실을 발견했다.

> 소수민족의 '자발적 분리' 담론은 소수민족 공동체가 따로 살거나 살기 원하고 영국사회 일반으로부터 떨어져 지내길 원한다는 근거 없는 믿음(myth)을 낳았다. 그러나 거주양상에 관한 증거, 브래드포드에 거주하는 무슬림이 생각하는 사회적 뒤섞임에 대한 견해와 다양한 삶의 모습은 이러한 결론을 지지하는 것 같지는 않다.
>
> …소수민족의 분리를 문제 삼고, 영국 무슬림을 이방인이나 자기 일에만 관심을 두는 '남'으로 만드는 것은, 공동체를 긴장상태에 놓이게 하는 책임이 주로 자기 스스로를 분리하려는 소수민족에 있다는 견해를 지속시키고 마치 진실인양 들리게 한다. 그러나 이 연구가 제시하는 증거에 의하면, 브래드포드에서 소수민족의 집단거주지가 공간적으로 극명하게 구분된 것은 과거와 현재 모두 백인이 그렇게 통제했기 때문이고, 반면 소수민족은 그런 선택 외에 달리 방도가 없었기 때문이다(위의 책, 36~37쪽).

영국 전역으로부터 관찰된 데이터를 분석한 루디 심슨(Ludi Simpson, 2007)은 인구학적 지표에 의거해 영국이 인종적으로 보다 다양화되었고 인구분포 면에서 보다 고르게 변화하였음을 확인하였다. 따라서 그는 '증대되는 인종적 분리현상으로 말미암아 사회가 파멸되리라는 견해와 소수민족이 모여 사는 빈민가가 사회적인 위협이 된다는 견해가 사실무근'이라고 결론짓는다.

공적 수사(public rhetoric)와 실제 통계가 서로 맞지 않는 현상은 유럽 도처에서 발견된다. 영국, 네덜란드, 스웨덴의 인종분리(segregation)에 대한 연구를 검토한 카렌 쇤밸더(Karen Schönwälder, 2007: 6)는 '세 나라에서 관찰되는 주거지역의 분리정도는 특히 미국의 수준과 비교할 때 적당'하고 '추세는 소수민족의 집단거주지가 공고화되는 방향보다는 거주환경의 집중화가 점차 완화되는 방향으로 진행'되었다고 말한다. 쇤밸더와 야미나 죈(Schönwälder and Jamina Söhn, 2007)에 의하면 독일의 경우도 마찬가지로, 특정 인종집단이 대규모로(예를 들면, 도시인구의 10% 이상) 집중된 지역은 존재하지 않고, 30 내지 40% 이상의 거주민이 이주민적 배경을 가지는 도시는 분명히 존재하지만 이 지역은 항상 다양한 인종집단이 골고루 섞여 있다고 한다.

따라서 다문화주의에 대한 반격의 주된 교리 중의 하나인 '자발적 분리'에 대한 주장과 관련하여, '소수민족이 거주하는 빈민가에 대해 사람들이 걱정하는 것은 그 빈민가가 실제로 있어서라기보다는 사람들이 그것이 있다고 믿고 있기 때문'인 듯하다(Simpson, 2007: 423).

(3) 자유주의 국가의 새로운 주장

다문화주의로부터의 대대적인 후퇴를 야기한 것으로 알려진 세 번째 동향에 관하여, 욥케는 '다문화주의에서 시민통합으로의 전환은 네덜란드뿐만 아니라 유럽의 모든 사회에서 발생한 대규모 지각변동을 반영한다'고 말한다(Joppke, 2004: 249). 지난 수년에 걸쳐, (이민자와 소수민족을 대상으로 한) '통합'은 유럽 내 개별 국가차원 및 전 유럽연합 차원의 대내 정책에서 가장 우선시되는 주제 중의 하나가 되었다. 최근 몇 년간 상당히 많은 이민자의 유입을 경험한 나라 대부분은 이민자 통합을 위한 새로운 정강정책을 발표했다(Carrera, 2005; Suessmuth and Weidenfeld, 2005).

오스트리아, 벨기에의 왈롱(Wallonia)과 플랑드르(Flanders), 프랑스, 독일, 덴마크, 영국, 네덜란드 등, 각국 정부는 비교적 새로운 통합정책과 프로그램을 수립했다. 이 책의 여러 장에서 서술된 바와 같이, 이러한 정책은 종종 시민권 취득을 위한 과목을 이수하게 하거나 국민으로서 알아야 할 지식, 지배적인 문화적 규범과 가치를 중심으로 이민자에게 의무적으로 시험을 치르게 하는 것을 포함한다. 점점 더 많은 곳에서 이민자에게 언어구사 능력을 요구하는 것도 그 중 하나로, 새로이 이주해 온 사람은 — 때로는 입국하기도 전에 — 역시 의무적으로 이수해야 하는 과목과 치러야 하는 시험에서 일정 기준과 수준의 공용어 구사능력을 보여주어야만 한다. 언어구사 능력을 위한 필수수업에 참여하지 않았거나, 시험을 통과하지 못한 사람은 안정적인 법적 지위를 보장받지 못한다. 이러한 방식이나 이보다 더한 방식으로 이민자와 소수민족은 수용국의 가치와 문화적 관습을 받아들이고 스스로 수용국에 '속하려는' 열의를 보여주어야 하는 책임과 의무를 가진다. 예를 들어, 스위스에서는 이민자 스스로 속하고자 하는 노력을 보여주어야만 한다는 기대가 독일어 fördern(이민자의 통합노력을 지원한다)의 의미와 대비되는 단어 fordern(통합하려는 이민자 스스로의 노력을 요구하다)의 담론 속에 나타나있다(이 책 제4장을 볼 것). 이 책의 모든 장에서 밝힌 바와 같이 정책결정자는 그런 조치가 이민자와 소수민족 자신의 사회경제적 (신분이나 위치의) 이동성을 보장하고 사회적 불안을 제거함과 동시에 안전을 보장하기 위해 아주 중요한 조치라고 여긴다.

욥케가 말하는 '지각변동'은 이러한 변화가 정책과 공적인 하부구조 전반에 걸쳐 깊숙이 진행됨을 의미한다. 그러나 대부분의 정책문건에 '다문화'라는 단어의 사용을 명백히 피하였다는 사실은 차치하고라도, 비록 논쟁의 소지가 있지만, 그런 지각변동에 해당하는 대규모 변화는 일어나지 않았다. 만약 그랬다면, 이 서론에서 이미 열거한 종류의 문화적 수용 조치가 진짜로 축소되는 상황을 기대해 볼 수도 있을 것이다. 대부분의 유럽국가 그리고 유럽연합 차원에서 소위 통합이라 일컬어지는 것에 대한 강조가 광범위하게 있었던 것은 분명하다. 그러나 이러한 일련의 정책재조정이 소수자 문화를 인정해 취했던 조치, 제도, 체제를 손상시키거나 근절하면서 이루어진 것은 아니다.

대부분 정치적 수사에 '다문화적'이라는 단어가 사라지고 '통합'이라는 단어가 분명히 보이기 시작하지만, 대신 '다양성'에 관한 개념을 점점 더 사용한다는 점에서 이민자와 소수자 문화의 차이에 대한 지지는 여전해 보인다. 예를 들어, '다문화의' 혹은 '다문화주의'라는 단어는 영국의 주요 정책문서, '기회를 개선하고, 사회를 강건하게 만들기(Improving Opportunities, Strengthening Society; Home Office, 2005)'에 한 번도 사용되지 않는다. 반면, '다양성' — 대부분 '다양성의 증진'이라는 용어로 언급되는 — 이라는 단어는 54페이지 분량의 문서에 총 34번 등장한다. 이와 유사하게 202쪽으로 이루어진 이민자의 통합을 위한 독일의 국가계획(Bundesregierung, 2007)에도 '다양성(Vielfalt)'이라는 용어가 무언가를 지지하고 격려하는 의미로서 84번 나타난다.

다른 이름으로 불리는 다문화주의

국가정책과 도시정책에서 '다문화주의'와 더불어 혹은 그 대안으로 사용되는 '다양성'은 특별히 새로운 개념이 아니다. 어떤 형태로든 '다양성 정책'은 이미 1990년대 후반에 나타나기 시작하였다. '다양성'이란 단어는 소수민족을 통합하기 위한 조합주의적 혹은 집단주의적 접근법으로부터 — 실제로 1990년대 다문화주의에 대한 조합주의적 접근법은 광범위한 비판에 놓였다(Aulund and Schierup, 1991; Anthias and Yuval-Davis, 1993; Vertovec, 1996; Baumann, 1999 등을 볼 것) — 개별적인 포섭의 양식으로 옮아가는 과정에서 사용되었다(Uitermark *et al.*, 2005; Bader, 2008; Faist, 2009). 다양성 정책에 의해 새롭게 만들어진 제도는 소수민족 구성원을 마치 성공하지 못할 공동사업의 영원한 대표자로 대우하기보다는 하나의 개인특성으로 구성원 간 문화적 차이를 인정해야만 한다는 생각을 바탕에 깔고 있다. 이러한 견해는 공공행정, 기업구조와 산업현장에서 '다양성 관리법'의 발전을 선도했다. 이 현장에서 '다양성'은 개인의 문화적 차이를 인정하고 그 가치를 인정하면서 얻어지는 전반적인 이득의 범위에 대해 사람들의 주의를 환기시킨다(Wrench, 2007을 볼 것).

오늘날 정책문서에서 사용한 '다양성'이라는 단어는 초창기 '다문화적'이라는 단어와 전적으로 대체가능하다. 즉 '다문화적'이라는 단어가 의미했던 대부분을 '다양성'이라는 용어도 의미한다는 말이다. 이 서문의 앞에서 언급한 바와 같이 이는 차별을 줄이는, 기회의 평등을 촉진하고 사회에 대한 완전한 참여를 방해하는 장애물을 극복하는, 공공 서비스에 대한 자유로운 접근을 허락하는, (동화와는 반대되는 의미로서) 문화적 정체성을 인정하고 소수자의 대표성에 대해 공공영역을 개방하는, 마지막으로 인종적 다원주의의 수용과 모든 집단에 걸친 문화적 상호이해를 촉진하는 조치를 수반한다. 이런 식으로 '다양성'과 관련된 프로그램은 '다문화적'인 프로그램을 대체했다. 그런 예는 무수히 많을 뿐만 아니라 다양하고 그 범위가 넓다. 다음에서 몇몇 예를 살펴보자.

도시수준에서 보면, 코펜하겐, 슈투트가르트, 비엔나, 취리히 그리고 더블린과 같은 유럽 전역의 도시들은 자신의 현행 정책과 관행에 다양성 원칙을 붙박이로 끼워 넣었다(Spencer, 2008; 이 책 제7장; 이 책 제8장). 국가수준에서 보면, 벨기에 정부의 다양성 계발을 위한 2005~2007년 행동계획에는 '한 집단의 개별 구성원의 태도, 가치, 문화적 판단체계, 생활방식, 기술과 경험상의 차이를 존중하는' 목표가 포함되었다(위의 책, 7쪽). 그리고 전 유럽 수준에서 보면, 2004년 유럽평의회 산하 지역·지방자치단체협의회는 한 결의안을 채택하는데, 거기에는 문화간의(inter-cultural) 방식으로 도시생활과 공공서비스를 개방하면서 문화적 다양성을 자원으로 사용하는 것을 주요 목표 중의 하나로 삼았다(위의 책, 12~13쪽). 또한 유럽연합의 '이민통합정책의 공동기본원칙'은 '통합'이라는 추세의 일부로 수립된 전 유럽차원의 중요한 지침이다(Council of European Union, 2004). 이 문건의 서문은 회원국이 이민을 허용하면 취할 수 있는 혜택 중의 하나로 문화적 다양성을 묘사하였다(유럽사회의 영원한 특징으로 인정되는, 위의 책, 15쪽). 원칙 제7번은 '이민자와 회원국 시민 간의 빈번한 상호작용은 통합을 위한 근본적인 메커니즘이다 … (여기에는) 공유하는 토론, 문화 간의 대화, 이민자와 이민자 문화에 대한 교육 등이 … (포함된다)'고 명시한다. 원칙 제9번은 유럽연합이 '건설적인 사회, 문화 간·종교 간의 대화, 교육, 사려 깊은 공적 담론, 개별국가와 유럽의 가치, 권리 그리고 법을 존중하는 문화적이고 종교적 표현에 대한 지지를 촉진하는 한편, 다양한 문화와 종교적 관행은 유럽인권협약에 의해 보장되고, 그것이 다른 불가침의 권리와 국내법에 저촉되지 않는 한에서 보호되어야 한다'고 말한다(위의 책, 23쪽). 이렇게 이민통합정책의 공동기본원칙이 분명히 밝혔듯이 문화적 다양성을 인정하는 조치는 실제 뒤로 떠밀리지 않았다. 오히려 다양성을 인정하는 새로운 계획이 시도되었다(어떤 것은 여전히 '다문화적인'이라는 단어를 사용하면서, 혹은 그 대신 '다양성'과 '문화 간의'이라는 단어를 사용하거나 혼용하면서). 유럽집행위원회의 '이민과 통합에 관한 3차 연도 보고서'는 문화적 다양성을 인정하는 계획을 다음과 같이 예시하였다. 스웨덴 정부는 상이한 문화전통 간 협력을 도모하기 위해 2006년을 '스웨덴 다문화주의 원년'으로 선포했다. 벨기에 연방정부가 일종의 다양성 기구(Diversity Unit)를 창설하고 프랑스어와 플라망어 공동체가 문화 간의 의사소통과 관심을 증진하기 위한 프로그램을 만드는 동안, 슬로베니아는 '소수자의 문화적 권리와 다양성 발전을 위한 정부부서'를 설립하였다. 덴마크는 수상, 사회통합장관 그리고 다양한 소수민족 조직 간의 대화를 포함하여 문화 간의 대화를 촉진하고 종교적 다양성을 강조하는 다양한 계획에 착수했다. 룩셈부르크에서는 '이주, 문화 그리고 시민권을 위한 축제'가 열렸고, 통합을 증진하기 위한 '다문화주의 실천계획'이 조직되었다. 핀란드는 '올해의 다문화 지도자상' 수여식을 가졌고, 포르투갈에서는 '문화적 다양성 주간'과 같은 TV와 라디오 프로그램을 포함하여 문화적 다양성을 관리하기 위한 많은 실천계획이 실행되었다. 프랑스에서는 일단의 대기업이 직원 사이에 문화 간의 환경을 조성하겠다는 서약으로서 '다양성 헌장'을 작성했다(위의 책, 13쪽). 독일 또한 일종의 다양성 헌장을 만들었는데 현재 500개가 넘는 선도기업이 서명했다. 이러한 기업에는 다이믈러(Daimler), 도이치은행, 도이치-영국석유회사, 도이치텔레컴이 포함되었다. 다양성 헌장의 정책

목표는 다음과 같다.

> 조직의 안팎에서 사회의 다양성을 사실로서 받아들이고, 거기에 내재된 가능성을 인식하여 조직을 위해 유익하게 사용한다. 다양성과 '서로 다름'에 대한 존중을 촉진하기 위해 우리가 한 활동과 그 진행사항을 매년 공개 발표한다. 그리고 다양성에 관한 정보를 종업원에게 알리고 다양성 헌장의 내용을 이행하는 데 종업원을 참여시킨다(www.diversity-charter.org).

요컨대, 헌장에 서명한 기업은 다음과 같이 명시한다. '우리는 다양성을 포용하고 그 진가를 인정하는 것이 독일 사회에 긍정적인 영향을 끼친다고 확신한다.'

그 외 정책상의 진전은 공공정책이 '통합'을 위한 조치에 방점을 둠에도 불구하고(보다 바람직하게는 더불어) 여전히 소수문화를 존중하는 기조를 유지한다는 사실을 보여준다. '기회를 개선하고, 사회를 강건하게 만들기(Home Office, 2005)'라는 정책문건에서 영국정부는 공동체의 화합을 핵심 가치로 내걸면서 다음과 같은 목표를 포함시켰다.

> 환자의 선택권을 확대하기 위해 의료분야에서 우리가 벌이는 운동에는 문화적·인종적 집단의 특별한 필요에 맞는 맞춤형 의료서비스 제공이 포함될 것이다(위의 책, 9쪽).
>
> 청소년관련 공공서비스와 학교와의 협력사업을 발전시켜 가면서, 우리는 어떤 배경을 가진 젊은이든지 함께 배우고 사회의 일원이 되며, 스스로의 고유한 문화정체성과 나란히 영국적 정체성이라는 포괄적인 의식을 발전시킬 기회를 증진시킬 것이다(위의 책, 11쪽).
>
> 우리는 또한 박물관, 미술관 그리고 공동체 문화프로그램이 우리 지역사회와 국가의 다양한 요소에 대한 이해를 촉진하고, 그 다양성을 기리는 데 지대

> 한 역할을 할 것으로 기대한다(위의 책, 12쪽).
>
> 보다 광범위하게 말해, 의료서비스는 모든 환자의 문화적 배경에 대해 세심한 배려를 할 필요가 있다(위의 책, 18쪽).
>
> 오늘날 사람들이 영국다움(Britishness)이라고 느끼는 것은 다양한 공동체가 이 나라를 위해 이룩한 집단적 공헌을 포함한다. 따라서 사람들은 영국정체성과 자신의 또 다른 문화정체성 중 하나를 선택해선 안 된다. 오히려 사람들은 두 가지 모두에 대해 긍지를 가질 수 있다(위의 책, 20쪽).

비록 현재는 '통합'을 지향하는 정책에 포함되었지만, 이 공개선언과 계획은 기본적으로 과거 '다문화주의'를 지향했던 정책에 포함된 내용과 다르지 않다.

다른 예는 정부가 정책전략을 급격히 변화시키길 꺼린다는 사실을 보여준다. '분리주의적인' 구식 다문화주의로부터 급선회하여 공동체의 화합을 촉진시키려는 운동의 일환으로 2008년 2월 영국정부는 단일 소수민족 혹은 종교 집단에 대한 자금지원이 삭감되거나 단계적으로 중단될 수 있음을 시사했다. 당시 지방자치장관이었던 헤이젤 블레어스(Hazel Blears)는 지방정부가 '불필요하게 국민을 분열시킬지도 모르는 프로젝트에 모험삼아 공적 자금을 사용해서는 안 된다'고 말했다(<*The Economist*>, 2008a). 그러나 2008년 말 중앙정부는 그런 자금지원이 지방수준에서 결정된 것이고 그 단일 집단이 사회적 화합을 이루는 데 종종 중요한 역할을 한다는 사실을 인정하여 자금지원의 삭감 내지 단계적 폐지 계획을 철회했다.

특히 지방정부 수준에서 문화수용(cultural accommodation) 정책은 양적인 면에서 종전과 다름이 없다(이 책의 여러 장에서 강조된다). 이러한 사실을 강변하듯 2008년 12월 주간지 <이코노미스트>는 유럽도처의 지방정부가 실질적이면서도 손쉽게 무슬림의 가치와 관행을 수용하는 다양한 방식을 소개했다(<*The Economist*>, 2008b). 이슬람 사원의 건립허용, 학교급식에 할랄음식 제공, 제례에 쓸 가축의 도살설비 규제, 무슬림 도시 노동자의 두건착용에 대한 동의, 공동묘지 내 이슬람식 장례를 위한 특별 공간 설치, 공공 수영장에서 여성전용 수영시간 마련 등이 이러한 방식에 포함된다. 이코노미스트가 결론을 내린 바와 같이, 국가적 차원의 반격의 담론에도 불구하고 지방정부의 실용주의 정책은 최선의 성과를 내는 듯하다.

인식의 위기

일단 '다문화적인' 것으로 간주되었던 정책과 프로그램은 어디서든 지속된다. 데렉 맥기(Derek McGhee)는 '우리가 성찰적(reflexive) 다문화주의의 국면에 들어섰고, 이 국면에 이르러 다문화주의와 관련된 몇몇 전략은 지역수준에서 지속적으로 정책과 관행에 영향을 끼치지만 다문화주의라는 용어는 지하로 숨어버렸다'고 말한다(Derek McGhee, 2008: 145). 그러나 이렇게 지역수준에서 소수자의 문화적 관행을 인정한다는 사실을 일반대중이 잘 알지 못하기 때문에 반격담론이 성장할 비옥한 토대는 마련된다. 최근 퀘벡에서 발생한 '수용위기(accommodation crisis)'는 이러한 점을 극명하게 드러냈다. 이 위기는 일종의 프랑스계 캐나다인이 만들어낸 다문화주의에 대한 반격이다.

2000년대 중반, 퀘벡에서 보고된 사례의 수가 늘어나자 이주자와 소수민족의 문화적 차이를 수용하는 것(비판자는 오히려 '특권'의 부여로 묘사했다)에 대한 사회적 논란이 촉발되었다. 대표적인 사례는 다음과 같은 사건을 포함한다. 육아수업에 임신부와 동행한 남성 배우자가 무슬림 여성의 요구에 의해 쫓겨난 사건, 운전면허시험을 치르는 정통 유대교인이 여성 시험감독관을 남성으로 교체해 줄 것을 요구한 사건, 무슬림이 기도를 낭송할 수 있도록 무도장의 고객이 쫓겨난 사건, 정통 유대교의 기준에 맞는 제품을 만들기 위해 식품산업부문이 조리법을 수정하고 자본을 집중 투자하도록 요구한 사건, 하시디즘(Hasidism)[12]을 따르는 유대교인이 운동하는 여성이 보이지 않도록 체육관의 유리를 반투명으로 처리해 줄 것을 요구한 사건 등(다수의 공중은 비분강개했던) 이러한 종류의 요구는 점차 언론을 통해 보도되었고 퀘벡의 포퓰리즘에 기대는 정치인들에 의해 악용되었다. 이런 추세는 특히 2002년부터 2006년에 걸쳐 심했는데 2006~2007년에 이르러서는 일종의 도덕적 공황상태로 치달았다.

그리하여 퀘벡 주정부는 사회학자 제럴드 보차드(Gerald Bouchard)와 철학자 찰즈 테일러(Charles Tylor)가 이끄는 문화적 차이에 관한 수용실천 자문위원회(Consulation Commission on Accommodation Practices Related to Cultural Differences)를 설치했다. 자문위원회는 500만 달러의 예산으로 1년에 걸쳐 13개 연구프로젝트, 31개 초점집단연구, 22개 지역포럼, 59회에 걸친 전문가와 대표와의 회합, 주요 쟁점을 다룬 900편의 문건을 통해 연구결과를 얻었다. 결국 위원회는 '수용위기'는 실제로 '인식의 위기'였는데, 위기가 일어났을 때 미디어가 논쟁이 되는 사건의 내용을 지독히도 잘못 전달했다고 결론지었다. 보차드와 테일러는 '수용에 대한 부정적 인식은 종종 현실에서 이루어지는 관행에 대한 잘못된 혹은 불완전한 인식으로부터 기인한다'고 말한다(Bouchard and Taylor, 2008:

12 하시디즘은 18세기 초 유대인 벤 엘리에제르가 창시한 폴란드와 우크라이나에 거주하는 유대인 사이에서 일어난 '성속일여(聖俗一如: 성스러운 것과 속된 것은 하나로 일치한다)'의 신앙을 주장하는 종교적 혁신운동이다. — 역자 주

22). '만약 일반 대중이 그러한 관행에 보다 친숙했었더라면, 아마도 수용위기는 발생하지 않았었을 것이다.' 이 말은 유럽에서 일어난 다문화주의에 대한 반격에 대해서도 되풀이 될 수 있을 것 같다.

집단적 견해의 변화추세, 정치적 급변과 인식의 위기는 얼핏 보면 여러 나라에서 공통적으로 발생하는 것처럼 보인다. 그러나 다문화주의를 둘러싼 공적 논쟁에 대해서는 현존하는 국가적 맥락과 정치체제의 뚜렷한 특성, 정책과 담론의 역사적 궤도, 국가마다 다른 맥락을 낳게 한 이민자와 소수민족을 둘러싼 제도적 경험과 주요 사건을 모두 고려하면서 평가해야 한다. 이 책의 저자들이 떠맡은 임무가 바로 이것이다.

이 책의 각 장 소개

다음 장에서 윌 킴리카는 이주자뿐만 아니라 지방(역)의 민족집단과 소수 토착민(substate national groups and indigenous minorities)과도 관련지어 다문화주의를 전지구적 시각에서 조망한다. 그는 요즘 다문화주의의 부침을 거대맥락에서 묘사하는 반격담론에 대해 의문을 제기한다. 킴리카는 다문화주의정책과 실행이 이루어지면, 시민적·정치적 관계의 형성을 통해서 '시민화(citizenization)'를 이루거나, 사회적 불평등을 극복하는 것을 다양한 사례를 통해 보여준다. 그는 다양한 전지구적 환경에서 어떻게 그러한 시민적·정치적 관계를 고취하는 정책과 실천이 특히 지방(역) 민족집단과 소수 토착민과의 관계에서 약화되기 보다는 확대되고 강화되었는지를 묘사한다. 그러나 그는 다문화주의가 최근의 이민자와 관련되어, 특히 이민자가 국가에 불충하거나 반자유주의적이거나 혹은 복지국가에 부담이 된다고 여겨지는 곳에서, 실제로 반격을 당하였다고 본다. 그러한 맥락에서 '다문화주의가 죽었다'는 인식은 공적이고 정치적인 담론을 지배할 수 있고 다문화주의를 지탱하는 힘을 대체할 수 있다. 보다 전지구적이고 비교적인 관점에서 현행 다문화주의를 살펴본 결과, 킴리카는 다문화주의 정책이 실패했고 따라서 후퇴했다는 주장에 이의를 제기한다. 이처럼 다문화주의에 대한 보다 낙관적인 그림은 이 책의 다른 장에서도, 특히 지방수준에서 정책과 그 실천을 검토할 때, 나타난다.

영국은 장기간에 걸쳐 형성된 유럽 다문화주의 정책과 실천의 고전적인 사례를 보여주며, 특히 2001년 이후 최근까지 진행되는 정치적 논쟁과 공개토론 모두에서 다문화주의는 논란의 대상이 되었다. 그러나 랄프 그릴로는 한걸음 뒤로 물러나 1950년대 이후 영국에서 '차이와 다양성의 의미와 해석'(construction of difference and diversity)이 1950년대와 60년대의 '인종'에 대한 관심사에서 출발해 '민족성', 이어서 '문화', 다시 '종교적 믿음(faith)'에 대한 토론으로 어떻게 옮아갔는지 밝힌다. 보다 최근에는 차이를 연결하고, 분리, 불평등 그리고 인종차별에 대응하며, 아울러 종교 간 대화를 독려하는 수단으로 '사회적 화합'이 권장된다고 한다. 제3장 말미에서 그릴로는 영국에서 다양하게 존재하는 일상생활의 실체를 지적하는데, 그 특징은 다양하다고 느낄 정도의 문화적 다양성, 동화(assimilation) 그리고 '서로 만나지 않는 평행적 삶(parallel lives)'이 공존한다는 것이다. 다양한 지역적 맥락에서 사람들은 점증하는 다양성과 변화하는 사회적 환경에 훌륭하게 친숙해졌으며 또한 능숙하게 적응하였음을 상기시켜 준다. 더욱이 이는 많은 반격담론이 간과하는 현지지역 생활의 실상이기도 하다.

네덜란드는 아마도 유럽전역을 통틀어 미디어의 관심을 가장 많이 받은 대표적인 국가사례로서 종종 다문화주의에 대한 반격의 대표적인 예로 인용된다. 바우커 프린스와 사위트리 사하르소는 '신현실주의'로 불리는 공적 담론의 승리라는 맥락에서 어떻게 이런 갑작스런 변화가 일어났는지 밝힌다. '신현실주의'는 그들이 명명한 것으로 '보통사람'을 대표한다고 주장하고 '정치적으로 올바른' 좌파 정치인과 달리, '현실을 직시할 것'에 대해 강조한다는 점에서 특징적이다. 네덜란드에서 테오 반 고흐의 피살[13]과 같은 주요사건과 더불어 이 신종 담론의 등장은 정당 간, 그리고 개별 정치인 간에 정치적 소용돌이로 이어졌고, 시민적 통합과 '네덜란드적 가치'를 강조하는 정책에 대한 요구로 이어졌다. 프린스와 사하르소는 공공담론, 정치적 논쟁, 그리고 파울 쉐페르와 아얀 히르시 알리(Paul Scheffer and Ayaan Hirsi Ali)와 같이 논쟁의 과정에 유명인사가 된 인물의 역할이 복잡하게 얽히는 과정을 추적한다. 그들은 다문화주의에 대한 네덜란드식 반격에도 불구하고 이민자에 대한 실질적인 정책은 그리 급격한 변화를 겪지 않았다고 밝힌다. 오히려 그러한 정책은 주안점에 대한 선택의 문제에서 — 개인의 참여, 해방 그리고 집단의 차이 간에 — 일종의 타협을 이루어가는 듯하다.

영국과 네덜란드가 오래도록 유지해 온 다문화주의 정책을 특징으로 한다면, 프랑스는 대개 전형적인 '동화주의적'인 나라로 그려진다. 빠뜨릭 시몽과 발레리 살라 팔라는 프랑스가 전통적인 동화주의에서 벗어나, 민족과 인종에 따라 만들어진 사회적 균열을 숨기기보다는 사회 내

13 테오 반 고흐는 네덜란드 영화감독 겸 제작자, 칼럼니스트이자 배우였던 인물이다. 이슬람의 여성처우에 대한 비판을 담은 「복종(*Submission*)」이라는 영화를 제작하여 무슬림 사이에 논란의 대상이 되었다. 2004년 11월 2일, 모로코계 네덜란드 무슬림인 모하메드 부예리에 의해 살해되었다. — 역자 주

에 이민자의 자리를 서서히 인정하는 방향으로 어떻게 옮아갔는지를 보여준다. 프랑스 사회 내에 이민자의 자리를 인정하는 경향을 가속화시킨 것은 프랑스인이 점차적으로 차별에 대해 의식하게 되었기 때문이고 또한 프랑스의 평등원칙이 탈식민화 이후의 이주자와 그 자손에 대해 적용되지 않았다는 사실을 깨달았기 때문이다. 그러나 반차별주의로의 움직임에도 불구하고, 강한 통합주의적 견해가 정책 담론을 계속해서 지배하였다. 2005년의 도시폭동, 인구통계에 인종분류방식의 도입, 공공시설에서 히잡 착용금지와 종교적 상징물의 사용금지를 둘러싸고 진행된 공공토론을 통해 시몽과 살라 팔라는 프랑스의 통합주의적 추세를 면밀히 검토한다. 그들은 이러한 사건과 논쟁이 프랑스식 통합모델이 직면한 어려움 — 다름에 대해 표현하는 것에 대해 공공연히 부정적인 반응을 촉진하고, 민족적 · 인종적 구분을 모호하게 하는 프랑스식 통합모델은 본질적으로 차별적인 체제를 만들어가고 있는가에 대한 질문을 포함하여 — 을 단적으로 보여주었다고 말한다.

프랑스와 마찬가지로 덴마크도 스스로를 다문화사회로 인식하지 않았다. 사실상 인종적으로 점차 단일사회에서 혼합사회로 변화됨에도 불구하고 일반적으로 문화적 다양성이라 함은 덴마크답지 않은 것으로 여겨졌다. 울프 헤데토프트는 이 책 제6장에서 이러한 단일 문화론적 담론은 더 이상 지배적이지 않을 뿐만 아니라 그것이 현재 장악하고 있는 정치적 헤게모니도 예전만하지 못하다고 말한다. 이주자를 어떻게 통합할 것인가, 덴마크식의 복지모델을 '이민자의 도전'에 어떻게 적응시킬 것인가에 관한 문제를 다루기 위해 현대화된 통합정책은 다양한 정책적 접근법을 결합시킨다. 동화, 통합 그리고 문화다원성(pluriculturality)의 결합이 현대화된 덴마크식 통합정책의 한 예이다.

이 중 문화다원성 접근법이 의미하는 바는 비록 지배적인 정책으로서 동화라는 것이 우선시되지만, 인종다양성이 실제적으로 존재하고 경제적 필요에서 이민이 필요하다는 사실이 실용주의 노선을 요구한다는 것이다. 이는 지역수준에서 임시변통으로 취한 다문화주의 정책과 더불어 헤데토프트가 '실질적 수준으로 이루어지는 다양성의 관행'이라고 묘사한 것에 비추어볼 때 더욱더 그러하다. 헤데토프트는 이익에 기반한 실용주의와 정체성에 기반한 민족주의의 결합이라는 덴마크의 예를, 다문화주의가 공식적인 정책으로 30년 이상 견지되었던 스웨덴의 예와 대비시킨다. 결과적으로, 문화적으로 균질적인 역사를 가지는 소규모 복지국가가 반드시 동화주의적 정책을 추진할 필요가 없다는 점을 밝힌다.

인구규모면에서 유사함에도 불구하고, 스위스는 역사적으로 4개 언어지역을 가로지르는 민족적·언어적인 다양성으로 말미암아 덴마크와 스웨덴과는 다소 구별된다. 그러한 다양성에도 불구하고, 또한 20세기 전체를 통틀어 유럽대륙에서 가장 높은 이민율을 기록했음에도 불구하고, 연방정부수준에서 스위스는 1990년대까지 스스로를 이민자의 나라로 인정하길 거부했고 어떠한 이민정책도 부정했다. 지안니 다모토는 1990년대 이후 줄곧 스위스에서 진행된 다문화주의에 대한 (논란의 여지가 많은) 학문적인 논쟁을 집중 조명하고, 또한 '문화적 거리'의 개념이 어떻게 이민정책에 관한 담론 속으로 들어왔는가를 심층 분석한다. 스위스가 이민자의 나라임을 부정하고 이민정책을 부정하는 경향은 문화적 다양성을 자유주의적 민족국가의 기둥으로 간주하는 주장에 의해 반박되었다. 오늘날 스위스에서 다문화주의는 학문적 논쟁과 여론 모두에서 이념적 공방의 대상이 되는 주제이다. 결과적으로 다문화주의 정책의 부족상태가 지속되고, 다른 한편으로는, 이주자의 권익신장과 더불어 '통합'이라는 개념이 종종 좌파와 우파 모두로부터 지지를 얻는다. 이러한 정책적 혼합이 가능한 이유는 스위스의 정치적 기회구조 때문인데, 특히 다면적이고 지극히 지역화된 정책개발을 선호하는 연방주의적 구조 때문이다.

스위스와 마찬가지로 독일에서도 공식적인 다문화주의 정책은 결코 존재하지 않았다. 카렌 쇤밸더는 전후 상당수의 이민자가 유입되었음에도 불구하고, 어떻게 좌우 주요정당 모두 단지 이민자의 영구적 특성을 받아들이기를 꺼려했는지에 대해 서술한다. 그러나 이민자를 정치적으로 수용한다는 생각은 이민자가 독일식에 적응해야만 한다는 일반인의 생각과 인종적 다양성에 대한 부정적인 태도도 함께 존재한다. 실용적 차원에서 다양성을 부분적으로 수용할 여지도 있다. 국가수준에서 민족적 다원주의를 인정하고 촉진하는 공식적인 정책은 존재하지 않지만, 몇몇 도시는 '문화 간의(intercultural)' 정책을 추진하고, 지방과 지역수준에서 다문화주의적 접근법의 요소로 간주될 지도 모를 정책이 시행된다. 쇤밸더는 다양성에 대한 연방수준의 공약 없이, 지방주도 정책만으로 여론에 영향을 미치고 다양성에 대한 광범위한 사회적 수용을 이끌어 낼 수 있을지 의문을 제기한다.

이 책 제9장(스페인에 관한 장)에서, 리카르드 사파타-바레로는 문화적·종교적 다양성에 관한 스페인 정부의 정책이 오랜 역사성을 지닌 지역 간 다양성에 관한 논의와 어떻게 직접적으로 연결되는지 보여준다. 이를 통해 그는 이민과 다민족주의 간의 연관성을 파헤치며 다음과 같은 질문을 던진다. 다양화의 새로운 과정은 이미 존재하는 다양성과 더불어 어떻게 관리되는가? 이민자는 민족적이지만 비국가적인 정체성 형성에 어느 정도까지 영향을 미치는가? 이 질문은 스페인 광역자치단체 내에서 예를 들면 소수언어의 습득과 관련된 영역에서 특히 의미가 있다. 더욱이 논쟁은 다문화주의적 수용과 통합이라기보다는 이민 그 자체, 특히 이주흐름의 관리와 불법인민자의 통제에 관해 주로 이뤄진다. 사파타-바레로에 따르면, 스페인 사회로 이미 진입한 자와 그들이 가져온 종교적 문화적 다양성에 대한 태도보다 이민자 수에 대한 태도가 훨씬 더 부정적이다.

이 책의 마지막 장에서 데이비드 레이는 캐나다의 사례로부터 비교 관점에 입각한 설명을 제공한다. 지난 수십 년 간 캐나다에서 다문화주의는 국가적 자아인식의 요체로서 긍정적인 평가를 받았다. 레이는 다문화주의에 대한 비판적인 재평가가 서구유럽에만 국한된 것이 아니라, 대부분의 이민수용국에서 이루어진다고 주장한다. 다문화주의에 대한 보다 신랄하고 대중주의적인 공격은 실질적으로 모든 곳에서 그리고 이 책이 소개하는 유럽 국가의 예와 같이 9.11 테러 이후의 시대인 지금도 진행되고 있다. 종종 이러한 공격은 차별정책이 가지는 위험성에 그 책임을 전가하는 것일 수도 있다. 캐나다에서 다문화주의는 초기의 문화적 차이를 찬양하는 것에서 한계상황의 위험에 놓인 집단에게 시민의 권리가 있음을 투지있게 확인해 주는 것으로 그 방점을 옮겼다. 레이는 캐나다 자체의 공적 논쟁도 유럽으로부터 유입된 선별적인 — 위기의 순간을 강조하고, 국가별 맥락에서 비롯된 중요한 차이를 무시하는 — 미디어의 흐름에 의해 좌우되었음을 보여준다. 만약 이민과 민족적 통합에 관한 사회이념과 실용적인 정책으로서 다문화주의를 이해하고 그러한 다문화주의에 대해 정당히 기대할 수 있는 사항을 제시하고자 한다면, 비록 국가별로 구체적인 정의가 있겠지만, 다문화주의에 대한 엄격한 개념정의가 필요하다고 레이는 강조한다. 지구의 어느 부분에서 발생하건, 또한 그 통합의 내용이 경제, 정치, 사회 혹은 문화에 관한 것일지라도 통합의 실패가 발견될 때마다, 다문화주의에 대한 포괄적인 비난이 몰아치곤 한다. 개념상의 국가별 구체성은 이런 포괄적인 비난으로부터 다문화주의를 보호한다.

결론

다문화주의로 추정되는 것에 대해 각 나라에서 발생하는 반격의 담론, 그 표현양식과 책략은 얼핏 수렴하는 것처럼 보인다. 비록 일련의 공적 논쟁은 개별 국가의 정치적 맥락에 따라 다르게 전개되어 나가지만, 정책적 대응의 수렴현상 역시 뒤이어 나타난다. 게리 프리만(Gary Freeman, 2004: 945)이 정리한 바와 같이, '영구적 배제를 거부하지만 동시에 동화를 요구하지도, 공식적인 다문화주의를 포용하지도 않는 편입(incorporation)이라는 중간 형태 — 통합이라고 일컬어지는 — 로 나아가는 동향'이 현재 서구 민주주의사회에 분명히 존재한다. 통합이라는 이상에 초점을 두면서 이 편입이라는 정책전략이 취한 형태는 실제로는 다양성에 관한 생각, 특히 문화적·종교적 표현의 자유를 보장해 주어야 한다는 생각을 도처에 퍼뜨리는 것이다. 공적 논쟁에서 통합의 주제는 전적으로 다수 문화를 기반으로 하는 것으로, 따라서 상당히 비인권적인 것으로 이해될 수 있다. 특히 그것이 (다문화주의에 대한) 반격 담론의 요소와 결합되거나 그것을 반영할 때 더욱 그렇게 들릴 수 있다. 그러나 '통합'의 기치에도 불구하고 지방정책과 국가정책의 전 영역을 자세히 들여다보면, 이주자와 토착민이 서로 다르기 때문에 발생하는 문제는 기본적으로 예전과 마찬가지로 지금도 지리멸렬하고, 다면적이며, 사회의 다양한 영역에서 헐렁하게 연결된 규제법령, 제도와 관행에 의해 해결될 수 있으며, 반면 몇몇 논객이 말하는 이렇다하게 냉정하고도 가혹한 신동화주의(neo-assimilationism) 혹은 '새로운 자기주장(new assertiveness)'에 의해서는 아닌 것 같다.

만약 그토록 매몰찬 동화주의 접근법이 다시 등장한 것이라면 분명히 보다 많은 (다문화주의)프로그램이 폐지되고, 공공서비스는 재편되고, 문화적 수용조치는 후퇴되었어야 할 것이다. '통합'에 관한 눈에 띄는 담론은 몇몇 새로운 정책제안과 더불어 분명히 논의의 중심에 놓였으되, 여전히 이런 질문은 남는다. 왜 정치가와 정책결정자는 여전히 '다양성'의 가치를 인정하며, 증진하려고 그리도 부단히 애쓰는가? 단지 표를 더 얻기 위한 공허한 수사라고 답하는 것은 지나치게 경솔하고 냉소적이다. 유럽을 통틀어 '다양성'이라는 의제와 관련된 공적자금, 정치공약 그리고 제도적 활동은 실질적이고 광범위하게 존재한다. '왜 여전히 다양성에 대해 그리도 지대한 관심을 보이는가?'에 대해 완전한 대답을 시도하는 것은 이 '서론'의 범위를 넘어선다. 따라서 우선은 '다문화주의의 사망/동화주의의 귀환' 주장을 반박하는 방식으로 의문을 제기하는 것이 중요하다.

다시 말해, 21세기에 접어든 이래로 공적 담론에 등장하는 다문화주의에 대한 반격에 뒤이어 특히 지방수준의 정책적 전개과정에서 다음의 사실이 관찰된다. 즉 '여러모로 조사해 보면 다문화주의로부터의 후퇴 그리고 다문화주의에 대한 노골적인 적대감은 다문화주의 원칙으로부터 완전한 이탈을 의미하기보다는 다문화주의라는 용어의 사용을 피하는 일종의 훈련'이라는 것이다(McGhee, 2008: 85). 만연한 반격의 영향이 기껏해야 M으로 시작하는 단어를 없애버렸다는 의미는 아니다. 다문화주의에 대한 끈질긴 공격 — 따라서 문화적·종교적 차이를 수용한다는 기본원칙에 대한 공격 — 은 정책의 토대를 급진적으로 바꾸었다고 보기는 어렵고, 이민자, 소수민족 그리고 특히 무슬림에 대한 부정적인 분위기를 조성한 것은 분명하다. 반격담론은 그 자체로서 반드시 인종차별적인 것은 아니다. 그러나 인종주의자에게는 순풍에 돛을 달고 나아갈 기회를 제공하였다. 바이트 발더(Veit Balder)가 네덜란드의 반다문화주의 선언에 대

해 말한 바와 같이(Balder, 2008: 11),

> 비록 반다문화주의 선언이 그에 상응하는 실질적인 정책상의 변화를 수반하지는 않았지만, 그렇다고 해서 ('말이 갖는 힘'의 측면에서 보면) 그것이 아무런 효과가 없었다는 말은 아니다. 정치 환경은 '이방인', '망명신청자', '이민자' 더 나아가 '네덜란드 태생이 아닌 자'에 대해 점차 불리하게 변화하였다.

전반적인 여론이 크게 변화된 것이 아닐지도 모른다. 그러나 정치인과 미디어 평론가가 이주와 소수민족에 관한 쟁점에 대해 말할 때 사용하는 용어가 변화되었다. 공적 담론에서 이러한 변화는 궁극적으로 일상생활의 담론으로까지 이어진다. 이러한 과정은 '시시한 속담'에도 진실을 부여하는데, 다시 말하면, 그것이 진실이 아닐지라도 물건이건 사람이건 부정적인 이미지가 지속적으로 투사되면, 설령 진실이 밝혀진 이후라 할지라도 이미 손상된 이미지는 상당기간 지속된다는 것이다.

유럽에서 일어난 다문화주의에 대한 반격은 어떻게 공적 담론, 정책 그리고 여론이 한 몸을 이루지 못하는지 보여준다. 분명히 서로 호응하고 때때로 서로 영향을 주고받지만, 공적 담론과 정책 그리고 여론은 별개로 움직인다. 반격의 담론은 나름대로는 강력했다. 어쩌면 반격의 담론에 이어 어떤 정치적 반응이 뒤따랐다고 말하는 편이 보다 정확하겠다. 그러나 이 반응은 사고의 중대한 변화라기보다는 주로 수사적으로 약간의 수정이라는 형태를 띠는 듯하다. 더욱이 놀라운 사실은 미디어의 반격과 심지어 런던 폭탄테러와 같이 중대한 사건에도 불구하고, 여론마저도 이 시기에 그리 심하게 변하지 않았다는 것이다.

이 책에 실린 글들 역시 이주와 다문화주의를 둘러싼 공적 토론과 정책개발에서 발견되는 각 국가별 특성을 분명히 강조하고, 따라서 '유럽의 실패한 다문화주의'(Washington Times, 2004)와 '유럽, 다문화주의로부터 뒷걸음치다'(Forbes, 2006)와 같이 일반화된 잡지와 신문의 머리기사가 조리에 맞지 않는다는 것을 보여준다. 국가 정책, 특히 지방 혹은 자치단체의 정책을 자세히 살펴보면, 일반적으로 다문화주의 원칙은 그대로 유지되었다. 어쩌면 '통합'과 '다양성'의 의제에 '편입'되어 다문화주의 원칙은 보기 좋게 윤색되었는지도 모른다. 요약컨대, 이 책의 기고자인 윌 킴리카가 내린 결론과 같이 다문화주의는 죽었다는 보도는 끔찍이 과장된 것이라고 보는 것이 타당하다.

감사의 글

이 책을 위해 자료를 준비하고 수집해 준 Thijs Begers, Marcel Maussen, Bettina Voigt 그리고 Annekatrin Kühn에게 감사드린다. 또한, 이 연구팀을 위한 연구비와 출판에 선행된 학술대회를 위해 지원해 준 EU Framework 8 Programme과 Network of Excellence International Migration, Integration and Social Cohesion in Europe(IMISCOE)에 감사의 마음을 전한다.

참고문헌

Ålund, A. and Schierup, C. (1991) *Paradoxes of Multiculturalism: Essays on Swedish Society*, Aldershot: Avebury.

Anthias, F. and Yuval−Davis, N. (1993) Racialized Boundaries: *Race, Nation, Gender, Colour and Class and the Anti−Racist Struggle*, London: Routledge.

Bader, V. (2008) 'Associational governance of ethno−religious diversity in Europe: The Dutch case', conference paper presented at the Penn Program on Democracy, Citizenship, and Constitutionalism.

Barry, B. (2001) *Culture and Equality: An Egalitarian Critique of Multiculturalism*, Cambridge: Polity Press.

Baumann, G. (1999) *The Multicultural Riddle: Rethinking National, Ethnic and Religious Identities*, New York: London: Routledge.

BBC/British Broadcasting Corporation (2005) 'UK majority back multiculturalism'. Online. Available HTTP: http://www.news.bbc.co.uk/2/hi/uk_news/4137990.stm (accessed 10 August 2005)

Bennett, D. (1998) 'Introduction.' In D. Bennett (ed.), *Multicultural States: Rethinking Difference and Identity*, London: Routledge.

Bild (2006a) 'Polizei bewacht härteste Schule Deutschlands', 1 April

—— (2006b) 'Multi−Kulti ist gescheitert', 5 April.

Blunkett, D. (2002) Integration with Diversity: *Globalization and the Renewal of Democracy and Civil Society*, London: Foreign Policy Centre.

Bouchard, G. and Taylor, C. (2008) *Building the Future: A Time for Reconciliation*[Report of the Consultation Commission on Accomodation Practives Related to Cultural Differnces], Montreal:

Government of Quebec.

Bundesregierung, Die [Deutschland] (2007) *Der Naionale Integrationsplan: Neue Wege – Neue Chancen*, Berlin: Presse–und Informationsamt der Bundesregierung.

Carrera, S. (2005) 'A typology of different integration programs in the EU', Brussels: Centre for European Policy Studies Briefing Paper IP/C/LIBE/OF/2005–2167

Chicago Cultural Studies Group (1994) 'Critical multiculturalism', in D.T. Goldberg(ed.) *Multiculturalism: A Critical Reader*, Oxford: Blackwell, 114–39.

CIC, Commission on Integration and Cohesion (2007) Our Interim Statement. Online. Available HTTP: http://www.integrationandcohesion.org.uk.

Cliteur, P. (2001) 'Neit alle culturen zijn gelijkwaardig', *NRC Handelsblad*, 16 October.

Coenders, M., Lubbers, M. and Scheepers, P. (2003) 'Majorities' attitudes towards minorities in the European Union Member States: Results from the Standard Eurobarometers 1997–2000–2003', Vienna: Report 2 for the European Monitoring Centre on Racism and Xenophobia.

Council of the European Union (2004) 'The Hague Programme: Strengthening freedom, security and justice in the European Union', 'Brussels: Council Document 16054/04'. Annex 'Common Basic Principles for Immigrant Integration Policy in the European Union'.

Daily Express (2007a) 'We should abandon failed policy of multiculturalism', 2 July.

—— (2007b) 'Multiculturalism has let terror flourish in Britain', 7 July.

Daily Mail (2006) 'Kelly condemns multiculturalism', 24 August.

—— (2007) 'Multiculturalism "drives young Muslims to shun British values'", 29 January.

—— (2008a) 'Multiculturalsim is making Britain "a soft touch for terrorists"', 15 Febrary.

—— (2008b) '"Sharia law will underline British society," warns Cameron in attack on multiculturalism', 26 Febrary.

Daily Telegraph (2005) 'Multicultural Britain is not working, says Tory chief', 4 August.

DCLG/Department for Communities and Local Government (2007) *Improving Opportunities, Strengthening Society* – Two Years On. Statistical Annex – Race Equality in Public Services, London: The Stationery Office.

Delanty, G. (2003) Community, London: Routledge.

Economist, The (2007) 'Bagehot: In praise of multiculturalism', 16 June.

—— (2008a) 'The search for social glue', 23 Febrary.

—— (2008b) 'When town halls turn to Mecca', 6 December.

Eller, J.D. (1997) 'Anti–anti–multiculturalism', *American Anthropologist*, 99(2): 249–56.

European Commission (2007) *Third Annual Report on Migration and Integration*, Brussels: COM(2007)512 Final.

Faist, T. (2009) 'Diversity – a new mode of incorporation?', *Ethnic and Racial Studies*, 32(1): 171–90.

Focus (2004) 'Angst vor ungebildeten Moslems', 24 October.

Forbes (2006) 'Europe backs away from multiculturalism'. Online. Available HTTP: http://www.forbes.com/2006/11/17/multiculturalism–assimilation–europe–biz–cx_1120oxford.html (accessed 20 October 2006).

FRA/European Union Agency for Fundamental Rights (2008) *Annual Report*, Vienna: European Union Agency for Fundamental Rights.

Freeman, G.P. (2004) 'Immigrant incorporation in Western democracies', *International Migration Review*, 38(3): 945–69.

Gallup Organization, The (2007) 'Intercultural dialogue in Europe', Flash Eurobarometer 217 for the European Commission.

Gerard, J. (2006) 'Be clear, this is Asian apartheid', *Sunday Times*, 27 August.

Giddens, A. (2006) 'Misunderstanding multiculturalism', *Guardian*, 14 October.

Giroux, H.A. (1994) 'Insurgent multiculturalism and the promise of pedagogy', in D.T. Goldberg (ed.) *Multiculturalism: A Critical Reader*, Oxford: Blackwell, pp. 325–43.

Goodhart, D. (2004) 'Too diverse?', *Prospect*, Febrary.

Grillo, R. (2005) 'Backlash against diversity? Identity and cultural politics in European cities' , Oxford: Centre on Migration, Policy and Society [COMPAS] Working Paper WP–05–14.

Hall, S. (2001) 'The multicultural question', Milton Keynes: Open University Pavis Papers in Social and Cultural Research no. 4.

Halstead, H. (1988) *Education, Justice and Cultural Diversity: an Examination of the Honeyford Affair*, 1984–5, London: The Falmer Press.

Heitmeyer, W. (1996) 'Für türkische Jugendliche in Deutschland spielt der Islam eine' wichtige Rolle', *Die Zeit*, 23 August.

Home Office (2001) *Community Cohesion: A Report of the Independent Review Team* (aka the *Cantle Report*), London: Home Office.

—— (2005) *Improving Opportunities, Strengthening Society: The Government's Strategy to increase race equality and community cohesion*, London: Her Majesty's Stationery Office.

Joppke, C. (2004) 'The retreat of multiculturalism in the liberal state:

theory and policy', *British Journal of Sociology*, 55(2): 237–57.

Kymlicka, W. (1995) *Multicultural Citizenship: A Liberal Theory of Minority Rights*, Oxford: Oxford University Press.

Lewis, P. (2002) *Islamic Britain: Religion, Politics and Identity Aming British Muslims*, London: I.B. Taurus, 2nd edn.

Lust, S. (2008) *Abschied von Multikulti: Wege aus der Integrationskrise*, Munich: Resch–Verlag.

Martiniello, M. (1998) *Multicultural Policies and the State: A Comparison of Two European Societies*, Utrecht: ERCOMER.

McGhee, D. (2008) *The End of Multiculturalism? Terrorism, Integration and Human Rights*, Maidenhead: Open University Press.

Modood, T. (2007) *Multiculturalism*, Cambridge: Polity.

O'Sullivan, J. (2007) 'Social acid has burnt the heart of Britain', *Daily Telegraph*, 16 August.

Phillips, A. (2007) *Multiculturalism without Culture*, Princeton: Princeton University Press.

Phillips, D. (2006) 'Parallel lives? Challenging discourses of British Muslim self–segregations', *Environment and Planning D: Society and Space*, 24: 25–40

Phillips, M. (2005) 'This lethal moral madness', *Daily Mail*, 14 July.

—— (2006a) *Londonistan: How Britain is Creating a Terror State Within*, London: Gibson Square.

—— (2006b) 'The Londonistan mindset', *New York Post*, 4 June.

—— (2006c) 'The country that hates itself', *Canada National Post*, 16 June.

Prins, B. and Slijper, B.(2002) 'Multicultural society under attack: Introduction', *Journal of International Migration and Integration*, 3(3/4): 313–28.

Rogers, A. and Tillie, J. (eds) (2001) *Multicultural Policies and Modes of Citizenship in European Cities*, Aldershot: Ashgate.

Scheffer, P. (2000) 'Het multiculturele drama', *NRC Handelsblad*, 29 January 2000.

Schönwälder, K. (ed.) (2007) 'Residential segregation and the integration of immigrants: Britain, the Netherlands and Sweden', Berlin: Wissenschaftzentrum(WZB) Discussion Paper Nr. SP IV 2007-2602.

Schönwälder, K. and J. Söhn (2007) 'Siedlungsstrukturen von Migrantengruppen in Deutschland: Schwerpunkte der Ansiendlung und innerstädtische Konzentrationen', Berlin: Wissenschaftszentrum(WZB) Discussion Paper Nr. SP IV 2007-2602

Shohat, E. and Stam, R. (1994) *Unthinking Eurocentrism: Multiculturalism and the Media*, New York: Routledge.

Simpson, L. (2007) 'Ghettos of The mind: The empirical behavior of indices of segregation and diversity', *Journal of the Toyal Statistical Society Series A*, 170(2): 405-24.

Slack, J. (2006) 'Why the dogma of multiculturalism has failed Britian', *Daily Mail*, 7 July.

Spencer, S. (2008) *Equality and Diversity in Jobs and Services: City Policies for Migrants in Europe*, Dublin: European Foundation for the Improvement of Living and Working Conditions/Cities for Local Integration Policy(CLIP) Network.

Süssmuth, R. and Weidenfeld, W. (eds) (2005) *Managing Integration: The European Union's Responsibilities toward Immigrants*, Washington, DC: Migration Policy Institute and Bertelsman Foundation.

Tagesspiegel (2008) 'Multikulti ist gescheitert', 17 January.

Taylor, C. (1992) *Multiculturalism and the Plitics of Recognition*, Princeton: University Press.

Turner, T. (1993) 'Anthropology and multiculturalism: What is anthropology that multiculturalists should be mindful of it?', *Cultural Anthropology*, 8:411–29.

Ultermark, J., Rossi, U. and van Houtum, H. (2005) 'Reinventing multiculturalism: Urban citizenship and the negotiation of ethnic diversity in Amsterdam', *International Journal of Urban and Regional Research*, 29(3): 622–40.

Verma, G.K. (ed.) (1989) *Education for All: A Landmark in Pluralism*, London: Routledge.

Vertovec, S. (1996) 'Multiculturalism, culturism and public incorporation', *Ethnic and Racial Studies*, 19(1): 49–69.

—— (1998) 'Multi–multiculturalisms', in M. Martiniello (ed.) *Multicultural Policies and the State*, Utrecht: ERCOMER, pp. 25–38.

Washington Times (2004) 'Europe's failed multiculturalism', 10 December.

Wheatcroft, P. (2006) 'Multiculturalism hasn't worked: let's rediscover Britishness', *Daily Telegraph*, 8 October.

Wrench, J. (2007) *Diversity Management and Discrimination: Immigrants and Ethnic Minorities in the EU*, Aldershot: Ashgate.

제 2 장

다문화주의의 부침(浮沈)? 다양성 사회(diverse society)에 있어서 포섭과 수용에 관한 새로운 논쟁[1]

윌 킴리카

민족 다양성의 법적·정치적 수용에 대한 아이디어는 과거 40여 년 동안 전 세계에서 유동적인 상태로 존재하였다. 이러한 변화를 묘사하는 일반적인 방법은 “다문화주의의 부침”이라는 용어이다. 사실 이 표현은 다양성에 관한 현대적 논쟁의 양상을 설명하고자 하는 학자, 저널리스트, 그리고 정책결정가에 의해 광범위하게 사용되는 일종의 “핵심 내러티브”가 되었다. 사람들은 비록 “다문화주의 이후”에 무엇이 올지에 대해서는 동의하지 않았지만, 놀랍게도 우리가 진정 “후기다문화주의(post-multiculturalism)” 시기에 산다는 데에는 합의하였다.

2장의 목적은 이러한 핵심 내러티브에 관한 비평과 탐구가 될 것이

1 이 장은 문화적 다양성에 관한 유네스코 월드 리포트에서 위임받은 예비논문(Background Paper)의 편집본이고, *International Social Science Journal*에서 조만간 특집으로 출간될 예정이다.

며, 우리가 직면하는 선택에 관해 고찰하기 위한 하나의 대안적 틀을 제안하게 될 것이다. 논의를 진전시키기 위하여, 필자는 우선 이러한 핵심 내러티브의의 표면 아래를 파헤칠 필요가 있음을 제안하고자 한다. 다문화주의의 부침이라는 이슈는 사실 이 문제의 본질과 이 현상을 내포한 국가의 성격에 따라 평탄하지 않은 과정을 겪었다. 따라서 우리가 다양성을 수용하기 위한 좀 더 지속가능한 모형을 정립하기 위해서는 이러한 변동을 이해할 필요가 있다.

간략하게 정리하면, 이 핵심 내러티브의 내용은 아래와 같다[2]

• 1970년대부터 1990년대 중반까지 서구 민주주의 사회에서는 다문화주의 정책에서부터 소수자 권리에 이르기까지 다양성에 대한 인식과 수용이 증가되는 경향이 명백하게 관찰되었다. 이러한 정책은 다양한 나라의 국내적 수준과 다수의 국제기구 모두에서 지지를 받았었는데, 여기에는 단일성과 동질성을 기초로 한 초기의 민족성 개념에 대한 거부도 포함되었다.

• 그러나 1990년 후반 이래 우리는 다문화주의에 대한 반격과 다문화주의의 후퇴를 목격하였고, 국가 형성, 공통적 가치와 정체성, 단일 시민권과 같은 사상에 대한 재평가 — 심지어 "동화주의의 귀환" — 도 목격하였다.

• 이러한 후퇴는 부분적으로는 다양성에 대한 수용이 "너무 과하다"고 여기며, 아울러 자신의 삶의 방식을 위협한다고 여기는 주류집단 내에 존재하는 공포 때문에 야기되었다. 이러한 공포는 덴마크국민당(Danish People's Party) — 이 정당은 "덴마크인을 위한 덴마크"라는 오래된 아이디어를 옹호한다 —

2 이러한 "부침"이라는 이야깃거리의 영향력 있는 학문적 언명에 대하여, 서구 민주주의에 걸쳐서 적용되었다고 주장하는 것은 Brubaker, 2001; Joppke, 2004를 보고; Baubock, 2002를 비교하라. 물론 특정 국가에 있어서 다문화주의의 "쇠퇴", "후퇴", 혹은 "위기"에 대한 많은 설명이 있는데, 네덜란드(Entzinger, 2003; Koopmans, 2006; Prin and Slijper, 2002), 영국(Hansen, 2007; Back *et al.*, 2002; Vertovec, 2005), 호주(Ang and Stratton, 2001), 그리고 캐나다(Wong *et al.*, 2005) 등이 있다.

과 같은 우파 정치운동에서 토착주의자(nativist)와 대중선동가(populist)의 성장을 통해서도 자주 관찰된다.

• 그러나 이러한 후퇴는 다문화주의가 의도된 수혜자(intended beneficiaries) — 말 그대로 소수자 그 자체임 — 를 돕는 데 실패했다고 보는 중도좌파 사이에서 공유된 일종의 신념도 반영하였는데, 그것은 다문화주의가 소수자의 사회적·경제적·정치적 배제의 주요 원인을 표출하는 데 실패했기 때문이며, 또한 사실 의도하지는 않았지만 이러한 다문화주의가 소수자의 사회적 고립에 기여했을 수도 있기 때문이다. 결과적으로 심지어 유럽의 사민주의정당에서 조차도 다문화주의는 본질로부터 멀리 후퇴하였고, 또 "통합", "사회적 화합", "일반적 가치", 그리고 "공유된 시민정신"이라는 사상을 강조하는 담론으로 이동하게 되었다.[3]

• 국가 통합에 대한 사민주의적 담론은 더 많은 포괄적 국가 정체성을 발전시키고 또 인종주의 및 차별과 싸울 필요가 있음을 강조하는 급진적 권리 담론과는 상이하지만, 그럼에도 불구하고 다문화주의의 정책과 수사(rhetoric)로부터 스스로 거리를 둔다. "후기다문화주의"라는 용어는 이러한 새로운 접근방법에 대한 신호탄이라고 볼 수 있는데, 이것은 순진하고 오도된 다문화주의에 대한 생각의 한계를 극복하고 또 민족주의적 이데올로기를 균질화하려는 압제적 주장을 피하기 위한 방법이다.[4]

간단하게 말해서, 이 장은 "다문화주의의 부침"에 대한 주류적 내러티브에 관한 내용이다. 그것은 현재의 논쟁에 대한 중요한 특성을 포착하는 데 도움을 준다. 하지만 몇 가지 점에서 그것은 오도되었으며, 우리

3 이러한 쟁점에 대한 유럽 사민주의정당의 태도에 대한 개관은 Cuperus *et al*., 2003을 볼 것.

4 진보적인 지식인과 학자(급진 우파의 "反 다문화주의"와 구분된다)에 의한 "후기다문화주의"에 대한 참고문헌은 Alibhai-Brown, 2000, 2004(영국과 관련하여); Jupp, 2007(호주와 관련하여); King, 2004; Hollinger, 2006(미국과 관련하여) 등을 볼 것.

가 직면한 실질적 도전과 기회를 다소 모호하게 만들지도 모른다.

본 장의 나머지 부분에서, 필자는 주류적 내러티브가 (a) 다문화주의에서 지난 40년 동안 진행되었던 실험의 본질을 잘못 묘사하지는 않는지, (b) 소수자가 방치되었던 정도를 과장하지는 않는지, (c) 소수자가 직면한 진정한 어려움과 한계를 잘못 확인하지는 않는지의 여부를 논의할 것이다.

다문화주의란 무엇인가?

후기다문화주의 문헌의 많은 부분에서, 다문화주의는 민족문화적(ethnocultural) 다양성에 대한 일종의 점잖은 칭찬으로서 특징지으며, 다민족(multi–ethnic) 사회에 존재하는 관습, 전통, 음악, 다양한 요리에 대한 장대한 의식(panoply)을 알게 하고 받아들이도록 시민을 독려한다. 알립하이–브라운(Alibhai–Brown)은 이것을 영국에서 다문화주의의 "3S" 모형 — 사리(saris), 사모사(samosas), 강철 북(steel drum)의 첫 글자를 딴 용어로, 즉 전통의상, 전통음식, 전통음악을 지칭 —5이라고 불렀다(Alibhai–Brown, 2000). 다문화주의는 민족 집단의 이러한 유사한 문화적 표식 — 의상, 요리 및 음식 — 을 가지고 민족 집단의 구성원에 의해

5 사리(saris)는 인도여성이 입는 전통 의상, 사모사(samosas)는 인도의 전통 음식으로 삼각형 모양의 튀김만두, 강철 북(steel drum)은 트리니다드나 자메이카를 비롯한 중남미 지역에서 처음 연주된 것으로 드럼통을 스틱으로 두드리면서 연주하는 타악기를 말한다. — 역자 주

보존되어야 하는, 그리고 다른 사람들에 의해 문화적 광경(spectacles)으로 안전하게 소비되어야 하는 진정한 문화적 관습(practice)으로서 이것을 다룬다. 그래서 그러한 문화적 표식은 다문화학과 교과과정에 편성되어 교육되며, 다문화축제에서 시행되고, 다문화미디어와 박물관 등에서 전시된다.

다음에서 설명할 것이지만, 필자가 보기에 이것은 다문화주의에 대한 캐리커처(caricature)이다. 하지만, 이것은 파급력이 있는 캐리커처이고, 그렇기 때문에 많은 비판의 초점이 되었다. 가장 많이 알려진 비판을 살펴보면:

- 다문화주의는 경제적·문화적 불평등에 대한 쟁점을 전적으로 무시한다. 비록 모든 영국인이 자메이카의 강철 북 음악 혹은 인도의 사모사 요리를 즐기게 될 지라도, 이것 자체는 영국에서 카리브연안 주민과 남아시아 공동체가 직면한 실질적인 문제 — 실업문제, 열악한 교육적 성과, 격리된 주거지역, 열악한 영어능력, 그리고 정치적 소외 등 — 를 표현하는 데 아무런 역할을 하지 못할지도 모른다. 이러한 경제적·정치적 쟁점은 문화적 차이점을 찬양하는 것처럼 간단하게 해결될 수 없다.
- 심지어 문화적 차이점에 대한 이해를 조금 더 높이기 위한 (합법적) 목표라는 관점에서 보더라도, 각각의 집단에 대한 "독특하고" 차별화되는 "진정한" 문화적 관습에 초점을 맞추는 것은 잠재적으로 위험하며 또 잘못된 길로 들어서는 길이기도 한다. 첫째, 특정한 집단 내에서 전통적으로 행해졌을지 모르는 모든 풍습이 존중받을 가치가 있거나, 심지어 강제결혼과 같은 것이 법적으로 용인될 가치가 있는 것은 아니다. 이러한 위험을 피하기 위하여, 요리나 음악과 같은 다문화적 요소에 존중의 초점을 맞추어 안전하게 타인의 마음을 상하지 않게 하는 관습, 즉 주류 사회의 구성원이 즐거운 마음으로 소비할 수 있는 관습을 선택하는 경향이 있다. 그러나 여기에는 반대로 평범화라는 위험에 빠지거나 문화적 차이점을 디즈니화(Disneyfication) — 디즈니

애니메이션의 캐릭터처럼 정형화—시키는 착오로 이어질 수 있으며 (Bissoondath, 1994), 문화적 가치에서의 차이점과 종교적 선언 등이 제기할 수 있는 현실적 문제제기를 무시하게 된다는 반작용도 따른다.

• 두 번째, 다문화주의의 "3S 모형"은 은밀하게 숨겨졌고 변화가 없던 집단의 개념 발달을 촉진할 수 있고, 각각은 그 자체로서 독특하고 진정한 관습을 재생산할 수 있다. 다문화주의는 그들의 독특한 풍습을 공유하도록 사람들을 북돋우기 위해 의도된 것일지 모르지만, 각각의 집단이 그 자신의 독특한 풍습을 가졌다는 (그러한) 가정은 문화적 적응, 혼합 그리고 혼성(mélange)의 과정을 무시하는 것이고, 출현하는 문화적 대중(commonalties)을 가리기 때문에, 결국은 소수자를 영원한 "타자(others)"로 바라보도록 하는 시각이 잠재적으로 강화된다.

• 셋째, "3S 모형"은 소수집단 내에서 불평등과 문화적 제약을 최종적으로 강화할 수 있다. 어느 것이 "진정성 있는" 전통인지 그리고 전통을 어떻게 해석하고 표시할 것인지를 결정함에 있어서, 국가는 일반적으로 집단 내의 전통적 엘리트—전형적으로 나이든 남자—에게 자문을 받지만, 이 전통적 관습(그리고 전통적 엘리트)이 종종 내부의 개혁자—이들은, 말하자면, "좋은 무슬림"이 어떻게 행동해야만 하는가에 관해 전통적 관습 혹은 전통적 엘리트와 다른 시각을 가진다—에 의해 종종 도전을 받는다는 점을 무시한다. 그러므로 이것은 사람들을 "문화적 대본(scripts)" 속에 구속할 수 있는데, 이는 결국 의문을 갖거나 논쟁을 벌일 수 없는 상태에 빠진다는 것을 의미한다.

후기다문화주의자(post-multiculturalists)에 따르면, 3S 모형은 다문화주의로부터의 후퇴를 설명하는 이러한 결함에 대한 점진적인 인식이며, 그리고 문화적 인식에 대한 상징적 정치를 넘어 정치적 참여와 경제적 기회의 우선순위를 강조하고, 문화적 전통에 대한 존중을 넘어 인권과 개인적 자유의 우선순위를 강조하며, 조상대대로 내려온 문화적 동일성에 대한 인식을 넘어 포괄적이고 공통적인 국가적 동일성을 형성하는 것에 우선순위를 두고, 정적인 문화적 차이점에 대한 구체화를 넘어 문화적 변화와 문화적 혼합의 우선순위를 강조하는 시민정신에 대한 새로운 후기다문화주의적 모형을 위한 조사연구이다.

만약 진정으로 다문화주의가 근본적으로 서로 분리된 민족적 관습(folk-practices)의 형태 속에 있는 문화적 차이점에 대한 찬양이라고 본다면, 후기다문화주의적 비판은 확실하게 정당화될지 모른다. 하지만, 필자의 입장에서 본다면, 이것은 서구 민주주의국가에서 과거 40년 이상 발전되었던 다문화주의의 실재에 대한 하나의 캐리커처이고, 우리가 직면해야 할 현실적 이슈로부터 벗어난 기분전환용 소재인 것이다.

필자가 다문화주의에 관한 전체 역사를 되풀이해서 말할 수는 없다. 하지만, 필자는 역사적 맥락에 입각하여 다문화주의를 고찰하는 것이 중요하다고 생각한다. 어떤 의미에서, "다문화주의"는 인간성(humanity)만큼 오래되었다. 즉, 상이한 문화는 공존하는 방법을 항상 발견해 오곤 했고, 또 다양성에 대한 존중은 많은 역사적 제국 — 예를 들면 오스만 제국과 같은 — 의 특성과 유사한 면이 있다. 그러나 "부침"을 내포한 것으로 언급되었던 다문화주의의 유형은 하나의 아주 특별한 역사적 현상이며, 1960년대 후반에 서구 민주주의국가에서 처음 등장하였다. 이러한 시기구분은 중요한데, 이는 제2차 세계대전 이후의 더 큰 사회적 전환과 연관하여 다문화주의의 위치를 설정하는 데 도움이 되기 때문이다.

좀 더 구체적으로, 다문화주의는 민족과 인종적 다양성과의 관계 속에서 보다 광범위한 "인권 혁명"의 한 부분으로 파악될 수 있다. 제2차 세계대전 이전에는, 서구에서 민족문화적 다양성과 종교적 다양성은 반자유주의적·비민주주의적 관계의 범위에 의해서 특징지어지는데, 이러한 관계에는 정복자와 피정복자의 관계, 식민지배자와 피지배자의 관계, 주인과 노예의 관계, 이주민과 토착민의 관계, 인종주의자(racialized)와 그렇지 않은 자(unmarked)의 관계, 정상적인 자와 비정상적인 자의 관계, 정통주의자와 이단자의 관계, 문명인과 비문명인의 관계, 아군과 적군의 관계 등이 포함된다. 위계제의 이러한 관계는 일부 계층이나 문화의 우월성, 그리고 타인에 대한 지배권을 명백하게 표시했던 인종주의적 이데올로기에 의해 정당화되었다. 이러한 이데올로기는 서구의 전 지역을 통틀어서 광범위하게 수용되었고, 국내법(예를 들면 인종차별적 이민과 시민권 정책)과 외교 정책(예를 들면 해외 식민지와 연관된 정책) 두 가지 모두에 의해 보강되었다.

그러나 제2차 세계대전 이후, 세계는 히틀러의 그러한 광신적이면서 살육적인 이데올로기의 사용에 반대하였고, UN은 인류와 인종의 평등성에 대한 새로운 이데올로기를 위하여 결정적으로 인종주의적 이데올로기를 단절해 버렸다. 그리고 이러한 새로운 인간 평등에 대한 가정은 좀처럼 없어지지 않는 현실에 의문을 제기하고 또 더 오래된 위계제의 지속된 효과에 의문을 제기하는 일련의 정치적 운동을 창출하였다. 우리는 그러한 운동을 세 가지 "흐름(waves)"으로 구분할 수 있다: (a) 1947에서 1965년 사이에 집중되었던 식민지 독립 투쟁; (b) 1955년부터 1965년 사이에 있었던 아프리카계 미국인의 시민권 운동에 의해서 시작되었고 또 구현되었던 인종 분리와 차별에 대한 투쟁; (c) 1960년대 후반부터 나타났던 다문화주의와 소수자 권리를 위한 투쟁 등, 세 가지이다.

각각의 운동은 인권 혁명, 인종과 인간의 평등에 대한 근본적인 이데올로기, 초창기 민족과 인종적 위계화의 유산에 대한 도전을 이끌었다. 사실, 인권 혁명은 여기서 두 가지 역할을 수행하였다. 투쟁을 위한 영감으로서 뿐만 아니라, 그 투쟁이 허용되는 목표와 투쟁의 수단에 관한 제약이다. 역사적으로 배제되었거나 낙인찍혔던 집단이 평등의 이름으로 초기의 위계제에 대해 투쟁을 하는 한에 있어서, 그들은 말하자면, 여성,

동성애자, 혼혈인, 이교도 등을 다룸에 있어서 그들 자신의 배제와 억압에 대한 전통을 너무 쉽게 포기해야만 했다. 인권의 틀, 그리고 보다 일반적인 자유민주주의적 입헌주의의 틀은 무엇보다 중요한 틀을 제공하는데 이러한 투쟁은 이러한 틀 안에서 표출되고 논의된다.

그러므로 이러한 각각의 운동은 민주적인 "시민화(citizenization)" 과정에 일정의 역할을 하는 것으로 보여질 수 있는데, 즉 보다 초기의 위계제적 관계를 자유민주적 시민권의 관계로 전환하는 것, 그리고 소수자 구성원과 국가 사이의 수직적 관계 및 상이한 집단 구성원 간의 수평적 관계 둘 모두에서 동일하게 파악된다. 과거에는 시민화에 개입하는 유일한 길이 모든 개인에게 시민권을 차별 없이 부여하는 것이라는 데 대한 합의가 있었다. 그러나 1960년대부터 나타났던 다문화주의에 관한 아이디어와 정책은 이러한 복잡한 역사가 필연적으로 또 당시 상황에 따라 집단 차별적인(group-differentiated) 민족정치적(ethnopolitical) 주장을 낳았다는 가정으로부터 출발하였다. 시민화의 핵심은 이러한 차별적 주장을 숨기는 것이 아니고, 인권, 시민적 자유, 민주적 책임성이라는 언어를 통하여 차별적인 주장을 걸러내고 계획이나 이론 등을 고안하는 것이다. 그리고 이것은 다문화주의 운동이 성취하고자 했던 것이다.

그 뒤를 이은 다문화주의적 개혁의 정확한 특징은 집단에 따라 다양한데, 이는 각각의 집단이 경험했던 상호 구별되는 역사와 부합되는 것이다. 이러한 특징은 두 번째 주장을 뒷받침했던 반차별 원리로부터 출발하지만, 다양한 형태의 배제, 혹은 오명에 도전하기 위하여 이를 넘어서 나아간다. 대부분의 서구 국가에서, 민족적·인종적·종교적 소수자에 대한 국가가 지원하던 명백한 차별은 인권 투쟁이라는 두 번째 물결의 영향으로 인해 1960년대와 70년대에 광범위하게 중단되었었다. 하지만 민족적·인종적 위계제에 대한 증거는 남아 있으며, 또 경제적 불평등,

정치적 표현의 부재, 사회적 오명 혹은 문화적 비가시성 등 어떤 조건으로 측정해 보든 간에 많은 사회에서 명백하게 계속해서 관찰된다. 다문화주의의 다양한 형태는 이러한 지속적인 불평등을 극복하는 데 도움을 주도록 발전되었다.

우리는 서구 민주주의에서 나타났던 다문화주의의 유형을 세 가지로 광범위하게 구분할 수 있다. 첫 번째 유형은 뉴질랜드의 마오리족(Maori), 캐나다와 호주의 토착민, 미국 인디언, 스칸디나비아 반도의 사미족(Sami), 혹은 그린란드의 이누이트족(Inuit)과 같이 토착민에게 새로운 형태의 권한을 부여하는 것이다. 토착민에 대한 이러한 다문화주의의 새로운 모형은 다음의 9가지 원칙 중 몇 가지가 결합되어 나타나기도 한다.[6]

1. 토지소유권(land rights/title)에 대한 인정(recognition)
2. 자치권에 대한 인정
3. 역사적 협정(조약)에 대한 확인 그리고/혹은 새로운 협정(조약) 조인
4. 문화적 권리에 대한 인정; 언어, 수렵/어로, 종교적 장소 등
5. 관습법의 인정
6. 중앙정부 내에서 대표권/변호권에 대한 보장
7. 토착민의 확고한 지위에 관한 헌법적 혹은 입법적 확약
8. 토착민 권리에 관하여 국제문서를 통한 지지/비준
9. 소수자 우대 정책(affirmaive action)[7]

6 이하의 다문화주의 원칙의 목록은 2006년에 반팅(Banting)과 킴리카(Kymlicka)가 개발했던 "다문화주의 정책에 대한 지표"로부터 가져왔다.

7 차별을 철폐하기 위한 'affirmative action'의 가장 대표적인 것이 소수자 우대 정책인데, 최근 저작에는 '적극적 조치'로 번역되기도 한다. ㅡ 역자 주

둘째, 우리는 스페인의 카탈루냐(Cataluña)와 바스크(Basque), 벨기에의 플랑드르와 왈롱, 영국의 스코틀랜드와 웨일즈, 캐나다의 퀘백, 남티롤(South Tyrol) 지역(서부 오스트리아와 북이탈리아지역)의 독일인, 핀란드의 스웨덴인 등과 같은 국가의 민족집단에 대한 자치 및 분권에 대한 새로운 유형에 대하여 파악할 수 있다. 소수민족을 위한 다문화적 시민권의 이러한 새로운 형태는 주로 아래에 있는 6가지 요소의 몇 가지 조합을 포함한다.

1. 연방 혹은 준연방제적 영토적 자치권
2. 지역 언어 혹은 민족 언어 둘 중 하나에 대한 공용어 인정
3. 중앙 정부 혹은 헌법재판소에서의 대표권 보장
4. 소수민족 언어 대학/학교/미디어에 대한 재정지원
5. "다문화주의"에 대한 헌법적 혹은 의회의 확약
6. "국제법인격"의 부여, 예를 들면, 국내의 특정 지역이 국제적 실체의 일원이 되도록, 혹은 협정에 서명하도록, 혹은 자신의 올림픽팀을 가지도록 허용하는 것 등이다.

그리고, 결국 우리는 이민자 집단을 위한 새로운 유형의 다문화적 시민권을 관찰할 수 있는데, 여기에는 아래의 8가지 원칙의 조합이 포함될 것이다.

1. 중앙 그리고/혹은 지역 그리고 지방 수준에서 다문화주의에 대한 헌법적·법적 혹은 의회의 확약
2. 학교 교과과정에의 다문화주의의 적용
3. 의회 내 민족대표 의석 할당/공적 매체나 미디어 인허가 관련 의무조항에 민족·인종적 재현이나 공정한 묘사에 대한 조항 포함

4. 법 조문 또는 판례에 의한 일요휴무제, 복장 규정 등의 면제
5. 이중 시민권의 허용
6. 문화적 활동을 지원하기 위한 민족집단 조직에 대한 재정지원
7. 이중 언어 교육 혹은 모국어 훈육을 위한 재정지원
8. 불이익을 받는 이민자 집단을 위한 소수자 우대 정책

이러한 다문화주의의 세 가지 형식 사이에 중요한 차이점이 있음에도 불구하고, 각각은 초창기 위계제의 유산을 극복하는, 그리고 보다 공정하고, 포괄적인 민주적 사회를 건설하는 데 도움을 주는 하나의 수단으로서 간주된다.

따라서, 필자의 견해로 볼 때, 다문화주의는 무엇보다 이상적인 인권에 기초를 두고 초창기의 비시민적 비민주적 관계인 위계제와 배제를 대체하기 위한 민주적 시민권의 새로운 모형을 개발하는 장치이다. 말할 필요도 없이, 이러한 시민권 다문화주의에 대한 설명은 고정적인 문화적 차이점의 찬양으로서 다문화주의를 보는 "3S"적 설명과 상당히 다르다. 3S적 설명은 다문화주의를 정치적 그리고 경제적 불평등에 대한 쟁점을 무시하기 위해 요리법, 의복 및 음악 등에서 나타나는 차이점을 보여주고 소비해 버리는 것으로 보는 데 비해, 시민화를 바탕으로 하는 설명은 다문화주의를 공식적으로 차별의 철폐 이후에도 존속하는 강력한 기반의 불평등을 극복하기 위한 새로운 시민적이고, 정치적인 관계를 건설하는 것으로 정확하게 보았다.

이러한 설명 중 어느 것이 다문화주의에 관한 서구의 경험에 대해 더욱더 정확한 묘사를 제공하는지를 파악하는 것은 매우 중요하다. 우리가 다문화주의의 몰락을 찬양할지 혹은 슬퍼할지의 여부, 혹은 후기다문화주의가 이를 대체할지의 여부를 결정하기 이전에, 먼저 우리는 다문화

주의가 계속해서 지속했다는 사실을 우리가 인지하고 있음을 확실하게 해둘 필요가 있다. 다른 글에서 더 상세히 논한 바 있지만(Kymlicka, 2007: 3~5장), 3S적 설명이 오도하는 세 가지 방향을 여기서 언급하도록 하겠다.

첫째, 다문화주의가 오로지 혹은 본래적으로 상징적인 문화적 정치라는 주장은 실질적인 정책을 완전히 오도한 것이다. 만약 위에서 언급한 정책의 세 가지 리스트를 본다면, 정책 리스트가 경제적·정치적·사회적, 그리고 문화적 차원으로 결합된 것임을 바로 알 수 있다. 토착민을 위한 토지 투쟁의 사례를 보자. 토지 투쟁은 전통적인 영역에 대한 통제권을 재획득한 많은 토착민에게 문화적이고 종교적인 중요성을 가지지만, 또한 깊은 경제적·정치적 중요성을 가진다. 토지는 경제적 기회와 정치적 자치권 둘 모두에 대한 물질적 기초이다. 또는 소수민족을 위한 언어권을 살펴보자. 소수자의 언어가 공식적으로 사용된다는 것은 역사적으로 낙인이 찍힌 언어에 대한 상징적 "인정"의 형태로서 부분적으로 가치를 부여하는 것이다. 하지만 역시 그것은 정치적 권한부여의 형태가 된다. 즉, 나아가 소수자의 언어가 공적인 상황에서 사용되면 될수록, 더 많은 소수 언어 사용자가 고용 기회와 의사결정 과정에 보다 쉽게 접근할 수 있다. 실제로, 국내 소수자와 토착민을 위한 정치·경제적 차원에서의 다문화주의자의 투쟁은 명백하다. 즉 투쟁은 국가 제도를 명백히 재구축하는 것인데, 이것은 중요한 공적 자원과 자연적 자원에 걸친 정치적 통제의 재분배를 포함한다.

다문화주의가 정치와 무관한 민족의 민속행사에 불과하다는 견해는 이민자집단의 문제에 있어서는 타당성이 부족하다. 실제로, 학교나 대중매체에서는 요리, 의복, 음악 등이 "다문화주의"를 나타내는 가장 가시적인 수단이 된다. 그러므로 후기다문화주의자가 다문화주의를 논의할 때,

3S 모형으로 설명가능한 이민자집단에만 초점을 맞추기 때문에 거의 일관되게 토착민이나 소수민족의 문제를 무시한다.

그러나 심지어 이러한 맥락에서 조차도, 만약 우리가 이민자집단과 연관되어 적용된 8가지 다문화주의 정책을 되돌아본다면, 아주 복잡한 혼합체, 즉 경제적·정치적 그리고 문화적 요소 등의 많은 것을 포함한다는 사실을 알아차릴 수도 있다. 하지만 이민자가 자신의 문화에 대한 역사적 낙인과의 투쟁에 (정당하게) 나서지만, 역시 이민자 다문화주의는 정치적 권력에 대한 접근과 경제적 기회에 대한 접근 — 예를 들면, 소수자 우대 정책, 정치적 자문기구, 민족자치조직에 대한 재정지원, 혹은 시민화 촉진 등 — 과 밀접하게 연관된 정책을 포함한다.

그러므로, 다문화주의의 모든 세 가지 유사한 유형, 즉 토착민, 소수민족, 그리고 이민자 집단 등은 문화적 인식, 경제적 재분배, 그리고 정치적 참여와 결합되었다고 본다. 이러한 관점에서 경제적·정치적 불평등을 무시하는 다문화주의에 대한 후기 다문화주의자의 비판은 극히 표적을 빗나간 것이다.

둘째, 같은 이유로, 다문화주의가 보편적인 인권의 중요성을 무시한다는 후기다문화주의자의 주장은 틀렸다. 그와 반대로 우리가 보았듯이, 다문화주의는 인권에 기초한 운동 그 자체이며, 보편적 인권의 원칙과 자유민주주의적 헌법에 기초하고 영감을 받았다. 다문화주의의 목표는 제2차 세계대전 이후 인권혁명에 의해 훼손된 여러 종류의 전통적인 민족적·인종적 위계제에 대한 도전이다. 이러한 방법으로 이해해 본다면, 시민화로서의 다문화주의는 이러한 인권혁명에 의해 역시 훼손된 소수집단 내부에 존재하는 여러 종류의 반자유적 문화 관습을 보호하거나 혹은 수용하는 것에 대해 어떤 지지도 결코 제공하지 않았다. 우리는 인권을 유린하는 문화적 관습을 거부하는 것과 마찬가지로, 인권에 기초하여

'시민화 다문화주의(multiculturalism-as-citizenization)'에 찬성한다. 그리고 이것은 모든 서구 민주주의국가에서 확인되었던 것이다. 다문화주의가 적용되는 어디에서나, 개념적으로 그리고 제도적으로 더 큰 인권규범과 함께 연결되었고, 그리고 모든 것에 우선하는 자유민주주의적 헌정질서라는 원칙의 지배를 받았다. 서구 민주주의국가는 이민자집단이 강제결혼, 배교(背敎) 금지, 혹은 할례라는 관습을 유지하기 위하여 인권에 관한 헌법규범으로부터 벗어나는 것을 결코 용납하지 않았다. 다시 말하자면, 인권이 문화적 전통에 관한 인식에 우선시되어야만 한다는 후기 다문화주의자의 주장은 다문화주의에 대한 이론과 실제 핵심이 무엇이었던가에 대하여 반복된 주장을 하는 것에 불과하다.

그리고 한편으로 이것은 다문화주의가 문화적 변화의 실재를 무시하거나 거부한다는 후기 다문화주의자의 주장에서 나타난 결함을 지적하는 것이다. 그와 반대로 시민화 다문화주의는 소수자와 다수자 모두를 위한 본질적으로 (또 의도적으로) 변형적인 계획이다. 역사상 지배집단과 종속집단 모두 새로운 관습의 사용, 새로운 리더십의 진입, 그리고 새로운 개념과 담론의 용인 등을 요구받는데, 이 모든 것은 사람들의 정체성과 관습을 완전히 변화시킨다.

이것은 각국의 역사에서 지배적이었던 다수민족의 사례에서 아마 가장 명백하게 드러날 것으로 보는데, 이러한 민족은 인종적 우월성에 대한 환상을 단념하고, 국가에 대한 배타적 소유의 주장을 철회하고, 또 자신의 민족적(전형적으로 보면 백인 기독교) 이미지 안에서 전적으로 공적인 제도를 만드는 시도를 포기하도록 요구받았다. 사실, 다문화주의의 "제도를 통한 장기적인 진전"에서 많은 부분은 역사적으로 존재했던 소수자를 배제하고 낙인을 찍었던 뿌리 깊은 전통, 풍습, 그리고 상징과 같은 것을 확인하고 또 공격하는 것으로 정확하게 구성된다. 이 과정에서 필수적으로 동반되었던 다수자의 정체성과 관습 속에서 일어난 변환, 그리고 그에 따라 나타날 수 있는 반격에 대하여 많은 기록이 존재한다.

그러나 다문화주의는 소수자 집단의 정체성과 관습에 대해서도 똑같이 변화를 야기할 수 있다. 이러한 많은 집단은 민족·인종적 편견의 역사, 반유대적 역사, 카스트제도와 성역할에 대한 차별의 역사, 종교적 승리주의(triumphalism)의 역사, 그리고 정치적 권위주의에 대한 역사를 스스로 가졌으며, 이 모두는 자유민주주의적 다문화주의와 소수자 권리라는 규범에 의해 제거된다. 더욱이, 어떤 소수자 집단의 전통적 관습이 반자유적이거나 비민주적인 요소를 가졌다고 비난받지 않는 곳에서 조차도, 다문화주의 아래에서 매력적이지 못하고 지속적일 수 없는 문화적 폐쇄성을 가졌다고 비판받을 만한 문제점을 내포할지 모른다. 이러한 문제점은 다수자에 의한 차별, 낙인찍기, 혹은 배제 등에 관한 초기의 경험에 대한 일종의 반응으로서, 어쩌면 초창기부터 출현했는지도 모르고, 또 문제제기의 동기를 유발하는 경험이 사람들의 기억 속에서 사라져 버렸기 때문에 매력을 잃어 버렸는지도 모른다. 예를 들면, 몇몇 소수자 집단은 더 큰 사회의 제도로부터 배제되었고 또 그 속에서 차별을 받았기 때문에 자조, 동족 결혼, 그리고 내부적 갈등 해결에 대한 독특한 규범을 발전시켰다. 민족적이고 인종적인 위계제에 의해 파괴되어 버리고, 또 집단의 구성원이 다른 집단의 구성원과 더욱더 편안하게 상호작용한다고 느끼며 또 국가의 제도 속에 더 잘 참여한다고 느낀다면, 이러한 규범은 이론적 근거를 상실할지 모른다. 다수자와 소수자 둘 모두의 삶의 전통적 방식에 대한 보장과는 무관하게, 다문화주의는 이러한 전통적 방식으로부터 여러 가지 도전을 받을 것이다. 여기서 다시 문화적 도전의 필요성을 인식하는 것과 관련하여 후기다문화주의자의 주장은 오랫동안 유지되었던 다문화적 의제를 다시 주장하는 것에 불과하다.

요컨대, 필자는 후기다문화주의자의 비판이 과녁을 상당히 벗어났다고 믿으며, 이는 우선적으로 다문화주의가 “부각되던” 지난 40년 동안 나타났던 다문화주의 정책과 프로그램에 대한 본질과 목표를 오인한 데서 비롯되었다고 믿는다.

다문화주의로부터의 후퇴?

그러나 이후 이 문제는 하나의 퍼즐로 이어진다. 만약 다문화주의의 결점에 관한 후기다문화주의자의 주장이 대단히 잘못되었다면, 다문화주의의 몰락을 무엇으로 설명해야 하는가? 필자가 주장하듯이, 만약 다문화주의가 인권이라는 규범에 의해 영감을 받았고, 또 민주적 시민권과의 밀접한 관련 속에서 모색되었다고 본다면, 왜 다문화주의로부터의 그러한 후퇴가 있었는가?

그 해답의 일부는 다문화주의의 종말에 관한 보고서가 대단히 과장되었다는 것이다. 여기서 다시 우리는 다문화주의가 취하는 상이한 형태, 즉 심각한 반격에 직면했던 몇 가지를 염두에 둘 필요가 있다. 예를 들면, 토착민을 위한 다문화적 시민권의 새로운 모델에 대한 약속에는 아무런 후퇴도 없었다. 그와 반대로, 토착민을 위한 확장된 토지권, 자치권 및 관습법을 향한 경향은 서구 민주주의에 걸쳐서 완전히 그대로 남았고, 2007년에 ‘토착민권리 선언(Declaration of the Rights of Indigenous Peoples)’의 채택을 통하여 UN 총회에서 재확인되었다. 유사하게, 소수민족을 위한 다문화적 시민권의 새로운 모델에 대한 약속에도 아무런 후퇴가 없었다.

반면에, 지방(substate)의 민족 집단을 위한 확장된 언어적 권리, 그리고 지역적 자치를 향한 경향은 서구 민주주의에 걸쳐서 완전히 그대로 남았다.[8] 실제로 이러한 두 가지 경향은 법과 여론을 통해 지속적이고 확고하게 정착되었고, 토착민과 소수민족을 위한 다문화적 개혁의 채택이 민주적 자유와 평등에 대한 관계를 형성하는 데 상당히 기여했다는 증거가 축적되면서 재등장하였다.[9] 예를 들어, 카탈루냐 지방의 지역적 자치가 스페인의 민주주의를 강화하는 데 기여했고, 또 토착민의 권리가 남미에서 민주적 시민권을 강화하는 데 도움을 주었다는 것을 오늘날 부정하는 사람은 거의 없다.

이러한 이유로 우리는 오직 이민자집단에 관한 점에서만 일종의 심각한 후퇴를 목격하게 된다. 물론 몇몇 서구 민주주의에서 제2차 세계대전 이후 이민자와 관련한 다문화주의 정책에 대한 반격이 있었다는 데에는 의문의 여지가 없다. 그리고 이러한 정책의 영향에 대하여 더 큰 학문적 논쟁 또한 존재한다. 예를 들면, 캐나다에서 이민 다문화주의 정책의 시민화(citizenization)와 관련한 편익적 효과가 대단히 강했었다는 연구를 볼 수 있는 반면에(Bloemraad, 2006), 다른 연구는 네덜란드에서 이민 다문화주의가 해로운 효과를 야기했다는 점을 보여준다(Koopmans *et al.*, 2005; Sniderman and Hagendoorn, 2007).[10]

왜 특별히 이민 다문화주의가 그렇게 논쟁적이었는가에 대한 질문은 중요한데, 따라서 필자는 아래에서 이 질문에 대하여 다시 언급하려

8 그러나 국제법적 수준에서 소수민족의 권리를 형성하고자 하는 시도는 약간의 후퇴가 있었다: Kymlicka, 2007 제6장을 볼 것.

9 Kymlicka, 2007 제5장에서 실증조사를 볼 것.

10 필자는 스나이더만과 하겐도오른(Sniderman and Hagendoorn)의 책에 대한 서평을 쓰면서 이에 대해 토론하고 비판하였다(Kymlicka, 2008).

고 한다. 그러나 이는 아주 일반적인 설명 하나를 깨끗이 잊어버려야만 시작할 수 있다. 다양한 논평자는 이민 다문화주의로부터의 후퇴가 민족성(ethnicity)이 사적인 영역에 속하고 또 시민권이 단일적이고 차별적이지 않아야만 한다는 전통적인 자유주의적·공화주의적 신념으로의 회귀를 반영한다는 것을 지적하였다. 이러한 견해에서, 이민 다문화주의로부터의 후퇴는 시민화로서 다문화주의에 대한 전체적 아이디어에 대한 거부를 반영한다(Brubaker, 2001; Joppke, 2004).

그러나 이것은 좋은 설명이 아니다. 만약 서구 민주주의 국가가 다문화적 시민권에 대한 아이디어 자체를 거부했다면, 이민자뿐만 아니라 지방의 민족 집단과 토착민의 주장을 거부했는지도 모른다. 결국, 민족 집단과 토착민의 주장은 이민자 집단이 요구하는 것보다 민족문화적 다양성에 대한 더욱더 많은 극적인 추가(insertion)를 전형적으로 수반한다. 반면에 이민자는 전형적으로 토지에 대한 주장, 자치권, 언어에 대한 권리, 분리된 교육 체제, 그리고 심지어 분리된 법적 체제 등과 같은 보다 넓은 범위의 인정과 수용을 요구한다. 이러한 주장은 이민자 집단의 수용과 관련된 것보다 차별 없는 시민권과 민족적 사유화의 아이디어에 대한 더욱더 심각한 도전을 수반한다. 그러나 서구 민주주의 국가는 역사적으로 존재했던 소수자를 수용하고자 하는 입장에서 전혀 물러서지 않았다.

사실 서구 민주주의 국가는 차별적 시민권과 차이에 대한 공공의 인식에 대한 주장 — 이 주장이 역사적으로 존재했던 소수자에 의해 진전되었을 때 — 에 대해 계속 흡족해 한다. 그동안 공격을 받은 것은 다문화적 시민권 그 자체는 아니다.[11] 오히려 문제는 이민 그 자체에서 찾을 수

11 서구 민주주의국가가 다문화적 시민권 자체를 거부하였다고 주장하는 논평자는 소수민족과 토착민에 대한 명백하게 반대의 전형적인 사례를 단순하게 무시한다- 예를 들

있다. 그러므로 우리가 정리할 필요가 있는 것은 다문화주의가 민족문화적 다양성에 대한 이러한 특별한 형태와 관련하여 왜 그렇게 많은 논쟁을 일으켰는가 하는 것이다.

그러나 그 질문을 이러한 방식으로 표현하는 것은 너무 일반적이다. 이민 다문화주의로부터의 후퇴는 보편적이지 않다 — 즉, 일부 국가에만 영향을 미친다. 예를 들어, 캐나다에서 이민 다문화주의에 대한 공공의 지지는 항상 높은 수준을 유지한다. 그리고 심지어 네덜란드 혹은 호주와 같이 이민 다문화주의로부터 후퇴하는 패러다임을 고려하는 나라에서조차도, 사정은 훨씬 더 복잡하다. 예를 들어, 1990년대에 다양성을 수용하는데 대한 아이디어에 저항했던 네덜란드 군대는, 게다가 네덜란드의 다른 공공 제도가 다문화주의로부터 현재 벗어나려 함에도 불구하고, 최근에는 다문화주의에 대한 아이디어를 포용한다. 그리고 호주에서, 연방정부가 최근 다문화주의로부터 후퇴하였지만, 주 정부는 새로운 다문화주의 정책을 적용하고자 시도한다. 간략하게 말해서, 우리가 목도하는 것은 여러 나라의 내부와 외부 모두에서 발생하는 이민 다문화주의와 관련한 많은 부분이 고르지 않게 진전 또는 후퇴하는 현상이다.

따라서, 다문화주의로부터의 "후퇴"에 대한 후기다문화주의자의 서술은 과장되었고, 또 잘못 짚은 것이다. 새로운 유형의 다문화적 시민권이 뿌리를 많이 내렸으며, 어떠한 심각한 반격이나 후퇴에도 직면하지 않는다. 국내의 소수자와 토착민 모두와 연관된 이러한 주요한 개혁은 사실이며, 이것은 개혁의 편익적 효과에 대한 증거에 의해 입증된다. 심지어 이민 다문화주의 관점에서, 정책 실패와 후퇴에 대한 주장은 과장되었으며, 또 이 주장은 정책 결과와 공공의 지지 등 더욱더 많은 다양한

어, Joppke, 2004; Barry, 2001을 볼 것.

기록을 보면 더 애매해진다.

필자는 아래에서 이민 다문화주의의 두드러지는 운명에 대한 몇 가지 가능한 설명에 대하여 논의할 것이다. 그러나 우리는 현재 거부당하는 것이 엄밀한 의미로서의 다문화주의라고 하는 후기다문화주의자의 가정을 무효화할 때에만 이러한 요인에 대한 확인작업을 시작할 수 있다. 현재 나타나는 양상은 민족문화적 다양성에 대한 대중 인식의 일반적 혹은 원칙적인 거부 움직임이 아니다. 오히려, 이민 다문화주의로부터 후퇴한 많은 나라는 다른 민족문화적 차이점의 제도화를 실질적으로 강화하였다. 예를 들면, 네덜란드에서는 이민 다문화주의가 후퇴하였지만, 역사적으로 존재했던 프리슬란트[12] 지역의 소수자에 대한 권리는 강화하였다. 프랑스도 이민 다문화주의로부터 후퇴하였지만, 역사적으로 존재했던 소수자의 언어에 대한 인식은 강화하였다. 독일도 이민 다문화주의로부터 후퇴하였지만, 역사적으로 존재했던 소수자인 덴마크인에게 50년 전 이미 특별한 지위를 부여했다. 그리고 영국도 이민 다문화주의로부터 후퇴하였지만, 역사적 중요성을 가지는 스코틀랜드와 웨일즈 지역의 민족에게 새로운 자치권을 부여하는 등 다수의 사례가 있다. 만약 우리가 이러한 이민 다문화주의로부터의 후퇴를 차별 없는 시민권 및 민족성(ethnicity)의 사유화에 대한 정통 자유주의적 혹은 공화주의적 아이디어로의 회귀라고 설명한다면 이것은 결코 어떤 의미도 만들어내지 못할 것이다.

간단히 말해서, 후기다문화주의자의 주장과는 반대로, 시민화로서의 다문화주의에 대한 이상은 살아있으며 또한 건재하고, 또 민주주의의 "도구(tool-kit)" 속에 하나의 두드러지는 조건으로 남아 있는데, 이는 부분적으로 다문화주의가 시민화에 진정으로 기여할 수 있다는 것을 보

12 프리슬란트(Friesland)는 네덜란드와 독일의 북부 연안 지방을 말한다. — 역자 주

여주는 지난 40년 동안의 경험을 우리가 가졌기 때문이다. 그러나 특정 국가에서 다양성의 특별한 형태와 연관하여 이러한 접근방법에 대한 특정의 용례는 심각한 장애물을 만났다. 다문화적 시민권의 새로운 모델을 받아들이고자 하였던 모든 시도가 뿌리를 내린 것은 아니며, 또한 시민화를 촉진하는 데 있어서 목표했던 효과를 얻는 데 성공한 것도 아니다.

따라서 결정적인 질문은 왜 다문화주의 시민권이 특정한 시기와 장소에서만 효과가 있고, 다른 시간과 공간에서는 그렇지 못한가 하는 것이다. 이것은 중요한 질문인데 이는 서구 사회에서 다문화적 시민권에 대한 다양한 운명을 설명하기 때문일 뿐만 아니라, 후기식민지 사회 및 후기공산주의 사회에서 다양성을 생각하는 하나의 모형으로서 다문화 시민권의 잠재적 역할을 모색하기 때문이다. 불행하게도 후기다문화주의자의 논쟁은 이러한 질문에 답하는 데 큰 도움이 되지 않는다. 후기다문화주의자는 다문화주의가 지금까지 시민화를 열망했던 정도를 무시하였고, 또한 다문화주의로부터의 후퇴에 대해 지나친 일반화를 보여주었기 때문에, 왜 다문화적 시민화가 특정의 시기와 장소에서 융성했고 다른 곳에서 실패했는지에 대한 핵심적 질문에 대하여 해명을 하지 못하는 것이다.

다문화적 시민권의 전제조건

필자의 견해로는, 우리는 아직 다문화적 시민권에서 성공적인 실험을 위한 전제조건에 대한 체계적인 설명을 할 수 없기 때문에, 이러한 부분에 대하여 판단과 권고를 할 경우 어느 정도의 신중함이 요구된다. 그러나 만약 우리가 상이한 유형의 집단과 상이한 국가를 통틀어서 다문화주의의 다양한 운명을 모색한다면, 우리는 지속가능한 민주적 다문화주의 모형을 위한 전제조건에 대한 예비적 징후(indications)를 찾을 수 있다.

다문화주의의 이론과 실제는 다문화주의가 시민화에 기여할 수 있음을 보여주지만, 역사적 기록은 어떤 조건이 다문화주의의 의도된 효과를 가지도록 다문화주의를 위한 준비를 갖추어야만 한다는 것을 보여준다. 다문화적 시민권은 난데없이 형성(혹은 부과)될 수 없다. 즉 어떤 자원과 전제조건이 주어져야만 한다. 최근의 저서에서(Kymlicka, 2007: 4장), 필자는 이러한 조건 몇 가지를 논의하였지만, 여기서는 두 가지에 초점을 맞추고자 한다. 하나는 국가－소수자 관계에 대한 탈안보화(desecuritization)이고, 다른 하나는 인권 합의에 대한 실재이다.

탈안보화: 국가가 지정학적 조건, 근접한 적에 대한 두려움 등에서 오는 불안정감을 느끼는 상황에서, 국가 내부의 소수자를 공정하게 대우할 수는 없을 것이다. 특히, 국가는 근접한 적의 잠재적 협력자로서 소수자를 바라보기 때문에 이러한 소수자에게 권력 및 자원을 부여하지는 않을 것이다.

과거에는, 이것이 서구에서 쟁점이 되었었다. 예를 들면, 제2차 세계대전 이전에 이탈리아, 덴마크, 그리고 벨기에 등은 국내의 독일어 사용자가 자국보다 독일에 더 많은 충성을 보일 것이라고 두려워했으며, 그리고 독일의 침공 의도를 지지할지도 모르고, 또 독일 민족과 지역적으로 합병을 할지도 모른다고 두려워했다. 이 국가들은 독일이 민족적으로 유사한 사람들을 해방시킨다는 이름으로 침공할지 모르고, 또 독일계 소수자가 그러한 침공에 협조할지 모른다고 우려했다.

오늘날 이것은, 비록 특정 이민자 집단, 특히 9.11 테러 이후 아랍계와 무슬림 집단에 대하여 어떤 쟁점은 남았지만, 선진 서구 민주주의 국가에서는 역사적으로 존재했던 소수민족과 토착민에 대하여 논쟁거리가 되지는 않는다. 단일의 서구 민주주의 국가에서 어떤 소수민족이 이웃하는 적이나 잠재적 침략자와 협력할지 모른다고 우려하는 나라가 있다고 생각하기 어렵다.[13] 이것은 부분적으로 서구 국가가 침공할지 모르는 근접한 적을 가지지 못했기 때문이다. NATO는 단일의 서구 국가에 그 이웃이 침공하는 가능성을 제거했다. 따라서 소수민족과 토착민이 이웃하는 국가에 의해 공격을 받을 경우에 침공국가에 충성을 보일지도 모른다는 의문은 그저 상상일 뿐이다.

물론, 서구 민주주의 국가는 장기적으로 잠재적인 적, 과거의 구 소련, 오늘날의 이슬람 근본주의 운동과 같은 적을 가졌고, 또 먼 미래의 시나리오로 중국을 들 수도 있을 것이다. 그러나 이러한 장기적인 위협과 관련해서 보아도, 소수민족과 토착민은 그 국가와 똑같은 처지에 놓이게 된다. 만약 퀘벡이 권력을 얻거나 심지어 독립을 획득한다면, 퀘벡이 캐나다라는 국가를 전복하기 위해서 알카에다 혹은 중국과 협력을 시작할 것이라고 걱정하는 캐나다의 주(州)는 없을 것이다. 자치적이거나 혹은 독립적인 퀘벡은 캐나다와 적이 아닌 동맹관계를 유지할 것이다.

그러나 대부분의 국가에서, 소수자 집단은 아직까지 이웃하는 적과 함께 협력하는 제5열[14]로 비추어진다. 이러한 생각은 소수자가 이웃한 국가와 민족성 혹은 종교 등으로 연관된 곳이나, 혹은 소수자가 국경선

13 만약 우리가 서구 유럽 바깥으로 눈을 돌린다면, 사이프러스나 이스라엘은 아직까지 역사적으로 터키계 및 아랍계 소수자를 외부의 적에 대한 잠재적 협력자로 바라보는 견해를 가진 이러한 역동성을 보여주는 공고화된 민주주의(consolidated democracy)로 분류될 수 있으며, 그들은 소수자 자치에 대해 똑같이 동의할 수 없었다.

14 제5열(fifth columns)은 국내에서 적과 내통하는 등 이적행위를 하는 사람을 일컫는다. — 역자주

의 양쪽 부분에서 거주하는 곳에서 특히 그러한데, 그래서 이웃한 국가는 "이웃 나라의" 소수자를 보호할 권리를 주장하곤 한다. 예를 들어 보스니아의 세르비아계(ethnic Serbs), 혹은 인도의 카슈미르인(Kashmiris) 등이 그렇다.

이러한 상황하에서, 민족적 관계는 "안보화(securitized)"하게 되었다. 국가와 소수자 사이의 관계는 일상적인 민주적 논쟁과 협상의 문제가 아닌, 국가가 스스로를 보호하기 위하여 민주적 과정을 제한해야만 하는 것과 같은 국가 안보의 문제로 비춰진다. '안보화(securitization)'라는 조건하에서, 소수자에 대한 정치적 동원은 금지될지 모르고, 심지어 소수자의 요구가 발생하더라도, 국가와 더 큰 주류 사회에 의해서 거부당할 것이다. 결국, 불충하다고 인식된 집단이 국가에 대해 어떻게 합법적인 주장을 할 수 있을 것인가? 그래서 민족적 관계에 대한 안보화는 소수자의 요구 목소리를 수용할 민주적 공간, 그리고 그러한 요구가 수용될 가능성 둘 모두를 쇠퇴하게 한다.

그러나 대부분의 서구 국가에서, 민족적 정치는 "탈안보화"되었다. 민족적 정치는 바로 그러한 정상적이고, 일상적인 정치인 것이다. 국가와 소수자 집단 사이의 관계는 "안보"라는 상자에서 벗어났으며, "민주적 정치"라는 상자 안에 들어갔다. 이것이 다문화적 시민권이 전면에 등장하고 뿌리를 내리기 위한 가장 본질적인 전제조건이다.

인권 보호: 두 번째 전제 조건은 국가의 안전이 아닌, 자치권을 가진 소수자 제도에 예속될지 모르는 개인의 안전에 대하여 고려하는 것이다. 만약 소수자의 자치정부가 전체 민주 국가 내에서 지방 독재정권으로 이루어진 고립된 섬을 만든다고 국가가 두려움을 느끼게 된다면 이들은 소수자의 자치권을 수용하지 않을 것이다.

이것은 과거 서구에서 너무 지나친 걱정거리였으며, 서구에서 오랫동안 거주했었던 몇몇 소수자는 반자유적인 정치문화에 대한 보균자(carriers)로 비춰진다. 그리고 이러한 두려움은 최근의 몇몇 이민자 집단과 관련된 이슈에서 여전히 관찰된다. 그러나 적어도 소수민족과 관련하여, 자유 민주주의와 인권의 기본적 가치에 관해 민족적 개선을 통틀어서 깊이 있는 합의가 있다는 것이 광범위하게 전제되기도 한다. 그 결과, 소수민족에게 부여된 어떠한 자치권이 민주주의와 인권의 공유된 표준과 일치하도록 숙달될 것이라는 점 또한 알 수 있다. 모든 사람은 소수자 자치 정부가 자유주의적 민주주의 입헌제도의 제약 속에서 운용될 것이고, 이것은 개인적 권리를 확고하게 뒷받침할 것이라는 점을 받아들인다. 서구에서 소수자가 자치권을 획득한다면, 그러한 자치 정부 제도는 중앙정부와 같이 헌법적 제약에 지배를 받을 것이며, 또 그래서 문화적 진정성, 종교적 정통성(orthodoxy), 혹은 인종적 순수성이라는 이름으로 개인의 자유를 제약하는 법적 능력을 전혀 가질 수 없을 것이다. 서구에서 소수민족이 반자유적 제도를 설립하는 것은 희망할 수도 없을 뿐더러, 법적으로도 불가능하다. 오히려, 자치권의 획득은 소수민족의 구성원이 적어도 자유민주적 가치를 지배집단의 구성원만큼 강력하게 위임받았음을 보여주는 것이다.[15]

이를 통하여 지배 집단이 소수자 자치정부에 대해 가지는 중앙정부의 두려움을 제거할 수 있다. 세계의 수많은 지역에서, 소수민족 혹은 토착민이 자치권을 요구했을 때, 그들은 소수자 집단에 속하지 않는 사람

15 몇몇 토착민 집단과 관련된 상황은 좀 더 복잡한 이유는 그들이 때때로 자유민주적 합의의 범위에 포함되지 않는 것으로 인지되기 때문이다. 그러나 토착민 자치정부는 소수민족에 해당하는 지역적 자치와는 달리, 비구성원을 포괄하는 권력 행사를 포함하기 때문에, 토착민 자치정부는 비구성원의 권리를 침해할지 모른다는 우려가 적은 편이다. 더욱이 모든 증거는 토착민이 더 광범위한 자유민주적 원칙을 폭넓게 수용하였음을 보여준다(Schouls, 2003).

을 박해하고, 소유권을 박탈하고, 추방하고 또는 살해하는 데 자치권을 사용할 것이라는 두려움을 낳는다. 하지만 서구 민주주의국가에서, 이것은 쟁점이 되지는 않는다. 자유민주적 가치에 대한 강력한 합의가 있는 곳에서, 사람들은 다문화주의에 대한 쟁점이 해결되었을지라도, 자신의 시민적·정치적 권리가 존중받아야 할 것이라고 확신한다. 민족집단과 토착민집단에 대한 주장 간에 해결이 이루어졌든 — 언어적 권리, 자치권, 토지소유권, 혹은 다문화주의 정책이 승인되었든 — 그렇지 않든 간에, 사람들은 그들의 시민권을 빼앗기지 않으며, 직업에서 해고당하지 않으며, 인종청소에 희생되지 않으며, 공정한 심판 없이 감옥에 가지 않으며, 혹은 언론, 결사, 종교의 자유를 거부당하지 않을 것임을 확신해도 된다. 단순하게 보아서, 지배 집단은 소수집단의 저항에 대하여 죽도록 싸우지 않을 것이다. 이것은 역시 다문화 시민권에 대한 성공적인 적응을 위한 전제조건이다.

서구에서는 다문화주의의 융성을 지지하는 다른 요인이 있는데, 여기에는 인구론적 변화가 포함되지만, 탈안보화와 인권이 중요한 요인이다. 이러한 두 가지 조건이 없는 곳에서는 폭력적인 투쟁이나 외부의 개입에 의한 경우를 제외한다면 다문화주의가 등장하기는 어려울 것이다. 이러한 두 가지 요인은 다문화주의의 융성을 설명하는 데 도움을 줄 뿐만 아니라, 최근 무슬림 이민자가 종종 국가에 충성하지 않고 또 반자유적인 것처럼 비춰지는 문제와 관련하여 몇몇 나라에서 다문화주의로부터의 부분적 후퇴를 설명하는 데 도움을 준다. 이민 다문화주의에 대한 반격만큼 작용하는 다른 요인도 있는데, 이에는 불법이민, 이주민실업자를 부양해야 하는 경제적 부담, 또 구시대적 인종적 편견에 대한 우려도 포함된다.[16] 많은 사람들에게, 후자, 즉 인종적 편견은 핵심적 요인이다. 물론 그러한 편견은 모든 나라에서 발견되며 — 이것의 존재는 확실히 다문화주의를 적용하기 위한 부분적 정당화가 된다—, 그래서 다문화주의에 대한 지지에서 여러 나라(여러 시간)에 걸친 차이를 설명할 수 없다. 그리고 만약 우리가 왜 이러한 잠재적인 편견과 외국인 혐오가 종종 다문화주의에 대한 강력한 정치적 운동 속으로 용해되는지를 알고자 시도한다면, 필자가 믿는 해답은 지정학적 안정, 인권, 그리고 경제적 안정을 위협한다는 인식에 달려있다. 그러한 인식이 존재하지 않는 곳, 즉 북미에서 대부분의 이민자 집단과 연관되기 때문에, 다문화주의에 대한 지지는 조용하지만 강력하게 남아있는 것이다.

결론: 서구에서 다문화주의의 미래

만약 이러한 분석이 정확하다면, 이것은 서구에서 다문화주의의 미래에 대한 중요한 함의를 가진다. 한편으로 다문화주의로부터의 후퇴에 관한 모든 논의에도 불구하고, 일반적으로 다문화주의가 밝은 미래를 가질 수 있다는 것을 보여준다. 현대 서구사회에는 대중의 인식과 민족문화적 다양성의 수용이라는 방향으로 작용하는 강력한 힘이 있다. 공적 가치와 관용에 대한 헌법적 규범, 평등, 그리고 개인의 자유 등은 인권혁명에 의해 지지받았던 것인데, 이것은 모두 다문화주의로 나아가는 추진력이며, 특히 소수민족 계층 그리고 인종적 계층의 역사적 배경에 비추어볼 때 그러하다. 이러한 요인은 지방의 민족 집단과 토착민의 권리에

16 이러한 요인에 대한 보다 상세한 논의는 Kymlicka, 2004를 볼 것.

대한 인식을 향한 현재의 경향에 대한 설명을 제공한다. 비차별적인 시민권과 중립적인 공공 영역에 대한 더 오래된 아이디어는 이러한 경향에 직면하여 사멸했고, 그리고 오늘날 어느 누구도 역사적으로 존재했던 소수자를 위하여 이러한 형태의 소수자 권리와 차별화된 시민권이 포기 혹은 수정될지 모른다고 심각하게 제안하지 않는다.[17] 그러한 소수자 권리, 자유민주주의, 그리고 인권이 충분히 공존할 수 있다는 것은 현재 국내 헌법과 국제법 둘 모두에서 확고하게 지적한다. 이러한 맥락에서는 다문화주의에 대한 믿을 만한 대안이 존재하지 않는다.

이민자 집단에 관한 상황은 조금 더 복잡하다. 역사적으로 오랫동안 존재했었던 소수자와의 관계 속에서 다문화주의를 촉진했던 요인이 이민자 집단을 위해 기꺼이 다문화주의를 고려하는 경우에도 동일하게 작용했으며, 또 실제로 그러한 정책은 "저위험"적 상황하에서는 잘 작동했었던 것처럼 보인다. 그러나 이민 다문화주의는 그것이 특히 높은 위험을 수반할 것이라고 인지되는 곳에서는 어려움을 겪었다. 이민자가 현저하게 불법적인 것으로, 불법적 관습 혹은 운동의 잠재적 위험인자로, 그리고/혹은 복지국가에서 중요한 부담으로 보여지는 곳에서, 다문화주의는 신중한 자기 이익과 도덕적 원칙 둘 모두에 대한 인지된 위험이라는 궁지에 빠질 수 있으며, 그리고 이러한 인지는 다문화주의를 지지하는 힘을 무효화할 수 있다.

반면, 사람들은 바로 이러한 똑같은 요인이 이민 다문화주의의 거부로 인하여 어떤 높은 위험을 역시 만들지 모른다고 주장할 수도 있다. 이것은 이민자가 위법적이고, 불법적이며, 그리고 다문화주의가 가장 필요로 하는 일종의 부담으로 인지되었을 때 여지없이 나타난다. 상호 이해

17 심지어 베리(Brian Barry, 2001)와 같은 다문화주의에 지독한 비판자조차도, 지방의 민족집단과 토착민의 경우에는 그의 아이디어를 결코 적용하지 않는다.

와 존중을 증진시키기 위한 주요 정책 없이, 그리고 제도권 내에서 이민자가 안락함을 느낄 수 있도록 하지 못한다면, 이러한 요인은 인종주의화된 하급계층이라는 상황으로 급속히 이어질 수 있으며, 이는 주류라는 거대 사회와 영원한 배치 상태에 이르게 할 수도 있다. 장기적 관점에서, 필자는 이민자가 어디에서 어떻게 왔건 상관없이, 수많은 이민자가 존재하는 데 대한 실행 가능한 대응은 일종의 자유주의적 다문화주의를 유지하는 것이라고 주장하려 한다. 그러나 우리는 많은 국가에서 이민 다문화주의에 이르는 길이 순탄하지 못하거나 직선으로 이어지지는 않을 것이라는 사실을 받아들일 필요가 있다. 더욱이 우리는 내재적 위험을 어떻게 관리할 것인가에 좀 더 초점을 맞출 필요가 있다. 지난 과거에, 이민 다문화주의에 대한 방어자는 주로 문화적 다양성과 문화 간 이해의 인지된 이점에 초점을 맞추었고, 또 인종주의와 인종혐오주의를 비난하는 데 초점을 맞추었다. 필자는 이러한 논쟁이 건전한 것이라 믿지만, 논쟁은 내포된 신중하고 도덕적인 위험에 대한 더 완전한 지식으로 보완될 필요가 있고, 또 어떻게 이러한 위험을 관리할 것인가에 대한 몇몇 설명이 보충될 필요가 있다.

만약 우리가 아직까지 서구에서 다문화적 시민권의 전제조건에 대한 대략적인의 이해만을 가졌다면, 이는 후기 공산사회 혹은 탈식민지 시대의 세계와 관련해서는 더욱 적절하다. 위의 분석은 다문화적 시민권을 확산하기 위한 노력이 어려울 것이며, 또 지역적 안정과 인권 보호가 없는 지역의 일부에서, 아마 심지어 역효과를 낳을 것이라고 주장한다. 소수자가 불안정한 지역적 지정학 영역에서 잠재적 노리개가 될 가능성이 있는 곳에서, 또 인권 보호가 약한 곳에서, 다문화주의의 서구적 모형을 이식하려는 시도는 시민화에 대한 기여라기보다는 차라리 이전에 있었던 증오와 배제에 대한 관계를 악화시킬지 모른다. 그럼에도 불구하고 여기에 다문화주의에 대한 실현가능한 대안은 존재하지 않는다. 19세기 프랑스의 동화주의 모형에 기반한 국가형성을 21세기 후기 공산사회 혹은 탈식민지 국가로 대체하기 위한 노력은 실패라는 불행한 운명을 맞이하게 될 것이 분명하다고 볼 수 있는데, 이는 오늘날의 소수자가 자신의 권리에 대한 의식을 더 가지고, 더욱 잘 조직화되며, 그리고 국제적 네트워크에 보다 잘 연결되기 때문이다. 다문화주의에 대한 심각한 장애물이 있다는 사실이 다문화주의를 대체할 만한 좋은 대안이 있다는 것을 뜻하지는 않는 것이다.

참고문헌

Alibhai-Brown, Y. (2000) *After Multiculturalism*, London: Foreign Policy Centre.

—— (2003) "Post-Multiculturalism and Citizenship Values," presented to Immigrant Council of Ireland Conference on Immigration, Ireland's Future, 11 December 2003.

—— (2004) "Beyond Multiculturalism," *Canadian Diversity/Diversitè Canadienne*, 3(2): 51-54.

Ang, I. and Stratton, J. (2001) "Multiculturalism in crisis: The new politics of race and national identity in Australia," in I. Ang(ed.) *On Not Speaking Chinese: iving Between Asia and the West*, London: Routledge: 95-111.

Back, L., Keith, M., Khan A., Shukra. and Solomos, J. (2002) "New Labour's white heart: Politics, multiculturalism and the return of assimilation," *Political Quarterly*, 73: 445-54.

Banting, K. and Kymlicka W. (eds.) (2006) *Multiculturalism and the Welfare State: Recognition and Redistribution in Contemporary Democracies*, Oxford: Oxford University Press.

Barry, B. (2001) *Culture and Equality: An Egalitarian Critique of Multiculturalism*, Cambridge: Polity Press.

Baubock, R. (2002) "Farewell to multiculturalism? Sharing values and identities in societies of immigration," *Journal of International Migration and Immigration*, 3: 1-16.

Bissoondath, N. (1994) *Selling Illusion: The Cult of Multiculturalism in Canada*, Toronto: Penguin.

Bloemraad, I. (2006) *Becoming a Citizen: Incorporating Immigtants and*

Refugees in the United States and Canada, Berkeley: University of California Press.

Brubaker, R. (2001) "The Return of Assimilation?" *Ethnic and Racial Studies*, 24/4: 531—48.

Cuperus, R., Duffek, K. and Kandel, J. (eds.) (2003) *The Challenge of Diversity: European Social Democracy Facing Migration, Integration and Multiculturalism*, Innsbruck: Studien Verlag.

Entzinger, H. (2003) "The Rise and Fall of Multiculturalism in the Netherlands," in C. Joppke and E. Morawska (eds.) *Toward Assimilation and Citizenship: Immigrants in Liberal Nation—States*, London: palgrave, 59—86.

Hansen, R. (2007) "Diversity, Integration and the Turn from Multiculturalism in the United Kingdom," in K. Banting, T. Courchene, and L. Seidle (eds.) *Belonging? Diversity, Recognition and Shared Citizenship in Canada*, Montreal: Institute for Research on Public Policy, 35—86.

Hollinger, D. (2006) *Post—ethnic America: Beyond Multiculturalism*, revised edition, New York: Basic Books.

Joppke, C. (2004) "The retreat of multiculturalism in the liberal state: Theory and Policy," *British Journal of Sociology*, 55/2: 237—57.

Jupp. J. (2007) *From White Australia to Woomera: The Story of Australia Immigration*, 2nd edition, Cambridge: Cambridge University Press.

King, D. (2004) *The Liberty of Strangers: Making the American Nation*, Oxford: Oxford University Press.

Koopmans, R., Statham P., Guigni M., and Passy F. (2005) *Contested Citizenship: Immigration and Culture Diversity in Europe*, Minneapolis: University of Minnesota Press.

Kymlicka, W. (2004) "Marketing Canadian Pluralism in the International

Arena," *International Journal*, 59/4: 829–52.

—— (2007) *Multicultural Odysseys: Navigating the New International Politics of Dersit*, Oxford: Oxford university Press.

—— (2008) "Review of Paul Sniderman and Louk Hagendoorn's *When Ways of life Collide: Multiculturalism and its Discontents," Perspectives on Politics*, 6(4): 804–7.

Prins, B. and Slijper, B. (2002) "Multicultural Society Under Attack," *Journal of International Migration and Integration*, 3(3): 313–328.

Schouls, T. (2003) *Shifting Boundaries: Aboriginal Identity, Pluralist Theory, and the Politics of Self–Government*, Vancouver: UBC Press. 2005 in text.

Sniderman, P. and Hagendoorn, L. (2007) *When Ways of life Collide*, Princeton University Press.

Vertovec, S. (2005). "Pre–, high–, anti– and post–multiculturalism," ESRC Centre in Migration, *Policy and Society*, University of Oxford.

Wong, L., Garcea J., and Kirova A. (2005) "An analysis of the 'anti–and post multiculturalism' discourses: The fragmentation position," Prairie Centre for Excellence in Research on Immigration and Integration.

제 3 장

영국인(British)과 타자: '인종'에서 '종교'로

랄프 그릴로

서문

1960년대 이후 영국의 거버넌스 체제를 뒷받침해오던 원칙에 대해 2001년 이후 광범위한 의문이 제기되면서, 다민족, 다문화 사회로 구축된 영국의 통치방식이 점차 문제시되기 시작하는 것처럼 보였다. 하지만 밀레니엄 이후 시기의 궤도 역시 모순투성이다. 영국 사회의 다양성 증가에 따른 불안 그리고 종종 다문화주의를 향한 노골적인 적대감에도 불구하고, 정부 정책은 일상적 삶의 현실과 복잡한 변증법적 관계 속에서, 소수자를 인정하고 그들과 함께 일하는 하나의 방식으로서 종교를 강조하였다. 그러므로 영국에서 차이와 다양성의 구조는 '인종'(1950년대와 1960년대 '인종 관계' 속에서처럼)에서 점차 벗어나 '민족성'과 '문화', 그리고 그로 인해 '종교'로 이동했다.

문화인류학, 사회학, 역사학에 의존하면서, 이 장에서는 규범적인 관점보다는 기록이라는 관점에서 이러한 담론의 추이를 살펴본다. 전자에 관해서는 정치와 종교 지도자의 정치철학과 연설에서 충분히 다뤄졌다. 즉, 사실상 차이와 다양성에 관한 공적 논쟁에서는 이것 외에 다른 것은 거의 없다. 이 장은 영국에 초점을 맞추기 때문에, 하나의 민족국가를 심층적으로 들여다보는 이점이 있다. 다만 다문화주의에 관한 공적 논쟁은 그것이 뿌리박힌 폭넓은 맥락을 고려하지 않고는 완전하게 이해할 수 없다는 단점은 있다. 여기에는 국가 간에도 정치적·학문적·대중적 담론은 서로 얽히고, 수많은 어휘나 출처, 비유, 관념, 사례와 패러다임의 갈래가 포함되었지만, 이처럼 텍스트 간의 상호연계성을 이 글에서는 다룰 수가 없다.

통합 이상의 것

> 서인도 제도 출신이나 아시아인은 잉글랜드에서 태어난다고 해서 잉글랜드 사람이 되지는 않는다. 법적으로 그들은 출생에 의해 영국 시민이 되지만, 사실 여전히 서인도제도인이나 아시아인이다. 만약 그가 작은 소수집단(내가 거듭 강조하건대, 숫자가 핵심이기 때문이다) 중 하나에 속하지도 않는다면, 그 본질에 따라 다른 국적를 얻지 못하는 상태에서 자신의 국적을 상실하게 될 것이다(Enoch Powell, in Smithies and Fiddick, 1969: 77).

잘못된 일이긴 하나, 미디어의 관점에서 보면, "잉글랜드다움(Englishness)만큼이나 영국다움(Britishness)은 체계적이고 대개 불문율 같은 인종적 함축을 포함한다. 영국인이 되는 명시적 조건으로 흰 피부색을 그 어디서도 거론하지는 않지만, 잉글랜드다움, 따라서 그 연장선상에서 영국다움은 인종적 코드를 지녔다는 데 폭넓은 공감대가 형성되었다"고 <다민족 영국의 미래에 관한 파렉(Parekh) 보고서>는 주장했다(Parekh Report, 2000: 38). 위에서 언급한 대중영합적인 보수당의 괴짜 정치인 에녹 파월의 말처럼 이 표현은 교묘한 방식으로 '잉글랜드인'이 환유적으로 바로 '영국인'을 의미하게 될 수 있음을 보여주며, 왜 다민족 국가인 영국에서는 어떠한 단일한 용어로 모든 사람을 아무 문제없이 포괄할 수 없는지를 예시해준다. 과거에 실제로 그랬고 현재도 어느 정도는 그렇듯이, 본 장에서는 웨일즈인과 스코틀랜드인, 아일랜드인을 잉글랜드인과 동일시하여, '잉글랜드인과 타자'라는 제목을 붙여도 어느 정도 정당화된다고 할 수 있을 것이다.[1] 논란의 여지가 있고 문제가 있기는 하지만, '잉글랜드(England)'/'잉글랜드 사람(English)'은 때때로 환유적으로 '영국(Britain)'/'영국 사람(British)'을 의미하는 단어로 사용되었는데, 어떤 사람은 이 관행이 과거 잉글랜드인이 영국 제도(British Isles)[2]의 나머지 종족에 대해 가지는 식민지적 태도를 반영하는 것으로 받아들였다.

1 여기에서 '타자'는 정신분석적 접근을 지칭하는 것으로 여겨서는 안 된다. 라캉주의에 영향을 받은 문화적, 탈식민주의 이론의 어리석음을 뛰어넘어 타자를 설명할 필요가 있다(Baumann and Gingrich, 2004). 영이 주장하듯(Young, 2003: 456), 정작 필요한 것은 '언제, 왜, 누가, 무엇을, 어떻게 그리고 어떤지'인데도, 그와 같은 이론은 '타자만들기를 … 문화적 보편으로 보거나 인간 심리나 집단 형성에 항상 존재하는 문제의 산물로만 묘사한다.'

2 '대영제국 시민', '영국인', 그리고 '잉글랜드인' 간의 구별은 때때로 외부인에게 헷갈리는 만큼이나 토착민에게도 모호하다. 기술적으로 브리튼과 북아일랜드 연합왕국(United Kingdom of Great Britain and Northern Ireland)은 잉글랜드, 웨일즈, 스코틀랜드, 북아일랜드(아일랜드 섬에서 '얼스터(Ulster)' 지방의 일부인 6개 카운티를 말하는데, 나머지 부분은 아일랜드 공화국에 속해 있다) 등 네 개의 '모국(home countries)'으로 구성된다. 지금은 잉글랜드를 제외한 나머지 지역 모두 어떤 형태로든 분권형 자치정부 형태를 띠고 있다.

만약 역사적으로, 내부적 식민주의(Hechter, 1975)가 잉글랜드인(English), 영국인(British) 그리고 나머지 집단 간의 관계를 규정했다면, 종교도 그러했다. 18세기에 프로테스탄트 정체성으로서 영국다움은 가톨릭 프랑스와의 내적인 차이와 외적인 갈등을 배경으로 등장했기 때문에, 우열 차이의 이미지를 두드러지게 지녔다(Colly, 1992). 게다가 거기에는 유대인도 있었는데, 이들은 1290년에는 추방의 대상이었다가, 이후에는 외국인 입국을 규제하기 위해 만들어진 근대 영국 최초의 법(Aliens Acts 1905)의 적용대상 중 하나가 되었다. 그런 타자로부터 영국인/잉글랜드인을 구별하는 표시가 본질적으로 인종적이지는 않지만, 이들을 어떤 태생적으로 열등한 '혈통'에서 유래하는 존재로 규정하면서 손쉽게 인종적 색채로 변질되었다. 그리고 19세기까지 이러한 방식은 특히 다른 집단, 즉 영국의 외부 식민지 출신 사람들을 대상으로 흔히 사용되었다.

1945년 이후 영국에는 세 가지 주요한 유입 형태가 있었는데, 바로 전쟁과 냉전으로 근거지에서 쫓겨난 유럽 난민(예: 폴란드인, 헝가리인), 특히 남유럽 출신의 이주노동자와 가족(예: 이탈리아인), 영국/영연방의 카리브해와 남아시아 출신 이민자이다.[3] 약간의 적대감에도 불구하고(1957년 존 오스본(John Osborne)의 연극 <엔터테이너, *The Entertainer*>에서, 주인공의 아버지는 '폴란드인과 아일랜드인'에 대해 불평한다), 처음 두 집단은 다양성 관리에 그다지 어려움이 없었다. 1950년대 후반 런던과 여타 지역에서 아프리카계 카리브인 층을 겨냥해 일어난 '인종 폭동'에서 증거를 찾을 수 있듯이, 세 번째 집단은 문제가 되었다(전쟁 이전의 폭동에 관해서

3 전후 영국에 유입한 이민에 관해서는 특히 Rose 외(1969), Watson(1977), Fryer(1984), Gilroy(1987), Holmes(1988), Hiro(1991); Layton-Henry(1992), Ballard(1994), Goulbourne(1998), Phillips and Phillips(1998), Parekh 보고서(2000), Ansari(2004), Winder(2004), Modood(2005)를 참조할 것.

는 Fryer, 1984를 볼 것). 또한 후자 집단과 새로 유입된 아시아인에 대한 적대감은 1960년대에 특히 웨스트 미들랜즈(West Midlands)에서 두드러지게 나타났다. 1968년에, 에녹 파월은 '미래를 내다보니', 마치 '로마인처럼 "많은 피로 끓어넘치는 티베르(Tiber) 강"을 보게 되는 것 같은 불길한 예감으로 가득 찼다'는 악명높은 발언을 했다(Smithies & Fiddick, 1969: 43). 영국의 공인 세계에서 이번이 처음도 아니고 마지막도 아니겠지만, 그러니 타자는 심지어 영국에서 태어나고 자랐을지라도 영국인(혹은 잉글랜드인)이 될 가능성을 파월과 같은 연설은 아예 부정했다. 그러므로 급속하게 탈식민화가 진행되는 시기에 전통적 유형의 인종주의는 다양성을 위한 거버넌스에서 핵심 이슈가 되었다.

이에 대한 공식적 반응은 두 가지였는데, 하나는 영국으로의 입국을 제한 및 통제하고 영국 국적을 재정의하는 법률을 제정하는 것이고, 다른 하나는 소위 차별과 싸우기 위한 법률로 이른바 '인종 관계'를 조정하는 법제화이다. 후자는 당시 로이 젠킨스(Roy Jenkins) 장관 휘하의 내무부(Home Office) 자문들이 정의했듯이, '획일적인 동화 과정이 아니라 상호 관용의 분위기 속에서 문화적 다양성과 더불어 동등한 기회'로서의 통합 형태를 향한 움직임으로 구체화하였다(Jenkins, 1967: 267). 보편적 규범과 가치를 공유하는 공동의 공공 영역 안에서만 고용, 주택, 교육, 건강 그리고 복지에서 동등한 기회 부여, 법 앞의 평등, 인종주의로부터 보호를 실현할 수 있고, 사적으로는 독특한 신념, 가치, 실천, 종교, 언어를 보존할 수 있게 된다는 점에서, 이민자와 다음 세대의 미래는 바로 이 공공 영역에 의해 결정된다. 이민자와 소수민족 집단은 '같이 있지만 다른 모습으로' 존재하게 될 것이었다.

이 타협은 정부의 정치적 성향과 상관없이 1960년대 중반부터 매우 일관된 방식으로 공공 정책에 깊숙이 반영되었다. 그것은 (정도의 편차가 있고 한계는 있지만) 문화적 다양성을 인정하면서도, 많은 삶의 영역에서 문화적응을 추진하고 고용, 주택, 교육, 건강, 복지 혜택에서의 불평등을 개선하려고 시도하는 '미약한' 다문화주의(이 용어는 1960년대 후반부터 통용된다)였다. 국가나 지역 차원의 주요 공공기관은 인종적으로 혼합된 여러 대도시에서 문화적으로, 언어적으로 그리고 종교적으로 다양한 층과 대처해야 하는 사람들이 매일 접하는 어려움을 제기하면서 이 정책을 현실화했다. 교육 현장에서 일어난 현상은 이를 잘 보여준다. 소수 민족 배경의 어린이 숫자가 증가하고, 교실에서 종종 상당한 긴장이 발생하는 상황에서, 교사는 반인종주의 운동을 추진하고 소수 민족층을 다른 문화의 담당자로 강조하는 교육과정을 마련하며, 바람직한 '모든 이를 위한 교육(Education for All)'으로 간주되는 다문화적 시각을 촉진해야 했다 (Swann Report, 1985).

그러므로 1960년과 2000년 사이에 두 부처(내무부와 교육부)가 주로 제시한 정책은 이민자 대다수가 계속 체류할 것이라는 점을 받아들이면서도 이민을 통제하려 했다. (특히 어린이 사이의) 차별과 성취도 격차를 해결하려는 욕구가 널리 확산되었고, 문화적 차이의 정당성도 점점 더 인정하게 되었으며, 사적 영역과 함께 어느 정도는 공적 영역에서도 그러한 차이의 표현을 허용하려는 자세도 훨씬 더 확대되었다. 이것은 장밋빛 전망처럼 보일지 모르겠으나, 확실히 개선은 균등하게 전개된 것도 아니고 저항이 없었던 것도 아니었다. 파렉 보고서와 인종평등위원회(Commission for Racial Equality, 2007)는 소수 민족 집단이 여전히 직면한 많은 문제점(경찰, 범죄 관리, 교육, 미디어, 건강 그리고 복지, 고용, 정치적 대표제)을 제대로 기록하였다. 이전에 이룩한 성과의 한계는 1980년대 중반의 소요와 1990년대에의 인종주의적 살인 사례에서 뚜렷하게 드러났다. 하지만 그 결과 영국은 점차 다원주의 사회로 옮아갔다. 아마르티아

센(Amartya Sen)은, 자신이 처음 영국에 온 이후 '변화된 정도는 여러 가지 면에서 상당히 괄목할 만하다'고 말했다(Sen, 2006: 152). 방송인 조지 알라기아(George Alagiah)가 표현했듯이, '지금 이 나라에서는 영국 국교회를 운영하는 것에 존 센타무(John Sentamu)가 기여하고, 우리가 힘들여 쟁취한 자유를 가장 유창하게 옹호하는 이 중의 하나가 샤미 차크라베티(Shami Chakrabati)인데, 그렇다면 이 나라는 1967년 내가 올 때의 그 나라에 비해 엄청나게 바뀐 셈이다'(Alagiah, 2006: 265).[4]

양립할 수 없는 가치, 평행적 삶

> 문화다원주의는 아마 지금 예측 가능한 미래에서는 … 공식적인 정부의 정책이 될 것으로 보인다(Poulter, 1998: 18).

> 문화적 차이에 대한 존중은 기본적인 인간의 권리와 의무에 의해 규정되는 한계가 있다. 이러한 경계의 일부는 매우 분명하다. [몇몇] 관행은 분명히 우리의 기본 가치와 양립할 수 없다(노동부장관, 데이비드 블런켓; David Blunkett, 2002: 76).

4 요크 대주교인 존 센타무(John Sentamu)는 우간다 출신이다. 시민의 자유를 위한 국가평의회(National Council for Civil Liberties) 사무총장인 샤미 차크라바티(Shami Chakrabarti)는 런던에서 태어났다 – 그녀의 가족은 1950년대 인도에서 영국으로 건너왔다. 인도 태생 아마르티아 센(Amartya Sen)은 노벨상을 수상한 경제학자인데, 그의 수많은 뛰어난 경력 중의 하나는 바로 캠브리지 대학교 트리니티 칼리지(Trinity College) 학장직이다. 조지 알라기아(Gorge Alagiah) 자신은 스리랑카에서 태어났다.

비록 영국 사회가 일반적으로 다양성에 대해 보다 개방적으로 바뀌었을지라도, 거기에 회의적인 사람은 있었다. 영국이 다문화(즉, '다인종') 사회로 변화하는 것에 대해 극우 정당이 반대운동을 전개했었지만, 주류 특히 보수당 각료 사이에서도 회의적인 사람은 있었으며, 다양성 가치에 대한 신념은 루시디 사건(Rushdie affair, 1989년)에 의해 호되게 검증을 받았다. 그러나 새 천년의 전환기에 이르기까지 다문화주의에 대해 유보적이었던 태도는 폭넓은 정치 스펙트럼 속에서 고루 발견할 수 있었다. 반대는 여러 가지 형태를 띠었다.[5] 학자들 사이에서 다문화주의는 자유민주주의의 원칙을 위반한다는 비판을 받았다. 다문화주의는 본질주의란 비판도 받고, 문화를 정태적이고 한정적이며 한계가 있는 민족언어학적 블록으로 취급한다는 비난에도 시달렸다. 또한 가부장제를 특권시하고 여성을 무력화하며, '문화'에 대한 관심이 전통적인 사회 이슈를 덮어버리도록 조장한다는 비판도 받았다. 명목만의 대책이라든지 시혜주의라는 비난에도 처했다. '핵심적 가치'와 충돌한다고 간주되는 가치에 대항해 핵심적 가치의 중요성을 다시 주장할 필요가 있다고 정치인들은 강조했다. 가령 가부장제와 인종 분리, 여성 억압, 강제/중매 결혼, 세속적 기구와 반대되는 종교적 권력 등이 여기에 속한다. 게토화와 공동체 간의 분리주의, 배타성에 대한 경계심도 생겨났고, 이주민은 이주해 오기 전에 살던 국가이자 이후에도 계속 상당히 중요한 유대관계를 유지하는 국가보다는 지금 거주하는 민족국가에 충성을 선언하고 영어도 배워야 한다는 요구도 늘어났다. '영국다움'에 대한 진지한 토론도 이루어졌다.

2001년은 이러한 여론을 활성화하는 데 중요한 역할을 한 해였는데, 처음에는 우선 인종 혼합 지역인 영국 북부 여러 도시에서 일어난 소

5 Parekh(2000), Grillo(2005, 2007a), Giddens(2006), Modood(2007) 등은 이에 대해 확고한 증거를 제공한다.

요의 결과, 소수자 특히 젊은 무슬림층의 소외에 관한 자기 성찰이 생겨났기 때문이고, 다른 하나는 9.11의 여파였다. 후자는 2005년 7월 런던 폭탄테러(이른바 '7.7' 사건)와 더불어 이슬람에 집중적으로 주목을 끌면서 토론의 틀을 형성했다. 이슬람은 신자 수가 약 2백만 명에 달하는 영국에서 두 번째로 큰 종교로서, 모두 그런 것은 아니지만 주로 남아시아 출신이 많았다. 무슬림은 대다수가 영국에서 태어나 자란 오래된 이주민으로, 도처에 널린 모스크 건물이라든지, 복장이라든지, 이슬람 특유의 요구를 인정해 달라고 주장하는 사례로 상징되듯이 공적으로 가시성이 높은 존재였다. 2001년 소요사태 보고서는 '일련의 평행적 삶의 토대 위에서 운영되는 공동체가 많다'(Cantle Report 2001, Section 2.1)고 기록하였고, 이 표현이 널리 통용되면서 당시 인종평등위원회 의장이던 트레버 필립스(Trevor Phillips)가 표현했듯이, 영국은 '인종 분리를 향해 몽유병 환자처럼 나아간다'는 견해까지 나오게 되었다(Phillips, 2005). 맥기(McGhee)에 의하면, '영국의 "이주공동체" 스스로 격리되고 특이한 문화집단으로 전락해, "주류 영국사회"에서 분리된 채 고립된 거주지로 계속 살아가도록 방치할 수 없다'는 것이 정부가 내린 결론이었다(McGhee, 2005a: 64).

이와 같은 배경에서, 또한 다문화주의가 분열적 특성까지 띤다는 믿음이 갈수록 커지는 상황에서, 정부는 '통합'을 꾀하는 일련의 대책으로 정책 방향을 재조정하려 하였는데, 이 정책은 인종적, 문화적 '다양성'을 계속 강조하면서도 '차이'를 회피하려 했다(Grillo, 2007a; Cantle Report, 2001; McGhee, 2003/2005a; Blunkett, 2004; Cantle, 2005; Robinson, 2005; Ballard 2007 등도 볼 것). 2006년에는 지방자치부(Department of Communities and Local Government)가 새로 설립되었는데, 이 부서의 준거틀에는 인종 불평등의 감소와 공동체 통합의 고취가 포함되었다.[6] 이 부서는 즉시 통합과 화합 위원회(Commission on Integration and Cohesion)를 구성하여, '여러 지역에서 집단 간의 긴장을 조장하고, 민족 분리와 갈등을 낳게 하는 이슈를 검토'하도록 했으며, 또한 '어떻게 하면 여러 지역단위가 스스로 화합하고 유연한 공동체를 조성하는 역할을 수행할 수 있을 것인지' 고심하도록 하였다.[7] 그렇게 하면서, 그들은 '기존에 있는 최선의 실천에 기반한 … 실질적 해결책'을 강조하려 했다. 당시 국무장관이던 루스 켈리(Ruth Kelly)는 지역 정부의 저명인사이며 영국 시크 교도인 다라 싱(Darra Singh)이 수장으로 있는 위원회를 소개하는 연설에서, 다음과 같이 선언했다:

> 우리는 이주와 다양성이 가져다 준 이득에 감사하고 이를 분명히 표현해야 한다고 믿는다. 하지만 이 다양성을 찬양하면서도 지형이 변화한다는 점은 인정해야 한다. … 그리고 점차 생겨나는 더 어려운 문제에 대해 질문하는 것을 회피해서는 안 된다. 나는 지금이 영국에서의 통합과 화합에 관해 새롭고 정직한 논쟁을 해야 할 때라고 믿는다. … 우리는 단순히 다문화주의의 가치에 관해 이구동성으로 동의하는 시기에서 탈피해, 그것이 과연 분리를 조장하는지에 관해 의문을 제기하여 토론을 장려하는 시기로 접어들었다(Kelly, 2006).

바로 그 직후 노동당 연례총회에서, 이후 토니 블레어를 이어 수상이 되는 고든 브라운(Gordon Brown)은 '우리는 우리 사이의 차이에 너무 오랫동안 과도한 가치를 부여했었지만, 지금은 우리가 공통적으로 믿는

6 인종과 민족성 관련 부처의 조직 개편은 2007년에 추가로 단행되었다. 인종평등위원회는 2006년에 출범 30주년을 맞이하여, 트래버 필립스를 수장으로 하는 '평등과 인권 위원회(Commission for Equality and Human Rights)'로 통합되었다.

7 http://www.integrationandcohesion.org.uk/terms_of_reference.aspx(2007년 6월 8일 접속).

것에도 가치를 부여해야 할 때이다'라고 주장했다(Brown, 2006). 이는 토니 블레어 자신이 '우리 국가의 미래: 다문화주의와 통합'이라는 강연에서 다음과 같은 내용으로 이미 다룬 주제이기도 하다(Blair, 2006).

> 기독교도, 유대교도, 무슬림, 힌두교도, 시크교도 그리고 다른 신앙은 자신의 정체성과 종교에 대해 완벽한 권리를 가지며, 자신의 신앙을 실천하고 자신의 문화를 따를 권리가 있다. 이는 바로 다문화, 다종교적 영국이 추구하는 것이다. … 그러나 그것이 우리의 본질적 가치, 즉 민주주의에 대한 신념, 법치주의, 관용, 만인에 대한 평등한 대우, 이 나라와 공유된 유산에 대한 존중 등의 문제에 관한 한, 우리는 모두 하나가 되어야 하고, 우리의 공통점으로 삼아야 한다. 바로 이것 때문에 우리는 자신을 영국인이라 부를 권리를 얻게 된다. 이 점에서는 어떤 독특한 문화나 종교일지라도 통합된 영국이란 나라의 일부가 되어야 할 우리의 의무를 대신하지 못한다. … 영국인이 되는 데에는 권리가 따른다. 여기에는 또한 책임도 따른다. 그리고 이 책임은 어떤 문화적·종교적 실천보다 명백히 우선한다.

거대 장벽의 등장

미디어에서는 이러한 개입에 대해 '민족 간의 관계를 활성화하는 접근으로서 다문화주의를 거부'했다는 결론을 도출했다(<*Financial Times*>, 2006년 9월 26일), '우리의 공유된 미래(Our Shared Future)'라는 제목의 위원회 보고서에서도 이 점을 강조했는데, 여기서는 단지 다문화주의를 부정하기 위해 그 용어를 언급하였다(Commission on Integration and Cohesion, 2007a: 46).

> 폭넓은 범위의 사람과 대화를 나누면서, 사람들이 다문화주의에 대해 다음과 같이 우려하는 것을 들었다. 즉 과거의 다문화주의는 모든 사람에게 중요한 공통된 관심사에 계속 주목하기보다는 때때로 사람들을 영국 내의 지역적 공동체로 나누는 다양한 경로만 강조했었다는 것이다.

그 대신에 이 보고서는 다음과 같이 '통합과 화합에 관한 새로운 정의'를 강조했다.

> (그것은) 새로운 개인과 집단이 다수파 공동체 내에서 자리 잡고 시민으로서 자신의 완전한 권리를 성취하고 부여받게 되는 과정이다. 통합은 완전할 수도, 부분적일 수도 있고, 이루어지는 데 오랜 시간이 걸릴 수도 있으며, 아마도 여러 세대에 걸쳐서 일어날 수도 있다. 화합된 공동체는 조화와 평화로운 관계의 상태에서 함께 공존할 수 있는 곳으로서 상호 이해와 존중의 분위기로 특징지어진다(Commissin on Integration and Cohesion, 2007b: 4).

위원회의 보도자료(2007c)에 따르면, '공유된 미래'란 '공동체를 분열시킬 지도 모르는 차이보다는 결속시키는 것을 구현하는 일'이다. 이 원대한 비전은 여러 연구(가령 Vertovec, 2007)에서 영향을 받은 당대 상황분석을 근거로 삼았는데, 경영학적 언어로 넘쳐나는 현재 지자체 정부의 권고와는 매우 대조적이었다. 즉 지자체는 '자신의 지속가능한 공동체 전략(Sustainable Community Strategies), 지역전략 파트너십(Local Strategic Partnership: LSP) 관리, 그리고 특히 청소년을 대상으로 한 폭넓은 서비스 제공에 통합과 결속을 편입시켜야 한다'는 권고를 받았다(Commission on Integration and Cohesion, 2007a: 52). 실제로 사업보고 시 연설은 다음과 같이 한정된 숫자의 실질적 제안만 강조했다. 즉 국가후원의 공동체 주간, 승인시험을 통과한 학생을 위한 시민권부여 의례, 국가차원의 학교

연계 프로그램 등이 여기에 해당한다.[8] 또한 언어에 관한 여러 세부적인 권고도 나왔다. 영어 구사능력 결핍이 통합에 장애가 된다고 주장하면서, 이 보고서는 제2모국어로서 영어를 학습하는 안을 선호하여 통역과 통역인을 제공하는 정책을 폐기하라고 권고했다. 바로 이것이 미디어가 수용한 메시지로서, <더 선(*The Sun*)>은 이를 '"언어를 배우라"는 명령'으로 표현했다(<*The Sun*>, 2007년 6월 11일).[9] 저명한 다문화주의 비판가의 논평에 따르면,

> 최근까지 … 통합은 금기어였으며, 거의 동화만큼 사악한 것이었다. … 다문화주의는 갑자기 그리고 다소 비열하게 폐기되었다. 지금까지 확실히 눈부실 정도로 명백했던 것을 부처 장관은 뒤늦게 깨달았다. 다문화주의의 신조는 이민과 인종관계를 필요 이상으로 훨씬 고통스럽고 어렵게 만들었다. 여기에 근거한 사회 정책은 사람들을 게토에 몰아넣었고 불신과 의심을 조장했다(Marrin, 2007).

백인의 반격?

우리는 다문화주의의 한계를 제때 깨닫지 못했다. 그리고 우리에게는 공동체 내부와 공동체 간에 발생하는 분열과 차이에 관해 정직하게 말할 용기가 없었다. 자신의 공동체가 변화를 겪으면서 많은 사람이 불안과 불안정을 느

8 정부는 언어관련 제안을 포함하여 많은 제안을 수용하였고, 정부는 공동체 결속에 5천만 파운드를 투자하기로 했다(http://www.communities.gov.uk/news/corporate/500395, 2007년 10월 6일 접속).

9 통합과 결속의 문제점은 도심에 한정되지 않고, 동유럽 출신 이민자의 유입으로 다양성을 경험하기 시작한 (상대적으로 부유한) 시골 지역에서도 발견된다고 미디어는 성급하게 논평했다. 〈데일리 스타(*Daily Star*)〉는 '인종 폭동이 영국의 시골 소도시에서 폭발하기 시작했다'고 대서특필했다.

끼기 시작했다. 자신에게 친숙하던 것은 점차 낯설어졌다(Amos, 2006).

젠킨스(Jenkins) 이후 일어난 변화는 명백해졌다. 2001년 이후 많은 정치인과 지식인, 미디어는 다문화주의가 '차이'를 제도화했고, 신자유주의적이고 초국가화된 세계에서 점차 파편화하는 사회에 대한 통치가능성을 악화시켰다고 믿게 되었다. 대중적 여론도 이유는 다르지만 이와 비슷하게 적대적이었다. 두 개의 출판물(Hewitt, 2005; Dench *et al.*, 2006, 또한 Alagiah, 2006도 볼 것)은 런던의 영국 '백인' 노동계급공동체의 진화라는 맥락에서 이 문제를 탐구하였다. 비록 템스 강 건너 인근의 타워 햄릿(Tower Hamlets)과 그리니치(Greenwich)로 대상 지역이 다르고 접근방법도 다르긴 하지만, 이 둘은 지역의 삶을 해체하는 경제적 구조조정에 관한 이야기를 들려준다.

타워 햄릿 지역에서는, 카나리 워프(Canary Wharf) 주변 부두를 금융센터로 바꾸는 변화는 신분상승을 지향하는 전문직에게 일자리와 적합한 주택을 제공했지만, 과거 고전적인 사회학적 연구(Willmott and Young, 1957)에서 잘 기록한 바와 같이 노동계급의 삶(가까이 모여 살면서 상호 부조를 제공하는 대가족)을 파괴하였다. 동시에 과거에 항상 이주민(특히 20세기 초반의 유대인)이 모여들었던 지역에서는 방글라데시 출신의 이민가구가 점차 늘어났다. 덴치 등(Dench *et al.*, 2006)은 이전에는 '자녀 수(sons and daughters)'의 원칙과 '주거의 상향이동을 지원하는 사다리 정책(housing ladder)'을 통해 주민이 서서히 더 넓은 주택으로 옮겨가도록 한 반면, 지금은 보편주의적 기준(수요)에 따라 주택을 할당하는 정책 때문에 이주민에 대한 적개심이 싹텄다는 (논란의 여지가 큰) 주장을 폈다. 덴치 등의 주장에 따르면, 그러한 특수주의 원칙은 '전통적인 노동계급 도덕관에서 공정하다고 여겨지는 … 공동체주의적 가치'를 반영한다. 하지만,

> 이전 식민지국가의 후손은 스스로를 그 지역 토착민으로 여기는 백인 영국인과 동등한 조건하에서 기회와 국가 복지자원을 놓고 서로 경쟁한다. … [중산층 자유주의자는] 소수자의 권리에 반대하는 토착 백인에 대한 제재를 배가하는 반면에, 이 권리를 강화하는 폭넓은 정치적 조치와 제도를 진전시켰다(Dench *et al.*, 2006: 6).

이들의 주장을 계속 인용하자면, 이 체제는 '국가 서비스의 운영에서 권력을 취하는 정치계급이 지배했으며, 문화적 관용과 사회 경제적 포용성의 이데올로기를 중심으로 편성되었다(위의 책).' 그러한 분석은 백인 노동계급 제보자가 방글라데시 이웃에 대해 가지는 적대적 인식을 흡사하게 반영한다. 이와 유사하게, 휴잇은 1900년대 그리니치에서는 '평등정책과 점차 자신감을 갖춰가는 다문화주의의 부상에 대해 본질적으로 분열되고, 정치적으로 무력한 백인 노동자계급이 보여주는 반격이 형성되기 시작했다'고 기술하였다(Hewitt, 2005: 34). 이에 덧붙여, 이들은 '부분적으로는 "최하층 계급"이고, 부분적으로는 정치·경제적으로 잊혀진 집단이며, 이들의 가정에서 학업실패는 일상적이고 직업에 대한 기대치는 낮은데, 이곳은 온갖 불만이 곪아터지는 외딴 정치적 무인지대이다'라고 언급했다. 이들은 '자신이 보기에 소수자 문제에 더 우선순위를 두는 지역 정치질서와 대립 상태에 있다'고 휴잇은 말한다(위의 책, 55쪽).

이처럼 백인 노동자계급의 '반격'은 흔히 '인종주의'로 해석되며, 분명히 극우 단체는 국지적 긴장을 손쉽게 활용한다. 아마 관계자는 그것을 부인할 것이며, 대중의 반응은 흔히 복합적 성격을 띤다. 글래스고(Glasgow)와 렉섬(Wrexham)에서 일어난 망명신청자 반대 시위는 이 점을 잘 보여주는데, 이 시위는 가난한 백인 노동자계급 공동체 내부의 '분노 문화(culture of resentment)'를 대변한다고 맥기(McGhee)는 설명한다.

그럼에도 불구하고 이주민과 민족·종교적 소수자 때문에 생겨나는 전통적 가치의 붕괴와 이에 따라 감지되는 위협에 대한 대중의 우려는 적어도 노동당에서는 아니겠지만 주류 정치인에게는 자신의 심장부를 위협한다는 점에서 큰 근심거리이다. 따라서 주류의 반격은 부분적으로는 대중영합주의 정당이 부추기는 불만과 불안, 외국인혐오증에 사로잡힌 유권자의 반응에 의한 두려움을 반영한다. 그리고 점차 커지는 이슬람세력의 존재에 대해 모든 사람이 암묵적으로, 때로는 노골적으로 이슬람혐오적인 대응을 하는데, '9.11'과 '7.7 사건'은 바로 이 공포증을 크게 악화시켰다(Runnymede Trust, 1997; Commission on British Muslims and Islamophobia, 2004; Ansari, 2004; Abbas, 2005).

'인종'에서 '종교'로

> 우리의 주된 종교적 전통은 어떠한 정당이나 이데올로기보다도 역사가 길고 뿌리 깊은 것으로서, 우리를 하나의 국가로 결속시키는 여러 가치를 지지하고 전파하는 데 근본적인 역할을 수행한다(Blair, 2001).

그렇지만 이처럼 다문화주의에 대해 의문을 품는데도 불구하고, 정부 정책은 지금까지 주요 광역도시권에서 대의, 자문, 대화를 위한 채널로서 '종교공동체'에 중요한 역할을 부여했다. 이에 따라 종교에 기반한 다문화주의가 성장했는데, 이는 '종교적 학교'를 선호한다는 점, 종교적 증오, 혹은 이른바 '[종교적] 대리인에 의한 인종주의'를 범죄로 규정하는 조치에서 분명히 드러난다(Racial and Religious Hartred Act, 2006; Grillo, 2007b). 이처럼 종교에 기반한 다문화주의는 공동체주의 이론에 근거한 정부 정책과 일치할 뿐 아니라, 점차 종교적 용어로 자신을 규정하는 소수자의 요구와도 조화를 이룬다.

'인종화된 소수자에 관한 영국의 담론이 … 1950년대와 1960년대의 '피부색'에서 1960~1980년대에는 '인종'으로 바뀌었으며, 1990년대에는 '민족성(ethnicity)', 현재 시기에는 '종교'로 변화했다고 피치(Peach, 2005: 18)는 말한다(또한 Gilroy, 1993: 86; Raj, 2000; Back *et al.*, 2002; Statham *et al.*, 2005; Beckford *et al.*, 2006; Hundai, 2007도 참조할 것). 1970년대와 1980년대만 해도, 활동가와 이론가들은 아프리카계 카리브인과 남아시아 출신의 사람을 볼 때 모든 것을 포함하는 계급-인종적 용어인 '흑인(black)'으로 통합하여 설명하려 했다. 하지만 지배적인 담론은 점차 민족적·문화적 구체성을 중시하는 쪽으로 옮아갔다. 이러한 초점 변화 때문에 2001년도 영국 인구총조사에서 종교적 소속 관련 문항이 포함된 일이 상징적으로 보여주듯이, 이후에는 구체적인 종교적 특성을 강조하는 쪽으로 바뀌게 되었으며, 또한 왜 그러한 변화가 일어나게 되었는지도 부분적으로 이해할 수 있게 되었다. 외국인혐오증을 표현하는 가장 최근의 표지로 종교를 이용했다는 점에서 이것은 문화적 인종주의라고 앨런은 해석한다(Allen, 2005). 피치가 말한 것처럼 국가, 종교기관, 신자라는 세 부류의 행위자 사이의 변증법적 관계 속에서 논쟁의 틀이 '변용'된 셈이다(Peach, 2005). 모두드는 루시디 사건의 역할을 강조하면서, 그러한 변화는 전적으로 혹은 심지어 주로 위에서 아래로의 형태로 이루어진 게 아니라, 소수 민족집단이 점차 공적·사적 정체성의 핵심 요소로서 종교적 신념을 강조하려는 경향이 강화되었음을 보여준다고 주장했다(Modood, 2003). 그리고 그것은 단지 이슬람교에만 해당되는 것도 아니었다. 1990년대 중반 영국의 대학 교육기관의 학생 사이에서 수많은 힌두교 단체가 설립되었고(Raj, 2000), 9.11 테러 이후에는 포괄적인 인종적 정체성으로서의 '아시아인'이라는 용어를 거부하고 구체적인 종교의 명시를 선호하는 쪽으로 변화가 급속히 진행되었다. 힌두교도와 시크교도는 스스로 무슬림과 구별지으면서 자신의 종교별로 결집하였다(Hindu Forum of Britain, 2006).

라즈가 지적한 것처럼, 영국의 다문화주의는 이러한 형태의 정체성 형성이 가능한 공간을 만들어준다(Raj, 2000).[10] 종교, 공동체, 도심 주거지, 사회적 결속을 연계하는 정책 조치는 1992년 도심지역 종교평의회(Inner Cities Religious Council)의 출범으로 시작했는데, 1997년 노동당 정권이 '공동체주의' 이념에 근거해 어떻게 이 정책을 추진하였는지에 대해 퍼비와 메이시(Furbey and Macey, 2005)는 주목한다. 새 천년과 여왕 즉위 50주년 기념 행사(2002년)를 맞아, 또한 종교공동체가 스스로 새로운 방향을 모색하던 시점에서, 종교공동체와 성공적으로 협력하게 된 것은 큰 파장을 일으켰다(Clegg and Rosie, 2005; Barrow, 2006). 2001년 이후 정부는 결정적으로 '종교'에 관심을 돌렸는데, 내무부의 데이비드 블런킷은 시민개조에 대한 종교공동체의 중심적인 역할을 수용하여(Blunkett, 2003; Smith, 2004: 194), 여러 종교기구와 상호 연계하기 위해 '종교공동체 담당기구(Faith Communities Unit)'를 설치하였다. 그 중에서도 정부는 극단주의와 투쟁하는 데 무슬림을 참여시키는 일에 큰 중요성을 두었고(McGhee, 2005b: 5.2), 이를 위해 정부는 적합한 공동체 대표를 물색했다.[11] 실제로 (1990년대 중반 보수당의 내무장관이 시작한) 이전의 내무부의 정책 조치는 대화 상대로서 단 하나의 무슬림 단체를 물색했다(Ansari, 2004; Birt, 2005). 이렇게 해서 영국 이슬람평의회(Muslim Council

10 폴리와 호지(Foley and Hodge, 2007)는 미국의 이주민 종교 단체에 관해 기술하였다.

11 또 다른 정책조치에서, 정부는 젊은이와 극단주의 관련 이슈를 다루기 위하여 100명의 저명한 무슬림으로 '대책반'을 구성했다. 그들은 64가지의 상세한 권고사항을 만들어냈는데, 정부의 반응은 미지근했다(Home Office, 2005).

of Britain: MCB)가 결성되었고, 그 의장인 이크발 사크라니(Iqbal Sacranie)는 그 후 기사 작위를 받았다. 하지만 9.11 테러 이후, MCB는 무슬림 유권자와 정부의 요구 사이에 끼어 점점 압박을 받았고(Birt, 2005: 104), 그래서 다른 조직이 부상했다. 1997년에 설립된 영국이슬람협회(Muslim Association of Britain)라든지, 극단주의에 대처하는 데 실패했다고 MCB를 비난한 (2006년 설립된) 수피교 평의회(Sufi Council)가 여기에 해당된다.

종교공동체 대의제를 실현하는 또 다른 경로는 초종파 집단과 네트워크를 형성하는 것이다(Beckford, 1998, 1999; Farnell *et al.*, 2003; Beckford *et al.*, 2006). 일부는 토론 단체에 불과했지만(캠브리지 초종파 집단 Cambridge Inter-Faith Group은 2006년도 활동 계획에 '신은 누구이고, 어떤 존재인가?'에 관한 토론회를 포함하였다),[12] 다른 단체는 훨씬 주도적인 역할을 하였다. 9개 종교 대표자를 포함하는 동잉글랜드 종교평의회(East of England Faith Council)[13]는 농업, 건강, 교육 등에 관한 '의견서(position paper)'를 마련했으며, 동잉글랜드 지역의회(East of England Regional Assembly)의 '종교' 분야 의석에 후보자를 지명하는 단체이기도 하다. 그 중에서도 이 평의회는 경제, 기획, 문화 부문의 지역 전략에 관한 자문에도 참여했다. 초종파 집단은 또한 지역과 지방 수준을 넘어서는 기회도 제공한다. 따라서 레스터 종교평의회(Leicester Council of Faiths)의 (시크교도) 의장은 수상 관저에서 개최된 한 회의에 참석해, '믿음과 불신, 종교교육'에 관한 캔터베리 대주교(Archbishop of Canterbury)의 연설을 들었고,[14] 종교공동체는 외국출신 종교 성직자의 입국요건이

12 http://www.cam.net.uk/home/interfaith(2007년 8월 11일 접속)

13 http://www.eefaithscouncil.org.uk(2007년 8월 31일 접속)

나 종교적 혐오관련 입법에 관해 공식적인 자문도 제공했다. 그리고 내무부는 그 자문 절차에 관해 공무원에게 세세하게 알려주는 도표도 마련해놓았다(Home Office, 2004: 15). 여러 종교집단과의 네트워크는 '종교공동체 역량제고 기금(Faith Communities Capacity Building Fund)'에서 지원을 받는데, 이 펀드는 2005년에만 578건의 보조금을 제공했다. 이 중 한 가지 지원 사례로는 버밍엄 시크교 사원 평의회에 49,510파운드를 제공해, '조직이 자체 역량을 구축하고, 개발 담당 직원을 채용해 전문화된 사무실을 갖추고, 기금 지원 신청을 하고, 핵심 프로젝트를 관리하며, 지속 가능한 재원 조달 전략을 개발할 수 있도록' 도왔다.[15]

종교로의 전환은 '종교 학교(faith schools)'의 장려에 의해 계속 강화되었다(Department for Children, Schools, Families, 2007). 여러 다문화교육 추진 정책은 학생의 요구라고 인식된 것에 대응해, 또 소수민족 자녀의 부모와 종교·정치적 지도자의 압력에 대응하여 나온 것이었다(Halstesd, 1988). 1980년대 들어 이들은 점점 목소리를 높이기 시작해, 남녀 분리 교육과 주류 교육에 '모국어' 강의 포함, 이슬람교와 시크교, 타종교 학교에 대한 국가 지원 등을 요구하게 되었다(Parker-Jenkins *et al.*, 2004). 국가로부터 감독을 받지만 잉글랜드 교회와 가톨릭, 감리교, 유대교의 자선학교(voluntary-aided school)가 존재하기 때문에, 1980년대에는 브래드포드와 글래스고, 런던에서 무슬림과 시크교 학교에도 자발적 지원의 지위를 요구하는 목소리가 계속 있었다(Halstead, 1988; 또한 Ansari, 2004: 324~334; Parker-Jenkins *et al.*, 2004: 43ff도 볼 것). 그래서

14 http://www.leicestercounciloffaiths.org.uk/LCoFNewsArchive.htm(2006년 7월 18일 접속)

15 http://www.cdf.org.uk/SITE/UPLOAD/DOCUMENT/Projects/Round1WESTMIDLANDSregion.pdf(2007년 8월 31일 접속)

종교 간 평등원칙에 따라 인종평등위원회(the Commission for Racial Equality, 1990)와 러니미드 기금(Runnymede Trust, 1997)이 지원을 제공했는데도 불구하고 이 중 어느 것도 성공하지는 못했다. 그러나 1997년에 노동당 정부는 그러한 주장을 받아들여 국가 지원을 받는 소수의 비기독교와 비유대교 학교를 설립했고, 그 결과 이슬람교 학교 7군데와 시크교 학교 두 곳이 개교하였으며 2008년에는 힌두교 학교도 설립될 예정이다. 이 밖에도 다수는 충분한 자원을 확보하지 못했지만 이슬람 교리에 기초하여 교육하는 사립 '이슬람 학교'가 100군데 넘게 존재한다(Parker−Jenkins *et al.*, 2004: 46). 그러한 학교는 거의 연구가 제대로 이루어지지 않았지만(Kucukan, 1998; Lawson, 2005), (통학 범위 때문에) 입학자 대다수가 무슬림이고 종종 평행 인생(parallel lives)[16]의 상징으로 간주되는 공립 학교와 혼동되어서는 안 된다(Modood, 2003: 111~112; 또한 AMSS 2004; Commission on British Muslims and Islamophobia, 2004도 볼 것).

이러한 종교학교의 육성에 대해 이의를 제기하는 사람이 많았다(Gardner *et al.*, 2005). 그것은 교육적 이유로 비판을 받았는데(Bell, 2005; Ofsted, 2005), 잠재적으로 분열을 조장한다거나(Gillard, 2001; Parker−Jenkins *et al.*, 2004), 종교는 교육에서 분리되어야 한다는 이유를 들었다(Humanist Philosophers' Group, 2001). 상원에서 벌어진 논쟁에서(Hansard, 2006: 8 February, Column 720), 타번 경(Lord Tavern)은 종교학교가 '계몽적 가치가 아닌 특정 종교를 옹호하고, 종교적 정체성을 지나치게 강조한다'고 주장했다. 종교학교는 '내향적이고, 게토화되었고, 폭력 조장의 중심지(브릿지먼, Bridgeman 자작)'이며, '사회적 분열과 사회적 배제의 조성자(루카스 경, Lord Lucas)', '사회 통합을 저해하는 것(터너, Turner

16 서로 다른 시대, 다른 인물이 동일한 생을 반복한다는 평행 이론에 근거함 — 역자 주

남작)'으로, '우리는 북아일랜드에서 교훈을 얻어야 한다(덥스 경, Lord Dubs)' 등의 비판을 받았다. 교사노조는 이러한 학교에 대한 국가지원 철폐를 요구하는 결의안을 놓고 몇 차례 토론을 벌였다.

일부 기독교인은 다른 종교에 대한 어떠한 지원에도 찬성하지 않는다. 논평가인 패트릭 수크데오(Patrick Sookhdeo, 2006)는 런던 시민의 44%가 종교학교의 금지를 원하는 것으로 나타난 한 설문조사에 관해 논평하면서, '주류사회와 근본적으로 다른 가치를 육성하는' 이슬람학교 자체가 문제라고 했다. 또한 '유대교학교뿐만 아니라, 기독교 종파가 운영하는 학교는 공동체의 결속에 계속 중요한 역할을 하였다. 이슬람 학교가 그런 역할을 충족할 수 있을지는 매우 의문스럽다. 부당하게 보일지 모르지만, 다른 학교의 존재는 용인하되 이슬람학교는 불허할 시점이 되지 않았는가?'

'무지한 다문화주의는 여러 문화가 서로 조화를 이루는 모자이크가 아니라 이슬람 극단주의에 의해 위협받는 상태를 낳을 뿐이다'고 그는 덧붙였다. 하지만 무슬림 사회과학자협회(Association of Muslim Social Scientists)가 종교학교 일반, 특히 이슬람학교에 대한 비판을 강하게 반박한 것처럼, 영국 무슬림·이슬람혐오 위원회(Commission on British Muslims and Islamophobia, 2004) 역시 이슬람학교가 분열에 책임이 있다는 견해를 거부했다. 종교학교는 일반적으로 시험성적과 학생규율의 측면에서 매우 성공적이며, '개인을 더 넓은 사회에 부합하지 않는 사람으로 양성하는 곳'이 아니라고 이 기관은 주장했다(AMSS, 2004: 30~31; Barker & Anderson, 2005; Halstead & McLaughlin, 2005는 상반되는 견해를 제시한다). '기독교와 유대교의 종교학교에 대해서는 "분리"라는 단어가 부정적으로 사용되는 일이 거의 드물다'고 AMSS는 덧붙였다. 실제로 종교학교와 통합의 양립 가능성에 관한 논쟁을 언급하면서, 이슬람교, 유대교, 시크교 학교는 흔히 "인종적으로 동질적"이라는 점은 인정하지만, 이에 대해 반대하는 행위는 위선적이고 차별적이라고 트레버 필립스(Trevor Phillip, 2006)는 주장했다.

더 일반적으로 보면, 일부 기독교인은 다른 종교의 장려에 대해 우려하는 반면에(한 주교는 영국이 '다종교로 뒤죽박죽'이 되었다고 불평한다, Ekklesia 2006), 세속주의자는 종교에 어떤 형태로든 중요성을 부여하는 데 대해서도 실망을 표했다(Sen, 2006). 더구나 스미스(Smith, 2004: 199~200)에 따르면, '종교적 다양성에 대한 무지한 낙관주의와 함께 종교가 공공선에 자애롭게 공헌할 것이라는 믿음'이 존재한다. 공동체의 동질성에 대해 단순화된 견해가 너무 많다(Furbey and Macey, 2005). 더구나 종교의 장려는 '부패한 다문화주의를 정당화하게 되었는데, 그 결과 특히 소수 민족의 표를 확보할 수 있는 한, 문화가 종교에게 오래전에 밀려나게 되었다'고 싱(Singh, 2004)은 말한다. 정책과 실천은 적극적으로 자신의 목적을 추구하려는 종교지도자의 대외적 위상에 따른 대응으로 등장했지만, 이 지도자를 인정해 위상을 높여주기도 한다는 주장도 나왔다. 지식인과 활동가의 압력 단체이자 소수민족 출신이 다수 참여하는 신세대 네트워크(New Generation Network, 2006)의 선언문은, 정부가 '소수자 집단의 대변자로 자처하는 이른바 공동체 지도자와 다른 상위 단체에게 권력을 맡기는 조치'를 강력하게 비판했다. 이는 '식민지 시대로의 회귀'라는 것이다.

'이슬람화된 런던(Londonistan)'?

(우리의 법률은) 단 하나의 집단, 즉 의회 구성원에 의해 결정되며, 여기에는 더 이상 사족을 달아서는 안 된다. 여기서 사는 사람이라면 누구든지 우리

> 가 하는 방식을 받아들여야만 한다. 만약 다른 방식으로 법률이 결정되기를 원한다면 다른 데 가서 살아야 한다(Trevor Phillips in BBC News, 2006).

이러한 '종교'로의 전환에 대한 일부의 반응에는 종말론적 분위기가 풍기며, '런더니스탄(이는 2006년도에 멜라니 필립스(Melanie Philips)가 영국의 수도를 이슬람 근본주의자의 안식처로 묘사한 것이다)'이나 '디미튜드(dhimmitude, 이슬람 사회에서 비이슬람교도인, 디미가 된 상태)'와 같은 단어는 대재앙이 확실하게 임박했다고 예상하는 것 같다. 영국 무슬림은 샤리아 법(Sharia law)의 집행을 원하며, 이를 곧 실현할 것이라는 괴담이 이를 예증한다. '10년 안에 일부 영국 도시는 이슬람교 성직자에 의해 통제되고, 관습법이 아니라 이슬람법의 지침을 따르게 될 것'이라고 수크데오는 단언했다(in Palmer, 2006). 영국에서 무슬림이 압도적인 지역에서 시행된 여론 조사에서 40%의 무슬림이 이슬람 율법의 도입을 환영하겠다고 밝힌 것으로 결과가 나왔는데, 이 발언은 바로 이에 대한 반응으로 나왔다.

2008년 2월 왕립재판소에서 캔터베리 대주교인 로완 윌리엄스(Rowan Williams) 박사가 '잉글랜드의 민사법과 종교법'에 관한 강연을 했는데, 이 때문에 큰 반발이 일어났다(Williams, 2008). 대주교는 이슬람 율법을 언급하면서, 영국 법률체계 내에서 '보완적 관할권'을 허용하는 제도의 장단점을 세심하게 검토하고는 이렇게 주장했다. '만일 우리가 이슬람법과 영국 법 간의 관계에 관해 현명하게 생각해 본다면, 이슬람 율법의 본질이든 계몽주의의 본질에 관해서든, 조악한 이분법과 신화를 어느 정도는 "해체"할 필요가 있다.' 영향력이 큰 법조계 청중을 대상으로 한 영향력 있는 연설이었지만, 그가 실제로 말했거나 그랬다고 사람들이 상상한 내용에 대한 반응은 엄청나서, (국내외) 언론과 미디어를 통해 그의 반역죄에 대한 탄핵까지는 아니라 해도 사임을 요구하는 목소리가 확산되었다. 아마도 일시적 화제거리에 불과한 사건이었는지는 모르나, 어쨌든 이 때문에 언론에서 논쟁이 활발해지고 학술적 문헌(가령 Bano, 2008)도 늘어나서, 당대 영국에서 "타자"의 존재를 둘러싸고 발생한 여러 갈등을 잘 예시해주었다.

사실, 비록 그러한 조치에 반대하는 무슬림이 많기는 했지만, 영국에서는 1970년대 이래로 무슬림 가족을 위한 법률 제정의 요구가 계속 있었다(Poulter, 1998: 201ff). 2006년 과격주의에 대한 대처 방안을 논의하기 위해 대표단이 루스 켈리를 면담했을 때, 샤리아 채택을 옹호했다는 사실은 널리 보도되었다. 물론 이 제안은 무슬림조직 연맹(the Union of Muslin Organizations) 출신의 구성원 한 사람의 의견에 불과했고, 영국 무슬림평의회(the Muslim Council of Britain)에서도 반대했다. 그런데도 이는 '무슬림 때리기를 즐겨하는 사람에게는 뜻밖의 행운'이나 마찬가지의 사건이라고 오사마 사에드(Osama Saeed, 2006)는 논평하면서 이렇게 덧붙였다: '이처럼 샤리아 도입의 주장은 정확히 무슬림이 요구하는 사항, 즉 … 이혼, 상속과 양육 같은 민사 문제의 측면에서 한정시킬 필요가 있다. 참수나 돌팔매 처형을 요구하는 사람은 아무도 없다.' '물론 수많은 무슬림은 샤리아에 따라 삶을 영위하고 싶어하는데,' 이는 단지 이슬람 은행 구좌와 할랄음식처럼 '좀 더 이슬람다운 방식으로' 살아간다는 뜻일 뿐이라고 히즈붓 타흐리르(Hizb-ut-Tahrir)의 대표자는 말했다(in Meehan, 2006). 실제로도 (그러한 다른 기구 중에서도) 이슬람 샤리아평의회(the Islamic Sharia Council)가 1982년에 설립되어 이미 존재하는데, 영국의 무슬림은 이 기구를 통해 샤리아 원칙의 적용에 관해 조언을 얻고, 분쟁조정을 맡길 수도 있다(Poulter, 1998: 234~235; Ansari, 2004: 386~87; Cesari *et al.*, 2004: 38~42). 이 평의회의 목적은 다음과 같다.

코란과 수나(Sunnah)에 따라 무슬림이 신앙을 실천하도록 촉진하고 장려하면서 이슬람 종교를 발전시키는 것, 무슬림 가족 운영에 대한 조언과 도움을 제공하는 것, 이슬람 샤리아식 법원으로 기능하고, 회부된 무슬림 가족법 문제에 판결을 내리는 법정을 선정하는 것, 영국에서 무슬림 신앙의 적절한 실천을 촉진하는 데 도움이 될 수도 있는 다른 모든 법적인 일을 실행하는 것 등이다.[17]

이 기관은 대체로 가정사(결혼, 이혼, 자녀 양육, 상속에서 적절한 관례에 대한 안내)와 체외수정에서부터 주식거래에 이르기까지의 다양한 이슈의 종교적 적절성 문제를 다룬다(Cesari, Caeiro and Hussain, 2004: 38ff; Bano, 2007; Keshavjee, 2007). 무슬림에게 유대교 법정(Jewish Beth Din)은 기존 법 질서의 틀 내에서 어떤 것을 성취할 수 있는지를 예시해준다.[18] 물론 일부는 이러한 분리주의를 고려하겠지만, 런더니스탄(과격 이슬람화한 런던)은 고사하고 평행적 삶조차도 현재 영국의 특징을 표현하지는 못한다.

혹은 '런던스타니(Londonstani)'?

소수자의 민족성에 관한 초기 연구에서는 청소년층이 '두 문화 사이에 끼인 존재'라고 말했다(Watson, 1977). 하지만 거리와 놀이터에서는

17 http://www.islamic-sharia.co.uk/main.html(2007년 8월 31일 접속)

18 BBC의 한 프로그램에서는 유대교 법정과 동련던 소말리아인의 '법정(gar)'과 같은 비공식적인 소수민족 중재법원을 다루었는데, 이에 대해 미디어가 어떻게 적대적 반응을 보였는지 샤(Shah, 2007)는 기록한다. 샤리아 법을 따르는 은행제도에 관해서는 'http://www.islamic-bank.com/islamicbanklive/VisionAndValues/1/Home/1/Home.jsp(2007년 10월 8일 접속)'을 살펴볼 것. 포울터(Poulter, 1998: 210ff)는 영국에서 이슬람 가족법을 도입하는 데서 겪는 장애에 관해 논의한다.

이전에 가정했던 것보다 훨씬 더 강력한 정도의 언어적 · 문화적 '혼종성'이 존재한다는 사실이 1980년대에 밝혀졌다. 휴잇(Hewitt, 1986), 존스(Jones, 1988), 램턴(Rampton, 1995), 바우만(Baumann, 1996), 백(Back, 1996) 등은 길거리 아프리카계 카리브인의 언어, 몸짓, 음악이 수많은 젊은 백인과 아시아계 영국인에게 점차 강력한 아이콘이 되었다는 점을 보여주었다. 이 백인, 아시아계 젊은이는 아프리카계 카리브인의 크리올어(Creole), 아프리카계 미국인의 말투, 남런던 흑인 방언의 요소를 조합한 소위 '다문화적인 런던 영어스타일'을 사용하면서 '흑인 청년 스타일의 문장술의 일부를 차용'(Hewitt, 1986: 47)하였다.

역설적으로 런던스타니(Londonstani)라는 제목이 붙은 고탐 말카니(Gautam Malkani, 2006)의 소설에서는 이러한 사회 · 언어적 환경을 탐구하는데, 이 책은 우연히 통합과 화합 위원회(the Commission on Integration and Cohesion) 위원장의 휴가 독서물에 포함되었다(Benjamin, 2006). '추측건대, 미래에는 인종의 경계를 초월하여 또 하나의 민족이 만들어졌다'고 헵디지(Hebdige, 1987: 158)는 말했다. 물론 이는 시기상조의 발언이었지만, 현재 런던에서는 길거리 수준의 타협을 통해 '단순히 흑인이나 단순히 백인도 아니고 동시에 흑인이기도 하고 백인'이기도 한 '혼합주의 문화'가 만들어졌다고 주장할 수도 있다(Back, 1996: 159).

지금 상황은 혼란스럽다. 2001년의 사건들뿐만 아니라, 이슬람의 존재를 놓고 심각한 긴장이 지배하는 분위기에서 다문화주의는 모든 정치 스펙트럼에서 압력을 받는다. 반면에 종교공동체를 육성하고, 혼종성이 생산되는 장소(학교, 놀이터, 인종 간 결혼, 예술, 음악)에는 다양한 목소리, 언어, 사투리, 출신, 농담, 놀이, 경계넘기, 대화참여 등이 존재하면서, 여기서 새로운 정체성과 관계가 형성되었다. 영국사회는 매우 이질적이고 파편화되어서, 장소는 다르지만 똑같은 시간에, 또한 시간대는 다르지만 동일한 장소에서 이질적인 일이 발생하기도 한다. 수많은 궤도가 가시화되었다. 물론 혼종성도 있지만 문화적 다양성의 정도가 다른 상태에서 통합도 발생하였고, 동화도 일어나지만 '서로 이질적으로 평행을 이루는 삶'도 존재한다. 영국 사회에서는 급속한 변화도 일어나는데, 전국 차원이든 지역 차원이든 정부 기관이 2000년대에 직면한 인구층은 1960년대나 이전과 다르다. 즉 1900년에는 유대인, 아일랜드인과 이탈리아인이었지만, 1950년대에는 카리브지역 이민이었고, 1960년대와 1970년대에는 독특한 문화와 언어를 갖춘 남아시아 출신이었다. 1990년대와 2000년대에 이르면 전 세계에서 온 난민과 망명자와 동유럽 출신의 경제적 이민으로 나뉜다. 런던과 같은 도시는 새로운 '초다양성(super－diversity)'을 경험하였다. 하지만 그렇다고 해서 '오래된' 다양성에 의해 제기된 과제가 사라졌다는 뜻은 아니다.

결론

1960년대 이후 다양성 문제를 다루기 위해 시도된 통치방식으로는 복잡한 이슈에 관해 경계를 설정한다든지, 실용적 차원에서 타협안을 도출한다든지 하는 조치가 있었지만, 뚜렷한 해결책은 나오지 않았다. 가령 히잡과 터번은 허용하고, 질밥(jilbabs)과 니캅(niqabs), 부르카(burka)는 곤란하다든지, 표현의 자유는 허용되지만, 인종적 혹은 종교적 혐오를 선동하는 행위는 안 된다든지, 중매결혼은 아마 가능하겠지만 강제결혼은 절대금지라는 식이라든지, 모국어 유지는 좋지만, 예외적으로 학교에서는 안 된다든지 하는 식의 조치가 그 예다.

하지만 비평가들이 생각하는 다문화주의란 종종 상상된 수준의 '강력한' 다문화주의에 불과해서(Grillo, 2007a), 다음과 같은 이슈에 관해 실질적으로 가능한 수용책이 다양하다는 점을 간과한다. 이러한 이슈에는 할랄음식을 공급하는 문제라든지, 이상한 여러 언어로 건강 지침 팜플렛을 발행하는 문제라든지, 아마도 손대지 않고 그대로 두었으면 하는 '공동의 즐거움(conviviality, Gilroy, 2004)'에 근거하는 일상적이고 '통속적인(Baumann, 1996)' 다문화주의의 문제가 있다.

상황에 따라서는 반대가 단순히 외국인혐오증에 그치기도 한다. 신자유주의적 개혁이 복지에 영향을 미치는 상황에서, 외부인이 자원의 일부를 부당하게 가져간다는 두려움을 표현한 경우도 있다. 또 다른 사람들에게 당혹스러운 부분은 자유민주주의 원칙과 세속적인 (계몽적) 가치가 충돌한다는 점이다. 1997년 노동당 정부는 다음과 같이 새로운 '세계시민권(cosmopolitan citizenship)' 모델을 추진하려 했다고 맥기(McGhee, 2005a: 164)는 다소 낙관적으로 주장한다. 즉 이 모델은 '비개방적이고, 유연성이 없고, 고립적이며, 타인에 대해 적대적인 공동체와 문화, 전통, 정체성에 대한 충성심과 헌신' 대신에 '집단 간에나, 경계를 넘나드는 대화'로 대체하려 했다. 융통성이 없는 다문화주의는 그러한 이상과 양립할 수 없을 것이고, 2001년 이후 갈등의 시대에서는 점차 통치방식에 대한 장애물로까지 여겨질 수도 있을 것이다. 물론 종교의 장려는 독실한 수상이 공동체주의적 원칙을 옹호하였음을 보여주는 일이기도 하다. 하지만 어쨌든 신앙의 장려, 영국 소수자의 일상적 삶,[19] 현재의 전세계적 분위기를 감안할 때, 언뜻 그러한 대화가 활발해지는 것 같고, 다양성을 길

19 이는 복잡한 여러 이슈를 지나치게 단순화하게 된다. 기존의 문헌들은 이 방향을 지향하지만, 소수자들의 일상적 삶에서 종교의 중요성은 더 많이 연구할 가치가 있다.

들여서 '간접적 지배' 형태를 통해 다문화주의를 관리 가능한 현상으로 만들 수 있는 수단이 마련되는 것 같다. 그렇다면 원래 의도한 것과는 정 반대의 결과가 될 수도 있지만, 결코 모순은 아니다.

참고문헌

Abbas, T. (2005) *Muslim Britain: Communities Under Pressure*, London : Zed Books.

Alagiah, G. (2006) *A Home from Home: From Immigration Boy to English Man*, London: Little, Brown.

Allen, C. (2005) 'From Race to Religion: the New Face of Discrimination', in T. Abbas(ed.) *Muslim Britain: Communities Under Pressure*, London: Zed Books.

Amos, V. (2006) 'Labour is an Inclusive Party'. Online. Available HTTP: http://www.labour.org.uk/index.php?id=news2005&ux−news[id]=inclusiveparty&Hash=e756947a16 (accessed 26 September 2006).

AMSS (2004) *Muslim on Education: A Position Paper*, Richmond: Association of Muslim Social Scientists UK.

Ansari, H. (2004) The '*Infidel Within': Muslims in Britain since 1800*, London: Hurst.

Back, L. (1996) *New Ethnicities and Urban Culture: Racisms and Multiculture in Young Lives*, London: UCL Press.

Back, L., Keith, M., Khan, A., Shukra, K. and Solomos, J. (2002) 'The Return of Assimilationism: Race, Multiculturalism and New Labour', *Sociological Research Online*, 7(2). Online. Available HTTP: http://www.socresoonline.org.uk/7/2/back.html (accessed 23 April 2006).

Ballard, R. (ed.) (1994) *Desh Pardesh: The South Asian Presence in Britain*, London: Hurst & Co.

—— (2007) 'Living with Difference: A Forgotten Art in Urgent Need of Revival?', in J. Hinnells(ed.) *Religious Reconstruction in the South Asian Diasporas*, London: Palgrave Macmillan.

Bano, S. (2007) 'Muslim Family Justice and Human Rights: The Experience of British Muslim Women', *Journal of Comparative Law*, 1(4): 1–29.

—— (2008) 'In Pursuit of Religious and Legal Diversity: A Response to the Arch–bishop of Canterbury and the "Sharia Debate" in Britain', *Ecclesiastical Law Journal*, 10(3): 283–309.

Barker, R. and Anderson, J. (2005) 'Segregation or Cohesion: Church of England Schools in Bradford', in R. Gardner, J. Cairns and D. Lawton (eds.) *Faith Schools: Consensus or Conflict*, London: Routledge.

Barrow, S. (2006) 'Redeeming Religion in the Public Square'. Online. Available HTTP: http://www.ckklesia.co.uk/oldsite/content/article–060724 redeeming.shtml (accessed 31 August 2007).

Baumann, G. (1996) *Contesting Culture: Ethnicity and Community in West London*, Cambridge: Cambridge University Press.

Baumann, G. and Gingrich, A. (2004) *Grammars of Identity/Alterity*, Oxford: Berghahn Books.

BBC News (2006) 'Muslims 'Must Accept' Free Speech', http://news.bbc.co.uk/1/hi/uk/4752804.stm (accessed 26 Feburary 2006).

Beckford, J. A. (1998) 'Three Paradoxes in the Relations Between Religion and Politics in an English City', *Review of Religious Research*, 39(4): 344–59.

—— (1999) 'The Management of Religious Diversity in England and Wales with Special Reference to Prison Chaplaincy', *Journal on Multicultural Societies*, 1(2): 56–66.

Beckford, J. A., Gale, R., Owen, D., Peach, C. and Weller, P. (2006) *Review of the Evidence Base on Faith Communities*, London: Office of the Deputy Prime Minister.

Bell, D. (2005) 'Hansard Society/OFSTED Lecture'. Online. Available

HTTP: http://www.ofsted.gov.uk/assets/3821.doc (accessed August 2007).

Benjamin, A. (2006) 'Unifying Force', *Guardian*, 26 July.

Birt, J. (2005) 'Lobbying and Marching: British Muslims and the State', in T. Abbas (ed.) *Muslim Britain: Communities Under Pressure*, London: Zed Books.

Blair, T. (2001) 'PM's speech to the Christian Socialist Movement'. Online. Available HTTP: http://www.numer-10.gov.uk/output/page3243.asp (accessed 29 March 2001).

—— (2006) 'Our Nation's Future: Multiculturalism and Integration'. Online. Available HTTP: http://www.number-10.gov.uk/output/page10563.asp (accessed 8 December 2006).

Blunkett, D. (2002) 'Integration with Diversity: Globalisation and Renewal of Democracy and Civil Society', in P. Griffith and M. Leonard (eds.) *Reclaiming Britishness*, London: Foreign Policy Centre.

—— (2003) 'One Nation, Many Faiths. The Heslington Lecture, 2003'. Online. Available HTTP: http://www.york.ac.uk/admin/presspr/pressreleases/blunkettspeech.htm (accessed 28 October 2003).

—— (2004) 'New Challenges for Race Equality and Community Cohesion in the 21st Century'. Online. Available HTTP: http://www.ippr.org.uk/uploadedFiles/events/Blunkettspeech.pdf (accessed 31 August 2007).

Brown, G. (2006) 'Speech to Labour Party Conference, 2006', *Guardian*, 25 September 2006.

Cantle Report (2001) *Community Cohesion: A Report of the Independent Review Team*, London: Home Office.

Cantle, T. (2005) *Community Cohesion: A New Framework for Race and Diversity*, London: Palgrave Macmillan.

Césari, J., Caeiro, A. and Hussain, D. (2004) *Islam and Fundamental Rights in Europe. Final Report*, Brussels: European Commission,

Directorate—General Justice and Home Affairs.

Clegg, R. and Rosie, M. (2005) *Faith Communities and Local Government in Glasgow*, Edinburgh: Scottish Executive Social Research.

Colley, L. (1992) Britons : Forging the Nation 1707—1837, London: Pimlico.

Commission for Racial Equality (1990) *Schools of Faith: Religious Schools in a Multicultural society*, London: CRE.

—— (2007) *A Lot Done, A Lot to Do: Our Vision for an Integrated Britain*, London: CRE.

Commission on British Muslims and Islamophobia (2004) *Islamophobia: Issues, Challenges and Action*, Stoke an Tret: Trentham Books.

Commission on Integration and Cohesion (2007a) *Our Shared Future, London: Commission for Cohesion and Integration Consultation*, London: Commission on Integration and Cohesion.

—— (2007b) *Themes, Messages and Challenged: A Summary of Key Themes from the Commission for Cohesion and Integration Consultation*, London: Commission on Integration and Cohesion.

—— (2007c) 'Building United and Resilient Communities – Developing Shared Futures'. Online. Available HTTP: http://www. integration and cohesion.org.uk/news/Building_united_and_resilient_communities—developing_shared_futures.aspx (accessed 14 June 2007).

Dench, G., Gavron, K. and Young, M. (2006) *The New East End*, London: Profile Books.

Department for Children, Schools and Families (2007) *Faith in the System*, London: Department for Children, Schools and Families.

Ekklesia (2006) 'Bishop Opens Debate with Christian Society Claims'. Online. Available HTTP: http://www.speroforum.com/site/article.asp?idCategory=34&idsub=?127&id=3902 (accessed 5 June 3006).

Farnell, R., Furbey, R., Shams al-Haqq Hills, S., Macey, M. and Smith, G. (2003) *'Faith' in Urban Regeneration? Engaging Faith Communities in Urban Regeneration*, Policy Press: Bristol.

Foley, M. W. and Hoge, D. (2007) *Religion and the New Immigrants: How Faith Communities Form our Newest Citizens*, Oxford/New York: Oxford University Press.

Fryer, P. (1984) *Staying Power: The History of Black People in Britain*, London: Pluto.

Furbey, R. and Macey, M. (2005) 'Religion and Urban Regeneration: A Place for Faith?', *Policy and Politics*, 33(1): 95-116.

Gardner, R., Cairns, J. and Lawton, D. (2005), *Faith Schools: Consensus or Conflict*, London: Routledge.

Giddens, a. (2006) 'Misunderstanding Multiculturalism', *Guardian*, 14 October 2006.

Gillard, D. (2001) 'Glass in their Snowballs – the Faith Schools Debate'. Online. Available HTTP: http://www.dg.dial.pipex.com/articales/educ22.shtml (accessed 31 August 2007).

Gilroy, P. (1987) *There Ain't No Black in the Union Jack: The Cultural Politics of Race and Nation*, London: Hutchinson.

—— (1993) *Black Atlantic: Modernity and Double Consciousness*, London: Verso.

—— (2004) *After Empire: Melancholia or Convivial Culture?* London L Routledge.

Goulbourne, H. (1998) *Race Relations in Britain since 1945*, Basingstoke: Macmillan.

Grillo, R. D. (2005) *Backlash against Diversity? Identity and Cultural Politics in European Cities*, Oxford: COMPAS, Working Paper No. 14.

—— (2007a) 'An Excess of Alterity? Debating Difference in a Multicultural

Society', *Ethnic and Racial Studies*, 30(6): 979–98.

—— (2007b) 'Artistic Licence, Free Speech and Religious Sensibilities in a Multicultural Society', in P. Shah (ed.) *Law and Ethnic Plurality: Socio–Legal Perspectives*, Leiden: Brill/Martinus Nijhoff.

Halstead, J. M. and McLaughlin, T. (2005) 'Are Faith Schools Divisive', in R. Gardner, J. Cairns and D. Lawton (eds) *Faith Schools: Consensus or Conflict*, London: Routledge.

Halstead, M. (1988) *Education, Justice and Cultural Diversity: An Examination of the Honeyford Affair, 1984–85*, London: Falmer Press.

Hansard (2006) *Faith Schools*. Online. Available HTTP: http://www.publications.parliament.uk/palld20056Ildhansrd/vo060208/text/60208–21.htm (accessed 31 August 2007).

Hebdige, D. (1987) *Cut'n'Mix: Culture, Identity and Caribbean Music*, London: Routledge.

Hechter, M. (1975) *Internal Colonialism: The Celtic Fringe in British National Development 1536–1966*, London: Routledge and Kegan Paul.

Hewitt, R. (1986) *White Talk, Black Talk: Interracial Friendship and Communication Amongst Adolescents*, Cambridge: Cambridge University Press.

—— (2005) *White Backlash and the Politics of Multiculturalism*, Cambridge: Cambridge University Press.

Hindu Forum of Britain (2006) *Connecting British Hindus: An Enquiry into the Identity and Public Engagement of Hindus in Britain*, London: Department for Communities and Local Government.

Hiro, D. (1991) *Black British, White British* (3rd Edition), London: Grafton Books.

Holmes, C. (1988) *John Bull's Island: Immigration and British Society, 1871–1971*, London: Macmillan.

Home Office (2004) *Working Together: Co−operation between Government and Faith Communities*, London: Home Office.

—— (2005) *Preventing Extremism Together: Response to Working Group Reports*, London: Home Office.

Humanist Philosophers' Group (2001) *Religious Schools: The Case Against*, London: Humanist Philosophers' Group.

Hundal, S. (2007) 'Multiculturalism and Citizenship: Responses to Tariq Modood'. Online. Available HTTP: http://www.opendemocracy.net!faith−terrorismiresponse_madood_4630.jsp#hundal (accessed 21 May 2007).

Jenkins, R. (1967) *Essays and Speeches*, London: Collins.

Jones, S. (1988) *Black Culture, White Youth: The Reggae Tradition From JA To UK*, Basingstoke: Macmillan Foundation.

Kelly, R. (2006) 'Launch of the Commission on Integration and Cohesion'. Online. Available HTTP: http://www.communities.gov.uklspeeches/corporate/commissionintegration−cohesion (accessed 31 August 2007).

Keshavjee, M. (2007) 'Alternative Dispute Resolution in a Diasporic Muslim Community', in P. Shah (ed.) *Law and Ethnic Plurality: Socio−Legal Perspectives*, Leiden: Martinus Nijhoff.

Kucukan, T. (1998) 'Community, Identity and Institutionalisation of Islamic Education: The Case of Ikra Primary School in North London', *British Journal of Religious Education*, 21(1): 30−41.

Lawson, I. (2005) *Leading Islamic Schools in the UK: A Challenge for Us All*, Nottingham: National College for School Leadership.

Layton−Henry, Z. (1992) *The Politics of Immigration: Immigration, 'Race' and 'Race Relations' in Post−war Britain*, Oxford: Blackwell.

Malkani, G. (2006) *Londonstani*, London: Fourth Estate.

Marrin, M. (2007) 'Should We Limit Immigrants to Europeans?', *Sunday Times*, 17 June.

McGhee, D. (2003) 'Moving to "Our" Common Ground: A Critical Examination of Community Cohesion Discourse in Twenty–first Century Britain', *Sociological Review*, 51(3): 376–404.

—— (2005a) *Intolerant Britain? Hate, Citizenship and Difference*, Milton Keynes: Open University Press.

—— (2005b) 'Patriots of the Future? A Critical Examination of Community Cohesion Strategies in Britain', *Sociological Research Online*, 10(3). Available HTTP: http://www.socresonline.org.uk/10/3/mcghee.html.

Meehan, S. (2006) 'Sharia in the UK'. Online. Available HTTP: http://www.voiceonline.co.uk/content.php?show=8757 (accessed 17 March 2006).

Modood, T. (2003) 'Muslims and the Politics of Difference', *Political Quarterly*, 74(1, Supplement 1): 100–115.

—— (2005) *Multicultural Politics: Racism, Ethnicity and Muslims*, Minneapolis: University of Minnesota Press.

—— (2007) *Multiculturalism: A Civic Idea*, Cambridge: Polity.

New Generation Network (2006) 'Race and Faith: A New Agenda'. Online. Available HTTP: http://www.new–gen.org/manifesto (accessed 31 August 2007).

Ofsted (2005) *Annual Report of Her Majesty's Chief Inspector of Schools 2003/4*, London: Oftsed.

Osborne, J. (1957) *The Entertainer: A Play*, London: Faber.

Palmer, A. (2006) '"The day is coming when British Muslims form a state within a state"', *Sunday Telegraph*, 19 February 2006.

Parekh, B. (2000) *Rethinking Multiculturalism: Cultural Diversity and Political Theory*, Basingstoke: Macmillan.

Parekh Report (2000) *The Future of Multi–Ethnic Britain*, London: Runnymede Trust /Profile Books.

Parker-Jenkins, M., Hartas, D. and Irving, B. (2004) *In Good Faith: Schools, Religion and Public Funding*, Aldershot: Ashgate.

Peach, C. (2005) 'Muslims in the UK', in T. Abbas (ed.) *Muslim Britain: Communities Under Pressure*, London: Zed Books.

Phillips, Melanie. (2006) *Londonistan: How Britain Is Creating a Terror State Within*, London: Gibson Square Books.

Phillips, Mike and Phillips, Trevor (1998) *Windrush: The Irresistible Rise of Multiracial Britain*, London: HarperCollins.

Phillips, Trevor (2005) 'After 7/7: Sleepwalking to Segregation'. Online. Available HTTP: http://www.cre.gov.uk/Defau1t.aspx.LocID-Ohgnew07s. RefLocID-Ohg00900c002.Lang-EN.html (accessed 22 September 2005).

—— (2006) 'Speech to the Royal Geographical Society'. Online. Available HTTP: http://www.cre.gov.uklDefault.aspx.LocID-OhgnewOjl.RefLocID-Ohg00900c002.Lang-EN.htm (accessed 30 August 2006).

Poulter, S. (1998) *Ethnicity, Law and Human Rights: The English Experience*, Oxford: Clarendon Press.

Raj, D.S. (2000) '"Who the hell do you think you are?" Promoting Religious Identity Among Young Hindus in Britain', *Ethnic and Racial Studies*, 23(3): 535-58.

Rampton, B. (1995) *Crossing: Language and Ethnicity among Adolescents*, London: Longman.

Robinson, D. (2005) 'The Search for Community Cohesion: Key Themes and Dominant Concepts of the Public Policy Agenda', *Urban Studies*, 42(8): 1411-27.

Rose, E. J. B. *et al.* (1969) *Colour and Citizenship: A Report on British Race Relations*, London: Oxford University Press.

Runnymede Trust (1997) *Islamophobia, Its Features and Dangers*, London: Runnymede Trust.

Saeed, O. (2006) 'Multiculturalism, Terror and Sharia'. Online. Available HTTP:http://www.osamasaeed.org/osama/2006/08/multiculturalis.html# more (accessed 31 August 2006).

Sen, A. (2006) *Identity and Violence*, London: Allen Lane.

Shah, P. (2007). 'Between God and the Sultana? Legal Pluralism in the British Muslim Diaspora', paper presented to the conference Sharia as Discourse, University of Copenhagen.

Singh, G. (2004) 'Sikhs are the Real Losers from Behzti', *Guardian*, 24 December.

Smith, G. (2004) 'Faith in Community and Communities of Faith', *Journal of Contemporary Religion*, 19(2): 185−204.

Smithies, B. and Fiddick, P. (1969) *Enoch Powell on Immigration*, London: Sphere Books.

Sookhdeo, P. (2006) 'The Schools that Divide the Nation', *Evening Standard*, 4 September 2006.

Statham, P., Koopmans, R., Giugni, M. and Passey, F. (2005) '"Resilient or Adaptable Islam? Multiculturalism, Religion and Migrants" Claims−Making for Group Demands in Britain, The Netherlands and France', *Ethnicities*, 5(4): 427−59.

Swann, R. (1985) *Education for All. Report of the Committee of Inquiry into the Education of Children from Ethnic Minority Groups. Cmnd 9453*, London: Her Majesty's Stationery Office.

Vertovec, S. (2007) *New Complexities of Cohesion in Britain: Super−Diversity, Transnationalism and Civil−Integration. Think Piece for the Commission on Integration and Cohesion*, Oxford: COMPAS.

Watson, J. L. (1977) *Between Two Cultures*, Oxford: Basil Blackwell.

Williams, R. (2008) "Archbishop's Lecture − Civil and Religious Law in England: a Religious Perspective", 7 February. Available at http://www.archbishopofcanterbury.org/1575 (accessed 11 November 2008).

Willmott, P. and Young, M. (1957) *Family and Kinship in East London*, London: Routledge.

Winder, R. (2004) *Bloody Foreigners: The Story of Immigration to Britain*, London: Little, Brown.

Young, J. (2003) 'To These Wet and Windy Shores: Recent Immigration Policy in the UK', *Punishment and Society*, 5(4): 449–62.

제 4 장

관용에서 억압으로: 다문화주의에 대한 네덜란드의 반격

바우커 프린스 · 사위트리 사하르소

2002년 핌 포트윈(Pim Fortuyn)의 살해사건으로 온 나라가 충격을 받기 전만 하더라도, 네덜란드 사람은 축구 경기, 스케이팅 선수권 대회, 여왕선발대회와 같은 비정치적 행사 말고는 스스로 국가주의 정서를 소중히 여기지 않는다고 생각했었다. 그러나 그로부터 불과 몇 년이 지나지 않아, 정치에 얽힌 두 개의 살인사건이 일어난 직후, 네덜란드 국민은 문화적 다양성이라는 가치를 의심하기 시작했고, 네덜란드사회에 대한 무슬림의 충성심에 의문이 번지기 시작하였다. 이때부터 대다수의 네덜란드 사람은 유럽연합 헌법(European Constitution)을 거부하고, 지식인은 네덜란드 주류문화(Dutch Leitkultur)의 필요성을 강조하기 시작하였다.

핌 포트윈 당(Lijst Pim Fortuyn: LPF)이 십중팔구 다수당이 될 것으로 예측한 여론조사가 총선 10일 전인 2002년 5월 6일에 있었는데, 바로 그 날 포트윈은 급진적 환경주의자의 저격으로 사망하였다. 포트윈의 사망 이후 수 주 동안, 많은 조문객은 그동안 '국민이 언급하는 것은 허용되지 않았던 것'을 어떻게 '핌'은 언급할 수 있었는지에 대하여 주목하였다. 즉, 외국인이 어떻게 이 나라 네덜란드를 '침범했는지' 두려워하였다. 선거 당일에, 사회 민주당(Social Democrats), 보수자유당(Conservative Liberals) 그리고 사회자유당(Social Liberals)의 '퍼플(purple)' 연정(聯政)은 선거의 대패로 인해 충격에 빠졌고, 갑자기 제2당이 된 핌 포트윈 당은, 기독민주당(Chistian Democrat)의 얀 페테르 발케넨더(Jan Peter Balkende)를 수장으로 옹립한 차기 내각의 일원이 되었다.

네덜란드에서 다문화주의에 대한 심각한 반격의 시작을 의미하는 이 정치적 압승은 갑자기 나타난 것은 아니다. 포트윈의 인기는 네덜란드 시민의 담론에서 점점 더 부상하던 특별한 장르의 담론, 즉 신현실주의(new realism) 장르에 대한 매력이 증가한 것으로 이해될 수 있다. 필자들이 보기에는 포트윈은 다문화주의 사회에 대한 과거식 접근과 크게 단절되지 않았기 때문에, 그의 정치적 안착 시기에 이미 상당한 존경을 받았었다.

이 장에서 필자들은 공적 토론(public debates) 시리즈 자료분석을 통해 신현실주의의 점진적인 심화와 궁극적 승리의 과정을 추적해 볼 것이다. 일련의 공청회 자료는 1991년 프리츠 볼커스텐(Frits Bolkestein)이 발의한 '소수민족 논쟁'에서 시작하여 2008년 극우 정치인 리타 베르동크(Rita Verdonk)와 게르트 빌더르스(Geert Wilders)가 불러일으킨 논쟁으로 끝을 맺는다. 유의미한 공적 토론의 시기는 5단계로 나누어지는데, 네덜란드의 이민자정책 단계에 따라 동화단계(1950년대~1982년), 지주화단계(1982~1994년), 다문화주의단계(1994~2002년), 신현실주의단계(2002~2006년) 그리고 시민통합단계(2007년 이후) 등으로 구분된다.

동화(1950년대~1982년)

제2차 세계대전 이후 네덜란드로의 첫 번째 이민흐름은 예전의 네덜란드령 동인도제도의 주민으로 구성되었는데, 그들은 1949년 인도네시아의 독립 이후 네덜란드에 도착하였다. 동인도제도 출신 이주민은 1950년대와 1960년대에 걸쳐 지중해연안 국가, 유고슬라비아, 모로코와 터키 등에서 온 방문노동자(guest workers)와 함께 일했다. 1970년에 네덜란드에는 비(非)서구 출신 방문노동자가 약 63,600여 명이 있었고, 이들은 전체 1천 3백만의 인구 중 0.5%에 이르는 규모였다(CBS Statline, 2009). 그 당시 영향력 있는 정부 자문위원이자 사회학자인 힐다 페르베이-용커(Hilda Verwey-Jonker)는 '그와 같은 외래 집단'은 네덜란드 국내사회에서 인식되지 못할 정도로 미미한 규모이며, '다른 곳에서 이주한 집단(allochthones)'은 결국 전체 네덜란드 사회에 통합되거나 혹은 동화될 것으로 예측하였다.[1]

1975년부터 1980년까지의 시기는 새 이주자의 연간 이주규모가 첫 정점에 도달한 시기이다. 수리남 독립에 대한 전망(1975)과 두 국가 간 이민협약이 만료됨에 따라(1980) 수리남으로부터 대규모 이주가 시작되었다. 터키와 모로코 노동자의 가족재결합이 함께 이루어짐에 따라 1980년에 비서구 출신 이민자가 크게 증가하였고, 그 규모는 전체 1천 4백만 인구 중 3%(약 40만)에 육박했다(CBS Statline, 2009). 대부분의 노동

1 힐다 페르베이-용커는 부모 중 한 사람, 혹은 자신이 네덜란드에서 태어나지 않은 거주민을 언급하는 것으로 '외래인(allochthone)'이라는 용어를 만들었다(Verwey-Jonker, 1971). 그러나 (서구와 비서구의) '외래인'과 '원주민'의 범주는 공적 담론에서는 불분명했고, 통계를 사용하는 연구자나 정책입안가에 의해 종종 사용될 뿐이다.

자가 결국 그들의 모국으로 돌아갈 것이라는 가정은 점점 비현실적인 것으로 드러났다. 게다가 70년대 말에 네덜란드 사회는 모로코 이민자 2세의 폭력 시위에 큰 충격을 받았는데, 그들은 네덜란드 정부가 예전 동인도제도 주둔부대(KNIL: the Royal Dutch East Indies Army)의 군인이었던 부모를 배신했던 것에 심한 좌절감을 느꼈다. 1977년 열차납치사건을 진압하는 과정에서 네덜란드 군대가 2명의 인질과 6명의 납치범을 죽이는 방식으로 사건을 충격적으로 마무리하게 됨에 따라, 사회 기득권 계층은 이민자의 사회, 경제적 지위를 향상시키기 위한 특별한 정책을 발전시킬 필요성을 인식하게 되었다. 이것은 네덜란드 '소수자 정책(Minderhedenbeleid)'의 시작으로 기록되고, 이후 사회 내 다양성을 다루는 다른 정책모형이 이어졌다.

지주화(1982~1994년)

첫 단계 동안에, 정책적 모토는 '정체성을 보존하며 진행하는 통합'이었다. 그것은 제도화된 지주화(institutionalized pillarization)를 통하여 차이에 적응하는 네덜란드 방식의 통합으로 요약된다. 종교 유지를 위한 결사권이 1917년 네덜란드 헌법에 규정되었다. 그때 이후 네덜란드형 협의체민주주의는 4개의 종교적-이데올로기 지주, 캘빈주의, 가톨릭주의, 사회주의, 그리고 자유주의로 확고하게 자리 잡았다. 지주제도(pillarized system)로 인하여 네덜란드에서 종교적 소수집단의 해방이 촉진되었다는 것(Lijphart, 1975)이 일반적 견해이다. 이러한 소견에 따라, 이민자 통합

정책은 개인이 아니라, 소수민족집단을 목표로 했다. 그들의 해방이 소위 '자기-조직화' 그리고 참여 기관(inspraakorganen)의 설립을 거치면서 가장 잘 실행될 것으로(Minderhedennota, 1983 참조) 기대되었다. 이후 이민자공동체는 예를 들어 힌두교와 무슬림 학교에 재정지원을 하는 것과 같은 연합사회의 헌법적 권리를 적극적으로 누리게 되었다. 게다가 1985년 이후 적어도 5년의 합법적 거주 이후에 이민자는 네덜란드 지방선거에서 투표하는 적극적 및 소극적 권리를 가지게 된다.

가족재결합과 식민지에서 온 이민을 제외하고도, 한편으로 이 기간에 망명자와 난민의 규모가 크게 증가하였다. 그러므로 1992년에 전체 1천 5백만 명 중 15.1%가 공식적으로 '이민자'로 기록되었고, 그 중 6.1%는 비서구 계통이다(SCP, 1996: 16).

소수민족 논쟁(the national minorities dabate)

그 당시 자유보수당 리더였던 프리츠 볼커스텐은 1991년에 "소수자의 통합이 세심하게 다루어져야 한다(Bolkestein, 1991a)"고 선언하여 큰 파문을 일으켰다. 그의 강연은 훗날 '소수민족 논쟁(national minorities debates)'이라고 불리게 된다. 볼커스텐의 개입은 서구의 가치가 고양되지 않는 '이슬람 세계에 대항하여' 세속화에 대한 보편적 가치, 언론의 자유, 차별금지의 원칙 등 유럽 문명의 업적에 대한 결연한 사수를 의미하는 것이었다. 네덜란드에 사는 무슬림에게 서유럽 자유주의의 원리에 관해서는 어떠한 협상도 있을 수 없다는 천명을 명백히 해야만 된다는 것이다.

볼커스텐의 선언은, 소수민족을 사회경제적으로 주변부에 존재하면서 사회적 지원을 필요로 하는 집단으로 간주하는 네덜란드의 지배담론에 대한 도전이었다. 그는 정부의 태도가 너무 관대하다고 문제를 제기하였다. 소수민족이 스스로 해방하도록 돕자는 촉구는 그들을 복지국가에 더 의존하게 만들고, 그들이 더 큰 사회에 통합되기보다는 집단 안으로 더 움츠러들게 만든다.

새롭게 출현하는 신현실주의 공공담론에서는 볼커스텐을 가장 영향력 있는 담론대표자의 하나로 꼽을 수 있는데, 이 신현실주의 담론에는 다섯 가지의 뚜렷한 특징이 있다. 첫째, 이 담론의 지지자는 스스로를 현실에 용감히 직면하는 사람으로, 또한 지배담론이 은폐하려는 '진실'에 관해 솔직히 말하는 사람으로 표현한다. 그러므로 볼커스텐(1991a)은 통합의 문제를 해결하는 데 필요한 '인내'와 '창의성'에 관해, 그리고 어떻게 이것이 '타협', '금기' 혹은 '철회'를 위한 여지를 남길 수 없는지에 대해 단호하게 언급하였다. 둘째, 신현실주의자는 보통사람 즉, '토착민'의 대변인으로 자처하였다. 볼커스텐은, 공식적으로 개최되지는 않았지만 수면 아래에서 이미 전국적으로 광범위하게 퍼진, 비공식적 논쟁의 진행을 목격하였다(Bolkestein *et al.*, 1992).

왜 여론에 귀 기울이려는가? 한편으로, 보통사람은 대단한 현실주의자이기 때문에 대표될 만한 가치가 있다. 그들은 실제 일어나는 일상의 경험에 대해 안다. 그들은 정치적으로 올바른 이상에 눈이 멀지 않는다. '유권자는 정치인이 그들의 문제에 충분히 주목하지 않는다는 것을 안다(Bolkestein, 1991b).'

다른 한편, 그들의 감정을 올바른 방향으로 통제하고 풀기 위해서는 보통 사람의 불평을 심각하게 받아들여야 한다. 불안이 무시되고 억울함이 키워지면, 누군가는 반드시 싸우려고 할 것이다(Bolkestein, 1992). 세 번째 특징은 현실주의가 네덜란드 국민 정체성의 주요한 특징이라는 제안이다. 네덜란드인이 되는 것은 솔직하고, 정직하고, 현실적으로 된다는 것과 같다. 이것은 또 다른 신현실주의자인, 저널리스트 헤르만 부이스제

(Herman Vuijsje)의 저작에서 더욱 드러난다. 「살해된 결백(*Murdered Innocence*, 1989)」에서 부이스제는 제2차 세계대전 이후 네덜란드는 네덜란드 유대인의 운명, 그들의 대다수가 홀로코스트에서 살아남지 못한 것에 대해 집단적으로 죄책감을 키웠었음을 면밀히 검토하였다. 이후 네덜란드는 지나치게 조심하게 되었다. 언제든지 민족성 때문에 사람들을 다르게 대하는 인종주의자로 비난받게 되는 것을 경계하였다. 부이스제는 진정한 네덜란드다움에 호소했는데, 그 네덜란드다움은 전쟁 전 '우리나라가 민족적 차이에 따른 처우와 같은 명백한 사실로 특징지어졌던 때'에 나타났던 것이다(Vuijsje, 1986: 7). 신현실주의의 네 번째 특징은 좌파에 대한 저항이다. 파시즘, 인종차별주의, 비관용 등에 대하여 정치적으로 정확한 감각을 가졌고, 대중을 지배하던 진보 엘리트의 권력을 타파할 적절한 시기임을 신현실주의자는 알아차렸다. 이러한 공적 담론에 대한 좌파의 검열은 다른 문화의 가치에 대해 지나치게 상대주의적인 접근을 한다는 점에서 또한 비판되었다.

마지막으로, 신현실주의는 매우 성별화된 담론이다. 다문화주의 논쟁의 참가자가 이슈의 타당성을 증명하려고 할 때, 그들은 히잡, 강제결혼, 할례, 명예 살인, 가정폭력과 동성애혐오증과 같은 성과 섹슈얼리티와 같은 이슈를 언급한다. 신현실주의자 담론 안에서 젠더는 더 미묘한 방식으로 스며든다. 그러므로 이민자가 스스로의 문화적·종교적 유산을 버리고 네덜란드 사회의 법과 관습을 따르라고 요구받는 사례는 오로지 남성 이민자에게 암묵적으로 해당하는 것이다. 이러한 가정은 네덜란드의 법과 관습이 특별히 이민자(즉, 무슬림) 남성의 특권과 충돌한다는 것을 말해준다. 반대로 여성이민자 즉, 무슬림 여성은 스스로의 문화에 의한 희생자로 묘사되고, 또한 네덜란드 사회로의 통합을 통해 자명한 이익을 가지는 것으로 묘사된다.

다문화주의(1994~2002년)

1980년대 말까지 소수민족 논쟁은 비록 다르게 제안했지만, 네덜란드 정부는 이미 집단적 권리와 보호에 대한 인식을 폐기하기 시작했고, 개인적 책임과 의무를 더 강조하기 시작하였다(Fermin, 1997). 이것은 정치적 전망이 달라짐에 따라 추동된 것이지만 장기적인 경기 침체도 이러한 변화에 영향을 미쳤다. 사회복지예산의 삭감은 더 이상 피할 수 없는 일이 되었다. 이러한 방향전환은 1994년 이후 두 차례의 연이은 연정으로 정권을 잡았던 '퍼플(보라색)' 연합에 의해 더욱 확장되었는데, 이 연정에서 전통적으로 지주화의 승자였던 기민당원은 배제되었다.

소수민족에 관한 대부분의 정책은 이민자 자녀의 학업 성취 향상과 이민자의 노동 참여 증진을 목표로 하였다. 그러나 네덜란드 이민자가 사회경제적으로 잘 통합이 안 되는 것은 이들이 네덜란드 언어나 사회와 친밀하지 못한 데에서 기인되었다는 느낌도 역시 커져갔다. 그 결과 1998년 이후 유럽연합 외부에서 매일 새로 들어오는 이민자는 언어통합 및 시민적 통합(inburgering) 프로그램에 의무적으로 참여하게 되었다. 새롭게 설치된 대도시문제 및 통합부(Ministry for Metropolitan Affairs and Integration)의 정책제안서는 시민을 보호하는 것과 시민이 솔선하게 하는 것 사이에서 세밀하게 균형 잡힌 정책의 윤곽을 보여주었다(Kansen pakken, kansen Krijgen, 1998). 그 무렵 로지에 반 복스텔(Rogier van Boxtel) 장관은 네덜란드가 이민자의 나라이자 다문화 사회가 되었음을 선언하였다.

다문화 드라마

공적 담론에서는 서유럽 외부에서 온 이민자의 상태가 계속 쟁점이 되었다. 시민은 소위 '흑인'과 무슬림 학교의 출현, '홍수'같이 밀려드는 지속적인 이민자와 난민, 그리고 이슬람의 미심쩍은 역할에 관해 우려를 표명하였다. 2000년 1월에, 국제법학자이자 사민주의자인 파울 쉐페르(Paul Scheffer)는 목전에서 심화되는 '다문화 드라마'에 대해 모른 체하는 네덜란드 시민을 비난하였다. 쉐페르에 따르면, 네덜란드 내에서 소수민족의 실업률, 범죄율, 학업포기율이 극도로 높아짐에도 불구하고, 시민은 어리석게도 숙고와 타협을 통해 평화적인 공존을 유지하려는 낡은 선의의 전략을 고수하였다. 시민은 초창기 지주화된 사회의 모습과 최근의 새로운 상황과의 근본적인 차이를 간과하였다. 쉐페르가 주장하듯이, 정교분리의 불수용이라는 측면에 있어서 이슬람은 현대화된 기독교와 비교되기 어려운 형편이기 때문에, 현재 사회연대의 원천은 거의 사라졌다. 네덜란드 언어, 문화 그리고 역사를 가르치는 것에 대해 훨씬 더 진지하게 해야 한다. 그럴 때 이민자는 네덜란드 사회의 기본적 가치에 대해 분명한 관점을 취하게 될 것이다(Scheffer, 2000).

쉐페르는 정치인이 '못 본 척하였으며', 그로 인해 '전 국민이 현실감각을 잃어버렸음'을 비판하였다. 그가 말하는 표현방식은 완벽히 신현실주의의 장르에 따른 것이다. 여기 다시 기꺼이 금기를 깨야 한다는 누군가가 있었다. 몇몇 논평자는 주도권을 잡기 위하여 필요한 '정치적으로 정확한 반사 신경' 없이 오로지 '솔직하고', '자연스러운' 대화를 하는 것이 마침내 가능해졌다고 기뻐하였다. 쉐페르는 또, 그의 관심이 토착민이 아니라 이민자 자녀에게 나타나는 분노와 좌절의 감정에 있을지라도, 보통사람에게 일어나는 '수면 아래'의 이야기는 보이지도, 들리지도 않은 채 가라앉았다고 비판하였다. 그러나 쉐페르는 왜 이러한 분노와 좌절과 같은 감정이 심각하게 받아들여져야 하는지에 대해서는 약간의 모호함을 보인다. 즉, 한편으로 이 아이들은 합법적인 이유, 즉, 사회계층의 밑바닥에 내버려졌다는 사실 때문에 좌절을 겪는다. 다른 한편으로는 정부가 이러한 좌절이 사회적 소요로 변화하는 것을 막기 위한 조치를 취해야 한다. 쉐페르는 그가 생각하는 이상적 네덜란드 사람이 거리에서 흔히 보는 낭만적인 '보통의' 일반인이 아니라 네덜란드인 정체성의 선악 양면에 대해 확고하게 아는, 꽤 괜찮은 그리고 정치적으로 아는 것이 많은 시민이라 할지라도, 다문화 사회의 문제를 위한 중요한 해결책으로 네덜란드 문화와 정체성을 확고히 할 것을 권고하였다.

그럼에도 불구하고, 쉐페르는 그의 전임자처럼 진보적 엘리트의 문화적 상대주의에 대해 조바심을 냈는데, 그의 관점에서 문화적 상대주의는 도덕적 무관심으로 발전될 수 있기 때문이었다. 법과 규정의 집행, 그리고 전형적인 네덜란드식 관용(gedogen)문화의 실행에 대하여 증가하는 관대함과 모호함을 거부하면서, 쉐페르는 사람들이 해야 할 것과 하지 말아야 할 것에 대한 분명한 선을 그어야 할 적기임을 강조하였다. 그를 화나게 하는 것은 서유럽적 가치와 행동에 반(反)하는 것에 대한 지나친 관용이 아니라(비록 이것이 너무 많이 저지당할지라도), 부유한 다수자(대부분 토착민)와 박탈의 상황에 놓인 소수자(대부분 이민자) 간의 점점 더 벌어지는 격차에 대한 좌파의 이해할 수 없는 무관심이었다. 쉐페르의 신현실주의는 사회적 상황을 적용하였다.

포트윈의 저항

2001년 9.11 테러의 위기 상황에서, 핌 포트윈은 리프바르 네덜란드(Leefbaar Nederland)당 대표로 네덜란드 정계에 등장하였다. 1990년대에 마르크스주의 사회학자였던 포트윈은 정치전략 의사결정의 자문활동을 시작하기 위하여 대학교수직을 버렸다. 자유적 보수주의 잡지 ＜엘제비어(*Elsevier*)＞의 주간 칼럼에서 그는 복지국가, 유럽통합, 이슬람, 관용의 정치, '좌파 교회' 그리고 계속되는 이민자와 난민의 쇄도에 대해 혐오감을 드러냈다(Fortuyn, 2001a).

포트윈의 수사법은 신현실주의 장르의 모든 특징을 보여주었다. 일찍이 그의 얼굴이 한 잡지의 표지에 실렸었는데, 거기에는 넥타이로 재갈이 물려졌었고, 거기에는 다음과 같은 제목도 달렸었다. '당신이 생각하는 모든 것을 이야기할 수 있게 허락받았는가? 네덜란드의 금기'(De Jong, 2000). 그의 귀족적 태도와 외모에도 불구하고, 포트윈은 가난한 이웃에게 무엇이 일어나는지를, 보통 사람의 관심을 충분히 이해했음을 자랑스러워하였다. 포트윈은 이전의 신현실주의자처럼 그의 지지층에 대한 태도가 모호하였다. 그 양면적 태도의 한편으로는, 보통의 네덜란드 사람은 포트윈을 닮은 신현실주의자였다. 만약 복지 수당으로 생활하는 사람이 불법적으로 암시장에서 일자리를 구했다면, 그 선택은 지극히 정상적이다. 왜냐하면 '빈곤자는 좌파 교회가 원하는 것같이 전혀 불쌍한 사람이 아니기 때문이다. 그 대부분은 우리와 같다. 자주적이고, 개인적이고, 독립적인 시민'(Fortuyn, 2001a: 105)이다. 양면적 태도의 다른 한편으로, 네덜란드 사람은 진정한 지도자, 아버지와 어머니 양쪽의 역할—'법을 지키도록 하는 사람으로서 아버지, 사람을 결속하는 어머니'의 역할—을 할 수 있는 누군가를 필요로 하였다(Het Fenomeen Fortuyn, 2002:

40). 신현실주의의 세 번째 요소는 국민 정체성의 확립인데, 이러한 정체성문제는 끝없이 팽창하는 유럽연합의 영향력에 대항하여 국가 통치권을 보전해야 한다는 주장과 네덜란드 사회의 임박한 '이슬람화'에 관한 경고 둘 다를 보여주는 것이었다(Fortuyn, 2001b). 포트윈의 진보적 엘리트에 대한 경멸은 그의 모든 저작물에 흥건히 녹아 있고, 마지막 저작물에서는 '퍼플' 정부를 타도하는 내용을 담았다(Fortuyn, 2002). 마지막으로 포트윈의 노골적인 동성애는 그로 하여금 젠더와 섹슈얼리티에 대한 보수주의적 태도에 도전하게 만들었다. 그의 멋 부리기 좋아하는 행동은 전통적인 남성상을 비웃었고 자신의 애정 생활에 대한 솔직함은 60대의 성혁명의 전형이 되게 하였다(Pels, 2003: 247~254).

포트윈은 신현실주의 담론을 더욱 과격하게 만들었다. 동성애를 돼지보다도 더 비천하게 여기는 이슬람 성직자(imam)에게 조차도 언론의 자유는 차별에 대한 법적 보호보다 더 중요한 것이었다. 리프바르 네덜란드당 대표직 수락 인터뷰에서 그는 네덜란드는 '비좁은 나라(full country)', 이슬람은 '퇴보하는 문화'라고 역설하였다. 그리고 '차별하지 말라(thou shalt not discriminate)'는 저 기묘한 헌법 조항을 폐기하는 것이 나을 것이라고 문제를 제기하였다(Het Fenomeen Fortuyn, 2002: 61~63). 사람들은 포트윈의 실질적인 정치 프로그램보다 그의 용기 때문에 그를 더 신뢰하게 되었다. 그래서 그가 암살되고 장례식을 치렀을 때 추종자의 거대한 슬픔과 분노가 이어졌다. 포트윈의 특별한 스타일, 즉 귀족적 외양과 거친 말투라는 이상한 혼합은 그의 가장 강력한 정치적 무기였다. 포트윈의 매력에서 주요한 요소 중 하나는 이민자에 대한 그의 '솔직한' 말투였다. 문제에 관해 자유롭게 말할 수 있는 용기를 가졌기에, 자신을 표현하고 감정을 분출시키는 것이 단순한 해결책이 되었다. 그러므로 포트윈은 신현실주의를 과격화하게 만들었는데 그래서 신현실주의의 정반대인 초현실주의가 될 정도로 과격화하였다. 솔직함은 진실 때문이 아니라 솔직함 그 자체 때문에 실행될 수 없었다. 현실에 대한 언급과 사실은 포트윈의 강한 인성을 보여주는 단순한 지표가 되었고, '진짜 지도자'의 단계로 진입했다는 것을 증명하였다.

신현실주의(2002~2006년)

포트윈의 사망은 다문화주의를 옹호했었던 모든 사람에게 엄청난 폭풍을 의미하였다. 포트윈의 추종자는 좌파 정치인과, 포트윈을 악마로 묘사했었던 진보 언론을 고발했고, '총알이 좌파에서 나왔다'고 결론지었다. 법적 고소와 살해 위협이 결합되면서, 전례 없는 자기검열의 상황으로 치달았다. 다문화주의에 유리한 주장은 정치적으로 바르지 않은 것으로 여겨졌고, 포트윈의 관점에 대해서는 비판할 수 없었다. 주류 미디어에서 다문화주의는 희망이 없는 낡은 모델이자 정치적으로 형편없는 이데올로기로 다루어졌고, 네덜란드의 규범과 가치를 소생시킬 필요성에 관한 심각한 논의가 이민자(특별히 무슬림)에게 더 적대적이고 달갑지 않은 상황임을 입증하였다.

2002년 5월에 기민당과 핌 포트윈 당(LPF)은 선거에서의 압승에 감사하며, 기민당의 얀 페테르 발케넨더가 지휘하는 보수파 자유민주당(VVD)과 연립내각을 구성하였다. 그러나 이 내각은 LPF 정치인과의 충돌과 실수 때문에 87일 만에 끝났다. 새 선거 후 사회자유당, 민주66당(Democrats 66)은 연정의 파트너를 LPF로 대체하였다. 이 두 번째 발케넨더 내각은 2006년 6월, 사회자유당이 집권하기 전까지 정권을 유지하였다. 외향적인 소수 여당 정부인 발케넨더 3기 내각은 2007년이 시작되기 전까지 정권을 잡았다. 이 시기 동안 다문화주의에 대한 반격이 정점에 도달했고, 공공정책에 분명한 전환이 이루어졌다.

이 시기에 지난 30년 동안의 통합 정책의 효과를 평가하기 위한 의회 내 위원회가 설치되었다. 평가결과가 제시되었을 때, 특히 통합이 부분적으로 성공적이었다는 결론은 상원의 이견에 부딪쳤다. 정치인의 일반적 견해는 통합이 실패했다는 것이었다. 사회경제적 통합을 위한 선결조건보다는 당시는 문화 그 자체가 독립적 이슈로 고려되었다. 문화적 차이는 이슬람 테러리즘과 관련지어졌고, 사회통합과 국민정체성을 해치는 것으로 여겨졌다. '소수민족을 네덜란드 사회로 통합하는 것은 21세기의 "사회문제"가 되었고' 그렇게 내각은 Blok 위원회(Regeringsreactie op 'Bruggen Bouwen', 2004)의 보고서로 대응하기 시작하였다. 국제적 혹은 국내적 테러리즘을 언급하면서, 이 보고서는 '이러한 사건이 네덜란드 사회의 핵심 가치에 대한 일부 소수민족의 충성심에 의심을 불러일으킨다'고 언급하였다. 예전의 통합 정책은 차이의 인정에 대해 너무 지나치게 강조했다고 비판되었다. 이에 대한 대안은 '공유된 시민권'으로, 모든 주민이 (네덜란드의) 동일한 기본적 규범을 지키는 것을 의미한다. 이러한 규범은 다음의 내용을 포함한다.

> 스스로를 지원할 수 있도록 최선을 다하는 것 … 자신의 환경을 돌보는 것, 다른 사람의 신체적 온전함을 존중하는 것, 또한 결혼의 경우에는 의견을 표현할 수 있는 권리의 수용, 다른 사람의 성적 선호의 수용, 여성과 남성의 평등의 수용 등이다(Regeringsreactie op 'Bruggen Bouwen', 2004: 8~9).

정부가 아니라 이민자 스스로가 성공적 통합에 책임이 있었다(위의 책, 9쪽). 통합의 시험은 강제적이었지만, 통합과정을 따르지 않는 개별 이민자는 시험 준비를 위한 조직과 비용을 지불하는 데 책임을 져야 했다. 이러한 궤적은 이민자출신 시민이 핵심적 네덜란드 가치에 대한 충성심을 확인하는 것이어야 했다. 더 나아가 시민 교육은 2006년에 학교에서 새롭고 강제적인 규율로 도입되었다. 남성과 여성의 동등한 대우는 네덜란드 사회의 핵심 가치 중 하나로 분명하게 강조되었다 — 특히 '일부 소수민족'은 이 점에 관해서 시급히 교육받을 필요가 있다(Brief Onderwijs, integretie en actief burgerschap, 2003). 또한 이러한 변화는 이슬람여인의 히잡에 관한 공적 논쟁에도 반영되었다. 이 기간에 이슬람 베일은 네덜란드 국민으로서의 정체성이 부족하다는 것과 무슬림 여성이 주류사회에 통합되는 것이 부족하다는 것을 보여주는 하나의 표식으로 더 자주 인식되었다(Saharso and Lettinga, 2008).

이얀 히르시 알리(Ayaan Hirsi Ali)와 테오 반 고흐(Theo van Gogh)의 살해

2003년 1월의 선거에서 핌 포트윈 당(LPF)은 몰락할 수도 있었지만, 포트윈의 아이디어로 소말리아출신의 이얀 히르시 알리라는 카리스마 있는 새 대변인을 발굴해 냈다. 2002년 여름에 소규모로 진행하는 TV 토크쇼에 출연한 이후, 히르시 알리는 이슬람에 대한 신랄한 비판자로 세상에 알려지게 되었다. 분개한 무슬림의 살해 위협 때문에 알리가 지하에서 숨어 지낼 때, 보수파 자유민주당은 그녀의 당선을 확신하고 하원의원선거에 공천하였다. 이것은 나쁜 투자가 아니었다. 히르시 알리는 선택투표에서 3만 표 이상을 얻었다. 발케넨더 내각 2기와 3기 동안에, 히르시 알리(혹은 '이얀', 그녀의 추종자가 그녀를 부르고 싶어 하는 호칭)는 네덜란드에서 가장 보수주의적인 공인 중 한 사람이 되었다.

포트윈처럼 히르시 알리는 대립상황에 맞섰다. 처음에 그녀는 무슬림 여성의 운명에 대해 상대주의적 태도를 보이고 무관심했던 좌파 지식인과 다문화주의자만 공격했었다. 그러나 그녀는 재빠르게 옛 동료도 배반하게 된다. 2001년 11월 그녀의 첫 저작에서 이슬람에 대한 그녀의 표현방식은 여전히 포용적이었다. '우리 무슬림은 종교와 이성 사이에서 균형 감각을 잃어버렸다'(Hirsi Ali, 2002: 42). 그러나 이후 더 노골적인 페미니스트 에세이에서 그녀는 자신을 더 이상 무슬림으로서의 정체성을 가지지 않는, 단지 이슬람 종교의 지식과 경험을 가진 사람일 뿐이라고 표현하였다(Hirsi Ali, 2002: 47). 첫 TV 출연 중에, 그녀는 자신을 과거의 무슬림으로, 지금은 이슬람을 '퇴보한 문화'로 여긴다고 '커밍아웃'하였다. 그녀의 이슬람에 대한 공식적 비판은 신문 인터뷰에서 모하메드를 '폭군' 그리고 '변태적인 남자'와 같은 죄인으로 언급하면서 완성된다(Visser, 2003). 히르시 알리가 네덜란드에서 공인이었던 시기에, 그녀는 이슬람과 '좌파 교회'를 공격하고, 그리고 젠더와 섹슈얼리티를 전면적으로 공적 의제로 만들면서, 신현실주의 전임자와 같은 용기를 보여주었다. 비록 그녀가 대중영합주의자도 민족주의자도 아니었지만 — 그녀의 입장은 거리의 보통사람보다 계몽에 대해 고결하면서도 코스모폴리탄적 이상으로 고무된 상태였다 — 그녀의 급진적 의견은 이슬람혐오주의와 국수주의 정서를 조장하는 온상이 되었다.

그녀의 시각은 네덜란드 페미니스트(무슬림과 비-무슬림 모두)를 심각하게 양분시켰다. 몇몇 (백인) 페미니스트는 히르시 알리를 페미니스트 행동주의의 전통에서 감히 논란의 여지가 없었던 가부장적 전통에 대해 강력하게 말한 용감한 여성으로 찬양하였다. 그러나 다른 페미니스트는 그녀가 네덜란드 사람에게 잠재된 인종차별주의와 인종혐오주의를 불러일으킨 것과 자유에 대한 무슬림 여성의 생각을 고려하지 않고 무슬림 여성이 해방을 원한다고 한 것에 대해 신랄히 비판하였다. 히르시 알리는 여성 해방이 세속적인 자유주의 가치를 통해 오직 성취될 수 있다고 제안했던 반면, 많은 무슬림 여성은 해방을 위한 투쟁에 이슬람 신앙을 가미하려는 시도가 있었다고 주장하였다.

네덜란드 무슬림은 그녀가 '자신의 둥지를 더럽혔고', '포상금을 노린 사람'처럼 행동한다고 비난하였다. 그러나 히르시 알리는 꿈적하기 않았다. 2004년 여름 영화제작자 테오 반 고흐와 함께 그녀는 단편영화인 '복종, 파트 1(*Submission, part I*)'을 만들었고, 이것은 2004년 8월에 국영 네덜란드 텔레비전에 방영되었다. 그것은 많은 무슬림 여성이 알라에게 기도하는 사람으로 살아가는 데 직면한 어려움을 다룬 하나의 드라마이다. 코란 경전이 여성의 피부에 새겨져 있었는데, 여성의 신체는 그녀의 아버지, 오빠 혹은 남편으로부터 호되게 얻어맞고, 채찍으로 맞고, 강간당한 고통이 가해진 상처로 와들와들 떨고 있었다.[2] 여성피부에 새겨진 코란 경전 때문에 영화는 무슬림의 눈에 매우 불경스러운 것으로 비춰졌고, 곧이어 모든 경계를 넘어섰다는 것이 드러났다. 2004년 11월 2일 반 고흐가 암스테르담에서 자전거로 출근하던 중 잔인하게 살해당하였다. 살인범은 26살의 모로코출신 네덜란드인 모하메드 부알리(Mohammed Bouali)였는데, 그는 반 고흐의 사체에 히르시 알리에 대한 경고를 의미하는 것이 분명한 편지를 찔러 넣었다(Buruma, 2006). 그녀는 다시 지하에 숨어 지내게 되었으며, 그동안에 네덜란드 정부는 무슬림 테러리즘과 싸우기 위해 체포를 계속하고 더 엄격한 수준으로 대응하

2 원본은 2006에 출판된 히르시 알리의 출판물을 볼 것.

였다. 몇 달 후 히르시 알리가 네덜란드 정계로 돌아왔을 때, 그녀는 무슬림이 '계몽의 지름길' — 그녀는 이것이 다음에 출판할 책의 제목이 될 것임을 선언하였다 — 로 가도록 자극하는 미션을 계속해서 수행할 작정임을 천명하였다. 그러는 동안 반 고흐의 살인 사건으로 히르시 알리는 국제 미디어에서 주목을 받게 되었다(Caldwell, 2004). 그녀는 다양한 나라에서 많은 상을 받았고, 2005년 가장 영향력 있는 100인 중 한 명으로 <타임지(*Time–Magazine*)>에 의해 선정되었으며, 그녀의 책은 많은 언어로 번역되었다.

주목받는 이민 여성

과거 정부에서 통합의 문제는 내무부(Ministry of Internal Affairs)의 권한이었고, (적법 혹은 불법) 이민자의 문제는 법무부(the Ministry of Justice)의 일이었는데, 포트윈의 저항 이후, 둘 다 법무부에서 다루게 되었다. 2003년 이후 외사 및 사회통합부(Minister of Alien Affairs and integration) 장관 리타 베르동크는 이민과 사회통합 정책을 엄격하게 실행하면서 곧이어 '철의 리타'로 알려지게 되었다. 예를 들어 그녀는 이란 출신 동성애자를 그 모국으로 안전하게 돌려보냈고(나중에 다시 불러들여야만 했던 결정), 불법으로 드러난 난민신청자를 강제추방하기 위한 이민과 귀화 서비스의 결정을 옹호하였다. 2006년에 네덜란드는 유럽연합 정상회의(European Council)와 국제인권단체인 HRW(Human Rights Watch)로부터 비난을 받았는데, 망명 신청자와 이민자의 기본적 권리를 침해했기 때문이다.

또한, 베르동크는 사회통합정책을 담당하게 되었는데, 이것은 이얀 히르시 알리의 영향을 받은 것으로 이민 여성의 지위에 중점을 두는 정책이다. 4개의 목적 중 2개는 2005 장기적 해방 계획으로 분명히 표현하였는데, 예를 들어 실제 서유럽 이외로부터 이민 온 여성 즉, 여성과 소녀에 대한 폭력(명예살인, 여성에 대한 할례, 인신매매로 언급된다)과의 전쟁과 예방, 그리고 '취약하고 박탈당한 여성'에 대한 사회적 배제의 예방에 초점을 맞추었다(Emancipatie, 2005).

세간의 이목을 끈 위원회가 설치되었는데(PaVEM, 소수 민족 집단 여성의 참여촉진위원회), 네덜란드 언어, 유급 노동과 사회참여에 대해 여성 이민자를 숙달시키는 것을 목적으로 하였다. 그 계획은 '만약 당신이 여성을 교육한다면, 당신은 가족을 교육하는 것이다'라는 모토로 고무되었다(PaVEM, 2005). 그러므로 이민 여성의 교육과 참여는 스스로의 발전을 자극하는 것일 뿐만 아니라, 아내와 어머니로서 그 남편과 자식에게 네덜란드 가치와 규범을 전달하게 되고, 그리하여 공동체에 '유익한' 영향이라는 말을 듣게 될 것으로 기대되었다.

비평가들은 이슬람에 대한 히르시 알리의 공격이 가정폭력을 무슬림과 이민자 조직 내부의 문제로 인식하는 데 방해가 될 수 있다고 종종 경고하였다. 그러나 결과는 정확히 반대였던 것처럼 보인다. 이 조직은 가정폭력에 대항하기 위한 기회와 재정수단(정부는 이 이슈에 투자할 준비가 되었기 때문이다)을 창출하였다. 이와 같이, 지배적인 공적 담론이 법적 처벌을 주장하는 동안, 현장 실천가들은 정보에 대한 유연한 접근과 설득을 선택하였다. 공식적 정책 노선이 개별 이민자를 목표로 하는 동안, 실천가들은 이민자 조직과의 긴밀한 연계를 선택하였다. 지방차원에서는 전면적인 접근은 전쟁을 치러야 할 실천이라는 용어로 표현되었다. 이러한 실천 중 단지 몇 개만이 이 노선 간의 문화적 배경을 언급하였다. 예를 들어 가정 폭력은 문화적 차이의 문제라기보다는 여성에 대한 남성폭력의 일반적인 문제로 개념화되었다. 그러므로 다문화주의 반격의 전성기 동안에 문화이슈 카드가 공적 담론에서 다루어졌었던 반면, 정책 입안자, 현장 실천가들은 어떤 사안에 대해 너무 성급하게 특별한 문화적 혹은 종교적 배경을 연결하지 않도록 주의하였다. 그들은 문화적으로 민감한 정책수단을 개발하면서도 민감하지 않은 명명을 통해, 오히려 성평등 가치와 문화적 다양성 존중의 가치 사이에서의 긴장을 완화시키는 실속 있고 효과적인 방법을 찾을 수 있었다(Prins and Saharso, 2008).

'성인' 이얀 대 '철인' 리타

발케넨더 2기 내각의 몰락은 이얀 히르시 알리와 외사 및 사회통합부의 리타 베르동크 간의 충돌로 시작되었는데, 리타 베르동크에게는 많은 정당 구성원과 사적인 친구들이 있었다. 무슬림과 이민자에 대한 그들의 거친 말투와 타협하지 않는 태도 때문에, 두 여성 모두 일부 네덜란드 사람 사이에서 꽤 인기가 있었다.

리타 베르동크는 감정적 고려나 주관적 판단이 아니라 분명하고 공정한 통치 스타일을 추구하는 것에 대해 스스로 자랑스러워하였다. 또한 그녀는 난민신청자가 근본적으로 희생자로서 인식되어선 안 된다는 것을 일관적으로 주장하였다. 즉, 그들의 대부분은 실제 정치적 난민이 아니라 경제적으로 '돈을 목적으로 하는 사람'이라는 것이다. 히르시 알리는 네덜란드 사회로의 통합은 이민자에게 자유주의 가치와 국가에 충분한 충성심을 요구한다는 베르동크의 견해에 항상 동의했었다. 그리고 그녀는 난민신청자를 너무 측은하게 다루어서는 안 된다 — 특별히 한때 그녀가 인정했던 소말리아 난민은 사기행위일 가능성이 있다 — 는 것에 동의했었다. 그러나 히르시 알리 자신이 난민신청자였다. 그리고 1992년 난민신청이 반려되었을 때, 그녀 스스로 사기를 쳤다는 사실을 공개했었다.

초기 인터뷰에서 그녀는 가짜 이름과 가짜 출생 기록을 어떻게 받게 되었는지, 그녀가 도망쳤던 나라와 탈출 이유를 속였음을 들려주었다(Hirsi Ali, 2002: 7~18). 그러나 2006년 5월 TV 다큐멘터리가 '성(Saint)' 이얀의 거짓말을 '드러냈을' 때, 그녀가 (2006년에 잠비아에서) 신랄하게 언급한 것처럼, 한 국회의원이 결정적으로 문제 제기를 하였다. 불과 몇 일만에, 베르동크는 공식 논평에서, 히르시 알리가 네덜란드 시민권을 결코 취득하지 않았음 — 그녀의 네덜란드 국회의원 자격은 불법이라는 것을 의미하였다 — 을 선언하였다. 히르시 알리는 기자회견을 열어, 보수주의적인 워싱턴 D.C.의 싱크탱크이자 부시 행정부와 매우 밀접하게 관계하는 미국 기업연구소(American Enterprise Institute)에서 일하기 위해 네덜란드를 곧 떠날 것임을 밝혔다(Hirsi Ali, 2007).

이 사건에서 비극적인 아이러니는 두 여걸이 자신의 칼을 꺾었다는 것이다. 수그러들지 않는 소말리아 '싸움꾼(war lord, 히르시 알리가 한때 스스로를 지칭한)'은 그녀가 그렇게 소중하게 붙잡았던 나라 그리고 그녀에게 자유의 가치를 가르쳤던 나라를 떠나도록 강요받고 있음을 느꼈다. 그러는 동안 '철의 리타'는 발케넨더 수상의 후견인 자리에 공개적으로 들어갔고, 그녀는 히르시 알리의 지위3에 관해 더 철저한 연구를 주장하는 의회의 발의를 실행하도록 했다. 몇 달 후 베르동크의 역할에 관한 논란이 이어졌으며, 발케넨더 2기 내각의 몰락으로 이어졌다. 그러나 히르시 알리는 대중의 눈 밖에 나 버렸으며, 대중스타처럼 여겨졌던 그녀는 사기꾼 난민신청자가 되어 비난을 받아야 했다. 여론조사에서는 대다수의 네덜란드 사람이 베르동크를 정확하게 지지하는 것으로 나타났으며, 네덜란드 사람은 히르시 알리가 나라를 떠나는 것을 보는 것이 아무렇지

3 결국 베르동크는 히르시 알리에게 여권을 돌려주어야만 했다.

도 않았다. 결정적인 순간이 되었을 때, 네덜란드 사람 사이에서 인종혐오주의적 감정이 무슬림 여성에 대한 페미니스트의 헌신보다 강하게 나타났다.

시민 통합(2007년 이후)

2006년의 총선은 네덜란드 국회에서 진보세력이 다수를 차지하는 결과를 낳았다. 2007년 2월에 기민당, 노동당(Labour Party), 그리고 기독연합(Christian Union) 등의 연립으로 발케넨더 4기 내각이 구성되었다. 기독연합은 소규모 정통－프로테스탄트 정당인데, 과거 정부가 난민신청자에 대하여 몰인정한 정책과 종교에 관해 비우호적 태도를 견지한 것에 대해 지속적으로 비난하였다. 또한 기독연합은 지주화 모델에 헌신적이고 이민자집단의 집합적 정체성의 의미를 인식하는 다문화주의의 반격에 저항한 유일한 정당이기도 하였다(Spijkerboer, 2007). 새 정부는 이전 정부의 개인적이고, 신자유주의적인 접근을 사회적 통합, 시민적 의무, 가족가치의 중요성을 강조하는 보다 공산사회적인 전망으로 대체하였다. 그것의 첫 번째 정책 프로그램(Samen werken, samen leven, 2007)은 '원주민', '외래의' 혹은 '소수민족'과 같은 개념을 피했고, 이슬람에 대한 단일한 언급도 하지 않았다. 대신에 이민자 이슈를 강조할 때, 프로그램은 인종적으로 중립적인 용어, 사람들, 시민들 혹은 '시민이 되는 사람(inburgeraars)'과 같은 용어를 사용하였다.

2007년 이후 난민과 통합 정책은 더 인간적인 얼굴을 띠게 되었다.

정부는 앞서 언급한 2만 6천 명의 난민신청자를 일반 사면했고, 이민자와 난민이 법무부의 판결을 기다리는 동안, 이민자 통합(inburgering)에 관한 이슈는 주거, 공간 계획 및 환경부(Ministry of Housing, Spatial Planning and the Environment)로 이관되었다. 내각은 더 나은 교육과 평등한 직업 기회를 돕는 것으로 이민자의 해방을 자극하여 원주민과 이방인 사이에 계속되는 분리와 대립의 과정을 끝내고 싶었다. 또 다른 목적은 통합인데, '활동적인 시민권'으로 해석된다. 활동적인 시민권이란 헌법국가의 핵심적 가치를 수용하고, 다른 사람의 배경에 대해서 알고, 차별과 기꺼이 싸우고, 공동 활동에 참여하는 것(Zorg dat je erbij hoort!, 2007: 7)을 의미한다. 내각은 또한 더 많은 이민자가 통합 과정을 따르도록 '시민 통합을 위한 델타계획(Delta plan civic integration)'을 착수했고, 이민자 자녀를 위한 교육 프로젝트에 투자하였다. 공동체의 관점에서 주거, 공동체, 사회통합부의 엘라 보겔라(Ella Vogelaar)는 이민자가 많이 살고 있는 40개의 극빈층 거주지에서 (삶의) 질을 향상시키기 위한 프로젝트를 시작하였다.

최근의 이러한 정책추진은 과거 시기와의 명백한 단절을 의미하는 것이다. 초창기에 소개된 많은 엄격한 정책수단이 확고하게 지속되었다. 네덜란드로 이민하고자 하는 사람은 모국에서 기본적인 네덜란드 언어능력시험을 봐야 했고(시험 비용으로 350유로를 지불), 비자 비용은 서유럽에서 가장 높았으며(친척을 방문할 때 833유로, 학생이나 일정한 직업을 가진 사람은 433유로), 해외에 있는 파트너와 결혼하기 위한 수입이나 연령에 대한 요구수준이 상대적으로 여전히 높았고, 통합과정은 여전히 문화적 동화를 목적으로 한다.

게다가 신현실주의의 거친 어법의 상당수가 요즘에는 진부해졌다. 비록 공식적 정책 문서에서 상호주의 대화, 공동의 이익과 동등한 대우와 같은 표현이 많아졌지만, 앞에서 인용된 통합에 관한 정부 각서에서는 이슬람의 '점점 커져가는 가시성'에 대한 공포와 소외되는 '토착민의' 감정을 숨기지 않았다. 반면 '외래인'(즉 이슬람)에게는 언어학습을 통한 사회적 정착, 교육과정의 이수, 수입의 확보, 자녀의 교육에 대한 책임감 등을 위하여 최선을 다하도록 요구(토착민과 같이 추가)되었다(Zorg dat je erbij hoort!, 2007: 6). 그러나 요구사항은 이것 이상이다. 이민자는 '네덜란드 사회의 안팎으로, (토착민) 이웃 시민의 생활세계, 특히 네덜란드 문화와 역사에 대해 관심을 가져야 하는 것으로(위의 책, 6쪽)' 또한 기대되었다. 그러므로 통합은 경제·사회적 참여를 포함할 뿐만 아니라, 네덜란드 문화를 자기정체화하지 못한다고 하면, 네덜란드 문화에 상당한 몰입을 요구한다. 그리고 통합은 단지 권리를 가지게 되는 것이 아니라, 다른 무엇보다도 책임과 의무를 가지는 것이다. 통합의 몇 가지 목적은 '안전'이라는 주제에 몰입되어 있다. 정부는 좋은 뜻에서 뉴커머에게 긍정적인 지원을 제공할 뿐만 아니라 토착민에게 안전감을 '회복시키기' 위해서, 비행청소년, 범죄, 급진화 그리고 기본적 권리의 침해에 대하여 '엄격하고 억압적인 조치'를 추진한다. 분리와 다문화주의 모델에서 자신의 공동체에 대한 헌신은 더 큰 사회로의 사회적·경제적 통합을 위한 힘의 원천으로 인식되었지만, 최근의 정책 문서에서 자신의 집단으로 '철수하고', '복귀하는' 것은, 네덜란드 사회로부터의 분리와 소원함의 징후로 여겨진다.

이슬람에 대항하여: 자유당의 발흥

2006년의 선거는 온건파의 승리처럼 보였다. 그러나 의석수로 보자면, 승자는 정치 스펙트럼에서 가장 극심한 국수주의자였다. 이슬람과 이민에 대한 급진적 관점 때문에 VVD에서 축출당한 게르트 빌더스(Geert

Wilders)가 창당한 극우 자유당(PVV)은 1석에서 9석으로 늘었고, (전 모택동주의자) 인민주의자인 얀 마레이니센(Jan Marijnissen)이 이끄는 사회당은 16석으로 대폭 상승하여 전체 25석이 되었다. 반면 리타 베르동크는 VVD(28석에서 6석을 잃은 정당)를 위해 62만 명의 유권자를 자기편으로 끌어들였다. 인정하건데 사회주의자들은 이민자를 희생양으로 낙인찍지 않았다. 이 정당들은 신현실주의와 함께 네덜란드의 자주권과 정체성에 관한 '보통사람'의 두려움을 인식하기 시작하였다.

의회에서 일하기 시작한 첫 해에 베르동크의 인기는 전례 없이 치솟았지만, VVD 정당 설립으로 인하여 그녀가 연대의식이 부족하지 않나 의심받게 되었다. 그녀에게 탈당하라는 압박이 거세졌다. 2007년 10월에 베르동크는 그녀 자신의 정치 운동, TON('네덜란드의 자랑')을 시작하였다. 그러는 동안 그녀는 게르트 빌더스를 찍어준 대중영합적 투표 때문에 경쟁력을 잃게 되었다. 게르트 빌더스는 분명히 '토착민'의 억울함을 더 잘 다루는 사람이었다. 2007년 3월 새 내각이 꾸려졌을 때, 빌더스는 알바이락 장관과 아보타랩 장관(Ministers Albayrak and Aboutaleb)의 이중국적을 문제 삼아, 둘의 충성심에 대해 공식적으로 문제제기하면서 한바탕 소동을 일으켰다. 두 사람 모두 '다른 사람'의 여권 혹은 서명을 제출하였다는 것을 강력히 따져 물었던 그의 주장은 다수당에 의해 거부되었다. 그러나 빌더스는 그의 논쟁 스타일을 좋아하는 많은 네덜란드인에 힘입어 의기양양하지만 차분하게 단언하였다. '두 사람은 최악의 경우를 준비해야 할 것이다. 나는 아직 시작조차 하지 않았다. 누구든지 그 논쟁을 견딜 수 없다면, 다른 직업을 구해야 할 것이다.'

2006년 덴마크 만평사건(Danish cartoon affair) 당시, 당연히 반유럽 폭동과 보이콧의 흐름이 일어났고, 빌더스가 코란(Koran)에 대한 비판적인 영화를 만들겠다고 선언했을 때, 내각은 전적으로 이를 지원하도록 주장하였다. 빌더스는 책임감 있게 행동할 것을 요청받았고, 내무부(the Minister of the Interior)는 영화의 개봉 이후 발생할 수 있는 재난에 대비하기 위하여 전국의 경찰과 소방대에 비상명령을 내렸고, 발케넨더 수상은 '실제적 위기'를 예상하였다. 혼돈의 시기인 2008년 3월 영화가 개봉되었고(인터넷에서), 그것은 전 세계 이슬람 과격주의를 집결시키는 것처럼 보였으며, 네덜란드 사회의 '이슬람화'가 임박했다는 것을 증명하려는 일련의 이미지와 인용이 뒤를 이었다. 영화는 서구에서 나치즘이나 공산주의 이데올로기를 패배시켰던 것처럼, 이슬람 이데올로기를 무찔러야 한다는 요구로 끝난다. 네덜란드 무슬림의 침착하고 거의 무관심한 반응은 다소 실망스러운 결말이었다. 그럼에도 불구하고 이슬람을 겨냥한 빌더스의 십자군 운동은 결실을 거두었다. 그러나 이것은 쓰디쓴 열매일 뿐이다. 왜냐하면 그를 뒤따르는 보디가드 없이 그는 한 발짝도 움직일 수 없었고, 요르단이 그를 체포하기 위해 국제영장을 즉각 발부할 예정이라는, 그리고 2009년 1월에는 암스테르담 법원이 검사에게 그의 무슬림과 이슬람교에 대한 혐오감과 차별에 대해 형사소송절차를 개시하도록 명령했던 위험에 처했기 때문이었다. 그러나 고국과 해외에서의 급진적인 언론자유에 대한 지지자로부터의 포상과 박수, 그리고 네덜란드 여론조사에서 그의 자유당에 대한 높은 지지율과 같은 달콤한 결실도 있었다. 2009년 1월에 자유당의 의석수는 25석이 되었다. 만약 예상되는 베르동크 TON의 2석과 합산한다면, 2009년에 반다문화주의, 반이민주의 이데올로기에 대한 네덜란드의 공공의 지지가 2002년 5월의 포트윈의 저항의 정점시기만큼 강했다고 결론지을지도 모른다.

에필로그: 포퓰리즘은 주류로 변했는가?

2002년 5월 이후 기존의 정당은 다문화주의 사회에 대해 불만이 있는 포트윈의 추종자와 증가하는 무슬림 시민(현재 약 85만 명)을 만나기 위해 먼 길을 가야만 하였다. 이 급진적 변화를 어떻게 설명할 수 있는가, 그리고 관용과 개방의 전형처럼 보였던 네덜란드를 무엇이 인종혐오주의적이고 내향적인 국가로 변형시켰는가? 몇몇 학자는 신현실주의적 인식에 대한 동조를 통해 이 질문에 답한다. 예를 들어 애초에 네덜란드인은 차별적 삶의 방식에 거부반응을 보일지라도 기꺼이 용인할 수 있었다. 그러나 반격을 촉발시켰던 것은 이 문화적 관행을 더 긍정적으로 인식하라는 '쉽사리 만족하지 못하는 다문화주의자'의 요청 때문이었다고 본다(Sniderman and Hagendoorn, 2007). 반면에 이안 부르마(Ian Buruma)는 1960년대 자유주의 혁명에 대항하여 보수주의 반격의 결과로 나타난 변화를 꼽아 보았다. 다른 학자는 네덜란드 혼란을 이해하기 위해 병리학적 용어를 사용한다. 포트윈과 반 고흐에 대한 살해는 문화적 트라우마로 축적되는 네덜란드 역사에서 해결하지 못한, 고통스러운 순간을 다시 불러들이는 사회적 드라마였다(Eyerman, 2008). 또한 네덜란드인은 '사회적 건강염려증(비현실적으로 자신이 중병을 가지고 있다는 공포나 믿음에 사로잡힌 심리적 장애)'으로부터 고통받는다는 주장이 있다. 통합에 관한 그들의 강박적인 논의는 즉, '토착민'과 '이방인', 이미 사회의 (통합된) 한 부분이 된 사람과 그것의 '외부'로 구성된 사람 간의 간극을 제거하고자 한다는 것을 명백히 한다(Scahinkel, 2008). 이러한 각각의 설명은 국가 내부적 요인에만 초점은 맞추는 반면 네덜란드의 발전이 다른 서유럽 국가와 유사한 정도로 이루어진다는 것을 무시한다.

신현실주의가 그렇게 짧은 시기에 어떻게 주류가 되었는지 알아내기 위해 골몰하지만, 사실 우리에게 더 긴급한 문제는 미래를 위한 전망에 관심을 갖는 것이다.

우파(VVD와 PVV)와 좌파(SP) 정당이 신현실주의의 국수주의적 레토릭으로 다소 자기 정체성을 가지게 됨에 따라, 가장 문제가 된 것은 현재 발케넨더 4기 내각을 구성하는 중도파의 위치이다. 최근의 이러한 진전 상황은 향후 낙관적 전망을 할 수 있는 몇 가지 이유를 제공한다. 정당 스스로 종교적 전망으로 고무되는 한, 두 개의 기독교 정당 CDA와 CU의 존재는 공동의 종교에 바탕하여 자신의 정체성을 규정하고 조직화하는 시민에게 던져지는 성경의 한 구절(verse)이 아니다. 단지, 자신의 종교가 공격받아 화난 시민에게 동정심을 표하는 정당으로 비쳐질 뿐이다. 반면 사민주의자가 취하는 입장은 매우 결정적이다. 노동당은 강력한 대안적 목소리를 발전시키기 위하여 정치적 이상과 가장 많은 유권자를 가진 유일한 정치적 주체이다. 전통적인 지지자와의 관계가 끊어지지 않기를 간절히 바라면서, 노동당은 현재 사회 민주주의 이상과 국민의 애국심 — 네덜란드 언어, 문화, 역사에 대한 확신을 요청하는 — 간의 균형을 찾기 위해 애쓴다. 파울 쉐페르는 거의 십년 전부터 '다문화주의적 드라마'에 대해 경고했던 사람으로, 이 과정에서 결정적인 역할을 수행한다. 사람들이 오랫동안 기다렸었던 그의 책, 「도착국가(Het land van aankomst)」가 나왔고, 이민과 통합의 골치 아픈 문제에 대한 공정하고 지적이며 희망찬 설명으로 정치 및 관료 엘리트에게 환영받았다(Scheffer, 2007).

사민당원인 주택, 지역사회 및 사회통합부 장관 엘라 보겔라는 쉐페르의 기여를 열렬히 환영했던 사람 중 하나였다. 그럼에도 불구하고, 2008년 11월 보겔라는 노동당 지도부에 의해 각료직에서 물러나게 되었다. 그녀의 정책목표는 이민자가 많이 사는 극빈곤 지역에서의 삶의 조건을 향상시키고, 이들을 '문제지역'에서 '시범지역'으로 이동시키는 것이었다. 이 정책이 실패했기 때문이 아니라 — 20개월 정도의 보겔라의 재임기간은 어떠한 심도 있는 평가를 받기에는 너무나 짧았다 — 미디어에서의 보겔라의 이미지가 결국 그녀를 사임하게 했기 때문이다. 당지도부가 통합의 문제에 대해 더 대립하기를 원했던 반면, 보겔라는 낡은 네덜란드와 새로운 네덜란드의 유대를 창조하고, 이민자 공동체 내에서의 긍정적인 발전을 공식적으로 인식할 필요가 있음을 지속적으로 강조하였다. 그러나 보겔라 스타일은 쉐페르가 주장하듯, 역사적으로 뒤처지고 다문화주의의 낡은 접근 방식과 전혀 다른 것이 없는 것으로 보였던 것이다.

그의 책에서 쉐페르는 최근 이민자가 일으킨 갈등과 마찰에 대해 편견 없는 시각으로 옹호하였다. 그는 이민자와 토착민 양자가 모두 겪는 상실감과 소외감이 심각하게 받아들여질 때 여러 문화가 혼합된 연결체를 건설하는 것이 가능하다고 주장한다. 그러나 쉐페르가 이민자의 시각과 토착민의 시각을 다루는 것을 살펴보면 매우 불균등함을 알 수 있다. 이민자는 정착한 새로운 모국의 언어, 문화, 역사에 관해 익숙해져야 하고, 무슬림은 비난을 상대하는 것을 배워야 하고, 포트윈 반란은 네덜란드 정치 엘리트에게 조금은 진지하게 자신을 성찰하는 사건으로 받아들여져야 한다고 이야기한다. 그러나 포트윈의 추종자로서 소위 '보통 네덜란드 사람'은 비록 순응과 동화를 요청하는 비공식적 압력을 수용하는 경향을 보일지라도, 결코 그들의 관점을 바꾸지 않을 것이다. '우리'와 '그들'의 구분에 대한 되풀이되는 호소는 책의 결론부에서 잘 설명하듯이, 책이 극복하기 원하는 바로 그 차이를 확인해준다.

> 편안하고 안정된 사회는 아주 많은 노력이 요구되는 것임을 우리가 이해할 때, 우리는 원근의 지역에서 이주해오는 사람에게 진심으로 '환영'한다고 말할 수 있을 것입니다(Scheffer, 2007: 440).

노동당 지도부는 쉐페르의 책에서 캐치 슬로건을 발굴하였다. 통합 문제를 다룬 최근의 정당비망록의 초안에는 다음과 같은 쉐페르의 구절이 포함되었다.

> '회피의 단계는 분명히 끝났다' 그리고 '이민은 이민자와 토착민 모두의 불편함과 상실감을 포함한다.' 뉴커머, 그 자녀와 손자는 '네덜란드를 위해 무조건적인 선택을 해야 한다.' 자신의 모국을 버려야만 그들은 해방될 수 있다(Partij van de Arbeid, 2008).

이러한 문장 안에 포함된 많은 포퓰리즘적 요소는 빗발치는 시위를 촉발하게 되었다. 정당 지도부에게 그 문헌을 근본적으로 수정하도록 압력을 행사하는 거의 400개의 수정안이 제출되었다. 다시 고쳐 쓴 문헌에서는 더 이상 '외래인'이라는 용어를 말하지 않고, 이민자를 '새로운 네덜란드인(nieuwe Nederlanders)'으로 언급하고, 이들은 더 이상 무조건적으로 네덜란드를 선택할 필요가 없으며, 그들이 원한다면 옛 국적을 유지할 수 있다고 하였다. 또한 수정 비망록에서는 현재 문제의 일부로 극우를 지목하고, 많은 '새로운 네덜란드인'의 성공적인 통합과 같은 긍정적인 발전이 있다는 것을 보여준다. 초기 문서에서는 '이곳은 우리나라이다. 그리고 우리는 이 나라에 소속되어 있다'는 주장으로 끝을 맺은 반면에(다시 파울 세페르의 구절을 인용하였다), 두 번째 문안에서는 약간은 모호하지만 의미심장하게 수정되었다. '이곳은 우리나라이다. 그리고 함께 하는 우리가 있는 곳이 우리나라이다(Partij van de Arbeid, 2009).' 이 바뀐 비망록의 수정안은 2009년 3월에 정당 총회에서 논의될 것이다. 이 글을 쓰는 이때 아마 그 정당 지도부는 적어도 신현실주의 레토릭의 일부를 철회해야 할 것이다.

만약 우리가 정책 수준에서의 발전을 설명한다면, 다문화주의에 대한 반격은 다루기 힘든 공적 의제만큼 어려운 주제는 아닌 것으로 보인다. 예를 들어, 난민신청자와 이민에 대한 정책 기조는 확실히 가혹해졌다. 그러나 어떤 측면에서 엄청 찬양되었던 실용주의적 네덜란드식 접근은 생존한 것으로 여겨진다. 필자들은 가장 기본적 수준에서 어떻게 가정폭력의 문제가 문화문맹적 표현으로 쓰여진 문화에 민감한 정책대안과 다투는지를 이미 언급하였다. 다른 예는 이슬람 히잡 문제인데, 전체적으로 완전히 덮어 가리는 부르카(Burka)에 관해 많은 이야기를 했음에도 불구하고, 주립 학교의 선생님같이 공공 사무실에서 일하는 여성은 큰 진통을 겪지 않고서 어쨌든 히잡을 쓰는 것이 허락되었다.

이민자의 위치와 이민자를 향한 태도에 대해 현재의 재정적 위기의 영향으로 어떠한 것도 예측할 수 없지만, 네덜란드 사람의 대다수가 반-무슬림 레토릭에 의해 유도된 히스테리에 점점 지쳐가고, 네덜란드 사람은 문화적 그리고 종교적 차이에 대해 명백하게 실제적이고 관용적인 태도로 되돌아간다는 것은 우리에게 어느 정도의 희망을 준다.

참고문헌

Block, S. A. (2004) *Bruggen bouwen*, Den Haag: Sdu.

Bolkestein, F. (1991a) 'Integratie van minderheden moet met lef worden aangepakt', *De Volkskrant*, 12 September.

—— (1991b) 'Interview met D. Eppink', *NRC Handelsblad*, 12 September.

—— (1992) 'Wie de verontrusting negeert, voedt juist het ressentiment jegens minderheden dat hij wil bestrijden', *De Volkskrant*, 5 September.

Bolkestein, F., Pennink, R., Kruyt, A. and Couwenberg, S. W. (1992) 'Een discussie over racisme', *Het Capitool*. Net 3, NOS television, 22 March.

Buruma, Ian (2006) *Murder in Amsterdam: The Death of Theo van Gogh the Limits of Tolerance*, New York: The Penguin Press.

Caldwell, C. (2005) 'Daughter of the Enlightenment', *New York Times Sunday Magazine*, 3 April.

CBS Statline (2009) Centraal Bureau voor de Statistiek. Online. Available HTTP: http://statline.cbs.nl/StatWeb/publication (accessed 1 February 2009).

Emancipatie: Vanzelfsprekend, maar het gaat niet vanzelf (2005) Meerjarenbeleidsplan 2006–10. Den Haag: Ministerie van Onderwijs, Cultuue & Wetenschappen.

Eyerman, R. (2008) *The Assassination of Theo van Gogh: From Social Drama to Cultural Trauma*, Durham and London: Duke University Press.

Fermin, A. (1997) *Nederlandse politieke partijen over minderhedenbeleid 1977–95*, Amsterdam: Thesis Publishers.

Fortuyn, P. (2001a) *Droomkabinet: Hoe Nederland geregeerd moet worden*, Amsterdam: Van Gennep.

—— (2001b) *De islamisering van onze cultuue: Nederlandse identiteit als fundament*, Rotterdam: Karakter/Speakers Academy.

—— (2002) *De puinhopen van acht jaar paars*, Rotterdam: Karakter/Speakers Academy.

Her Fenomeen Fortuyn (2002) Amsterdam: De Volkskrant/Meulenhoff.

Hirsi Ali, A. (2002) *De zoontjesfabriek*, Amsterdam/Antwerpen: Augustus.

—— (2006) *The Caged Virgin*, London: The Free Press.

—— (2007) *Infidel*, New York: The Free Press.

Jong, S. de (2000) 'Hollandse taboes', HP/*De Tijd 39*, 29 September: 32–41.

Kansen pakken, kansen Krijgen (1998) *Integratiebeleid 1999–2002*. Den Haag: BiZa.

Lijphart, A. (1975) *The Politics of Accommodation. Pluralism and Democracy in the Netherlands*, Berkeley: University of California Press.

Minderhedennota (1983) *Regeringsnota over het minderhedenbeleid*, Den Haag: Staatsuitgeverij.

Onderwijs, integratie en actief burgerschap (2003) Brief (TK 2003–4, 29 536, no. 1 and 2), Den Haag: Sdu.

Partij van de Arbeid (2008) Verdeeld verleden, gedeelde toekomst, PB–resolutie Integratie. Online. Available HTTP: http://www.pvda.nl/download.do/id/3202501112/cd/true (accessed 10 February 2009).

—— (2009) Bijlage: Verdeeld verleden, gedeelde toekomst, Resolutie Integratie. Online, Available HTTP: http://www.pvda.nl/download.do/id/320261416/cd/true (accessed 25 February 2009).

PaVEM (2005) *Zij doen mee! Participatie agenda 2010*, Den Haag: Sdu.

Pels, D. (2003) *De geest van Pim. Het gedachtegoed van een politiek dandy*, Amsterdam: Anthos/AMBO.

Prins, B. (2004) *Voorbij de onschuld. Her debat over de multiculturele samenleving* (2nd rev. edn), Amsterdam: Van Gennep.

Prins, B. and Saharso, S. (2008) 'In the spotlight: a blessing and a curse for immigrant women in the Netherlands', in A, Phillips and S. Saharso(eds), *The Rights of Women and the Crisis of Multiculturalism. Special Issue Ethnicities*, 8(3): 365–84.

Regeringsreactie op 'Bruggen bouwen' (2003) (TK 2003–4, 28 689, no. 17), Den Haag: Sdu.

Saharso, S. and Lettingga, D. (2008) 'Contentious citizenship: Policies and debates on the veil in the Netherlands.' in S. Kilic, S. Saharso and B. Sauer (eds) *The Veil: Debating Citizenship, Gender and Religious Diversity. Special Issue Social Politics. International Studies in Gender, State and Society*, 16(4): 455–80.

Samen werken, samen leven (2007) Beleidsprogramma Kabinet Balkenende IV 2007–11, Den Haag: Ministerie van Algemene Zaken.

Scheffe, P. (2000) 'Her multiculturele drama', *NRC Handelsblad*, 29 January.

—— (2007) *Her land van aankomst*, Amsterdam: De Bezige Bij.

Schinkel, W. (2008) *De gedroomde samenleving*, Kampen: Klement.

SCP (1996) *Rapportage Minderheden 1996*, Den Haag: VuGA.

Sniderman, P. and Hagendoorn, L. (2007) *When Ways of Life Collide: Multiculturalism and its Discontents in the Netherlands*, Princeton: Princeton University Press.

Spijkerboer, T. (2007) *Zeker weten. In burgering en de fundamenten van het Nederlandse politieke bestel*, Den Haag: Sdu.

Verwey–Jonker, h. (ed.) (1971) *Allochtonen in Nederland. Beschouwingen over de Gerepatrieerden, Ambonezen, Surinamers, Antilianen, Buitenlandse werknemers, Chinezen, Vluchtelingen, Buitenlandse studenten in onze samenleving*, Den Haag: Staatsuitgeverj.

Visser, A. (2003) 'Politiek is schadelijk voor mijn ideaal', *Trouw*, 25 January.

Vuijsje, H. (1986) *Vermoorde onschuld. Etnisch verschil als Hollands taboe*, Amsterdam: Bert Bakker.

Zembla (2006) De heilige Ayaan, VARA television broadcast, 11 May.

Zorg dat je erbij hoort! (2007) Integratienota 2007–11. Den Haag: Ministerie VROM/WWI.

제 5 장

"아직 우리가 모두 다문화주의자인 것은 아니다": 강경한 통합과 온화한 차별반대 사이에서 흔들리는 프랑스[1]

빠뜨릭 시몽·발레리 살라 팔라

프랑스는 전형적인 "동화주의(Favell 1998)" 채택 국가 중 하나가 된 이후, 최근 "이주민"과 "소수민족 및 소수인종"을 통합하는 틀에서 빠른 변화를 보였다. "프랑스의 주류집단 재형성" 과정을 설명하는 데 사용된 동화주의에 관한 개념과 이론은 급격하게 바뀌었고,[2] 뿐만 아니라, 이 과정의 대상층이 되는 사람의 범주도 바뀌었다. 이러한 대상자로는 외국인, 이민자, 이민가정 출신 청년, 무슬림2세, 그리고 심지어 "가시적 소수민족" 등이 해당하는데, 통합이라는 말로 인하여 "가시적 소수민족" 같은

1 이 장은 유럽 프로젝트인 EMILIE를 위해 수집된 자료의 일부를 활용하였다. EMILIE는 유럽의회 RTD DG의 6번째 체계프로그램(2006~2009년)에 의해 만들어진 "다문화적 시민권(Multicultural Citizenship)에 대한 유럽의 접근과 법적·정치적·교육적 도전"이다(Website: http://www.eliamep.gr/eliamep/content/home/research/research_projects/emilie/en/).

2 알바와 니의 동화에 대한 최근의 평가에서 표제를 인용하였다(Alba and Nee, 2003).

새로운 어휘가 만들어지게 되었다. 1980년대에 다문화주의를 겪은 기간은 짧았지만, "프랑스 통합모델"의 발명으로 1980년대 말에 최초의 반발이 일어났다(Lorcerie, 1994). 통합은 더 이상 사회과학에서 고안된 철학이나 개념적 도구로 그치지 않고,[3] 정책과 공공담론에 기반을 두었다. 그 당시 차별에 대한 우려 증대로 통합주의자(인종차별폐지론자)의 주도권을 위한 경쟁이 벌어졌다(Fassin, 2002). 이후 통합주의 헤게모니는 차별에 대한 우려의 증가로 공격을 받았다(Fassin, 2002). 현재의 체계는 과거식의 통합 방식과 새로운 유럽스타일의 반차별을 묘하게 혼합해 놓은 것이라 할 수 있다. 이러한 정치적 패러다임의 변화에도 불구하고, 프랑스는 스스로를 결코 다문화사회로 여긴 적이 단 한 번도 없었다.

프랑스에서 다문화주의라는 개념 자체는 국제적인 경험, 특히 영국, 네덜란드, 미국 모델의 경험과 밀접히 관련되었으나, 한편으로는 프랑스 공화주의식 통합모형과는 정반대의 의미여서 부정적으로 여겨진다. 다문화주의는 소수민족 공동체가 가지는 문화적 차이를 인정하고 긍정적으로 재현하는 데 필요한 정치모델로 여겨졌기에, 무엇보다 프랑스사회에서 존재하지도 않았고 결코 받아들여질 수도 없는 것으로 비쳤다(Amselle, 1996). 다문화주의가 프랑스 논쟁에서 골칫거리인 이유는 국민정체성과 공화주의적 가치에 대한 위협으로 여겨지기 때문이다. 프랑스의 상황에서 다문화주의는 마치 문화주의(culturalism)처럼 들린다. 프랑스사회의 "파편화(balkanization)"[4]와 민족, 인종, 성적 소수자가 정치적으로 동원

3 비록 뒤르켐(Durkheim)이 분명히 통합을 개인적 특성으로 생각한 적이 없다 하더라도, 확실히 이민자나 어떤 소수민족과의 관계 속에서 통합을 생각하지도 않았다.

4 영어에 '발카나이제이션(Balkanization)'이라는 단어가 있다. 국제정치학에서 주로 쓰이는 용어인데 "여럿의 작고, 분열적이고, 기능을 제대로 못하는 국가로 나눈다"라는 의미를 지닌다. ― 역자 주

될 위험과 같은 "공동체주의(communitarianism)"[5]가 발생할지도 모른다는 두려움은 프랑스가 인종차별을 인정하고 이를 비판한다는 주장을 부정하게 되는 배경이 되었다. 이러한 특수한 상황은 오랫동안 지속되었던 통합 패러다임의 확산과 실행의 결과로 이해해야 한다(Wieviorka, 1996).

민족 또는 인종에 따라 사회를 구분짓지 않는 것을 '프랑스식 색맹(French color blindness)'이라고 볼 수 있는데, 이는 동화 담론 및 기법의 오랜 전통인 "프랑스식 통합모델"로 구체화되었다(Schnapper, 1991). 1989년 '통합고등위원회(High Council for Integration: HCI)'라는 새로운 조직이 설립되었는데, 이 조직의 목적은 관계 당국에 이주민의 통합에 관한 정보와 자문을 제공하는 것이었다. HCI는 재빠르게 선제적 통합정책을 시작하여 1991년에 공식적인 통합원칙을 만들어냈다.

> 통합이란 프랑스에 장기 체류할 모든 사람이 사회에 적극 참여하도록 장려하는 것을 의미한다. 이때, 사회 구성원의 결속이 보장되도록 모든 사람의 문화적 특성이 유지될 수 있다는 점을 진정으로 수용하지만, 권리와 의무의 평등에서 절대 다르지 않고 동일하다는 것을 강조한다. 통합은 이러한 차이가 동화 속에서 폐기되어 없어지는 것이 아니라 그와 반대로 편입에서처럼 차이의 영속화를 보장하여 공동의 활동에 기여하도록 하는 것이다.[6]

통합고등위원회는 프랑스식 동화주의 전통은 지속하면서도, "프랑스에 장기 체류할 모든 사람"[7]의 권리와 의무를 보장하고, 공화국의 기본가

5 공동체주의(communautarisme)는 정교분리원칙(laïcité)처럼 사실상 영어로 번역하기 불가능한 특이한 프랑스적 개념이다.

6 이것은 첫 번째 HCI 보고서에서 제시된 수정되고, 더욱 정교한 형태의 정의이다(HCI, 1993: 8).

7 적절한 용어로 분류하기보다는 오히려 모호하게 하는 우회적으로 말하기에 주목하라.

치를 받아들이고, 신규이민자에게 새로운 "기회를 허용"하기 위해 프랑스사회에 필요한 변화를 이루는 등 정책 간의 미묘한 균형을 맞추었다. 이 "통합모델"은 프랑스의 오랜 이민역사를 압축해서 보여주며, 프랑스 통합정책의 필수원칙을 담았다. 첫째로, 통합은 개인적 과정이다. 프랑스는 이민자를 구조화된 공동체로 인식하지 않을 것이다. 이유인즉, 그러한 제도화가 국가 결속에 위협이 되기 때문이다. 둘째로, 하나의 시민으로서의 인정, 즉 프랑스국민이 되는 것은 통합 과정의 핵심이다. 개방적인 국적법[8]의 유지는 다양한 절차에 따라 상당한 수의 외국인의 입국을 허용하고, 계속적인 인구의 "혼합(mixing)"을 보장한다(Weil, 2005a). 이것은 또한 시민권과 국적의 개념적 혼동의 결과로, 특정한 법적 지위를 지닌 "소수자"의 출현과 영속화를 피하는 한 가지 방법이다. 세 번째, 통합이 사회에서 평등의 관행을 강화시켜준다는 점에서 통합의 개념은 평등의 원칙과 연관되었다.

그러나, 이러한 원칙이 있음에도 불구하고, 통합원칙은 종종 제도의 마련과 충돌을 빚는다. 국가와 시민 사이에 새롭게 형성된 중간층인 구조화된 공동체를 인정하지 않는 점은 종종 지역 차원에서 하나의 문제로 제기되었다. "문화적 특수성에 대한 관용"과 다문화주의 장려 사이의 경계선은 매우 얇아 보인다.[9] 프랑스의 통합정책은 (대중의 표현을 감안하는)

8 국적을 부여하는 것이 부분적으로 국가의 본질적 속성이 된 이후, 국적법(code of nationality)의 "개방성"의 정도는 논쟁거리가 되었다. 특별히 "동화의 부족(lack of assimilation)"을 이유로 거부하는 일은 거의 없었다 하더라도, 이주 인구의 경제적 불안정성을 악화시키는 원인이 되는 직업의 불안정성을 근거로 연기하는 일이 증가한다는 보고가 있다. 신청자가 만든 모든 노력의 투입을 더 좋게 고려하기 위하여, 1998년 말에 전문 인력 고용 부족에 대한 연기기준을 완화하였다. 프랑스에서 언어능력 정도는 귀화 절차에만 아니라, 새로운 이주민에게 주거허가증을 발급하는 것에도 중요한 기준이 된다.

9 HCI는 민족 집단 사이의 연계와 결속의 합법성 인정과 오랫동안 지속되는 공동체 모

차이에 대해 적극적 관용을 베푸는 것과 "차별금지의 원칙"을 재천명하려는 것 사이에서, 많은 연구자에 따르면 실현 불가능한 균형을 맞추기 위해 지속적으로 연구해야 할 것이다(Garbaye, 2005).

하지만, 몇 가지 최근의 진전된 국면을 보면, 그 논쟁에 대한 전통적인 틀이 도전 받음을 알 수 있다. 최근 인종 및 민족 차별에 대한 문제가 정치적 그리고 학문적 의제로 다루어졌다. 또한 150년의 프랑스 이민의 역사는 사회과학자의 의식캠페인과 이민자 및 후손의 요청이 증가됨에 따라 최근에야 인정되었다. 2004년 7월에는 최초의 이민역사를 위한 국립 박물관인 국립이민문화관(Cité Nationale d'Histoire de l'Iimmigration: CNHI)이 설립되었다. 이 문화관은 프랑스에서 이민을 인정하는 과정에 중요한 이정표가 되었다. 주로 노예제도와 식민지화에 대한 기억인 "서발턴(subaltern)[10] 기억"에 대한 논쟁 역시 이민 인정 과정의 일부분이다. '문화적 특수성 인정 대 정교분리(laïcité)', '통합 대 차별반대', '인종색맹(colorblindness, 피부색 불문) 대 다양성 관리' 등과 같은 이러한 대중적 논란과 정치적 충돌이 프랑스 다양성의 패턴을 재형성한다. 이번 장에서는 프랑스의 혼란스럽고도 짧은 다문화주의 역사를 지난 20년간의 논쟁과 논의를 통하여 설명하기로 한다. 첫 번째 부분에서는 "통합"을 통한 동화에서 차별반대로의 프랑스 통합모델의 주요 변화를 간략하게 요약한다. 두 번째 부분에서는 국민정체성, 정교분리, "하위주체의 기억(이민, 식민지화 또는 노예제도의 역사)"의 정의와 관련 있는 주요 대중적 논란 등, "다문화 논쟁"이라 부르는 사안에 대해 다룬다.

임을 구축하는 것에 대한 위험성과 그들에 대한 어떠한 제도적인 인정의 훨씬 더한 위험성을 경고하는 것 사이에서 균형을 잡으려고 시도한다.

10 성, 인종, 문화적으로 주변부에 속하는 다양한 사람을 성, 인종, 문화적으로 주변부에 속하는 다양한 사람 — 역자 주

동화(同化)에서 차별반대로

1980년대 초, 프랑스는 잠시 동안이긴 하나 예기치 못했던 "다문화주의"를 겪었다. 1936년 이후 처음으로, 좌파 정부가 정권을 잡게 되었고 갑자기 프랑스사회가 개방되었다. 오랫동안 억제되었다가 그제야 사회적 변화가 이루어졌고, 그 가운데 하나는 프랑스사회에서 이민자의 거주지를 재협상하는 것이었다. 1983년 발생한 "마그렙 행군(March of the Beurs)"[11]으로 알려진 평등을 위한 행군과 그 다음해에 "컨버전스 84(Convergence 84)" 행군을 통해 "이민가정 출신 청년"이 평등과 인정을 갈망한다는 것을 공표했다(Bouamama, 1994). 1974년에 미숙련 외국인 이주노동자의 입국을 전면 금지하자, 그때까지만 해도 일시적이고 중요하지 않은 현상으로 여겼던 이민사회의 존재가 이러한 움직임으로 말미암아 부인할 수 없는 존재로 드러나게 되었다. 프랑스는 자국이 "이민사회"라는 점을 발견하였지만, 이 새로운 인식이 아직까지도 사회를 대변하는 틀 속에서 근본적인 변화를 일으키지는 못했다. 중앙집권 모델의 영향을 받지 않는 지역에서는 새롭게 혼합된 도시문화가 생겨났다. "이민자"가 주로 살았던 "소외지역(disadvantaged neighborhoods)"에, 새로운 정체성이 형성되고 "전통"이 재창조되었다. 즉, 역사, 언어, 사회적 관행이 국가 질서를 벗어나 재정립되었다. "이민자"는 더 이상 공장, 이주자 호스텔(쉼터) 그리고 무주택자용 임시주택단지[12]에 갇혀있지 않게 되

11 (프랑스로 이민 온 부모에게서 태어난) 마그렙(Maghreb: 모로코, 알제리, 튀니지를 포함하는 북아프리카 지역) 젊은이 — 역자 주

12 "난민 수용소(Cité de transit)"는 도시재개발 프로그램 동안에(1969–1975) 판자촌 지역

었고, 이제는 사회생활의 모든 분야에 투자하며, 정립된 사회적 역할을 뛰어넘었다. 학교에서, 이웃과의 관계 속에서, 그리고 자발적 단체 등에서, 타자성은 눈에 잘 드러나게 되었으며, 일상 생활 속에서 그리고 공식적 담론의 주제 중 하나가 되었다(Ireland, 1994; Silverman, 1992). 이러한 타자성이 더욱 친숙해 짐에 따라, 공화국 모델 내에서 합법적이고 가치 있는 것으로 인정되는 인식이 생기게 되었고, 이로 인해 관습 및 규범과 처음으로 갈등이 빚어졌다. 그 이유는 프랑스의 관념이 여전히 이민자의 문화적 특수성, 사회적 특수성을 줄이고, 프랑스사회의 규범과 가치에 적응해야 한다는 동화를 목적으로 하는 데 고정되기 때문이었다(Sayad, 1999). 이 시스템은 타협할 수 없는 우월성에 대한 확고한 믿음을 기반으로 하였다. 이러한 문화적 우월성은 외국인에 대항한 내부인의 특권 혹은 이민자에 대항하는 토착민을 위한 특권이라 할 수 있는데, 이는 프랑스적 보편주의에 뿌리를 두었다.

1983~1984년이 절호의 기회였다고 할 수 있는데 '국민전선(Front National)'[13]의 급작스러운 정치적 확대로 인해 그 기회가 다시금 빠르게 사라져버렸다. 정치적 논쟁에 "이민"이 등장한 이유가 이주민이 대거 프랑스로 유입되어 주요 도시의 양상을 서서히 바꾸었으며 이로 인해 무질서가 생겨서라기보다는 "국민정체성"에 대한 강경한 입장과 국가 모델을 표방하는 것에 대한 거부 때문이었다. 그 모델에 대한 이러한 저항은 식민지 시대의 분열을 부활시키는 토대가 되었고, 이민자가 너무나 오랫동

에서 쫓겨난 주민에게 새 집을 마련해주기 위하여 지어진 저비용 공공주택을 위한 포괄적 이름이었다.

13 프랑스의 극우민족주의 정당. 주요 정책은 이민의 중지, 노동조합의 권리 축소, 경찰 지원, 테러리즘과 마약부정거래자에 대한 사형 실시, 해외 영토에 대한 프랑스 지위의 유지, 국가의 경제제한 폐지 등이다. — 역자 주

안 거부당한 고통스러운 기억을 인정해달라는 요구 증대의 바탕이 되었다(Blanchard *et al.*, 2005). 분명히 이러한 변화는 각각의 독특한 입장을 담았지만, 통합의 프랑스식 개념에 대해 반대하는 점에서는 공통분모가 있었다고 볼 수 있는데, 이러한 공감은 프랑스적 통합이 "그들과 우리" 사이의 경계선을 긋는 것이 정상적인 것으로 인식되게 하고, 때때로 이 개념이 약화된 경계를 보강하는 무기로 사용된다는 데 있었다.

1980년대 말, "프랑스 통합모델"의 발명과 촉진은 동화주의적 사고의 틀을 보다 유연하게 만들었지만 이와 완전히 결별한 것은 아니었다. 이제는 "이민자"가 "공동의 삶"을 구축하는 데 이해 당사자가 되었음에도 불구하고, 여전히 프랑스사회에서 외부인으로 인지되었고, 의도적으로 모호하게 만든, 사회의 구성원으로서의 의무이행은 평등한 권리의 향유보다 더 우선시 되었다. 이러한 의무로 인해 통합에 대한 논쟁이 더욱 불거졌고 지금도 마찬가지다. 이유는 "이민자", 더 일반적으로 말하면 모든 통합의 대상자가 요구받는 것은 바로 이상적인 시민의 특성을 가지는 주류집단이 되라는 점이다. 만약 "토착민"이 그러한 기준을 사용하는 테스트에 응한다면 당연히 대부분은 통합 자격에 미달할 것이다. 국민정체성에 대한 준거는 "국가공동체"에 소속됨으로써 얻을 수 있는 혜택으로부터 이주민을 배제하는 데 사용되곤 했다. 특권적인 클럽과는 달리, 진정한 시민권은 정치적 시민권에서보다 문화적인 차원에서 더욱 중요한 규범, 가치, 관례의 채택, 그리고 장기적 거주에 의해 획득되는 "가문(pedigree)"에 따라 자격이 주어진다. "이민자"가 바라는 것은 조용하면서도 강력하게 흐르는 주류집단의 탁월한 규범과 관례를 방어하기 위한 것이었다. 이 주류집단은 다채롭고도 많은 유산과 관습에 우월성을 부여하려는 경향이 있다(Guénif-Souilamas, 2006). 이러한 유산을 철저히 지켜내면 교육, 고용 또는 거주지 경쟁에서 분명한 이득이 주어진다. 이러한 자산은 극우파와 보다 광범위한 정치세력에 의해 다양한 형태로 사용되었던 "국가적 선호" 슬로건 속에 구현되었다. 이러한 국가적 선호는 명목상으로만 국가 선호이다. 왜냐하면, 배제되는 사람이 외국인, 프랑스 태생 시민 또는 기타 등등이 될 수도 있지만, 실제로 서발턴 권리의 실현은 그것을 배제할 수 있게 만드는 진짜 출신과 주장된 출신에 무관하기 때문이다. "통합 실패"라는 표현방식은 주로 "이민자"에게 치유할 수 없는 열등감을 강화시켰었다. 그리고 그 대상이 이민자의 자녀에게까지 확대되었다. "이민 2세대"라는 신분과 시스템적 및 제도적 차별 확대로 인해 소수민족 형성이 이미 많이 진행된 것으로 보인다(Mouvements, 1999; Simon, 2000/2003).

1990년대 초 이래로, 최고위 정부 기관으로부터 나온 다양한 공식 보고서와 몇몇 발표에는 차별에 대한 우려의 목소리를 포함하였다.[14] 프랑스 최고의 행정재판소인 '국사원(Conseil d'Etat)'[15]의 1996년 공식보도로 인해, "평등의 원칙"을 "프랑스 통합모델"의 가장 중심에 두고, 인구 속에서 문화적 다양성으로 인해 생길 수 있는 결과와 필요한 공적 조치를

14 국사원의 1996년 공식 보고서는 "평등 원칙"을 다뤘고, 통합을 위한 최고위원회의 1998년 보고서는 "차별에 대한 투쟁"을 언급했다(HCI, 1998). 고용연대부장관(Minister for Employment and Solidarity)인 마르틴 오브리(Martine Aubry)는 통합정책을 다시 자극하기 위하여 이것을 핵심이슈로 만들었고(1998년 10월 21일, 장관회의), 내무부장관(Minister of the Interior)인 장 삐에르 슈벤느망(Jean-Pierre Chevènement)은 1995년 1월 25일에 시민권심의국(Department Commissions for Access to Citizenship, Commissions Départementales d'Accès à la Citoyenneté or CODAC)의 신설을 발표했다. 슈벤느망은 도지사에 대한 편지에서 CODAC의 목적을 다음과 같이 정의했다. 이주민 부모로부터 태어난 젊은이가 사회에서 직업과 직위를 찾는 것에 도움을 주고, 고용과 주거, 레저 차원 등에서 직면하고 있는 차별과 싸우기 위함이라고 정의했다. 1999년 2월에 장 미셸 벨로르제(J. M. Belorgey)는 차별과 싸우는 제도적 기구에 대한 보고서를 썼다(Belorgey, 1999).

15 행정부행정자문기관 및 최고행정재판소, 꽁세이데타. — 역자 주

이 현실에 맞춰 변경하자는 논쟁이 발생했다(Conseil d'Etat, 1997). 결과적으로, 이를 통해 외국인, 소수민족 또는 인종적 배경을 가진 프랑스 시민의 권리, 상품 및 서비스에 대해 접근이 불공평한 점, 대우받는 방법에 있어서도 완전히 불법까지는 아닐지라도 불법적으로 다르게 대우받는 점 등이 공화국의 근본적 가치를 직접적으로 훼손하는 것이고 동시에 사회적 결속을 회복하려는 노력을 약화시켰다는 확신을 불러일으켰다.

프랑스 국사원의 공식보고서는 차별억제를 위한 정책을 정당화하는 취지가 있었지만, 사실상 그 현상이나 결과를 뒷받침하는 메커니즘을 설명하기 위한 권한 밖의 일이었다. 그러나, 원칙을 주장하는 기능을 넘어서는 것이 필요하다는 의견이 있었다. 왜냐하면 이것이 국민 사이에서 널리 받아들여졌다 하더라도, 차별은 여전히 극심했기 때문이다. 비록 인종차별적이고, 인종혐오적인 태도가 도덕적으로 비난받았지만, 차별이 악화되었다는 국민여론이 증가하는 동안, 차별적 행동의 수는 급증은 아니더라도 증가하였다. 마찬가지로, 인종차별적이고, 인종혐오적인 태도와 일상적인 차별 행동의 표출을 비난하는 것에 대한 광범위한 합의가 존재한다.[16]

2000년에 채택된 EU지침서상의 입장전환은 2001년 11월 16일 차별반대법(Anti-Discrimination Act), 2002년 1월 17일 사회현대화법(Social Modernisation Act) 그리고 최근 새로운 차별반대법인 2008년 5월 27일 유럽연합법률 적용을 위한 법안(Adaptation to European Law Act)[17]

16 차별에 관한 지난 유로바로미터(Eurobarometer, 2008)는 프랑스가 EU27에서 3번째였던(76%의 응답자가 인종차별이 나라에 널리 퍼졌다고 응답했음) 이후로 프랑스 국민이 민족 차별에 대해 매우 민감하다는 것을 증명한다. 그럼에도 불구하고, 그것은 차별에 대항하는 정책 중에서 가장 중요한 것 중의 하나이다. 38%의 프랑스 응답자는 "프랑스에서 모든 형태의 차별에 대항해 충분한 노력이 이루어졌다"고 생각하였다. EU27의 평균은 47%이고, 가장 높은 비율은 핀란드의 66%이다.

17 http://admi.net/jo/20080528/MTSX0769280L.htm

이 통과되면서 달성되었다. 2005년에는 특별법으로 모든 차별의 동기를 다루는 독립적 평등 기관인 '차별철폐청(Haute Autorité de Lutte contre les Discriminations et pour l'Egalité: HALDE)'[18]이 설립되었다.

차별철폐청이 추진한 전략이주로 법정 소송에 초점이 맞춰졌고 긍정적 조치에 대한 지향성이 부족했다는 이유로 비판받았다. 한 가지 문제는 '긍정적 차별(positive discrimination)'[19]에 대한 논쟁이다. 이는 미국으로 치면 "적극적 조치(affirmative action)"에 해당하는 프랑스신조어이다. "긍정적 차별"은 영국의 트레이드마크로도 여겨진다. 긍정적 차별은 프랑스에서 지역적으로 폭넓게 실행되었고 심지어 교육계에서 주요 전략으로 도입하였다. 전문단과대학(grande école, 그랑제콜)인 프랑스 시앙스포 대학(grande école Sciences Po)은 "ZEP합의(교육혜택 우선지원 학교)"를 정책적으로 시행해서 소외지역에 위치한 고등학생이 고등교육을 받을 수 있도록 특별 입학절차를 제공했다. 균등대우라는 이름으로 강력한 반대와 법적 소송에 맞섰고, 그 결과 이 정책은 성공으로 귀결되었으며 몇몇 전문 단과대학도 채택했다(Sabbagh, 2002). 텍사스의 '10퍼센트 계획(10 percent plan)'[20]을 프랑스로 옮겨놓은 이 프로젝트는 고등학교에서 선택적 트랙(écoles préparatoires, 예비학교)으로 고등학교 최상위 5% 학

18 프랑스차별청폐청(차별 철폐와 평등 신장을 위한 고등 기구)은 2005년에 설립되고 2011년에 신설기구(권리방어청)에 통폐합된 독립행정청이다. 이 기구는 프랑스 국내법 및 프랑스가 적용받는 모든 국제법 규범에 근거하여 일체의 차별 행위를 철폐하는 것을 임무로 하였다. 이 기구는 차별 피해 사례를 접수하여 조사, 심리하고 조정안 제시 등의 조치를 취한다. — 역자 주

19 (인종 · 남녀 차별 등으로 인한) 사회적 약자 우대 정책. 궁극적으로 평등을 지향해 긍정적인 의도로 차별이라는 방법을 실시한다는 정치사회적 용어다. — 역자 주

20 링컨이 남북전쟁 이후 전쟁 종료 후 국가 재건계획과 대사면 계획(10퍼센트안). — 역자 주

생에게 입학시험을 면제하는 방법이 교육부에서 검토되었으며, 일부 사회과학자의 전폭적 지지를 받았다.[21]

이렇게 인식이 높아졌지만, 차별반대 틀 속의 내부적 모순이 장애물로 작용하였다.

> • 평등의 원칙에 대한 해석과 적용은 '차이'를 희석시키는 경향이 있고, 이 원칙에서 벗어나 간과된 기준을 규명하지 못하게도 하였다. 프랑스적 인종색맹은 사실상 불공정한 대우에 대한 인식을 방해하였다.
>
> • 차별이 내부 메커니즘에 대한 지식은 여전히 단편적이고, 인식캠페인은 여전히 암시적이며 목표가 명확하지 않다. "프랑스 모델"의 모순은 차별을 시스템적이고 제도적 차원으로 인식하는 데 여전히 장애물이 되었다.
>
> • 상기의 모든 이유를 보면 차별 근절을 위한 어떠한 실행계획도 좀처럼 목표 달성이 어렵다는 점을 알 수 있다. 좋은 의미로 선언문을 발표해도 진정한 방법을 수반한 효과적인 정책이 뒤따르지 않는 일이 태반이다. 민족 및 인종 차별에 관한 한, 평등 정책은 여전히 형식적일 뿐이고 효과적으로 평등을 촉진시키지 못하였다(Bleich, 2003).

이러한 모든 점을 보면, 소위 "다양성"과 "소수민족" 문제가 최근 프랑스 논쟁에 나타났다는 점을 알 수 있다. 일명 "가시적 소수자(visible minorities)"를 위해 동등한 기회를 증진하는 방향으로 대기업을 전환시키는 일은 새로운 "다양성 열광(diversity buzz)"으로 끝나버렸다. 이 과정이 시작된 때는 2000년대 초로, 대기업, 전 경제 분야, 국가 대표자, 노동조

21 "프랑스계 미국인 관점에서의 교육과 고용 기회의 평등" 프로그램에 대한 프랑스-미국재단(French American Foundation)의 보고서를 살펴볼 것(Kholer and Sabbagh, 2008, http://frenchamerican.org/cms/programreports). 프랑스에서 이 계획에 대한 저명한 지지자 중의 한 명을 또한 살펴볼 것(Weil, 2005b).

합 그리고 국가기관 간에 기본틀 협약에서 명하면서부터였다. 이러한 차별반대 유화정책과 유사한 다양성 헌장(Diversity Charter)은 우익 싱크탱크인 몽테뉴 연구소(Montaigne Institute)가 2004년에 출간한 보고서가 원동력이 되어 민간분야에서 시행된 것이고, 미디어에서도 대대적으로 보도되었다(Bébéar, 2004; Sabeg and Méhaignerie, 2004). 이 헌장은 주로 프랑스 경제구조에 다양성 관리를 전파하기 위해 인적자원과정과 의식향상 문제를 주로 다루었다. 2004년 10월, 40명의 CEO가 이 헌장에 서명했고 오늘날에는 1,800곳 이상의 기업이 서명했다.[22]

이러한 행동실천과 의식향상을 추진함에도 불구하고, 공화국의 범주, 가치, 전통의 지속적인 영향력은 통합 모델을 동화주의에서 좀 더 다원주의로 패러다임을 바꾸려는 과정에 큰 장애물이 되었다. 프랑스사회는 여전히 스스로를 민족적으로 차별화된 사회라고 말하는 것을 꺼린다. 심지어 프랑스사회 그 자체와 제도, 사적 또는 공적 영역(학교, 경찰, 병원, 공공임대주택)이 그러한 민족적 차이를 재생산하는 역할을 수행하였다는 사실을 받아들이기는 더욱 힘들다. 프랑스사회가 진정으로 "인종차별 반대주의"라는 점, 그리고 차별은 주로 개인행동과 연결해서 이해해야 한다는 점으로 인해 구조적인 차별을 해결하기 위한 어떠한 전략도 성공하지 못하였다.[23] 마지막으로 여전히 중요한 점 하나는, 민족차별에 대한 민감성이 제고됨에 따라 현상을 규정하는 프레이밍(framings) 간의 경쟁이 촉발된 것이다. 즉, 마치 지배적 우세의 형태(forms of domination)가 다원주의 차원이 아닌 상호배타적으로 이해되어야 하는 것처럼, "사회적

22 그 헌장(선언문)은 "http://www.charte-diversite.com/"에서 읽을 수 있다.

23 반민족차별주의 조직인 "SOS 인종차별(SOS racisme)"은 이런 프레임의 시사적인 삽화(일러스트레이션)를 제공한다. 그 조직 의장(회장)의 최신 책을 살펴볼 것(Sopo, 2005).

불평등"이란 전통적 프레임은 "인종적 위계제(racial hierarchies)"에 반대하였다(Fassin and Fassin, 2006). 이러한 관점으로 볼 때, 효과적인 차별반대 정책이 단기간에 이행되지는 못할 것이다.

다문화 논쟁

전통적인 프랑스식 통합모델의 다른 위기는 학문적 영역뿐만 아니라 정치적 영역에서도 격렬하고 때로는 폭력적인 논쟁을 일으켰다. 이 공적 논쟁과 정책발전은 다문화주의 사회의 출현에 대한 저항의 중요한 특성을 보여준다. 여기서 분석되어질 수 있는 수많은 잠재적인 문제(만평 사건, 긍정적 차별에 대한 논쟁 등) 중에서, 우리는 4가지의 "다문화 논쟁"을 검토한다. 탈식민주의, 2005년 11월 도심 폭동과 그 인식, 정교분리와 히잡 사건(headscarf affair) 논의, "민족통계(ethnic staticstics)"에 관한 논쟁이 여기에 포함된다.

탈식민주의

2005년 이후, 커져가는 논쟁은 식민주의 유산, 즉, "식민지적 분업(colonial divisions)"의 증가와, 북미와 사하라이남 아프리카, 서인도에서의 이전 식민지 국민에 대한 프랑스 정부의 부채에 관한 것이었다(Blanchard *et al.*, 2005). 노예제도와 노예거래를 인류에 대한 범죄로 규정짓는 2001년 5월 10일 토비라 — 들라농 법안(Taubira – Delannon Act)

이 이러한 상황을 인정하는 첫 단계가 되었고, 1848년 5월 10일 프랑스의 마지막 노예제도 폐지기념일에 대한 엄숙한 기념이 되었다. 그 상황에서, 프랑스의 북아프리카 출신 강제노동자(pieds noirs, 알제리출신 프랑스인)의 기여를 인정하는 2005년 2월 23일 법(Mekachera Act)[24]의 통과는 물의를 일으켰다. 왜냐하면 공식적인 역사교육과정에 "해외, 특히 북아프리카에 주둔한 프랑스군의 긍정적인 역할 수행"이라는 내용을 넣을 것을 요청하는 조항 4 때문이었다. 역사학자의 진정과 이러한 과거 식민지시대 재건에 반대하는 거대한 시위가 잇따르자 결국 이 조항을 철회하였다(Bertrand, 2006).

그동안에, 인정, 존중 및 차별철폐 행동을 요구하는 "희생자"의 움직임이 더욱 커졌다. 그 예로, "우리는 프랑스공화국의 토착민이다(Les indigènes de la république)"라는 이름의 운동이 2005년 1월에 시작되었고, 흑인보호를 위한 협회 60곳이 연합한 흑인연합대표위원회(Conseil representatif des associations noires: CRAN)가 창설되었다. 일명 "탈식민사회"에서 노예제도와 식민지시대, 그리고 이로 인해 지속되는 결과의 유산을 인정하라는 주장이 차별에 대한 비난과 연관되었다. 지방의회와 국회에(Geisser, 1997) 소수의 소수민족 대표자가 자리하였지만, 2002년 프랑스 대통령선거에 가이아나 출신인 크리스티앙 토비라(Christiane Taubira)가 출마하면서부터 선거에 좀 더 적극적이야 한다는 점과 "흑인" 후보자를 내놓아야 한다는 생각이 진전되었다. 좌우 모든 정당에서 소수민족의 대표성은 빈약한 수준이다. 더 광범위한 상황은, 인종차별 반대운동 내에서 분열이 심화되었다는 점이다. 한편, 'SOS 인종차별주의' 같은

24 Loi no. 2005-2158 du 23 fevrier 2005 portant reconnaissance de la Nation et contribution nationale en faveur des Francaisrapatries, J.O 46 du 24 fevrier 2005.l Cf. http://www.admi.net/jo/20050224/DEFX0300218L.html

전통적인 단체가 프랑스사회의 "민족화(ethnicization)"처럼 민족·인종적 소수자에 대한 인식에 낙인을 찍는 공화주의 문지기 역할을 하였다(Boutih, 2001; Sopo, 2005). 반면, 흑인연합대표위원회(CRAN)나 공화국토착민운동(Party of Indigènes de la Republique: PIP)과 같은 신생 반인종차별단체는 민족차별과 그들의 특별한 정체성 및 과거(기억)에 대한 인정을 요구하였다(Khiari, 2005).

또한 "탈식민지적 관점"을 프랑스사회과학에 도입하는 것이 가치가 있는지 또는 필요한 것인지 의문을 제기하는 논쟁이 학술적 차원에서 일어났다(Amiraux and Simon, 2006). 프랑스에서 최근 출간된 탈식민주의 연구안내서(Lazarus, 2006)와 여러 저널의 특집호(Contretempts, 2006; Labyrinthe, 2006; Multitudes, 2006; Mouvements, 2007)는 탈식민주의 연구에 대한 최근 관심이 떠오르면서 프랑스 경험을 분석하기 위해 수입될 가능성을 보여주는 신호로 간주될 수도 있다. 인도, 영국, 네덜란드, 미국 등지의 경험과 비교하면 더딘 면이 있지만 이 새로운 분야의 연구에 대한 논란은 여전히 많고, 탈식민 이론이 현대 프랑스 상황을 이해하는 데 얼마만큼 적용되는지가 논의되었다. 인종적 소수자의 상황을 설명하고 분석하기 위해 탈식민 패러다임을 사용하고 남용하는 것에 대해, 많은 비평가는 식민지시대와 현재의 프랑스 사이에 연속성에 관한 아이디어가 부정확하다는 점에 초점을 두었다.[25] 식민지배의 연속성을 다루는 이론은 증거가 부족한 역사적인 인식 오류로 평가되었다. 탈식민주의에 대한 논쟁은 과학적 논리와 정치적 요구가 대립하게 되면서 다소 혼란스러워졌고 호도되었다.

25 이러한 논쟁의 예시에 관해서는 사다(Saada, 2006)나, 베르트란드(Bertrand, 2006)를 볼 것.

프랑스 도심폭동

2005년 11월 27일, 전례 없던 시민의 불만이 시작되었다. 이 사건은 파리 북서쪽 근교에 클리시 쉬 보아 지역에서 십대 두 명이 경찰의 검문을 피해 달아나다 사망하면서 시작된 것이었다. 거의 22일 동안, 프랑스에 250개 이상의 도시, 특히 주로 빈민가에서 차량 및 공공건물 방화, 경찰과의 대규모의 충돌이 발생했다. 폭동을 일으킨 무슬림 청년의 명확한 요구가 없었음에도 불구하고, 대부분 언론과 정치인은 "정체성 위기(crisis of identity)"(President Jacques Chirac, 10 November, 2005)와 민족 및 인종 차별의 결과라고 지적했다. 그러나 이러한 폭동은 정치인, 지식인, 미디어에 의하여 민족 혹은 종교적 차원의 폭동이라고 규정되거나, 강력한 공화주의적 대응이 요청되는 초기공산사회주의 발현의 징후로 규정되었다. 그 당시 내무장관이었던 니콜라스 사르코지(Nicolas Sarkozy)가 폭동자(무슬림 청년)를 "인간쓰레기"라 부르며 이들을 없애기 위해 캐처(Kärcher, 독일브랜드) 진공청소기로 쓸어버려야 한다고 발언했다. 그리고 철학자 알랭 핑켈크로(Alain Finkelkraut)는 이스라엘 신문사인 하아레츠(Haaretz)와의 인터뷰에서 이 소요사태를 "민족 및 종교 반란"이라고 불렀다.[26] 프랑스 학술원의 종신 사무국장인 엘렌까레르－단코스(Hélène Carrère d'Encausse)는 아프리카계 가정의 "일부다처제"를 이 사건의 주요 원인으로 꼽았다.[27] 프랑스 정통 우파 정당인 대중운동연합(UMP)의 쟈크 미야르(Jacques Myard) 부대표는 "아랍계 아프리카 혈통이면서 본의 아니게 프랑스인이 된 이 청년"을 통제하기 위해 "진압군" 조

26 하아레츠(Haaretz, 2005년 11월 17일)

27 자유화(Liberation, 2005년 11월 29일)

직을 요청했다. 이번 소요사태를 집단적인 정체성의 위기로 강하게 묘사했던 담론과는 달리, 사회과학자의 많은 연구를 보면 사회적 불평등, 경찰의 폭력, 청년들에 대한 인종주의와 차별 등이 이 비극적 사건의 주요 매개변수였다는 점이 드러났다.[28] 방화와 훼손의 대상은 대부분 학교, 우체국, 도서관, 스포츠센터 또는 버스 등 공공건물이었다. 복지국가에 대한 상징적인 반대는 해명을 요구하였는데, '대부분 실패로 끝났고, 신뢰는 잃어버렸다.'

2005년 11월 발생한 소요사태에 대한 정치적 해결책은 충격적이었다. 첫째, 교외지역에 통행금지시간을 정했고, 과거 식민지 알제리의 소요사태를 진압하기 위해 만들었던 비상계엄법을 발효시켰다. 둘째, "기회균등법(Equal opportunity Act)"이라는 새로운 법을 제정하는 것이었다.[29] 프랑스에서 법에 "기회균등"이라는 이름이 붙은 것은 처음일지라도, 대부분의 조항은 반차별문제를 다루지 않았다. 그 법률의 첫 번째 목적은 작은 도시의 정치(politique de la ville)와 같은 "전통적인" 영토정책에 따르는 것이었다. 이런 이유로 그 법률의 주요 조항은 사회통합과 기회균등을 위한 국가기관(Agence Nationale pour la Cohésion Sociale et l'Égalité des Chances: ANCSEC)의 창립에 관한 것이었다. 이 공식기관은 "빈곤 지역"에서 사회통합과 기회균등을 위한 특별한 프로젝트를 수행할 것이다. 그런데 전통적인 영토적 접근법인 지역별 도시정책을 유지하게 되므로, 그런 계획이 마치 민족차별 문제에 대해 구조적 차원은 간과하고 영토 문제로 취급될 수 있게 운영되는 경향이 있다는 점이 문제이다. 기회균등법의 두 번째 목표는 반차별과 기회균등의 관점에서 "새로운"

28 폭동에 대한 다른 글을 살펴보려면 살라 팔라(Sala Pala, 2006)를 볼 것.

29 Loi no. 2006-2396 du 31 mars 2006(법률 2006~2396조, 2006년 3월 31일)

틀을 짜는 것이다. 여기에는 차별철폐청(HALDE)의 권한을 강화하는 것, 50인 이상 고용기업의 직원 채용 시 익명의 이력서 사용, 법정에서의 차별사례를 증빙하기 위한 시사(試査, audit testing)를 인정하는 것 등이 해당된다. 그러나 이것은 차별철폐를 위한 법적 요건을 강화하는 것처럼 보일 수 있다 하더라도, 이러한 새로운 조항은 여전히 형식적인 정책의 틀 속에 자리하고 있다. 이 조항은 공공 및 민간기관에 부과되는 반차별의 적극적 행동규정 및 의무를 지닌 어떠한 예방적 정책사안은 포함시키지 않았다.

정교분리원칙과 "히잡 사건(headscarf affairs)"

프랑스 학교에서는 종교적 상징에 관한 논쟁이 수년간 지속되었었다. 1970년대에는, 이슬람에 관한 주제가 정치적으로 크게 이슈화되지 않았고, 주로 예배장소의 확보를 위한 요청이 주된 사항이었다(Amiraux, 2005). 이슬람이 정치적 문제가 되기 시작한 것은 1989년 "무슬림 히잡 사건"이 처음 발생하면서부터였다. 그 당시 파리 근교의 크레이(Creil)에 위치한 중학교 교장은 여학생 세 명을 퇴학시키기로 결정했는데, 그 이유는 여학생이 이슬람 신도를 의미하는 히잡을 착용해서 정교분리원칙을 약화시켰다고 판단했던 것이다. 리오넬 조스팽(Lionel Jospin) 교육부 장관은 국사원 측에 이번 퇴교결정에 대한 적법성에 관해 의견표명을 요청했다. 그리고 1989년 11월 27일, 국사원은 "히잡을 착용한 것이 정교분리와 공화국 학교의 가치를 부정한다고 볼 수 없다"는 판단을 내렸다. 그리고 1905년 정교분리법이 무엇보다도 양심의 자유와 표현의 자유를 보호해준다는 점을 감안하여, 정교분리를 자유롭게 이해한 것이라고 언급했다. 따라서, 학생은 자신의 양심의 자유를 따를 수 있다는 것이다. 오로지 개종을 권유하고 교내활동을 방해할 경우에만 퇴교로 이어질 수 있다. 그러므로 학교장은 사안별로 상황을 평가하라는 권고를 받았다.

무슬림 히잡 논란은 1994년 9월 교육부 장관의 규제로 인하여 다시 불거졌는데, 히잡이 "그 자체로 하나의 뚜렷한 표식(um signe ostentatoire en soi)"이고, 십자가나 키파(kippah, 반구형 검은 모자)와는 달리, 개종을 권유하는 태도를 보인다며 착용을 금지시킨 것이다.[30] 바이루 안내문(Bayrou circular)은 공립학교가 교칙에 "눈에 너무 잘 띄는 표식"을 금하는 조항을 학교 규정에 포함하도록 한다. 하지만, 1994년 10월 스트라스부르(Strasbourg)에 위치한 학교에서 학생 18명을 퇴학시킨 후 최고행정재판소 측에 의견을 다시 요청한 결과, 1995년 7월 10일 최고행정재판소는 히잡이 "그 자체가 눈에 띄는 표시"가 아니라고 결론내렸다. 그리고 히잡 착용을 이유로 학교의 여학생을 원칙적으로 퇴학시킬 수도 없고, 일반적으로 금지시킬 수도 없다고 밝혔다. 그리고 본래부터 "눈에 너무 잘 띄는" 표시는 없다고 주장했다. 또한 1905년 법안을 언급하면서, 종교적 상징이 본질적으로 정교분리에 반하지도 않는다고 했다. 이러한 이유를 들어, 최고행정재판소는 1989년 표명했던 입장을 해당사건에도 그대로 유지했다.

이로부터 10년이 지난 2003~2004년은 언론에서 이슬람교도의 히잡 문제를 폭넓게 다루면서 격렬한 논쟁이 벌어진 시기가 되었다(Lorcerie, 2005; Tevanian, 2005). 자크 시라크 대통령은 "슈타지 위원회(Stasi Commission)"로 잘 알려진 "정교분리원칙 시행 점검 위원회"를 설치했다. 개학일에 히잡 벗는 것을 거부했다는 이유로 오베르빌리에(Aubervilliers)의 한 중학교에서 퇴교당한 알마와 릴라(Alma and Lila), 두

30 이러한 이전 사건의 논의는 가스파르와 코스로카바(Gaspard and Khosrokhavar, 1995)를 볼 것.

자매의 이야기가 언론을 통하여 집중 보도되면서, 2003년 9월에 최초로 슈타지 위원회가 공청회를 개최하게 되었다.[31] 이 사건은 1989년과 1994년에 일어났던 사건과는 성격이 매우 달랐다. 이슬람교에 대한 논의가 심화되었고, 이슬람의 "공동체주의"와 "근본주의" 간의 융합이 강화되는 것으로 나타났다. 이슬람교가 공화국, 정교분리원칙, 국민정체성을 위협하는 존재라는 표현이 1990년대에 서서히 증가하였다. 국제적 차원으로는 9.11 테러사태 이후 이슬람에 대한 적대감이 정계와 학계에서 점점 고조되는 분위기 가운데 사건이 발생한 것이었고, 국가 차원에서는 법과 질서에 대한 정치적 담론이 증가하였다.

슈타지 위원회는 2003년 12월 11일 최종 결론을 내렸다. 위원회가 공립학교에서 종교적 상징 표식을 금지하는 법률의 도입을 제안하면서 최종 보고서[32]는 근본주의적 입장을 옹호하였다. 더 정확히 말하면, 위원회는 히잡이 본질적으로 눈에 너무 잘 띄는 종교적 표식이라고 보고 공립학교에서 착용을 금지할 것을 제안했다. 위원회의 제안으로 인해 이슬람교도의 히잡은 공립학교에서 완전히 금지되어야 했고, 다른 종교적인 표식은 지나치게 눈에 띄는 것 말고는 허용되어, 히잡의 경우와 뚜렷한 차이가 생기게 되었다. 학교에서의 이슬람교도 히잡 문제가 정치와 언론의 관심을 받기는 했지만, 슈타지 위원회의 결론은 엄격한 정교분리의 존중과 관대한 다문화주의 사이에서의 이상한 조합적인 제안으로 종결되

31 "Lila et Alma ne retourneront plus au lycée Henri-Wallon", Le Monde, 12 October 2003; "Alma et Lila à découvert," Le Monde, 15 February 2004.

32 Commission de réflexionsur l'application du principe de laïcité dans la République(2003), Rapport au Président de la République, remis le 11 décembre 2003, Paris, Présidence de la République, p. 78. 이 리포트는 http://www.ladocumentationfrancaise.fr/rapports-publics/034000725/index.shtml 에 탑재.

었다. 예를 들면, 첫째, 학교에서 인종차별주의와 반유대주의의 근절을 강화하는 것과 공공 서비스에서 "정교분리 헌장"을 채택하는 것이다. 둘째, 엄격한 학교의무 사항 준수, 모든 교과과정 출석 및 구내 공공식당에서 무슬림을 위한 음식을 따로 준비하는 것 등을 예로 들 수 있다. 셋째, 모든 공립학교에서 유대교의 '속죄일(Yom Kippur)'[33]과 이슬람의 '희생제(Eid al-Adha)'[34]를 휴일로 인정하고, 역사교육과정에 노예제도, 식민지화, 탈식민지화 및 이민을 포함시키는 것이다.

당시 위원회의 기록은 입법절차를 수립하는 데 활용되었다. 3개월간의 열정적인 토론을 거쳐, 정교분리원칙을 적용한 공립 초·중·고등학교에서 종교적 소속을 나타내는 표식이나 옷을 착용하지 못하게 규제하는 법이 2004년 3월 15일 통과되었다.[35] 이 법은 단지 한 가지 조항만을 담았다. 그것은 바로 "공립 초·중·고등학교에서 학생이 눈에 띄게 종교적 소속을 나타내는 표식이나 옷의 착용을 금한다. 징계절차를 이행하기 전에 학생과의 대화를 먼저 할 것을 교칙에 명시한다"라는 조항이다. 2004년 5월 18일 행정부 지침은 그 법의 적용조건을 구체적으로 명시했고, 2004년 5월 22일에 공표되었다.[36] 이 지침에는 "금지된 표식과 옷은 뭐

33 이스라엘의 종교 축제일 가운데 가장 중요한 날 — 역자 주

34 대제(大祭) 또는 희생제(犧牲祭)로 불리는 이슬람 최대 명절로, 라마단(단식월)이 끝난 뒤 양·염소·낙타 등 동물을 제물로 바치고 그 고기를 가난한 이웃과 나눠 먹는다. — 역자 주

35 Loi no. 2004-2228 du 15 mars 2004 encadrant, en application du principe de laïcité, le port de signesou de tenues manifestant une appartenance religieuse dans les écoles, collèges et lycées publics. J.O no. 65 du 17 mars 2004 page 5190. Cf. http://www.legifrance.gouv.fr/WAspad/UntexteDeJorf?numjo=MENX0400001L (20 March 2007)

36 Circulaire relative à la mise en oeuvre de la loi no. 2004-2228 du 15 mars 2004 encadrant, en application du principe de laïcité, le port de signesou de

라고 불리든지 간에 착용한 사람이 어떤 종교의 신자인지를 즉시 알아차릴 수 있는 것이다. 예를 들면, 이슬람교도의 히잡, 키파(kippah), 또는 눈에 띌 만큼 지나치게 큰 십자가 등이 해당된다"고 언급하였다. 그러므로 이 지침은 슈타지 위원회가 표명한 입장을 채택한 것이 된다.

지면을 고려하여 이 법에 대해 찬성 혹은 반대하는 시범적 사례를 모두 소개할 수는 없다. 입법이 진행되는 동안에 그리고 그 후에 출간된 많은 책은 이 주제가 학술 및 정치적 논쟁에서 공통적으로 중요하다는 점을 드러내었다. 다문화주의 의제를 고려하면, 입법 이전의 세계와 이후의 세계가 존재한다. 이슬람에 대한 부정적인 묘사를 관용하는 분위기는 이 논쟁 이후에 상당히 진전되었고, 그와는 반대로, 문화적 차이에 대한 공식적 표현에 대한 관용은 위축되었다(Deltombe, 2005). 존 보웬(John Bowen)은 히잡 논쟁을 심도 있게 개관한 연구의 결론에서, "가시적인 다름을 보일 수 있는 권리를 요구하는 이슬람교도는 프랑스의 오래된 문화적 규범에 저항하는 것이지 공화국의 정치적·법적 체계를 거부하는 것이 아니다"라고 지적했다(Bowen, 2007: 249).

"민족 통계(ethnic statistics)"에 대한 논란[37]

민족 차별에 대한 인식이 높아짐에 따라 사회과학자, 활동가, 정책입안가 사이에서 차별을 측정하는 방법과 차별피해자 확인 방법에 대해

tenues manifestant une appartenance religieuse dans les écoles, collèges et lycées publics(18.05.2004) (JORF no. 118, 22 May 2004 p. 9033). http://www.education.gouv.fr/bo/2004/21/MENG0401138C.htm (20 March 2007)

37 이 부분에서는 시몽(Simon, 2008)의 연구로부터 논쟁의 더 세부적인 내용을 언급하는 것까지 논의되었다.

큰 논쟁이 발생했다. 일명 통계의 "민족화(ethnicization)"를 둘러싼 논쟁은 특히 10년 동안 활발히 진행되었는데, 공식 통계에 민족이라는 범주를 도입하거나 또는 연구자가 수집하는 사회 통계에서만이라도 민족 범주를 도입해야 하는지에 대한 생각은 미분화원칙(the principle of undifferentiation)에 대하여 완전히 모순되는 것으로 인식되었다.

이 논란은 1999년 인구조사보다 1년 앞서 제기되었는데, 당시 프랑스 언론을 통하여 인구조사 설문지에 소수민족 범주를 도입하기 위한 계획이 알려졌다. 19세기 말 이후로, 프랑스의 인구조사는 출생지와 인구의 시민권에 관한 정보수집으로 이루어졌고, "민족", "인종" 또는 종교에 관해서는 전혀 조사하지 않았다. 이 정치적 선택은 민족적·인종적 차별에 관한 정확하고 신뢰할 수 있는 데이터를 도출해낼 필요성이 있다는 요구에 의한 것이었다. 언론의 기사가 쏟아져 나오는 가운데, 민족범주 통계의 시도를 급진적인 움직임으로 간주하여 맹렬히 비난하는 연구자와, 통계시스템 수정을 요구했던 소수의 연구자 간에 격렬한 논쟁이 벌어졌다. 이 문제는 두 가지 상이한 차원에 연관되었다. 첫째, 프랑스 인구의 다양성을 통계적 기술을 통해 드러내려는 것, 둘째는 민족 및 인종 계층화를 기초로 한 불평등의 논리를 이해하려는 것으로, 이 두 가지 모두 당연히 "프랑스식 통합모델"에 대한 도전으로 볼 수 있다(Simon and Stavo-Debauge, 2004).

2004년 논쟁이 재개되었을 때, 통계문제는 더 이상 사회과학자의 영역에만 국한된 것이 아니라 정치적 문제로 발전되었다. 더 확실하게 차별을 드러내고자 하는 바람은 더욱 절실하게 통계데이터를 필요로 했다. 피부색 또는 "가시적 소수자"에 대해 언급하는 일은 보편적인 일이 되었다. 서로 다른 편의 입장을 옹호하는 두 건의 탄원서는 채 한 달이 안 되어 일간지에 게재되었다. 첫 번째 것은 "차별에 반대하는 공화주의자의 계약(Engagement républicain contre les discriminations)”[38]으로서, 공화국의 차별철폐책무에 서명한 사람은 현재 이용할 수 있는 통계를 사용하고, 시사(試査)에만 한정된 사용을 통해 효과적으로 차별을 근절할 수 있다고 주장했다. “민족통계”를 만들지 않기 위해 대체방법 사용을 정당화시키게 되어 인종분류에 대한 위험이 더 앞으로 다가왔다. 공화국모델을 옹호하려 했던 탄원서 지지자는 민족 통계로 인해 민족 갈등에 빠질 위험과 적극적 조치에 휘말릴 위험을 우려하면서 “공화국모델”을 방어하려고 했다. 그때 이러한 탄원서에 대한 성명서가 일간지 <르몽드(*Le Monde*)>에 실렸다.[39] 현 저자들을 포함하는 서명자는 사전에 정의된 일련의 카테고리를 채택하려 하지 않았다. 오히려 그들은 반차별 정책을 추구하기 위한 기준으로, 기존 통계의 결점에 대해 주의를 환기시켰다. 그들은 프랑스에서 일어난 전 분야에 걸친 반차별을 고려해 볼 때, 어떠한 다문화적이고 탈식민주의적인 사회에서와 마찬가지로 정확한 통계의 사용이 필수적인 도구였다고 주장했고, 반대자가 제안한 대안적 방법은 연구자나 정치적 행위의 요구에 부합하지 않는다고 주장하였다.

이번 논란에서의 이슈는 학술적이고 기술적인 논쟁에서 통상적인 수준을 확연히 넘어섰기 때문에, 논쟁이 수많은 언론의 상당한 관심을 받으면서, 결과적으로 더 맹렬한 격론이 벌어지게 되었다. 분석에 대한 개념 또는 원칙만의 문제는 아니었다. “민족통계”에 반대하는 사람은 오히려 과학의 이름으로 개입을 시도했다. “민족통계”에 반대하는 다양한 논쟁 이외에도, 중요한 이슈는 통계가 “유일불가분의 공화국체제(République une et indivisible)”인 프랑스 내부의 분열을 드러낸다는 점

38 자유화(Liberation, 2007년 2월 23일)

39 “통계는 차별을 반대한다(Des statistiquescontre les discriminations),” 르몽드 (2007년 3월 13일)

이다. 비록 통계로 인해 밝혀진 민족 집단이 재화 및 용역에 동등한 접근을 하는지, 기회균등이 효과적으로 이뤄지는지를 관찰할 목적으로 이용될지라도, 소수민족 집단 또는 심지어 "인종"을 구체화하는 부작용이 생길 수 있다. 반면, 인종차별에 반대하는 주된 전략은 인종에 대한 생각 그 자체를 불법화하는 것이다.

이제 민족통계 논쟁은 프랑스어권 세계를 위협하는 용어상의 위험을 살펴보면서 마무리하고자 한다. 인종, 민족집단, 또는 민족성이라는 용어는 영어권 국가에서는 흔하게 사용되는 반면, 프랑스에서는 팽팽한 긴장감이 도는 비판의 대상이다. 사정이 그렇다면, "민족적(ethnic)"과 "인종적(racial)"이라는 말 대신에 다른 표현을 사용할 수는 없을까? 하지만 이러한 용어 대신에 지리, "문화", 또는 출생지라는 말로 돌려 말하면 몇 가지 까다로운 문제가 생긴다. "문화"의 개념은 "민족성"의 개념보다 한결같음의 느낌이 덜하고 또는 덜 논쟁적이다. 그 이유는, 이 단어를 사용하게 되면 민족성이 가지는 보다 정치적이고, 사회적인 차원을 잃게 되고 가장 분명한 "문화적" 특징, 특히 언어와 종교 같은 문화적 특징에 초점이 맞춰지기 때문이다. 지리라는 용어가 적절한지 여부는 이미 논란의 여지가 있었지만 이민자에 관해서는 타당성이 있다고 본다. 그러나 이민자의 후손에 적용하기에는 확신이 없다. 후손에게 민족성은 영토나 국적과의 지속적 결속보다는 가정, 교육환경에서 개인의 사회화 — 공유화(communalization), 베버(Weber)로부터 빌려온 개념 — 와 더 관련이 깊다. 민족성은 지리적 문제라기보다는 역사적 문제이다. 실제로, "민족통계"에 대한 논쟁은 공화국 모델이 역사와 특별한 관계가 있다는 점을 고려할 때 가장 잘 이해될 수 있다. 공화국이 이민을 관리했던 방법뿐만 아니라, 식민지 역사를 고려할 때의 난해함은 통계 관련 논쟁의 핵심이다. 그러나 그것은 충분히 인식되지 않았다.

결론

새천년이 시작된 이후, 차별에 대한 관심이 증가하면서 통합 패러다임 헤게모니는 도전받기 시작했다. 기회균등정책은 내부적 압력('프랑스식 통합모델의 위기')에 대응하는 의제였고, 유럽연합위원회(EU Commission)의 장려책이었다. 어떤 사람은 이전 패러다임을 새로운 패러다임으로 대체하는 것을 기대했을지도 모르지만, 현재의 상황은 두 패러다임이 불안한 동거를 하는 것처럼 보인다. 정치적 긴장과 지적 혼란은 대립하는 패러다임의 이상한 조합에서 비롯된 것이다. 실제로 통합 정책이 문화적 특수성을 축소시키고, 사회결속을 다지기 위해 소수자를 적극적으로 차단시켜려 하는 것이라면, 차별금지정책은 다양성을 촉진하고, 사회집단 및 소수자에 대한 인식과 공감에 의존하는 것이다(Simon and Stavo－Debauge, 2004).

이러한 모순은 반차별 전략과 유사한 "통합의제(integration agenda)"를 개발하는 EU 수준에서도 관찰될 수 있다. 조화를 이룬 유럽의 통합정책은 점점 신뢰를 얻고 있다. 런던과 마드리드에서의 폭탄테러와 네덜란드에서 핌 포트윈과 테오 반 고흐의 피살사건으로 인해 "이민자 통합을 위한 공동기본원칙" 실행을 위한 노력이 강화되었다. 2004년 11월 유럽의회가 채택한 이 "기본원칙"에 따르면, 통합이란 "회원국 주민과 모든 이민자에 의한 역동적인 쌍방의 공동합의과정"으로서 "EU의 기본 가치를 존중하는 것"으로 정의된다. 이러한 원칙은 다양한 문화와 종교에 대한 존중, 차별금지에 대한 우려, "유럽의 가치" 증진, "이민 수용국 사회의 언어 및 역사에 대한 기초지식"의 개념을 통한 문화와 유산의 획일화 등과 같은 다양한 여건 사이에서의 충돌적 상황을 보여준다. 이러한 긴장은

"자유주의적 기회균등"의 관점에 근거한 강력한 차별금지 체계에 대한 크리스티앙 욥케(Christian Joppke)의 분석에 분명한 반향으로 보인다. 대체로 이 시기는 각국 정부가 "훈육적 자유주의(disciplinary liberalism)"의 형태를 의미하는 이주민을 위한 시민통합정책에 찬성하여 동시다발적으로 반격을 도모하던 시기였다(Joppke, 2007).

시계추는 다시 동화주의정책 쪽으로 되돌아가는 것처럼 보인다. 프랑스에서는 새로운 이민법40에 따라, 프랑스 거주민으로 인정받으려면 프랑스어 숙달 등 통합되려는 노력이 필요하다. "이민, 통합, 국민정체성, 공동발전부(ministry of immigration, integration, national identity and co-development)"의 창설은 명백한 신호이다. 정부와 각료가 추진하는 이민정책에 대한 법과 질서를 존중하는 극우파적 접근은 차별금지우선정책과 충돌하기 쉽다. 그러나, 모든 다문화 사회처럼 프랑스사회도 차별시스템 형성에 기여하는 민족-인종적 계층화의 과정에 직면하였다. 반대로, 일상적인 인종주의와 차별행위는 식민지시대 동안 만들어진 민족-인종별 분류를 재활성화시켰다. 프랑스식 통합모델은 프랑스가 이러한 과정에 필요한 해답이나 틀을 제시할 수 있도록 준비시키지 못했다. 반대로, 프랑스식 모델은 두 가지 방법으로 차별시스템을 조장하였다. 첫째, 정치적 및 사회적 삶에서 다름(otherness)의 표현을 경멸적으로 해석하도록 반복시킴에 따라 고정관념과 편견을 강화하였다. 둘째, 민족 및 인종적 구분을 혼란스럽게 하면서 차별시스템을 형성하는 데 도움을 주었다. 실제로 그리고 역설적이게도, 평등에 대한 근본적인 믿음은 민족 또는 인종적 출신배경에 기반한 불평등을 거부하는 데 기여하였다.

40 Loi no. 2007-1631 du 20 novembre 2007 relative à la maîtrise de l'immigration, à l'intégration et à l'asile.

참고문헌

Alba, R. and Nee, V. (2003) *Remaking the American Mainstream: Assimilation and contemporary immigration*, Cambridge, MA: Harvard University Press.

Amiraux, V. (2005) "Discrimination and claims for equal rights amongst Muslims in Europe", in J. Cesari and S. McLoughlin (eds) *European Muslims and the Secular State*, Aldershot: Ashgate, pp. 25–38.

Amiraux, V. and Simon, P. (2006) "There are no minorities here: Cultures of scholarship and public debates on immigration and integration in France", *International Journal of Comparative Sociology*, 47 (3–4): 191–215.

Amselle, J.–L. (1996) *Vers un multiculturalisme français: l'empire de la coutume*, Paris: Flammarion.

Beocar, c. (2004) *Des entreprises aux couleurs de la France, Rapport au Premier Ministre*, Paris: La Documentation franyaise.

Belorgey, I–M. (1999) *"Lutter contre les discriminations", Rapport a Madame la ministre de l'emploi et de la solidarite*, Paris: La Documentation franyaise.

Bertrand, R. (2006) *Memoires d'empire. La controverse autour du "fait colonial"*, Paris: Ed. Du Croquant.

Blanchard, P., Bancel, N., and Lemaire, S. (ed.) (2005) *Lafracture coloniale: la sociere fran9aise au prisme de l'heritage colonial*, Paris: La Decouverte.

Bleich, E. (2003) *Race Politics in Britain and France: Ideas and Policymaking since the 1960s*, Cambridge: Cambridge University Press.

Bouamama, S. (1994) *Dix ans de marche des Beurs. Chronique d'un mouvement avorte*, Paris: Desclee de Brouwer.

Boutih, M. (2001) *La France aux Français? Chiche!*, Paris: Editions Mille et une nuits.

Bowen, J. (2007) *Why the French Don't Like Headscarves: Islam, the State, and Public Space*, Princeton: Princeton University Press.

Conseil d'Etat (1997) *Rapport public 1996 du Conseil d'Etat—Sur Ie principe d'egalite*, Paris: La Documentation Franyaise, Notes et Documents no. 48.

Contretemps (2006) *Postcolonialisme et immigration*, no. 16.

Deltombe, T. (2005) *L'Islam imaginaire. La construction mediatique de l'islamophobie en France, 1975—2005*, Paris: La Decouverte.

Eurobarometer (2008) Discrimination in the European Union: Perceptions, experiences and attitudes, Special Eurobarometer 296, DG Employment, Social Affairs and Equal Opportunities, July.

Fassin, D. (2002) "L'invention franyaise de la discrimination", *Revue française de science politique*, 52 (4): 403—23.

Fassin, D. and Fassin, E. (ed.) (2006) *De la question sociale a la question raciale? Representer la sociere française*, Paris: La Decouverte.

Favell, A. (1998) *Philosophies of Integration: Immigration and the idea of citizenship in France and Britain*, London: Pal grave Macmillan.

Garbaye, R. (2005) *Getting into Local Power: The politics of ethnic minorities in British and French cities*, Oxford: Blackwell.

Gaspard, F. and Khosrokhavar, F. (1995) *Le foulard et la Republique*, Paris: La Decouverte.

Geisser, V. (1997) *L'ethnicite republicaine. Les elites d'origine maghrebine dans Ie systeme politique français*, Paris: PFNSP.

Guenif—Souilamas, N. (ed.) (2006) *La Republique mise a nu par son immigration*, Paris: La Fabrique.

Haut Conseil à l'integration (1993) *L'integration a la française*, Paris: UGE 10/18.

—— (1998) *Lutte contre les discriminations: faire respecter le principe d'egalite, Rapport au premier min istre*, Paris: La Documentation Franyaise.

Joppke, C. (2007) "Tranformation of Immigrant Integration. Civic Integration and Antidiscrimination in the Netherlands, France and Germany", *World Politics*, 59(2): 243－73.

Ireland, P. (1994) *The Policy Challenge of Ethnic Diversity: Immigrant Politics in France and Switzerland*, Cambridge, MA: Harvard University Press.

Khiari, S. (2005) *Pour une politique de la racaille. Immigres, indigenes et jeunes de banlieue*, Paris: Textuel.

Kholer, I. and Sabbagh, D. (2008) *Promouvoir l'égalité des chances dans l'enseignement supérieur sélectif: l'expérience américaine des percentage plan et sa pertinence dans le contexte français*, French American Foundation. Online. Available http://www.frenchamerican.org/cms/programreports

Labyrinthe (2006) *Faut－il être postcolonial?* 24.

Lagrange, H. and Oberti, M. (ed.) (2006) *Emeutes urbaines et protestations. Une singularité française*, Paris: Presses de Sciences Po.

Lazarus, N. (ed.) (2006) *Penser le postcolonial. Une introduction critique (The Cambridge companion to postcolonial literacy studies)*, Paris: Editions Amsterdam.

Lorcerie, F. (1994) "Les sciences sociales au service de l'identité nationale", in D.－C. Martin (dir.) *Cartes d'identité. Comment dit－on "nous" en politique?* Paris: Presses de la FNSP.

Lorcerie, F. (ed.) (2005) *La politisation du voile. L'affaire en France, en*

Europe et dans le monde arabe, Paris: L'Harmattan.

Mouvements (1999) *Le modèle fran9ais de discrimination: Un nouveau défi pour l'antiracisme*, 4.

—— (2007) *Qui a peur du postcolonial? Déni et controverses*, 51.

Mucchielli, L. and Le Goaziou, V. (ed.) (2006) *Quand les banlieues brûlent ... Retour sur les émeutes de novembre 2005*, Paris: La Decouverte.

Multitudes (2006), *Postcolonial et politique de l'histoire*, 26, October.

Saada, E. (2006) "Un racisme de l'expansion. Les discriminations raciales au regard des situations colonials", in D. Fassin. and E. Fassin (ed.) *De la question sociale à la question raciale?* Paris: La Découverte, pp. 55−71.

Sabbagh, D. (2002) "Affirmative action at sciences Po", *French Politics, Culture, and Society*, 20 (3): 52−64.

Sabeg, Y, Mehaignerie, L. (2004) *Les oubliés de l'égalité des chances*, Paris: Hachette Littératures.

Sala Pala, V. (2006) "Novembre 2005: sous les émeutes urbaines, la politique", *French Politics, Culture and Society*, 24 (3): 111−29.

Sayad, A. (1999) *La double absence: des illusions de l'émigré aux souffrances de l'immigré*, Paris: Seuil.

Schnapper, D. (1991) *La France de l'intégration. Sociologie de la nation en 1990*, Paris: Gallimard.

Silverman, M. (1992) *Deconstructing the Nation: Immigration, Racism and Citizenship in Modern France*, London: Routledge.

Simon, P. (2000) "Les jeunes de l'immigration se cachent pour vieillir. Représentations sociales et catégories de l'action publique", *VEl Enjeux*, 121: 23−38.

—— (2003) "France and the Unknown Second Generation", *International*

Migration Review, 37(4): 1091–1119.

—— (2008) "The choice of ignorance: the debate on ethnic and racial statistics in France", *French Politics, Culture & Society*, 26–1: 7–31.

Simon, P and Stavo–Debauge, J. (2004) "Les politiques anti–discrimination et les statistiques: paramètres d'une incoherence", *Sociétés Contemporaines*, 53: 57–84.

Sopo, D. (2005), *SOS Antiracisme*, Paris: Denoël.

Tevanian, p. (2005), *Le voile médiatique. Un faux débat: "l'affaire du foulard islamique"*, Paris: Raisons d'agir.

Weil, P. (2005a) *Qu'est–ce qu'un Français? Histoire de la nationalité française depuis la révolution*, Paris: Gallimard.

—— (2005b) *La république et sa diversité: immigration, intégration, discriminations*, Paris: Seuil.

Wieviorka, M. (ed.) (1996) *Une société fragmentée? Le multiculturalisme en débat*, Paris: La Découverte.

제 6 장

덴마크 대 다문화주의[1]

울프 헤데토프트

서론

어느 저속한 만평에서도 그려졌듯이, 덴마크와 다문화주의는 서로 잘 어울리지 않는 관계이다. 사실, 매우 현실적인 의미에서 '덴마크의 다문화주의'는 모순적인 개념이다. 지난 몇 십 년 동안 현 정부뿐만 아니라 의제를 설정하는 정당의 주요 덴마크 정치인은 반복적으로 덴마크가 다문화사회가 아니며 그렇게 만들 생각도 없다고 강조했었다. 즉 긍정적 차별은 결코 통합문제에 대한 해결책으로 고려되지 않았으며, 정치권에서 소수민족의 명목상의 대표성은 부인되었고, 문화적 다양성은 매우 넓은 범위에서 외국인처럼 '비덴마크인'이라는 개념으로 못마땅하게 다루어졌다(Hedetoft, 2006a; Hervik, 2006; 주석 25 참조).

1 이 글은 필자의 2006년 글(Hedetoft, 2006a)을 부분적으로 보다 심도 있게 분석한 것이다.

당연히, 이 모든 것이 인종적 다양성을 성공적으로 저지했었고, 세계화를 거부하며, 덴마크 국경에서 이주를 저지했었던 민족국가를 반영하지는 않는다. 더 나아가 그것은 비록 어쩔 수 없이 확대되는 다민족사회가 정치적으로 다문화가 되어야만 한다는 주장이 아니라, 오히려 세계적인 도전에 직면하여 이주민과 그 후손에 부과된 덴마크의 문화적이고 역사적인 정체성을 주장할 수 있다는 원칙적 관점을 드러내는 것이다. 이런 의미에서 덴마크의 통합정책은 비록 의도적으로 그러한 용어 자체를 삼갔지만, 필연적으로 동화주의의 모습을 가진다. 비록 모순적이며, 비이성적으로 보일 수도 있지만, 자신만의 역사적 논리를 가진다. 그러나 이런 논리는 현재 공격받고 있으며, 그저 귀에 거슬리는 문화적 민족주의, 예리한 이슬람공포증 그리고 덴마크인를 위한 덴마크주의로 전개되는 것뿐만 아니라(Trads, 2002), 다양성을 고려하고 세계화가 초래한 유례없는 사태에 대처하기 위해 비교적 은밀하지만, 통합정책과 담론을 재편하는 것으로 이어지는 하나의 논리이다. 이런 의미에서 덴마크의 다문화주의적인 발언은 다양성을 추구하는 행정이 점차 보편화되는 시당국, 마을 혹은 기업의 통합프로젝트에 종사하는 관리에 의해 임시방편적인 조치로 소개될 뿐이며, 즉 실질적인 수준의 다양성의 추구라는 특징을 가지는 나라이다.

이 글의 본론에서는 이러한 과정의 원인과 이유를 밝히려고 할 것이다. 마지막 결론 부분은 덴마크와 달리 30년 이상 다문화주의가 공식 통합정책이었던 덴마크의 스칸디나비안 형제국인 스웨덴과의 흥미로운 사례비교를 통해 시각을 넓히고자 한다. 요점은, 두 나라는 근대화를 향한 유사한 역사적 경로와 정치·사회적 구조를 가짐에도 불구하고, 작은 복지국가들이 반드시 동화주의적 통합정책의 시행으로 귀결되지는 않는다는 것이다.

또한 스웨덴(다수의 다른 나라도 포함해서)에 있어서 다문화주의라는 현재의 규범적인 문제는 덴마크가 직면한 민족 동화주의 문제라는 맥락으로 표출되기도 한다. 결론은 현재 두 나라 모두 다양성과 단일문화주의 사이에서 나타나는 새로운 형태를 목도하고 있으며, 이러한 발전은 다양성을 다루는 매우 다른 두 가지 모델 간의 수렴성이 증대되고 있음을 반영하는 것이라고 해석할 수 있다는 것이다.

민족합의의 정치

2003년 6월 17일 <율랜츠 포스텐(*Jyllands-Posten*)>이라는 덴마크 일간지에 실린 주요 기사[2]의 핵심문구는 "이것이 바로 근대사회의 기능을 형성하는 것에 관한 모든 것이다. 그리고 그것을 위해, 모든 문화가 다 균등하게 좋은 것은 아니다"라는 것이다[3]. 「더 나은 통합을 위한 정부의 비전과 전략」이라는 제하의 정부의 통합백서가 바로 그러하다(2003년 6월, 정부백서)[4]. 문구는 백서 자체만큼이나 함축된 뜻을 가진다. 이주자와 그 후손을 '통합'하는 문제는 현재 논쟁의 대상이 되며 또한 중요한 벤치마킹으로 '문화'적 차원에서 해결되는데, 이는 단순히 상대적 개념의 문화라는 차원보다는, 새로 유입된 자가 반드시 그에 따라 평가

2 Ralf Pittelkow, (문화의 중요성)

3 'Sagen dreger sig derimod om, hvad der skal til for at få et moderne samfund til at fungere. Og dil det formål er alle kulturer ikke lige gode.'

4 *Regeringens vision og strategier for bedre integration.*

되어야 하고, 그리고 그 이전에 '자신'의 문화가 반드시 받아들여져야만 하는 매우 절대적이고 자명한 '핵심 가치'의 척도라는 차원에서 이루어진다.[5] 이러한 두서없는 정치적 맥락에서, 다문화주의는 단순히 어울리지 못하는 것일 뿐만 아니라, 단호하게 배격되어야 하는 노선인 것이다.

더욱이, 여기에서 나타난 문화의 개념은 문화적 상대주의 또는 다층적 문화개념(Suárez–Orozco, 2002 참조)과 같은 그런 '얇은' 개념도 아니며, 이미 논쟁의 여지가 없는 가치, 행동적 관습 및 '근대사회'의 기능을 보증할 것으로 예상되는 보편적 정향 등으로 이루어진 두껍고, 응축되고, 정치화된 묶음이다. 문화적 변혁에 대한 이러한 명시적 요구는 현재 매우 필요한 즉, 외부로부터 이주 위협에 대처하기 위한 것일 뿐 아니라, 동시에 '유연한 가치'에 대한 추정 방어, 좌익적 가치에 대한 노골적인 숭배, 그리고 잘못 추진되는 유럽주의와 세계주의 등, '문화적 근본주의'의 전통적 엄호라는 내부의 적을 조준한 '문화적 전투'라는 겉만 번지르르한 호일에 둘러싸인 덴마크의 새로운 합의 담론을 나타낸다.

하지만 새로운 것은 동화주의 담론 자체가 아니라 첫째, 거의 모든 정치적 헤게모니(완전히 인도주의, 관용 그리고 열정을 완전히 대체하였던), 둘째, 그 어느 때보다도 더 밀접한 방식으로 통합영역에서의 담론과 정책 모두를 강조하였던 '문화', '유대' 그리고 '사회적 기능성' 간의 결합, 셋째, 그럼에도 불구하고, 자기 자신의 용어로서 그리고 새로운 논리로서, 이 글에서 선택한 '문화다원적 담론'과 동화되기 시작한 것 등이었다(정부백서 Resumé가 그렇듯, 우리는 다양성을 위한 여지를 남겨두어야 하며, 그것으로부터 혜택을 입는 법을 배워야 한다).[6] 이처럼 새로운 형태의 덴마크

5 정부백서, Resumé, p. 3.

6 Resumé, p. 7. 필자는 '다문화적(multicultural)'이라는 용어보다 '문화다원적(pluricultural)'이라는 용어를 쓰는데 그 이유는 전자 개념의 정치적·이데올로기적 함

민족정책에 대해 더 깊이 파고들기 전에, 과거 이주/통합 담론과 정치의 변환 과정이라는 측면에서 몇 가지 대표적 사건을 규명해야 할 것 같다.

현 자유－보수 연합정부는 주로 이주문제를 둘러싸고 대립했던 총선 결과, 2001년 11월 사회민주/급진주의(즉 사회－자유주의) 연합을 물리치면서 출범하였다. 현재 의회에서 정부를 지원하는 야당 — 덴마크국민당(DPP)을 포함한 — 은 망명자 및 난민문제(통합, 가족 재결합, 거주 허용 및 시민권 등)에 관해 이치에 맞지 않고, 불확실하며, 또한 너무 관대한 정책 및 관행이었다고 비판했다. 9.11 테러 이후 보편화된 이슬람혐오 분위기 속에서 더욱 엄격한(이주자를 줄이고, 거주, 결합, 그리고 귀화 요건을 더욱 강화하겠다는) 통제, 그리고 국내로 들어오거나 이미 덴마크에 거주하는 이주민에게 더 많은 것을 요구하겠다는 강경한 정책을 약속하는 다소 대중영합적인 의제는 선거에서 매우 큰 쟁점이 되었다. 논쟁의 전반적인 분위기는 매우 신랄하고, 복수심에 불타는 것이었으며, 마치 이주는 '작은 덴마크'의 역사, 문화, 정체성 그리고 동질성에 대한 가장 명백하고도 심각한 위협인 것처럼 논의되었다.

다소 놀랍게도, 연합정부는 지난 5∼6년 동안 덴마크를 더 엄격한 이주와 통합의 나라로 만드는 데 기여하였던 다양한 제안, 정책, 관행을 추진하였음에도 불구하고, 정부 자체가 보수적인 성격을 띠었음을 발견하게 되었다.[7] 이에 비해 반대파는 두려움, 도덕적 공황상태, 그리고 불분명한 적의 이미지 등으로 퍼진 논쟁 분위기를 기민하게 이용하여, 바람직하지 않은 외국인이 더 많이 유입되는 것을 막을 방안이 실제로 있을 뿐 아니라, 덴마크를 평화적이고, 안정되고, 민족적으로 동질화되고,

축을 피하기 위해서이다.

7 특히 1999년의 통합법이 그러하다.

그리고 정치적으로 복지국가라는, 원래 믿었던 모습으로 회복시킬 수 있을 것이라는, 다른 말로 하면, 세계화와 유럽공동체 편입에 따른 부작용을 없애거나 최소한 견제할 수 있다는 기대감을 만들었다. 따라서 반대파는 국민을 굴복시키고 자신의 참 정체성에 타협한 엘리트에게 저항하려는 사람에게 권위 있고 정당한 대변인으로 자리매김할 수 있었던 것이다.

그러므로, 현 정부는 임기 동안 이주문제를 매우 중요하게 다루며, 대체로 이 분야에서의 규제정책 및 성과에 대한 국민의 지지를 계속 받고자 한다. 그러나 노동력 부족문제가 심각해지고 외국인 노동자를 끌어와야 함에 따라 이러한 모습은 최근 들어 다소 약해졌다.

따라서 정부가 초기에 수행했던 일 중 한 가지가 이전에는 내무부가 다루었던 이러한 문제를 전담할 새롭고 독립적인 부처(난민, 이주민 및 사회통합 부처)를 만든 것이었다. 다음으로, 선거운동기간 동안 일련의 더욱 강경한 정책 제안을 쏟아놓는 것 말고도, 책임 있는 행동, 수요, 가치, 의무, 그리고 자립에 관한 솔직한 — 국가적 문화적응, 국가 안에 살 수 있도록 허락된 것에 대한 감사를 표시해야 한다는 자기중심적 요구가 섞여 있으며, 시장경제적 개인주의에서 비롯된 자구적 메시지, 즉 '스스로 자신을 지킬 수 있음을 입증'해서 국가의 재정적 부담을 덜어줘야 한다는, 그런 매우 이념화되고, 가치 지향적인 — 담론을 생성시켰다.

다음으로 안데르스 포그 라스무센(Anders Fogh Rasmussen) 수상은 2003년 1월 1일 덴마크 국민에게 행한 신년 연설을 통해 '덴마크 사회는 이곳에 살기를 원하는 사람이 반드시 받아들여야 하는 어떠한 기본적인 가치를 가지는데' 그러한 가치가 현재 도전받고 있으며, 그리고 덴마크 사람은 자유를 사랑하고, 권리를 존중하는 문화를 가졌다는 점에서 많은 이주민과 다르며, 성차별, 종교의 정치화 또는 할례를 허용하지 않을 것이라고 강조하였다. 이제껏 그런 관행이 용인되었던 것은 '순진한(tossegode)' 태도를 가졌었기 때문이라 묘사되었다. '우리는 우리의 어떤 것이 다른 사람의 것보다 더 낫다고 크게 소리쳐오지 않았다. 그렇지만 우리는 이제 그렇게 해야 한다'는 것이다. 수상이 이렇게 말한 것처럼, — 제대로 행동하는 이주민을 보호하기 위하여 — 그는 비옥한 땅을 찾아 덴마크로 온 중세군대와 같은 경험을 하기 위해, 이슬람으로부터 도망친 사람을(이 연설문의 내용은 <폴리티켄(*Politiken*)> 2003년 1월 2일자에 실려 있음) 허용하지 않겠다고 계속적으로 주장하였던 것이다.

초대 베르텔 하더(Bertel Haarder), 차기 리케 빌쉐(Rikke Hvilshøj), 그리고 현재의 비에드 뢴 혼베크(Birthe Rønn Hornbech) 장관 시기에 끊임없이 쏟아져 나온 이러한 담론과 정책, 특히 국제결혼의 연령 기준을 24세로 제한한 것은 전해지는 바에 따르면 가족 간 재통합[8]을 억제하기 위한 것이라고 한다. 또 다른 덴마크 일간지 <폴리티켄>의 2002년 1월 18일자 기사는 새 정부의 정책이 '민족적 순수성' 그리고 '덴마크 종족의 보호'에 초점을 맞춘 것이라 여겼고(Gundelach, 2002; Mellon, 1992), 이는 '지구상에서 다른 사람과 섞이는 것을 참을 수 없다'는 것이다. 이리하여 덴마크는 '이주로부터 보호되어야' 하며, 칼럼니스트의 눈에는 그 계획은 실체가 없는 것으로서 우울하게 비추어졌다. '덴마크인을 위한 덴마크'가 과거에는 가능했을지 모르지만, 그러나 현재와 세계화된 미래에는 결국 불가능한 것이다.

잘 알려진 반대편 입장의 주장은 두 가지이다. 하나는 이주에 대한

8 법률은 덴마크에 정착한 젊은이와 외국인 간의 결혼은 24살 이상일 경우에만 가능하다고 규정하였다. 이는 '진짜' 덴마크인을 포함한 의도치 않은 많은 결과를 초래했다. 따라서 법률은 현재 수정중이며, 이후 귀화한 덴마크 귀화인 또는 비서구 국가 출신의 영주권자에게만 영향을 미칠 것이다.

엄격한 제한 없이는 효과적인 통합이 불가능하다는 실용적이고 기능적인 입장이다.[9] 그러나, 수상의 연설에 담긴 실용주의적 문화주의(그리고 유사한 담론)의 배경에는, 덴마크 민족과 그 문화의 응집력을 보호하려는 진짜 의도를 담은, 설득력 낮은 기능주의적 주장이 담겨있다. 기능주의는 여기에서 필요한 제약/통합의 연계 그리고 항상 그에 수반되는 세련된 통계적 '숫자 게임'에 있는 것이 아니라,[10] 덴마크 복지국가의 정치적·구조적 그리고 사회적 현실 속에 있는데, 이는 앤더슨(Benedict Anderson, 1983/1991)이 말한 바 있는, 정치적 공동체와 이를 떠받치거나 부분적으로 구성하는 암묵적인 문화적 표준의 '수평적 우정'으로 철저하게 나아가거나 뿌리박힌 것이다.

기능주의 입장을 떠받치는 이러한 본질주의적 시각은 또한 그 자신의 권리대로 독립적인 논쟁으로 드러난다. 역사적으로 덴마크인임(특히나 — 그러나 배타는 아닌 — 덴마크국민당(DPP) 소속이거나 혹은 DPP에 동조하는)을 보존하려는 이념적 대변인은 이주에 대한 공격을 기능적으로는 정당화한 적이 없고, 오히려 실존적인 용어로 말하길 좋아하며, 종종 종말론적인 용어를 쓴다. 예를 들면 2002년 봄, 다수의 외국인의 귀화에 대한 제안서가 의회에서 처음 읽혀지는 동안, 덴마크국민당 소속 하원의원이자, 덴마크교회의 목사, 쇠렌 크라룹(Søren Krarup)은 '덴마크 사람은 자신의 나라에서 점점 외국인이 되어간다 … 의회는 덴마크 사람이 천천히 전멸되는 것을 허용하였다'고 주장하였다. 그는 이어서 '우리의 자손'

9 이는 물론 대부분의 서구 국가에서 규제적인 이주정책을 정당화하는 데 쓰이는 일반적인 논의이며 덴마크만 그런 것이 아니다. 비록 그것의 적용은 각국의 맥락에 맞게 달라지지만 말이다.

10 지난 6년 동안의 이주와 망명정책은, 덴마크인과 이주민 간 출산율의 차이를 고려하였을 때, 30 혹은 40년 뒤 소수민족 인구가 크게 증가할 것이라는 통계적 전망과, 1990년대를 특징짓는 그러한 흐름이 지속될 것이라는 전제를 바탕으로 전환되었다.

이 덴마크 내 덴마크의 외국화 증대현상에 책임이 있는 정치인을 '저주' 할 것이라 예언하기도 하였다. 의회 정치인은 이주를 승인하였기 때문에 '덴마크를 돌보는 데,' 그리고 '덴마크인의 미래를 지키는 데' 실패했다는 것이다. 이것을 읽자마자, 정치인이 국익을 배반하였기 때문에, 동종의 덴마크라는 합의에 의한 협약은 깨어질 위험에 처하게 되었다. 외부의 위협 — 문화적 외계인 무리로 나타나는 세계화 — 이 우리의 이익과 우리의 집단적인 역사적 운명을 지키라고 뽑아준 '우리' 엘리트와의 부정한 동맹관계로 끼어들었다. 의도적이든 아니든 간에, 덴마크의 미래를 위험에 빠뜨리게 할 음모인 것이다.[11]

그러한 진술이 자신이나 그 정당이 덴마크적 가치의 진정한 대변자라고 여기는 정치인, 또한 극력 반대파 정치인이 아니라 정부나 중앙 정치과정에 훨씬 가까이 있는 정치인에 의해 만들어졌다는 것은 매우 주목할 만하다. 이러한 사실은 주변화되고 '이국화'된 집단의 힘없는 고함소리에서 그러한 민족주의자의 분노를 찾아볼 수 없음을 나타낸다. 도리어 크라룹과 그의 동료는 '문화적 급진주의자'의 정치적 숙적에게 복수를 하며, 향수와 근본주의가 섞인 민족 종교의 형태로 덴마크 민족주의의 재생에 관한 적 이미지와 도덕적 공포를 형성하면서 분노를 표출하였다.[12]

11 크라룹의 관점에 대한 영문 번역본은 필자가 한 것이다. 2002년 4월 2일 하루 종일 논쟁하였었지만, 더욱 전반적인 논쟁을 위해서는 http://www.folketinget.dk/samling/20012/salen.htm을 참조할 것.

12 덴마크 본질주의에 대한 크라룹의 독특한 변형은 명백히 비민주적이고 어떤 면에서 매우 비대중적인 엘리트주의 – 계몽된 절대주의로부터 영감을 얻는 – 와 결합된 아주 경건한 루터교에 기반한 것이다. 그것의 기본 취지는 '덴마크인임'이라는 것은 논쟁적이거나 상대적인 것으로 취급되지 않는다는 것이다 – 이는 덴마크사람이 인식하건 그렇지 않건 간에 덴마크 민족 존재 자체의 절대적이고, 자연스럽고, 그리고 논쟁의 여지가 없는 상태를 형성한다. 그의 민족주의는 따라서 종교적으로 고무된 민족 근원주의의 형태를 띤다.

아울러 전통적 사민주의적 복지의 세력을 잠식하였다. 왜냐하면, 독특한 덴마크 종의 생존에 관한(덴마크 인종이 사라진다는) 크라룹의 실존주의적 견해에도 불구하고, 앞으로 나아갈 길을 보여준다거나 적당한 정치적 수단을 식별하는 데 있어 복지국가는 실용적으로 DPP 정책의 중심에 있기 때문이다. 이주는 역사적으로 덴마크다움과 그리고 복지국가가 보호하려는 모든 시민의 시민적 결속, 이 두 가지 모두에게 위협적인 것으로 예상되었다(Brochmann and Hagelund, 2005; Geddes, 2003; Swank, 2002). 복지는 좋은 것이며, 또한 모두 — 그 '모두'가 정말 정통 덴마크인만을 뜻하는 것이기만 한다면 — 를 위해 좋은 것이다. 이런 식으로, 복지정책과 복지국가는 다문화주의를 막는 방식으로 덴마크 이주 및 망명 체제와 연관된 것이 되었다. 아울러 민족합일주의자의 귀에 거슬리는 수사(rhetoric)는 더 이상 무시할 수 없는 다민족이라는 맥락에서 나타난다.

소국(小國), 단일민족, 그리고 이주

「세계시장의 소국들(1985)」이라는 책에서 저자 피터 카젠스타인(Peter Katzenstein)은 유럽 소국의 "민주적 조합주의"를 중심으로 유럽 소국이 갖는 변화에 대한 취약성, 국제시장에 대한 의존, 개방경제체제와 결과적으로 제 기능을 하지 못하고, 내부적 상황의 모면을 위해 마련된 메커니즘(사회적 협력관계, 이익집단의 중앙집중화, 정치적 협상 및 타협을 통한 갈등해결)을 강조했다. 외부변동을 보완하고자 하는 국제적 압력은 서로 다른 각국의 내부구조에 전달된다. 따라서 북유럽국가와 같은 소국의 복지체제는 세계화로 인해 발생된 외부적 압력을 해결하려는 맥락에서 설계된다. 세계화 과정은 변화와 “충격”에 대한 각국의 구조 및 흡수 능력에 따라 이루어신다. 소규모 국가의 특성은 문화적·역사적 동질성과 연결되며 격변하는 국제무대에서 다수의 군소국가가 보여준 왕성한 성장과 상대적 성공사례를 설명하는 개념적 틀을 제공한다(Cambell *et al.*, 2006; Cohen and Clarkson, 2004).

그러나 1980년대 초반부터 현재까지의 세계화 상황에서 세계화 과정의 가속화, 약소국과 강대국 간의 격차 심화, 냉전시대의 체제대립 소멸, 이주로 인한 국가 내 문화적 다양성 증가 등 중요한 변화가 있었다(Bauman, 1998; Baylis and Smith, 1997; Hedetoft, 2003; Hirst, Thompson, 1996). 이익집단과 사회집단을 아우르는 절충적 문화는 국가의 성공 및 외부충격 완화를 촉진시킨다. 이 점을 감안한다면 현재 이주 문제에 대해 덴마크의 방어적 정체성은 주권 침식현상에 기인하였거나 제3국 국민의 이주가 역사적으로 유동성, 적응성, 합의도출을 이루었던 정치문화적 체제에 도전하였기 때문인 것으로 비춰질 수 있다. 다시 말해, 외부적으로는 유연한 실용주의, 내부적으로는 자국의 정치사회적 합의 및 신뢰를 통한 (Cambell *et al.*, 2006; Katzenstein, 2000) “소규모”, “동질성”, “성공”의 조합이다. 이와 같은 조합은 변화하는 국제적 상황 및 제약에 대한 덴마크의 역사적 적응을 의미하며 덴마크 문화의 동질성, 정치적 합의 도출, 정치사회적 제도의 규범적 가치기반(제도적 유연성을 제약하는)에 대한 자부심으로 발전했다.[13]

13 문제는 그 핵심 변수가 서로 어떻게 상호작용하고, 또한 소규모, 문화적/역사적 동질성, 타협적 정치문화로 이루어진 통합된 모습 속에서 어떠한 역할을 하는가이다. 덴마크적 맥락에서는 어느 것이 가장 중요한가? 이는 이 논문에서 밝혀지지는 않지만, 이 글의 전제는 그 세 가지가 각각 따로 있을 때보다는 함께 조합되는 것이 중요하다는 것이다.

이러한 자부심 때문에 '민족문화', 단일민족의 정치적 조직체에서 정치와 문화의 융합이 중요하고, 감지된 위기상황에서 특히 중시되는 등의 정치적 의미부여라는 큰 부담이 가중되었다(Hedetoft, 1998/2003b). 이를 통해 정치적 주체에게 브랜든 오리어리(Brendan O'Leary)와 연구팀이 이름 붙인(2001) '우파 국가'에 대한 압력이 더욱 가중되거나,[14] 또는 복지, 웰빙, 상대적 성공사례(덴마크의 경우)가 의식적·합리적으로 연결된 문화적·언어적·정치적 동질성이 유지될 수 있을 것이다. 왜냐하면 이런 맥락에서 '문화'와 '정체성'을 정의하고 입증할 수 있기 때문이다.

이 글은 감지된 위험요소의 실질적 영향을 다룬다. 실질적 사회통합 비용의 측면에서 이주는 물질적이고 양적으로 위험한 존재가 아닐 수 있으며 실제로도 그렇지 않다.[15] 오히려 "평등한 정치적 참여"와 "합의에 의한 신뢰"를 위험에 빠뜨린다고 알려진 점에서 위험요소가 발생한다. 세계화란 내부적으로 각국의 단일문화와 일치되기 어려운 정치화된 민족적 다양성의 일종으로 알려졌다. 따라서 정치의 대중영합주의적인 변형 및 외국인에 대한 불신 증대와 이주민에 대한 편견과 같은 일반적인 반응이라는 두 가지 정치적 반응을 모두 유발한다.

14 다른 영토, 국토, 국민 및 문화에, 그것이 언제일지라도 최적인 것처럼 보이는 방식으로 적응해나가는 정치적·이데올로기적 과정을 의미한다.

15 세 명의 장관재임 시기 동안, 이주에 투입된 공적 순지출액은 1997년 103억 크로네로 (노르딕 국가, EU, 북아메리카, 스위스, 호주, 뉴질랜드로부터 유입된 이주의 긍정적 순효과를 제외하고) 추산된다(Tænketanken[관방 Think Tank] 2002, 37). 이 외에도 다른 추산 및 최근의 조사에 따르면 2005년부터 GNP에 230억 DKK 이상의 순손실을 입힌 것으로 추산된다(위의 책, 10쪽). – 세수의 손실(만일 이주자의 고용률이 다른 덴마크 사람의 그것과 같다면)이 통계에 반영된다면 말이다. 그러나, 라스 하겐 페데르센(Lars Haagen Pedersen)과 DREAM이 사용한 방식은 상당히 낮은 수준의 결과를 도출해냈다(Haagen Pedersen, 2002: 34). 절충된 통계자료에 따르면, 망명신청자의 유지비용까지 포함하여, 현재 순 비용이 150억 크로네 정도에 이른다고 한다(Danish Immigration Service, 2002: 24).

세계화 과정은 이중적 삼투작용을 통해 이루어진다. 덴마크 정부는 정부 및 엘리트 계층에서 소규모 국가의 특성 및 취약성의 해결을 위해 실시된 과거의 거시적인 전략의 변화를 난민과 이주민에 관한 정책 및 정치적 담론에 적용하였다. 다른 한편으로, 정치적 합의와 문화적 동질성에 집중된 일반적인 덴마크의 국가 정체성 확립에 대해 복지국가 구성의 맥락에서 거시적 전략의 변화를 적용하였다. 이를 통해 난민, 이주민, '외국문화'에 대해 사회 전체적으로 회의적인 태도와 의견이 만연하게 되었다. 이와 같은 회의적인 반응은 이제 그 역사적·정치적 기반에서 벗어나 덴마크 중심주의의 민족적 추정이라고 할 수 있는 내재적 '논리'에 따라 자체적으로 존재하는 도덕적·문화적·이상적 개념이 되었다. 이러한 태도와 의견은 그 구조적 기반과 역사적 기원을 부인하고 국가적 원초론의 형태로 묘사되는 경우가 많다.

이 글에서 제시한 주장은 '이주민의 위협'에 대한 정치적 대응과 대중적 인식이 엄청난 부조리와 편견을 가짐을 시사한다. 오히려 이러한 인식은 구조적으로 내재되어 있으며 '외부충격'에 대한 사회심리적인 반응이라고 할 수 있다. 가장 적절한 반응은 아니지만 지금까지 국가에 많은 도움이 되었던 해결책에 기반한 소규모 국가라는 맥락에서 문화적으로 경로의존적 사고의 틀 안에서 설명이 된다. 기타 가능성이나 우선순위가 있거나 상상할 수 있다는 의미가 아니며 (과거의 정책모델이 미래에도 적용되지는 않는다는 점), '실존주의적 생존'과 '민족적 절대주의' 측면에서 지배적인 주장을 보다 규범적으로 수용 가능하게 했다는 의미도 아니다.

덴마크의 가치와 문화에 대해 지배적인 정치적 담론을 살펴보면 '이주'가 주요 지표로서 지난 10년 간 주요 외부충격으로 인식되었다는 사실은 의심할 여지가 거의 없다. 따라서 흥미로운 의문점은 소국인 덴마크가 어떻게 과거의 정책모델을 고수, 수정하거나 자국의 복지 및 합의적 정치와 경제적 개방 및 실용적 대외정책의 적용 간에 발생하는 독창적인 차이를 포함하는 대안적 궤도를 모색하여 성공사례와 문화의 결합을 위한 새로운 조건을 수용하려 하는가 하는 것이다.[16]

대응과 해결책

이 장 초반에서 언급한 바와 같이, 덴마크의 주요 이주관련 전략은 여전히 단일 문화적 복지모델에 정확하게 부합하는 동화주의에 기초함은 의심할 바 없다. 반면, 공식적인 담론에서는 점점 더 '동등한 처우'라는 측면에서 문제를 제기하는 것에 익숙해지고, '다양성에 관한 토론'과 '다양성 관리'의 요소를 프로그램에 입각한 진술로 통합한다. 즉 2003년 여름 덴마크 정부의 백서에서 비판적으로 언급했던 '차이를 수용하지 않는다는 것이 아니다'[17]와 같은 발언이었다. 이러한 접근은 최근 덴마크의 이주노동자 유치 수요로 인해 악용되었다.

따라서 법률, 사회적 통합의 관행뿐만 아니라 공식적 문서[18]는 덴마

16 이러한 맥락에서 더 깊게 추구될 수는 없지만, 동반되는 질문 하나는, 이주가 정말 차별을 만드는 중요한 요인인지, 또한 어느 정도 그러한지이다. – 사민주의 복지정권의 자유화는 세계화와 유럽화과정 중 한 가지만 분명하게 드러나는 것보다, 두 가지 모두 발생하는 과정 속에 더욱 광범위하게 내재되어 있다고 보면서.

17 *'Ikke fordi der ikke må være forskelle'.*

18 *En ny chance til alle – regeringens integrationsplan [A new chance for everybody – the government's integration plan]*, The ministry for Integration Affaris, Copenhagen, May 2005를 참조할 것.

크 정부의 복지정책이 '이주민 문제'에 대해 적응하는 방식인 '기본적인 인식이 시험대에 올랐다(위의 책, 11쪽)'와 같은 발언에서는 한편으로는 덴마크 중심주의의 방어에 있어서는 보편주의적 인권문제 담화를 채택하고, 다른 한편으로 덴마크 민족공동체의 합의주의 및 순종성에 기반한 동화주의적 요구를 채택하였다. 이는 다양성, 자유, 평등을 통합하여 전략적 비전에 포함시키게 허용할 뿐만 아니라, 필요시 사적/공적 차이에 대한 도전도 허용한다. 다름은 수용할 수 있으며 다양성도 용인될 수 있지만, 그것은 단지 탈정치화된 형태나 실용적으로 유용한 (경제적으로 이익이 되는) 맥락에서만 가능하다. 그렇지 않으면 가족관, 생활패턴, 습관에 대한 '일관성 있는' 국가의 개입이 분명히 필요할 것으로 보인다. 따라서 1980년대에서 1990년대 초반까지 인도주의와 국수주의 사이에 존재했던 차이가 담론과 정치 사이의 일관성(Hedetoft, 2003c/2006a)이 필요하다는 새로운 발견된 합의에 의해 대체되었고, 이 새로운 합의는 더욱 복잡한 상호작용과 분화로 가는 문을 열게 되었다. 첫째, 정치적 담론과 하향식 '보복' 계획은 가능한 한 많은 이주민에게 자립을 강요하고 제3국 출신의 난민과 망명자가 덴마크를 수용국으로 선택하지 못하게 하기 위해 도입되었던 것이다. 둘째, 주요 경제분야의 인력부족으로 경제적으로 바람직한 이주민(주로 숙련된 인력을 의미)을 유치하고 해외마케팅과 기업매출의 최적화를 위한 문화적 다양성을 이용할 필요성을 더욱 강조했다. 셋째, 다양성 정책의 유사 불법적 관행과 하위(지방, 지역, 시, 마을) 수준에서 더 나은 '통합'을 위한 다문화적 제도의 적용이 강조되었다.

이것은 사회·문화적 다양성, '외국인 증가'에 대한 대중적 수용이 확대되는 결과와 — 정부의 담론과 실제 통합사례 간에 알려진 차이 때문에 — 이러한 정책 그 자체가 국민에게 믿음을 주기보다는 공식적인 정책을 둘러싼 찬반양론의 대립이 더 커지는 결과를 초래하였다.

이러한 현대화된 덴마크 통합정책 체제의 특수성은 확연히 다른 세 가지 정책접근법의 상이한 조합으로 요약할 수 있다.

동화. 이 접근은 문화주의자와 보편주의자/서구적 인권 담론에 의지하며, 기능적 또는 도덕적인 필요 여부에 상관없이 사적/공적 대립완화를 정당화한다. 동화정책은 덴마크의 절대적인 '문화적 권리'(Benhabib, 2002)와 '덴마크 동질성' 유지의 중요성을 반영한다. 정치적으로 동화정책의 입지는 덴마크국민당의 열렬한 지지를 받았었지만, 최근에는 정치권 전반에 걸쳐 매우 넓게 수용되었으며, 자유-보수 연정에 의해 가장 강조되었다.

통합. 두 번째 접근은 '동등한 입지'와 '동등한 접근'에 대한 담론을 소수민족의 요구 및 고용차별 철폐에 대한 요구의 근거로 활용한다. 이 담론은 프랑스 공화주의나 세속주의와 유사한 방식으로 사적/공적 분리, 자유주의자, 공화주의자, 법치주의자를 존중한다. 또한 시장지향적인 자조(自助)와 자립 대책을 포함하지만, 시민분야(공동시민권)에서는 정치적 참여의 평등, 그렇지 않으면 전후 덴마크 복지정부를 지원하기 위한 확실한 역할에 대해서는 놀라울 정도로 강조하지 않았다. 이 접근은 전통적으로 사회민주당, 사회자유당, 최근에는 사회국민당에 의해 대변되었다.

문화다원성. 세 번째 접근은 민족적 다양성과 다원적 세계, 최근의 경제적 이주의 필요성에 관한 사실적 존재를 반영하는 다양성(관리) 담론에 중점을 두었다. 따라서 이 정책은 실용적이고 필수적인 관점에서 단호하게 주장된다. 이전에는 정부의 정책기조에 비판적이었던 집단을 대상으로 다문화 정책을 실현하고 국제규범을 존중하려는 입에 발린 주장으로만 비추어졌지만, 이제 인구문제와 노동시장의 수요로 인해 시급하고 진정성 있는 다문화 담론이 필요하게 되었다. 이러한 입장은 전통적으로 좌파 연합당과 좌파사회당 (사회민주당의 소수파를 포함한) 등, 정치적 좌파의 지지를 받았다. 그러나 현재 다양성 관리전략의 기업적 수단(Lauring and Johasson, 2004)과 경제적 수요에 의한 개방, 이슬람 비하 만평사건으로부터 얻은 교훈으로 인해 다문화정책이 사회 전반에 걸쳐 수용되었다.

위 세 가지 접근은 어느 정도 순서가 있다. 덴마크 인종체제에 대한 담론—이제 거의 패권을 장악했다고 할 수 있는—에서는 합의에 의해 도출되는 정치체제를 현대화하고 정치적 신뢰와 사회적 화합 모두를 유지 또는 회복하기 위한 프로그램에 부합하는 순서에 따라 우선순위가 정해진다.[19] 이런 방식으로 모델은 이익에 기초한 실용주의와 정체성에 기초한 민족주의의 기묘한 결합으로 이해된다. 결과적으로 동화주의가 다양성 관리로 위치하게 되고, '인종차별 폐지론자' 정책과 담화가 중간에서 중립적 중재역할을 하게 되었다.[20]

이주와 소수민족을 처리하기 위한 이 융합모델은 어떻게 합의에 의한 복지국가와 다문화적 도전에 대처하는 절충문화의 전통적 이점—국

19 리세 토게비(Lise Togeby)는 덴마크의 통합정책이 민족 동화, 공화제 일원론, 민족 분리, 다원성, 그리고 다원론 사이에서 '거의 중간'에 위치하지만, 그러나 공화제를 향한 경향성을 띤다고 보았다(Togeby, 2003: 31). 필자가 분석한 바에 따르면, 공적/사적 분리에 대한 존중의 감소, 사실상 국가/교회 분리의 부재, 그리고 최근 덴마크의 논쟁과 여러 주류적 정책을 특징짓는 공격적인 문화주의자의 담론 등에 의하여 동화주의적 경향이 지배적인 위치를 차지하였다.

20 2002년, 한 언론가가 전임 통합장관인 베르텔 하더에게 잘 통합된 소수자 집단의 예를 들어달라고 요청하자, 그는 흥미롭게도 화교집단-상대적으로 떨어진 영토 및 공간에서도 자신의 고유한 문화규범을 고수하는 것으로 유명한-을 답했다. 그들은 다른 한편, 덴마크에서 현재 통합 정책의 또 다른 중요한 기준, 즉 경제적 자립 그리고 노동시장 기업을 마주한다. 그런 의미에서, 그들은 현대화된 통합 문제의 하이브리드적 성격을 가졌으며, 경제적 규범으로의 동화, 노동 시장으로의 통합(비록 매우 특수한 틈새이긴 하지만)과, 그리고 다양한 민족을 공식적으로 수용하는 것 사이의 중간에 위치한다.

내적으로나 국제적으로—을 동시에 유지하는가 하는 실질적인 문제에 답하려고 하는 것이다. 이리하여 이 모델은 모든 문화가 '현대사회 기능'(<율랜츠 포스텐>에 기고된 글 참고)을 구현하는 데 '동등하게 좋은' 것이 아니라는 자명하게 주어진 사실의 재확인이고, 이렇게 이해된 다양성이 어떤 상황 아래에서는 민족적 합의와 '뿌리 깊은' 문화적 응집력이라는 덴마크 모델과 양립하게 될 것이라는 효과에 대한 발언이기도 하다. 이 모델은 덴마크 동질성의 정체성 요소뿐만 아니라 기능적 이점을 전세계적 이민 흐름에 포함된 위험상황에서 보호할 수 있고, 국경을 효과적으로 통제할 수 있다는 것을 의미한다. 마지막으로 그것은 '외국인'의 수가 '지나친' 수준이 아니며, 필요로 하는 기술을 보유하고 유럽문화권에서 왔다고 가정할 경우에는 그 외국인은 국가적 이익으로 변환될 수 있다는 점을 의미하기도 한다.

이 담론에 따른 대가는 '실질적 난민'으로 간주되지 않는 사람을 향한 잘못 인지된 인도주의의 탈피이고, 다른 한편에서는 이전과는 달리 시장의 원리와 자기보존을 위한 자신의 능력에 따라 이주민이 떠나게 되는 것이다. 결과는 두 가지 상반된 이주제도를 동시에 설립하여 이주문제를 관리하려는 시도로 나타났고, 그 제도는 각각 독립적으로 모순된 논리를 기반으로 운영하려는 목적이 있었다. 하나의 체제는 통제, 배제, 문화적 순화에 기초한다. 이것은 난민과 난민 가족을 향한 민족주의적 제도이다. 다른 체제는 최근까지 호황이고 아직 실업률이 낮은 덴마크 경제의 빈자리를 메우고자 외국인을 초청하는 것을 목표로 한다. 이러한 매우 도구적인 접근은 운영상으로는 최근에는 그린카드체제로 소개된 현재의 구직카드 계획과 노동이주에 관한 EU규정에 기초하였다. 이리하여 그것은 주로 독일, 라트비아, 폴란드, 스웨덴 등 문화적·지리적으로 '인접한 해외' 출신의 시민을 받아들이고자 했다. 이러한 이중적인 이민구조의 유지가 실현되고 관리될 수 있을 지는 시간이 말해 줄 것이다. 그러나 이중구조 사이의 상호 '오염'을 회피하려는 시도는 심각한 도전에 직면하였고, 실용주의 체제를 특징하는 개방성은 이미 민족주의의 비난에 영향을 받았다는 징표가 나타났다.

동질성 대 다문화주의: 덴마크와 스웨덴의 비교[21]

세계화 시대에 민족국가는 국가의 규모, 경제력, 천연자원, 지정학적 위치뿐만 아니라 역사, 국가와 정부의 형태, 제도, 인구, 국가 정체성이 다르다는 것을 강조하는 일은 지극히 당연한 일이다. 민족국가는 서로 다른 방식으로 근대화되었고 역사과정을 통해 다양한 정치, 행정, 제도적 문화를 발전시켰다. 게다가 민족의식과 자각의 형성은 다름에 대한 서로 상이한 이미지라는 배경과 포섭, 배제의 정치사회적 메커니즘 간에 발생하는 국가적 상호작용을 통해 이루어졌다.

동일한 이유에서, 이 모든 경우에 우리가 다루는 민족국가는 동일하고 보편적인 주제를 다룬다는 의심할 수 없는 사실에도 불구하고, 의미있는 방식으로 서로 다른 인종과 역사적 소수자를 논의하고, 고려하고 대체하였으며, 많은 면에서 민족국가는 같은 형태의 정치적·이데올로기적 집단의 반영물이자 부산물로 표현된다. 그럼에도 불구하고, 폐쇄와 개방, 냉소주의와 이상주의, 정치경제적 이익이라는 특별하고 제도화된 구

21 덴마크와 스웨덴 간의 이주와 통합정책의 유사성과 차별성에 대한 보다 자세한 연구를 알고 싶다면 Hedetoft *et al*., 2006을 참조할 것.

성으로서 국가의 이주 및 통합제도(Favell, 2001; Koopmans & Statham, 2000; Spencer, 2003)는 중요성의 차원에서 상이하다. 결국 이러한 차이는 민족 정체성 인지와 적극적인 시민권을 위한 다양한 모델을 위한 구조의 차이와 밀접하게 연관된다.

이러한 성찰은 또한 보통 매우 유사하게 나타나는 민족국가에 적용되는데, 그것은 사회형성의 동일한 유형, 국가와 시민 사이의 유사한 상호작용 그리고 정치적·문화적 역사 등을 구조적으로 나타내기 때문이다. 한 가지 확실한 예로 스웨덴과 덴마크가 있는데, 이 두 국가는 모두 스칸디나비아의 복지국가이자, 선진 민주주의구조를 가진 동질적인 '고국(스웨덴어로 folkshem)'이며 오래된 군주제 국가이며 사회적 평등과 정의구현을 표방하는 소규모 국가이고 문화·사회적으로 연결된 스칸디나비아의 친척으로 상대국에 대한 인식을 키웠다.

이러한 유사성에도 불구하고 두 국가의 이주 및 통합체제는 많은 면에서 서로 다르며 통합과 민족성에 대한 해석도 다르고 이런 주제와 다른 나라를 다루는 방식에 대한 공적인 논의는 종종 의견차가 심하다.

덴마크의 동질성은 스웨덴의 다문화주의와 부딪히는데, 폐쇄적이고 배제적 성향이 있는 덴마크 체제는 개방적이며 포용적인 스웨덴 체제와 충돌한다. 동화는 차이에 대한 공식적인 인식과 대조된다. '그들'을 문제로 보는 개념은 민족 사회를 통합의 장애물로 인식하는 개념과 부딪힌다. 복지는 통합을 저해하거나 통합을 위한 경로로 다양하게 인식된다. '그들'은 운명의 피해자 혹은 스스로의 운명에 책임져야 하는 것으로 간주된다. 제도의 강경함은 새로운 집단에 대한 유연한 제도의 적응과 부딪힌다. 배타적인 단일 시민권에 대한 수요가 복수 시민권 취득가능성과 대조된다.

이런 관점에서 이 두 국가는 정반대의 성격을 가진다. 국가적 자급

자족에 관한 덴마크의 견해는 스웨덴이 국제적 도리와 책임감에 따라 시행하는 제도와 충돌하는 것처럼 보인다. 이와 같은 충돌로 덴마크는 자유 토론과 '실질적 문제'의 심각성에 대한 개방적 인식을 막는 '정치적 정당성'을 가진 국가로 비하되었다.

적어도, 이러한 것은 언뜻 보기에는 과거 5년 혹은 10년 이상 더욱 더 다양한 발전과 상호간의 고정관념에 의해 입증된 일반적인 이념형이다. 이념형은 통합분야에서 공적인 담론과 정부 정책으로 간주되는 반박의 여지가 없는 사실을 반영한다. 이념형은 지역과 지방의 수준에서 정책의 실용적 이행에 대해 표현을 많이 하지 않고, 소수민족의 정착 패턴(게토화 지역이 양국 모두에서 아직 보편적임), 노동시장 통합에의 성차별, 사회 네트워크 및 시민단체 또는 정치적 대표와 같이 결정적인 사회영역에서 통합의 구체적이고 측정 가능한 효과에 대한 부합도가 높지 않다. 모든 면에서 스웨덴이 조금 우세하긴 했다.

즉, 최근 양국에서 있었던 토론에 변화가 일어났고 현재는 고정관념적 인식에 부응하는 경우는 적어졌다. 스웨덴에서 이주민은 이제 사회적 문제의 원인으로 지목되었다. 이러한 현상은 이주민과 사회통합에 관한 덴마크의 정치적 분열의 영향을 받은 것이다. 반면 덴마크에서는 토론의 비판적인 부분이 스웨덴의 관용과 다문화 정책에 대한 인식으로부터 영감을 얻어 구성되었다. 그리고 보수정권의 신임 프레드리크 레인펠트(Fredrik Reinfeldt, 보수당 출신) 총리가 '스웨덴 선거에서 외국인혐오는 없다(no votes in xenophobia in Sweden)'[22]라는 발언을 했듯이, 이 문제에 대한 공개토론은 더욱 양극화되었고, 금기시되었던 반대의견은 이제 분명히 표현할 수 있게 되었다. 또 하나의 의미 있는 지표는 스페인에서

22 〈폴리티켄〉 2005년 12월 4일자 Kristina Olsson을 참조할 것.

2006년을 '다문화의 해'('*mångkulturår*') 로 지정했음에도 불구하고 *The Blue and Yellow Glass House*(*Det blågula glashuset*)[23]와 같은 정부보고서에서 다문화에 관한 정치적 조직체에 관한 묘사와 관리에 대한 비중을 '구조적 차별'을 위한 싸움보다 적게 두었다는 점이다.

이러한 변화(인종차별 고발기관이 스웨덴에 설립된 사실도 포함)는 지금까지 주장되었던 것보다 훨씬 더 비전 없는 현실과 덴마크와 묘하게 비슷한 실상을 은연중에 나타낸다. 반대로, 덴마크 동화주의라는 벽 뒤에 잘 숨겨져 있으며 만평사건의 부정적 경험에 의해 다소 삐뚤어진 방식으로 박차를 가해 얻은 교훈이 있다. 국제적 문제에는 덴마크 기업의 '다양성 관리' 강화, 소수민족에 대한 개방과 인식제고, 유연한 이주제도가 요구된다는 점이다. 앞서 언급한 이러한 변화는 이제 지속적인 경제성장과 성공적인 세계화에 대한 적응을 위한 소국의 반박할 여지없는 경제·인구학적 이익을 위한 실질적인 수단으로 정의할 수 있다.[24] 덴마크국민당(DPP)조차도 최근 국가적 낭만주의와 복지에 대한 맹목적 애국심이라는 철갑에 조그만 틈이 생겼음을 인정했다.

스웨덴은 차별철폐 전략을 통해 온정주의적 다문화주의 복지국가에서부터 격론을 펼치는 국가로 발전했다. 이와 같은 논쟁에서 수용국의 가치관에 뿌리깊이 박힌 이주민 배제전략과 통합요구가 분명히 표현될 수 있게 되었지만 여전히 지배적인 의견과는 반대이다. 덴마크는 문화적 응과 재정자급을 위한 이주민 수요로 인해 1970년대와 1980년대의 조건적 수용정책에서 양극화된 토론을 펼치는 국가가 되었다. 양극화 토론에서 배제적 전략과 수용국의 조건에 따른 통합요구가 훨씬 우세하다. 그

23 *Statens Offentliga Utredningar* [Government Reports], Stockholm 2005, no. 56.

24 예를 들어, 2005년 12월 덴마크 복지위원회 보고서, 그리고 2006년 3월 정부의 세계화협회의 권고에서 명백히 드러나는 것처럼 말이다.

러나 이제 제도적 차별의 부정적 영향에 대한 관심이 증가하고 적극적인 이주정책에 대한 개방 확대와 단일문화력에 의한 성과를 축소하는 도덕적 거부가 시작되었다.

비슷한 정치적 시스템을 제외하고 두 단일민족 국가의 공통점은 외부환경, 국제적 문제, 이슬람 위험요소이다. 그러나 두 국가의 이주 및 통합제도의 수렴범위 및 깊이에는 한계가 있다.

첫째, 권력의 산만한 관계가 설정되는 방식이 다르다. 다문화주의는 스웨덴에서 여전히 공식적 정치이며 덴마크의 공식적인 단일민족 모델과 비교되어야 한다. 정치적 발언과 실질적인 정책 간 덴마크의 직접적인 연관관계('일관성'이 공식 코드명)는 스웨덴에 존재하지 않으며 두 가지 요소 간 차이는 여전히 분명하며 가시적이다.

둘째, 두 복지모델(한때 '북유럽 모델'로 불려진)은 합의와 사회적 성공을 위한 두 가지 다른 경로를 기반으로 구성되었다. 스웨덴 모델은 협동조합주의로 중앙집권적인 제도, 정치적 포섭(co-optation), 사회문화적 이해집단을 위한 하향식 안보를 기반으로 한다. 덴마크 모델은 분산네트워크, 노동시장의 자유계약 수용, 탄력적이고 확대 가능한 "유연한" 모델을 기반으로 한다. 문화적인 측면에서, 스웨덴 모델이 합의도출에 적합하지만 문화 및 정체성 중심적인 단일문화주의는 덴마크의 기능성을 위한 절대적인 전제조건이다.

셋째, 덴마크와 스웨덴 모두에서 제도가 중요하고, 생각, 평가, 사회적 관습이나 민족성, 이주문제 관리에 대해서도 제도별 경로의존성이 형성되는 경향이 있다. 예를 들어 스웨덴이 인종차별 문제를 해결하기 위해 고발제도를 설립하려 했던 것에 비해 덴마크는 그렇지 않았던(여러 번 거부되었음) 것은 우연이 아닌, 사회적 결과물이다. 덴마크에는 정부지원 민간단체(민족, 종교 포함) 설립에 관한 법이 존재한다. 스웨덴 외무장관

라일라 프레이발즈(Laila Freivalds)가 만평사건의 파급효과에 대한 모호한 대처로 2006년 3월 해임되었지만, 덴마크 외무장관은 해임되지 않았으며 사건 이후 더 열띤 지지를 받을 수 있었다.

요약하자면, 현재 두 국가 간 유사점의 수준이 높아진 부분은 사실일 수 있지만, 좀 더 정확히 말해 차이점과 일치점 간에 많은 변화가 있었고 일부의 경우 점점 세계화되어 가는 이주환경과 관련이 있고 일부는 사회구조와 국가적 차이의 내부적 변화와 연관되었으며 정치적 역점, 토론의 분위기, 두서없는 환경의 변화와도 관련이 있었다. 앞서 언급한 프레이발즈 사건은 상징적이었다. 프레이발즈가 저지른 실수는 스웨덴에서 모하메드 만평이 파급되지 않도록 하여 스웨덴의 국제적 위상을 더럽히지 않도록 하기 위한 다문화주의적 자동반응에 의한 행동이었다. 이러한 행동은 눈에 띄지 않거나 공개적인 지원을 받을 수도 있었겠지만 결국 공개적 망신으로 귀결되었다. 그 원인은 덴마크의 자유발언권과 이슬람인에 대한 소수민족 공개적 경멸에 관해 덴마크에서 처음 발생한 대소동의 원인으로 알려진 바로 그 원리였다(Brix *et al.*, 2003; Hervik, 2006; Hedetoft, 2006b).

결론

덴마크의 통합 모델은 통합과정이 전통적으로 시행된 평등의 개념부터 제한된 범위까지, 그리고 실용적·도구적 예측에서의 차이와 편차만을 받아들일 수 있다는 가정에서 민족적 그리고 시민공화주의적 덕목('신덴마크인'에 수반되는 요구도 포함하여)이 섞여 있다. 이는 새롭고 전례 없는 세계화 환경에도 불구하고 동질성에 대한 이상이 고수되는 것을 의미하는 강한 경로의존적 모델을 만드는데, 그것은 덴마크 스스로 과거 국제적 적응의 성공적인 본보기로서 가치를 입증한 바 있다는 점, 그리고 덴마크의 의사결정자가 기존에 정립되어 잘 수행된 관행에서 벗어나기 매우 힘들다는 점에 기인한다.[25]

25 최근에 발발한 세 가지 현상은 이러한 역설과 긴장을 잘 나타낸다. 첫째, 덴마크 정부는 무슬림 여성판사가 근무 중 히잡을 착용하는 것이 사법체제의 중립 이미지를 저해한다는 이유로 착용을 금지하였다. 이러한 관점에서의 공적 논쟁-특별한 문제도 아니고, 출발점으로서 보편적인 원한문제도 아닌, 그렇지만 선제적 해결방안(다른 말로 상징 정치)을 모색하는 정치적 문제에 해당한다-은 모든 다양한 차원의 공공기관 내 스카프나 다른 종교적 상징물의 착용을 금지하려는 가능성에 초점을 맞추었으나, 최종적으로 거부되었다.

둘째, 2008년 늦봄/초여름에 발생한 희귀한 논쟁-덴마크를 다문화사회로 언급한 덴마크 교과서로부터 촉발되었다-이다. 이것은 예상대로 덴마크국민당의 대표에 의해 신랄하게 비판되었다. 전임 사회통합장관이자 현 교육장관은 처음 이 주장을 옹호했으나 그에 대한 대중의 비판이 지속되자 원래 입장에서 후퇴하여, 자신의 발언이 잘못 해석되었다고 밝혔다. 이 사건을 통하여 덴마크에는 그 나머지 문화보다 더욱 강하고 더욱 지배적인 주류문화가 있기 때문에 덴마크는 다문화적이지 않다는 것을 알 수 있다. 대중적 합의를 통해 정상적 상황으로 (임시적으로) 회복되었다. 한편으로는, 덴마크 사회는 분명히 다문화적이다. 반면 다른 한편으로는, 이러한 상태는 여전히 공식적·정치적 승인을 받지 못한다. 그렇지만, 이러한 성격에 대한 논쟁이 발생한다는 사실은 덴마크 통합정책의 역설을 단번에 증명하였다. 단일문화주의와 응집력에 대한 담

그러므로 덴마크의 민족영역에서 증가하는 정치화 과정이 기본적으로 복지국가가 실질적으로 해결하기 매우 어려운 위기로 남아 있거나, 혹은 그럴 가능성이 있는 잘 기능하는 복지국가의 '범람문제'로 간주된다면, 또 과거 전략이 적용가능하거나 역기능적으로 증명되는 정도에 따른 생존과 번영이 달린 소국에 대한 철저하고 전 세계적인 도전을 목도한다면, 통합은 여전히 해결되지 않는 문제로 남을 것이다. 어떻게 되든지, 여러 면에서 덴마크 사례가 독특하다는 사실과는 관계없이 서양의 다른 국가, 특히 유럽지역에서 발전은 좀 더 일반적으로 덴마크를 다른 중소민족국가의 비슷한 과정을 대표하는 국가로 간주하는 것은 타당하다는 것을 나타낸다(Campbell *et al.*, 2006).

스웨덴은 국가정체성의 변형과정과 소유의 초국가적 형태 사이의 교차점에서 다문화주의(사회, 정치 그리고 규범적으로)라는 현존하는 위기와 같은 정반대의 문제를 대표하는 특성으로 보일 수 있다. 정치적 정체성은 사회가 더욱더 다민족화되기 때문에 그 스스로 변형의 과정을 발견

론은 사실 그 어느 때보다도 상당수 이주노동자를 맞이하기 위해 국경을 시급히 열어야 하는 현실과 맞물려 있다. 이 문제는 더 이상 공적 의제에서 소외될 수 없는 문제이며, 매일매일 아주 풍성하게 (대부분의 정책 결정자에게는 불편하게도) 존재한다. 셋째는 여전히 진행 중이고 풀리지 않는 문제로서, EU국가의 국민이 국가 경계를 자유롭게 건널 수 있는 자유에 관련된 덴마크의 엄격한 이주제도와 EU 규칙 간의 부합성 문제이다. EC사법재판소의 현재 규정에 따라, 두 정책영역(늘 삶에 함께 존재하였으면서도, 대중의 눈에는 보이지 않았던) 간 긴장관계는 점점 더 분명히 드러난다. 덴마크는 단일시장 회원국이기 때문에, 그 어느 때보다도 밀접한 연합체를 창출하는 것에 관련된 모든 일 가운데 EU법이 국내법에 우선한다. 따라서 사법 및 국내업무에 관하여 덴마크가 탈퇴하였을지라도, 현재 그리고 이전 정부 재임기간 동안 실행되었던(특히나 24년간) 엄격한 정책은 폐기될 위험에 처해있거나, 최소한 단일시장 및 자본, 재화, 서비스, 그리고 사람들에 수반되는 자유에 대한 덴마크의 공약에 의해 부분적으로 중립화되었다. 이 글을 쓰는 지금(2008년 8월), 이 문제는 덴마크 이주와 통합 정책에 대한 중요한 위기일 뿐 아니라, 정부의 생존력에 대한 잠재적 위기로도 발전될 수 있다.

하지만, 다문화주의는 점점 더 보수적인 해결모델에서 그리고 최근 스웨덴에서 조차 불가능하고, 비현실적인 것으로 경험되고 논쟁되었다.

'국가'는 정치적으로 공산사회주의자의 형태로 이주민과 이주민 가족을 둘러싼 요구망을 단단히 조여 보복하고, 종종 대중영합주의적 형태로 국가공간에 대한 접근성을 더 어렵게 하고, 매우 위험하게 만들었다. 동시에 이러한 엄격한 정책을 수행하고 합리화하는 가치관은 확실히 점점 더 세계화되었다. 즉 계획 자체가 매우 배타주의적임에도 불구하고, 국가에서 특수한 민족적 특성을 분리하여 말하기 힘들어졌다. 이런 현상은 국가주권과 전세계적인 압력에 의해 엄청난 도전을 받는 복지정부 사이의 차이와 같이 동시적으로 일어났다. 더 나아가, 초국가적 공간에서 국가와 정부의 분리가 일어났다. 즉 의식, 소통, 소유의 국가적 형태가 '확대'되는 반면, 국가 자체는 시민·정치적 소유로 조직된 형태로 남는 경향이 있다. 마지막으로, 퇴행하는 보수주의 또는 확대되는 이러한 새로운 민족주의의 형태는 세계적 엘리트로 구성된 범세계주의자에 의해 보완된다(Hedetoft, 2004).

이리하여 모든 영역은 부분적으로는 세계화, 부분적으로는 다른 종류의 정치적 혹은 경제적 변형으로 인한 철저한 재구성의 과정에 있다. 국경과 소유에 대한 재민족주의화를 향한 경향은 의심할 바 없이 실재적이지만, 그 구성조건은 민족과 국가 사이에 친밀하고 기능적인 연결이 더 이상 당연한 것으로 받아들여지지 않기 때문에 민족주의의 전성기와 다르다. 이런 방식으로 국가의 문화적 유산과 신화를 기반으로 한 수요가 급진적이 되고 동시에 국경을 넘는 경향이 더욱 두드러졌다. 단일 및 복수 시민권(국적) 간 긴장에 의해 상징적으로 표현되는 이러한 이중적 과정은 단일민족주의를 현대의 시대착오적 지위로 전락시키려 위협하고, 동시에 민족국가의 정체성을 만족시키고 완전히 대체할 만한 것(종교성은 예외)은 아직 보이지 않는다. 이러한 관점에서 다문화주의는 우리가 알고 있는 바와 같이 제대로 구현되지 않을 것이며, 정치적으로 지나치게 모순되고, 문화적으로 지나치게 본질주의적이며, 주관적인 수준에서 너무 불가능하여 안정적이고 진보적인 방식으로 충성과 소속이라는 민족과 시민 차원에서 결합할 수 없다.

참고문헌

Anderson, B. (1983/1991) *Imagined Communities*, London: Verso.

Bauman, Z. (1998) *Globalization: the Human Consequences*, Cambridge: Polity.

Baylis, J. and Smith, S. (eds) (1997) *The Globalization of World Politics*, Oxford: Oxford University Press.

Benhabib, S. (2002) *The Claims of Culture*, Princeton: Princeton University Press.

Brix, H.M., Hansen, T. and Hedegaard, L. (2003) *I krigens hus. Islams kolonisering af Versten [In the House of War. Islam's colonization of the west]*, Arhhus: Hovedland.

Brochmann, G. and Hagelund, A.(2005) *Innvandringens velferdspolitiske konsekverser[The consequences of immigration for welfare policies]*, Conpenhagen: The Nordic Council of Ministers.

Campbell, J., Hall, J.A. and Pedersen P.K.(eds) (2006) *National Identity and the Varieties of capitalism: the Danish Experience*, Montreal: McGill University Press.

Cohen, M.g. and Clarkson, S. (eds) (2004) *Governing under Stress. Middle Powers and the Challenge of Globalization*, London and New York: Zed Books.

Danish Immigration Service (2002) *Statistical Overview*, Copenhagen: The Danish Immigration Service.

Favell, A. (2001) *Philosophies of Integration*, 2nd edn, London: Palgrave.

Geddes, A. (2003) 'Migration and the Welfare State in Europe', in S. Spencer (ed.) *The Politics of Migration. Managing Opportunity, Conflict and Change*, special issue of the Political Quarterly, Oxford and

Malden, Mass: Blackwell.

Government White Paper [GWP] (2003) *Regeringens vision og stategier for bedre integration [The government's Visions and Stategies for Better Integration]* (main report and Resume), Copenhagen: The Danish Government, June.

Gundelach, P. (2002) *Det er dansk [It is Danish]*, Copenhagen: Hans Reitzel. Haagen Pedersen, L. (2002) *Befolkningsudvikling, integration og økonomisk politik [Demographic developments, integration, and economic policies]*, Copenhagen: DREAM (Danish Rational Economic Agents Model).

Hedetoft, U. (1998) *Political Symbols, Symbolic Politics*, Aldershot: Ashgate.

—— (2003a) *The Global Turn*, Aalborg: Aalborg University Press.

—— (2003b) 'Culture–as–politics: Meanings and Applications of "Culture" in Political Studies', opening Keynote address for the conference What's the Culture in Multiculturalism, Danish network of Political Theory, Department of Political Seience, Aarhus University.

—— (2003c) 'Cultural Transformation': How denmark Faces Immigarion, open Democracy. online. Available HTTP: http://www.openDemocracy.net (October 30).

—— (2003d) *Denmark's Cartoon Blowback*, open Democracy. Online. Available HTTP: http://www.openDemocracy.net (March 1).

—— (2004) 'Discourses and Images of Belonging: Migrants between New Racism, Liberal Nationalism and Globalization', in F. Christiansen and U. Hedetoft (eds) *The Politics of Multiple Belonging*, Aldershot: Ashgate.

—— (2006) 'More than Kin, and Less than Kind: The Danish Politics of Ethnic Consensus and the Pluricultural Challenge', in J. Campbell *et al.*

(eds) *National Identity and the Varieties of Capitalsim: the Danish Experience*, Montreal: Mcgill University Press.

Hedetoft, U., Petersson, B. and Sturfeldt, L. (2006) *Bortom stereotyperna. Invandrare och integration I Danmark och Sverige [Beyond sterotypes. Immigrants and integration in Denmark and Sweden]*, Gothenburg: Makadam.

Hervik, P. (2006) 'The Emergence of Neo−Nationalism in Denmark, 1992−2001', in A. Gingrich and M. Banks (eds) *Neo−nationalsim in Europe and Beyond*, Oxford: Berghahn.

Hirst, P. and Thompson, G. (1996) *Globalization in Question*, Cambridge: Cambridge University Press.

Katzenstein, P. (1985) *Small States in World Markets*, Ithaca and London: Cornell University Press.

—— (2000) 'Confidence, Trust, international Relations, and Lessons from smaller Democracies', in S.J. Pharr and R.D Putnam (eds) *Disaffected Democracies: What's Troubling the Trilateral Countries?* Princeton: princeton: Princeton University Press.

Koopmans, R. and Statham, P. (eds) (2000) *Challenging Immigration and Ethnic Relations Politics*, oxford: Oxford University Press.

Lauring, J. and Jonasson, C. (2004) 'Organisational Diversity and Knowledge Sharing', paper presented at the conference Ethnic Minorities, Integration and Welfare, Copenhagen, February 26−27.

Mellon, J. (1992) *Og Gamle Danmark. …[And Old Denmark …]*, Gyling: Narayana Press.

O'Leary, B., Lustick, I.S and Callaghy, T. (2001) *Right−sizing the State*, Oxford: Oxford University press.

Spencer, S. (ed.) (2003) *The Politics of Migration*, Oxford (special issue of The Political Quarterly).

Statens Offenliga Utredningar [Government Papers], Stockholm 2005, no. 56.

Suarez–Orozco, M. M. (2002) 'Everything You Ever Wanted to Know about Assimilation but were Afaid to Ast', in R. Schweder, M. Minow and H. R. Marcus (eds) *Engaging Cultural Differences*. The Multicultural Challenge in Liberal Democracies, New York: Russell Sage Foundation.

Swank, D. (2002) 'Withering Welfare States', in L. Weiss (ed.) *States in the global Economy: Bringing Institutions Back In*, Cambridge: Cambridge university Press.

Taenketanken [Government ThinkTank] (2002) *Indvandring, integration og samfundsøkonomi [Immigration, integration, and the national economy]*, Copenhagen: Ministry for Refugees, Immigrants and Integration.

Togeby, L. (2003) *Fra Fremmedarbejdere til Etniske minoriteter [From Foreign Workers to Ethnic Minorities]*. Magtudredningen [The Danish Power and Democracy Project]: Aarhus University Press.

Trads, D. (2002) *Danskerne først. Historien om Dansk Folkeparti [Danes First. The history of the Danish People's Party]*, Copenhagen: Gyldendal.

제 7 장

스위스: 다문화 정책이 없는 다문화국가?

지안니 다마토

보르지아 가문(Borgias) 치하 30년 동안 이탈리아는 전쟁, 테러, 살인, 유혈사태를 겪었다. 그러나 이탈리아는 미켈란젤로, 레오나르도 다 빈치, 르네상스를 만들어냈다. 반면, 스위스는 형제애를 누렸고, 500년 동안 민주주의와 평화를 지속했지만 이룩한 성과는 단지 뻐꾸기시계뿐이지 않은가? –오슨 웰즈(Orson Welles), 제3의 사나이(*The Third Man*), 1949

서론

스위스는 북유럽과 남유럽의 교차로에 위치한 작은 나라로, 중립과 평화적인 태도, 다양한 민족과 독일어, 프랑스어, 이탈리아어, 레토–로망스어(Reto–Romansch)[1]를 공용어로 사용하는 언어적 다양성과 대부분

1 스위스 동부의 그라우뷘덴(Graubünden) 주에 사는 문화적 소수집단으로, 로망스어의 방언을 사용한다. 약 5만 명 정도로 구성된다.

의 법률을 칸톤(州) 수준에서 제정하는 분권화된 국가로 널리 알려졌다.[2] 그러나 칸트가 말한 '영구평화'의 특권을 누린 국가라는 멋진 외양은, 바바리아인의 검은 숲(Bavarian Black Forest)이라는 시계의 발명자로 인정받는 것만큼이나 옳은 말이다. 건국(1848년의 자유주의 혁명의 성공적 결과로 국가가 시작됨) 시기부터 종교, 지역, 정치, 사회, 이념적 측면에서 도전을 받았던 연방주의 국가에서 통제와 통합정책이 중요한 데는 명백한 이유가 있다. 외국의 몇몇 학자는 스위스의 지속적인 안정성에 대해 어리둥절해하는데(그러나 이들은 1847년 내전부터 1930년대의 사회적 불안에 이르는 폭력과 파괴적 충돌의 역사를 간과하였다), 이 학자들은 이 견고함의 근원을 연방기관을 통한 다문화국가의 능숙한 관리에서 찾았다(Schnapper, 1997). 또 어떤 사람은 스위스를 '정치적 통합의 전형적 사례'로 보는데, 강력한 지방 자치권과 유권자의 비교적 높은 참여율을 보장하는 스위스의 정부조직 구조에서 그 이유를 찾는다(Deutsch, 1976). 또 다른 사람은 스위스 국가의 안정성의 원인을 강력한 국가정체성의 성공적인 형성과 스위스가 이웃 강대국의 지속적인 위협 아래 있다는 생각('Überfremdung')에서 찾았다. 특히, 국가정체성은 빠른 산업화 과정에서 발생했던 사회적 불신을 극복하는 데 도움이 되었으며 동시에, 작은 나라의 기초를 형성하는 데도 도움이 되었다(Kohler, 1994; Tanner, 1998).

인구통계학적으로나 문화적으로 외국인으로 넘쳐나게 된다는 염려에도 불구하고, 스위스는 20세기 동안 유럽대륙에서 가장 높은 이민율을 보이는 국가 중의 하나이다. 2000년 인구조사에 따르면, 총인구 740만 명 중 22.4%가 외국태생이고, 150만 명에 이르는 20.5%가 외국인(여기서 외국인은 외국 국적을 가진 사람으로 정의함)인 것으로 나타났다. 상대적

2 실제로, 이주 및 통합 정책은 일정 정도 칸톤(州)의 자주적 사안이다.

으로 이 숫자는 대표적 이민국가인 미국 외국인 비율의 두 배이며, 캐나다보다 상당히 높은 것이다. 그러나 내부의 다원적 특성과는 대조적으로, 스위스는 이민국가로 간주되지 않았다. 사실, 1990년대 이전에는 연방수준의 이민정책은 부정되었다(Mahnig and Wimmer, 2003). 또 다른 역설은 정치적 영역에서 입국과 통합 문제의 처리에 관한 것이다. 스위스가 프랑스인, 독일인, 이탈리아인의 구직을 위한 목적지가 되었던 반면, 20세기 후반에는 동유럽의 반체제 인사와 유고슬라비아인 망명자, 중동과 아시아 및 아프리카의 망명 신청자의 정착지가 되었다. 1960년대 이후 수십 년간 인근 국가에서 경험했던 사회적 어려움(이민자의 높은 실업률, 민족적·사회적 차별, 사회적 불안)이 없었기 때문에, 오히려 이민문제가 스위스에서 논쟁을 불러일으키는 주제가 되었으며, 특정 시대의 정치적 의제를 좌우하는 헤게모니를 얻게 되었다. 다문화국가 스위스는 다양성의 정책을 놓쳤는가?

이 모순적 상황은 스위스에서 이민정책과 통합정책이 어떻게 발달했었는지, 그리고 이러한 발달과정에서 다문화적 접근이 어떤 역할을 수행했는지에 대한 철저한 분석을 통해 설명되어야 한다. 이를 위해 2절에서 간략한 역사적 개관으로서 일부 인구통계학적 자료를 제시하며 20세기 동안 이루어진 이민과 통합의 과정에 대해 기술할 것이다. 3절과 4절에서는 공공 지식인으로서 이민정책의 정의에 영향을 미치는 다양한 이해당사자의 중요성을 강조할 것이다. 또한 국가 수준에서 이러한 이민정책의 생성에 영향을 미치는 외부 요인에 주목하여 볼 것이다. 아울러, 필자는 연방주의와 합의지향의 정치문화에 영향을 받은 스위스의 정치적 기회 구조가 이민정책 수립에 영향을 미쳤을 뿐 아니라, 다양한 외부의 도전(외국정부, 유럽연합)에도 영향을 미쳤다는 점을 밝혀낼 것이다. 결론에서는 스위스의 특별한 이민과 통합 정책의 결과에 영향을 줄 수 있는 다른 요인에 대해 논의할 것이다.

역사적 관점에서 본 이민과 이민자 정책

망명자를 위한 이상적인 장소라는 스위스에 대한 평판은 16세기부터 시작되었는데, 당시는 프랑스 위그노교도가 종교 망명자로 환영받던 시기이며, 이 망명자는 스위스의 문화적·정치적 엘리트, 기업가와 같은 엘리트층에서 그 입지를 찾았다. 그러나 오늘날 알려진 이민국가로서 스위스의 근대적 변화는 19세기 후반 산업적 도약이 가속화되는 시기에 일어났다(Holmes, 1988; Romano, 1996). 농촌적 이미지와는 달리 스위스연방은 근대적 기계·화학산업의 다양한 분야에서 선두주자이며, 지식과 사회기반시설에 투자해야 할 필요성이 매우 컸다. 신세계(the New World)에서 많은 농촌 주민이 소작농으로 생활하던 시골을 떠나는 동안, 많은 독일 지식인은 1848～1849년의 자유주의 혁명에 실패한 뒤 망명하여 스위스의 지역 대학에 자리를 찾았다. 뿐만 아니라 이탈리아 장인과 노동자 대부분은 19세기 말, 20세기 초에 건설업과 철도 분야에 고용되었다.

19세기 후반과 20세기 초반 동안 스위스 도시 내의 외국인 인구의 규모는 증가했다. 제네바 인구의 41%, 바젤의 28%, 취리히의 29%는 스위스 밖에서 태어난 사람이었으며, 전국적으로 독일인은 이탈리아인이나 프랑스인보다 수가 훨씬 많았다(EfionayiMäder *et al.*, 2005). 더욱이 총인구에서 외국인이 차지하는 비율은 1850년 3%에서 제1차 세계대전 이전에 14.7%로 증가했는데, 대부분은 인근 국가에서 유입되었다. 그러나 두 차례의 세계대전을 거치는 동안 외국인 인구는 상당히 감소했다. 1941년, 스위스의 외국인 인구는 5.2%로 떨어졌다(Arlettaz, 1985).

제1차 세계대전 이전의 자유주의 시대에는 이민이 주로 칸톤(州)의 책임이었고, 칸톤(州)의 법은 스위스와 다른 유럽 국가 사이에 체결한 상호협정을 준수해야 했다. 이 시기부터 유럽에서의 자유로운 이주에 관한 협정처럼 스위스의 협정은 이민자를 향해 열렸다. 이는 스위스 사람이 구직을 위해 쉽게 이주할 수 있도록 보장할 필요가 있었기 때문이었다. 그러나 제1차 세계대전 동안에 스위스에 외국인이 체류하는 것에 반대하는 첫 번째 선거운동이 일어났고, 그 이후 1925년 헌법에 새로운 조항이 추가되었는데, 연방정부 외국인 체류자 정책(Federal Aliens Police, *Fremdenpolizei*)과 외국인 거주 및 정착에 관한 법률(Law on Residence and Settlement of Foreigners)을 위한 법적 기반을 마련하는 것이었다. 이는 바로 국가차원에서 이민문제를 다룰 수 있는 권한을 연방정부에게 부여하는 것으로서 1931년에 발효되었다(Garrido, 1990). 비록 당시의 목적이 이민규제보다는 국가적 정체성을 유지하는 것이기는 했지만 이 법은 연방정부의 외국인 체류자 정책이 새로운 이민정책을 시행하는 것을 허용했다. 정부당국은 주로 국가의 도덕적·경제적 이익과 스위스가 '過외국인화(over-foreignization, *Grad der Überfremdung*)'되는 정도에 근본적인 관심을 가졌다. 스위스에서 '문화적 순수성(cultural purity)'을 보장하는 전국 단위의 정치적 합의는 가장 최근까지도 일관된 이민정책 이외의 제도를 만드는 것을 막았다. 원칙적으로 외국인은 나라를 떠나야만 했고 영구적으로 정착하는 것은 허용되지 않았다.

전후(戰後) 노동 이주

제2차 세계대전이 끝나고 얼마 되지 않아, 인근 국가의 경제 회복에 자극받아, 스위스 경제는 빠르게 성장하였다. 전후 경제적 호황의 상황에서 스위스는 이탈리아 방문노동자를 모집할 수 있도록 1948년에 이탈리아 정부와 협정을 체결했다. 이 노동자는 주로 건설부문, 섬유산업, 기계공장에 고용되었다. 그 이후 지속적으로 외국인 노동자는 스위스로 이주해왔다. 그 수는 1950년의 285,000명(전체 인구의 6.1%)에서 1960년에 585,000명(전체인구의 10.8%)으로 증가했고, 1970년에는 1,080,000명(17.2%)으로 증가했다. 1950년대에는 외국인 노동자의 대부분이 이탈리아인이었지만 1960년대에는 다양해졌다. 1970년에는 여전히 이탈리아인이 50% 이상을 차지하기는 했지만, 독일, 프랑스, 오스트리아인이 약 20%를 차지했고, 스페인인이 10%, 유고슬라비아인, 포르투갈인, 터키인이 4%를 차지했다(Mahnig and Piguet, 2003). 처음에 1년을 머물 수 있는 자격을 받았지만 계약은 연장할 수 있었고, 연장은 빈번하게 일어났다.

노동자의 영구정착을 막고 본국으로의 귀국을 확실히 하기 위해, 영구거주허가를 획득하는 데 필요한 거주기한을 5년에서 10년으로 연장하였으며, 가족재결합을 제한하는 조건이 채택되었다. 이 정책은 다른 노동자가 고향으로 돌아감과 동시에 새로운 노동자가 참여할 수 있음을 의미하는 것이기 때문에, '순환모형(rotation model)'이라고 불렸다. 1960년대에는 경제호황이 지속되었기 때문에 스위스 정부의 이러한 방문노동자제도는 느슨하게 통제되었다. 완화된 가족재결합법(family reunification law)을 도입하라는 이탈리아의 압박을 받게 되면서 스위스로 오는 이탈리아인 노동자의 수는 감소했다. 로마조약(Roman Treaty)[3]이 조인된 이후 이탈리아의 입장에서는 독일과 같은 목적지가 보다 매력적인 곳이 되었다.

또한 이탈리아의 내부 경제호황으로 인해 특히 북부 이탈리아를 목적지로 하는 내부 이주의 물결이 시작되었다. 이에 대응하여 스위스정부는 가족재결합을 가능하게 하는 통합지향적 체제로 '순환'시스템을 대체하기 시작했으며, 외국인 노동자가 승진할 수 있는 자격이 주어지도록 만들었고, 노동시장의 분리를 끝내려고 하였다(Niederberger, 2004).

1973년 오일쇼크에 따라 많은 노동자가 불필요하게 되었고, 적절한 고용보험이 없었기 때문에 많은 노동자가 스위스를 떠나야만 했다. 이러한 현실 때문에 스위스는 노동자의 체류권 갱신 없이 실직한 이주노동자를 '내보낼' 수 있게 되었다(Katzenstein, 1987). 외국인 인구의 총 비율은 1970년의 17.2%에서 1980년에 14.8%로 떨어졌다. 그러나 경제 회복으로 새로운 방문노동자는 이탈리아뿐만 아니라 스페인, 포르투갈, 터키에서도 찾아왔고, 외국인 인구수는 1980년에 14.8%(945,000명)에서 1990년에 18.1%(1,245,000명), 2000년에 22.4%(약 150만 명)로 증가했다(Mahnig and Piguet, 2003).

1990년대 초, 전 세계적 불황이 스위스에 이를 무렵, 비숙련 고령 방문노동자는 높은 실업률에 시달렸고, 새로운 일을 구하는 데 상당한 어려움을 겪었다. 이러한 상황은 전례 없는 구조적 실업 수준과 지난 10년간 스위스에서 경험해본 바 없는 사회적 어려움을 초래했다. 스위스 연방제도에 종속되었다는 논리에 따라 복지비용을 책임져야만 했던 스위스의 대도시는, 연방정부가 이주노동자를 향한 확대된 통합모형을 제정하고 지원해줄 것을 주장했다(D'Amato and Gerber, 2005). 새로운 입국정책에서는 새로운 경제의 변화된 요구와 이주 통제에 대한 필요성을 동시

3 1957년 3월 25일 조인된 유럽경제공동체(EEC) 설립을 위한 조약으로, 프랑스, 룩셈부르크, 이탈리아, 독일(서독), 벨기에, 네덜란드 등 6개국이 가입하였다. 노동이주에 관해서는 가입국 간 노동과 자본의 자유로운 이동이 가능해졌다. — 역자 주

에 고려해야 했다. 초기의 논의는 약한 통합개념과 이주에 대한 사회적 통제의 필요성이 결합된 논쟁에 많은 영향을 받았다. 이러한 틀 안에서, 다문화주의는 결국 학계에서만 논의되었고, 새로운 패러다임으로 자리매김할 수가 없었다. 동유럽 및 동남아시아에서 온 1960년대, 1970년대의 망명자만 오늘날의 다문화주의와 거의 유사한 관용과 인내를 경험한 반면, 이주노동자는 끊임없이 지배문화의 가치에 스스로 적응해야만 했고, 스스로 할 수 있는 한 최대한 동화되거나 고국으로 돌아가는 것을 선택해야만 했다. 이 글에서는 정책결정과정에 대해 장황한 설명을 하기 전에 우선 스위스에서 일어났던 다문화주의(처음에는 대부분 학술적 사안)와 통합정책에 관한 역동적인 논의를 다루어 보고자 한다.

다문화 스위스에 대한 논의

학술적 논쟁

유럽 대륙에서 다문화주의의 수용은 일종의 인종차별이 제도화되고 규정화된 형태로 해석하는 미국의 보수적인 비판에 영향을 많이 받았다. 나아가, 문화의 개념과 국가와의 관계에 대한 유럽대륙식 이해는 민족성의 형성과 관련되었다. 그러한 관련성은 즉각적으로 소수자의 정당한 정치적 권리와 자치적 삶을 살 가능성에 대한 논쟁을 이끌어낸다. 외국 학자에 의해 종종 다양한 인종집단과의 평화적 공존의 성공적 사례로 그려지는 스위스는 배타적인 인종·문화적 민족국가모델에 대해 도전하는 것처럼 여겨진다(Habermas, 1992). 연방으로서의 스위스는 국가 내에 잠재적인 민족적 긴장에 균형을 유지하게 하는 필요한 모든 도구를 가져야 한다. 이 낙관적인 가정은 다문화주의에 대한 공론을 단지 정착한 소수자만을 대상으로 하는 것으로 오해한 것이다. 대다수 스위스 시민은 이주노동자를 다문화 스위스의 일부에 포함시키지 않는다. 따라서 일부 학자에게는 스위스가 다문화적 민주주의를 실현하는 것과 거리가 있는 것처럼 보인다(Tanner, 1993). 그들은 스위스가 흔히 말하는 문화적 다양성을 추구하기보다는 좀 더 동질적이라는 사실을 강조하였다. 이 동질성은 다른 언어, 종교적 신념, 사고방식, 경제구조를 가진 사람이 공통의 역사 속에, 하나의 지역 안에 나란히 산다는 현실 때문에 생겼다. 보다 보수적인 학자는 스위스에서 문화적 다양성을 가능하게 하는 조건이 속지주의의 원칙과 관련되었다고 지적한다(Linder, 1998; Steinberg, 1996). 이들 학자의 입장에서는, 엄밀한 의미에서 스위스에는 다문화주의가 없다. 왜냐하면, 각 문화집단은 자신의 지역, 즉 자신의 칸톤(州)에서 살기에 서로 다양한 집단이 겹쳐 살며 서로간의 문화적 영향을 받게 되는 것이 방지되기 때문이다.

비록 통합 및 이주 관련 다문화주의(integrative and migration-related multiculturalism)를 옹호하는 사람은 다문화주의라는 용어가 '더 나은' 사회를 위한 이상적인 장려책이 아니라는 사실을 아주 잘 아는데도 불구하고, 이 용어를 사용하면서 이주를 통한 사회변화를 고려하는 것에 보다 현실적으로 접근하기를 기대하였다. 그들은 스위스의 자기이해와 관련하여 억압과 봉쇄를 극복하기 위해 이 용어를 사용했다. 다문화주의는 국가행정력을 재교육하고, 현대사회에서 일반대중이 현실을 충분히 이해하고, 적절히 행동할 수 있도록 하는 지능적이고, 현실성 있는 도구로 간주되었다(Steiner-Khamsi, 1992).

그러나 일부 비판론자는 이러한 의도를 비판했고, 다문화적으로 사회를 인식하는 것은 인종차별의 형태나 인종·민족적 배제(ethno-national exculsion)로 이어질 것이라는 두려움을 표출했다(Brumlik and Leggewie, 1992). 최근에 사망한 과거 스위스 이주 관련 선도연구자였던 한스-요하임 호프만-노보트니(Hans-Joachim Hoffmann-Nowotny)에 의하면, 하나의 문화는 하나의 사회를 지배해야만 한다. 이러한 점에 의하면, 다문화주의 사회는 용어상으로 모순되는 말이다. 그러므로 일반적으로 다문화주의로 이해되는 것은 국가 영역 내에서 '따로 함께 살기'라는 다양한 커뮤니티로서 '하위문화'라고도 불린다. 지역 내에서 이 하위문화에 대한 적극적인 격려는 호프만-노보트니가 문화에 대해 정의한 바와 같이 지속적인 '지식공유(*Wissensbestand*)'를 위태롭게 할 수 있다. 게다가, 새로운 이주민의 구조적 차이를 감내하는 것은 바로 현대사회의 가장 위험한 해악 중의 하나인 인종차별로 이어진다. 게다가 이주민과 지역주민 간의 구조적 차이는 (호프만-노보트니에 따르면 다문화주의자는 문화적 차이라고 강조하는데) 소수자가 활발하게 발생하게 하고, 낡은 정체성의 재평가, 그리고 일부의 경우에는 계층 간 충돌, 민족분쟁으로 이어질 것이다. 호프만-노보트니에 의하면, 스위스의 성공 스토리는 함께 살아가는 다양한 집단 때문이 아니라, 문화적 다양성의 공간적 분리 때문이다. 이러한 문화적 다양성은 스위스의 모든 이에게 필요할 뿐 아니라 칸톤(州)의 영역 안에서 지배적 문화에 완전히 동화된 스위스인 국내 이주자에게도 필요하다.

1990년대의 학문적 논의를 지배한 이러한 스위스의 상황은 '신 이주정책(new Swiss immigration policy)'을 정당화하는 역할을 했다. 호프만-노보트니는 특히 유럽 바깥에서 온 '새로운' 이주민이 문제가 될 것으로 예상하였다. 영국, 프랑스, 네덜란드를 참고한 주장에 따르면, '문화적 격차'는 문제가 있으며, 통합을 방해할 수도 있을 것으로 보았다. 이

주장은 이민에 대한 전략을 변경하고자 하는 스위스 정부의 일반적 정책과 연결되었다. 이러한 1990년대에 행해진 시도는 유럽이라는 거대한 틀 속에서의 스위스 통합이었지만, 대다수의 사람은 회의적으로 평가하였다. 결국 대중의 지지를 얻기 위해, 그리고 유럽으로부터의 이주를 수용하도록 사람들을 설득하기 위해, 소위 '세 개의 원(three circles)' 모델이 제시되었다. 이 개념은 문제를 일으키는 것은 이민자의 '수'가 아니라 그 '문화적 격차'라는 생각에 의거했다. 더 많은 유럽인 이주를 받아들이려고 국민을 설득하고, 그리하여 EU에서 이득을 얻기 위해 스위스 정부는 인구의 이질성을 가능한 한 작게 해야 한다는 주장을 펼쳤다. 정부는 서로 다른 종류의 '원(circle)'을 그리면서, 미래에 이주민이 들어와야만 하는 분야를 정하고 이 분야의 개발을 제한하기로 결정했다. 첫 번째 원은 유럽연합과 유럽자유무역연합(EFTA) 회원국으로부터 온 사람으로, 이들은 스위스 안에서 자유롭게 순환할 수 있어야 한다고 하였다. 미국, 캐나다, 동유럽 국가로 구성되는 '두 번째 원'의 사람과 기타 국가에서 온 사람인 세 번째 원의 사람은 극히 예외적인 경우로 즉, 높은 자격수준 혹은 필요한 자격을 갖추었을 때 스위스에 접근할 수 있다고 규정하였다. '세 개의 원'에 대한 스위스 정부의 제안은 노동력에 대한 경제적 필요와 외국인을 혐오하는 정당의 압력 사이에서 나온 절충이라 할 수 있는데, 호프만-노보트니는 '문화적으로 다른' 국가로부터의 원치 않는 이민을 예방하기 위한 개념으로 스위스의 정치적 풍토에서 '문화적 격차'라는 개념을 소개했다.

이 같은 인식은 당연히 학계와 정치권에서 강한 비난을 받았다. 스위스의 역사와 성공스토리에 대한 호프만-노보트니의 서술은 반역사적이었고, 미국 사회학파처럼 사회를 기능적으로 이해하려는 것이었다. 스위스를 '따로 함께 살기'의 문화권으로 묘사하는 것은 스위스 국가건설

(모든 민족에서 나타나는)에서의 협상에 대한 이해가 거의 없음을 보여준 것이었다. 따라서, 스위스는 결코 성공한 '인종차별국가(아파르트헤이트국가)'로 묘사될 수는 없다. 많은 비평가는 하나의 지역에서 다양한 지식의 축적이 지속되는 것이 왜 문제가 되어야 하는지를 이해할 수 없었다. 문화라고 하는 것이 한 번 확립되었다고 하더라도 항상 동일한 것인가, 형태나 방향이 결코 변화지 않는 것인가? 스티번 캐슬즈(Stephen Castles)가 기술한 바에 따르면(Castles, 1994), 호프만-노보트니는 각 그룹이나 각각의 개인이 서로 경쟁하거나 서로 영향을 미칠 수 있는 문화적 관행이라는 큰 스펙트럼을 가질 수 있다는 사실에 대한 지각이 없었다. 동일한 인구 내에서도 성, 계급, 출신, 연령, 스타일에서 중요한 차이점이 있다. 그러나 태생과는 관계없이 공통의 경험과 합리성에 기반한 '공유된 가치' 역시 존재한다. 현대사회는 차별적이며, 하나의 단일 '문화적 모델'에 일치하도록 강요할 수 없다. 일정한 차이와 비통합은 현대사회에서 늘 지속될 것이다. '문화적 격차' 모델에 대한 학문적·정치적 비판은 1990년대 후반에 스위스 정부의 정책 수정을 이끌어냈다. 그 결과, 세 개의 원이 '유럽'과 '기타 국가'의 '두 개'로 축소되었다.

국제법 분야의 최고 전문가인 베른대학의 발터 캘린(Walter Kälin)은 '문화적 격차'의 중요성에 대한 호프만-노보트니의 입장을 반박하고, 자유주의 국가의 핵심으로서 문화적 다양성에 대해 옹호하는 주장을 펼쳤다(Kälin, 2000). 캘린에 의하면, 자유주의 헌법과 법의 지배에 따라 세워지는 국가는 의무적으로 그들의 자유주의적 정체성을 지키도록 강제된다. 그의 분석은 문화 간 갈등의 다양한 사례를 평가한다. 즉 캘린은 문화적 자유와 권리의 형평성 사이에서 발생하는 긴장을 시작으로 해서, 문화적 갈등(종교, 언어, 또는 민족적 배경과 같은 문화적 매개체에서 야기된 대립)이 서로 관련된 행위자에 의해 어떻게 인식되는지를 해석하면서 이민자를 통합되도록 하는 방법을 찾으려고 노력했다. 헌법에 의해 주어지는 기본 권리는 갈등을 조정하는 구조를 만들어낸다. 규범적으로 이야기하면, 이 권리는 현대사회에서 갈등을 조정하는 데 도움이 되는 원칙을 명시하였다. 이 원칙은 다음과 같다.

• 법의 통치를 근간으로 하는 국가는 각 개인을 민족, 종교, 다른 출신으로부터 동등하게 독립적으로 다루어야 한다(차별금지의 원칙).

• 국가는 '중립'규칙의 적용이 특정 집단의 구성원을 처벌하거나 평가 절하한다면, 문화적인 차이를 수용해야만 한다.

• 국가는 그것이 순기능을 저해하지 않고, 개인의 통합과 제도화에 도움이 된다면, 특정의무를 면제해 줄 수 있다.

• 국가는 중립규칙을 적용해야만 한다. 반면, 결혼과 가족 형성의 자유와 마찬가지로, 종교의 자유, 교육에 대한 부모의 자유를 소수민족에게 보장해야 한다.

• 관용의 한계는 어떤 행동이 국제사법에 의해 금지되었을 때(예를 들면 강제결혼), 성인이 신체적·정신적 보호에 해를 끼치는 관행에 스스로 굴복할 때, 아이들의 행복이 위험에 빠지게 될 때 나타나게 된다.

• 이민국가는 모든 거주자에게 '공공질서(예를 들면 국가의 사법적 질서의 중심가치)'를 적용할 수 있으나, 이의 도입으로 인한 영향을 명심하여야 한다. 이미 차별을 받은 사람이 보다 한계적인 상황에 처하게 될 때에는 특정한 저항이 발생할 수 있다(예를 들면 일부다처제하의 어린이).

캘린에 따르면, 이 원칙은 이민 사회에서 공존을 위한 기본적인 규칙으로 구성되었다. 종종 문화적 합리화가 갈등을 설명하기 위해 고려된다. 그러나 특정 이익, 평등 원칙, 자기 자신의 행복 추구 간의 균형을 찾는 것이 필요하다. 헌법과 국제법에 근거한 원칙은 동화에 대한 요구 없이 사회적 통합을 시행할 수 있어야 한다. 바로 동화는 차이를 만드는 도구이다.

사법부는 학문적으로 알려진 이러한 차이를 인지했고, 연방대법원은 1990년대에 수영 수업에서 그들의 자녀를 면제하기 위한 종교적 소수자의 권리를 인정하는 주목할 만한 선고를 내렸다. 즉각적인 반응으로서, 여론과 중앙의 우익 정책결정자는 이주민에게 문화시민의 권리를 확대하는 데 강한 적대감을 보였다. 공적인 담론에서 외국인으로 가득 차게 되는 것에 대한 두려움이 깊이 뿌리박힌 나라에서는 차이에 대한 인식을 허용하는 정책이 도발로 느껴졌고, 우익 포퓰리즘 정당에게는 자유주의적 사법권에 대항하여 집결하도록 선동하는 붉은 카펫이 되었다. 오늘날까지 '다문화주의' 용어에 대한 적법한 사용의 예는 지금까지 사용한 바에 따르면, 토착 스위스 인구의 언어적 다양성을 가리키는 정도만을 들 수 있다. 이 같은 다문화주의 용어의 제한적 사용과 '통합'이라는 용어에 대한 선호를 이해하기 위해서는, 1960년대 초 이후의 이주에 관한 정책 과정을 간단히 요약하는 것이 중요하다.

통합에 대한 담론

공공 정책 논의

스위스 정부는 1960년대 초 '순환정책'을 중단했을 때, 통합정책만이 그 대안이 될 수 있다고 여겼다. 그러나 그때나 지금이나 시간이 경과함에 따라 통합은 노동시장과 학교, 협회, 노동조합, 동호회, 교회, 이웃에의 참여를 통해, 그리고 다른 정보 네트워크를 통해 자연적으로 일어난다는 믿음이 있다(Niederberger, 2004). 그러나 이주노동자는 이전의 커뮤니티로부터 자발적으로 분리될 것으로 예상된다. '거주 몇 년 후, 그들은 더 이상 동포 관련 커뮤니티에 의존하지 말아야 하며 스위스 국민으로 살기 시작할 것이다(Swiss Department of Economy and Work, 1964).'[4] 1970년대 이후 연방의 주요 통합정책은 이주민의 법적 지위의 개선, 조속한 가족재결합, 보다 안전한 지위를 보장하는 것을 목표로 하였다. 외국인의 통합을 촉진하고, 외국인에 대한 일반 국민의 관심에 대응하기 위하여, 1970년 정부는 '외국인 노동인구에 대한 사회적 문제를 연구하고, 사회적 돌봄, 스위스의 노동 및 생활 조건에의 적응, 동화, 귀화에 관한 특정 문제를 다루는' 외국인 연방위원회(Federal Commission for Foreigners: FCF)를 설립했다(스위스 연방의회, 1970년 11월 18일 의정서; Niederberger, 2004: 81). 이 위원회는 1970년대 이후 외국인과 자국민의 공존을 촉진하였는데, 시당국, 커뮤니티, 칸톤(州), 외국인 조직, 고용주와 고용인, 교회의 협력을 이끌어냈다. FCF는 칸톤(州)과 정부 당국, 이민자 서비스, 자선단체, 경제협회와 같은 이민관련 행위자와 협력하였다. 또한 이민과 관련된 일반적 이슈에 대한 의견과 권고사항을 발표하고, 이주관련 정책으로 간주되는 정치적 논의를 위한 증거를 제공한다.

'망명 신청자의 급격한 증가, 첫 망명법, 이탈리아 방문노동자의 유고슬라비아와 포르투갈에서 온 노동자로의 대체' 등의 1980년대의 이주 혼란 이후인, 1990년대에 통합의 개념이 받아들여졌는데, 왜냐하면 동화라는 은유는 더 이상 충분한 것처럼 여겨지지 않았기 때문이다. 그러나 다문화주의도 입지를 얻을 수는 없었다. 통합의 개념은 특히 도시지역의

4 거주 후 몇 년이 지나면 더 이상 동포 커뮤니티에 의존할 필요가 없지만, 스위스 국가 아래에서 스위스인과 같이 살아야 한다(Schweiz. Bundesamt für Wirtschaft und Arbeit, 1964).

재평가에 대한 1990년대 정치적 논의의 상황에서 구체화되었다. 도시는 지리적 위치를 넘어 국제적 경쟁에서 자리 잡고자 했으며, 그 과정에서 정확히 이민과 관련된 것으로 확인된 사회적 어려움에 직면하게 되었다. 통합에 대한 논의는 도시화 및 도시개발과 더불어 1990년대 중반 이후 연결되었고, 베른, 취리히, 바젤과 같은 도시는 공식적인 통합 가이드라인을 정립하기 시작했다. 통합은 이민에 대한 스위스의 정책을 형성하도록 준비하는 새로운 유행어이면서, 신선하고 강력한 아이디어였다. 일반적인 사회정책의 혼탁함뿐만 아니라, 시대에 뒤떨어진 인도주의적 믿음에 대한 부담을 덜어낼 수 있는 통합은 미래의 이주정책을 설계하는 것에 있어서 예상치 못한 창조적인 요소가 되었다.

이 과정은 몇 년이 걸렸다. 정부의 첫 번째 입법 제안은 모든 주요 정당의 지지를 받았고, 새로운 패러다임이 예상되었지만, 급진적인 우익 정당인 '국민행동(National Action)'이 외국인의 권리 확장에 반대하여, 1982년 투표에서 거부되었다(Niederberger, 2004: 132). 1990년대 초 정부는 '미래에는 이전보다 더 큰 규모에서, 정치의 모든 수준에서 통합을 장려하는 조치가 취해져야 한다'라는 보고서를 발표했다(Schweiz. Bundesrat, 1991). 통합 촉진은 새로운 목표로서 1995~1999년 계획에 포함되었다. 그리고 1996년에 FCF는 통합정책의 개요를 설명하는 보고서를 제출했다(Riedo 1996). 이 보고서는 '다문화주의'라는 용어를 간단하고 회의적으로 언급했는데, 문화적 뿌리는 소외경험을 잘 다루는 데 도움이 될 수 있다고 기술하였다(위의 책, 6쪽). 이민자의 출신지가 다원화되고, 사회적 문제가 증가하는 등의 현상은 다음의 의심스러운 구절을 설명해 줄지도 모른다. '이슬람교도, 터키인, 구 유고슬라비아 출신 국민과 같은 특정 그룹의 사람이 문제가 있는 외국인으로 분류되고, 그로 인해 더 많은 차별과 고립을 겪게 되는 것은 막아야만 한다(Niederberger, 2004: 148).'[5] 그 결과,

1990년대의 경제위기 동안 도시의 강력한 로비활동 후에 스위스 외국인 정책은 정치적, 사회적으로 지속가능한 이민정책을 달성하기 위한 전제 조건으로 외국인의 통합을 고려하는 새로운 현실에 적응하였다. 통합이란 용어에 대한 명확한, 법적 구속력이 있는 정의는 없었다. 통합은 미래 정책에 대한 자유주의적인 해석과 보수주의적인 해석이 모두 가능했다. 자유주의는 주류사회 속으로의 참여를 장려하는 의미로 통합을 이해했다. 이주자는 기꺼이 통합되어야만 하지만 그 가운데 일부는 특정한 도움 또는 장려가 필요한 것으로 간주되었다(Fördern, 지원). 이 같은 통합에 대한 열린 해석은 보수주의적인 해석과는 대조를 보였다. 보수주의적 해석에서는 스위스 정부에 부여된 이주민 환대 권한의 남용에 맞서기 위해 법적·강제적 조치가 필요하다고 강조하였다. 이러한 닫힌 해석은 이민자가 준수해야 하는 일련의 구체적 행동을 요구하였다(Fordern, 요구).

먼저, 바젤(Basel)시의 가이드라인에 포함된 자유주의적 성과로서 보여진(Ehret, 1999), '지원과 요구'의 '새 정책'은 이민자에게 너무 부드러운 지방정부에 대한 대중영합주의자의 비난을 막기 위한 의도였지만, 또한 새로 들어오는 이주민의 잠재력에 의존할 것이 요구된다는 의미였다. 세계인권선언과 스위스헌법에 기초하면, 이주민은 집단의 구성원으로 간주되는 것이 아니라 책임을 질 수 있는 개인으로 간주되어야 한다. 이 새 정책의 시각은 미래지향적이며, 능력을 중시하며, 해방적이며, 동일한 권리와 의무에 기반하여 개인이 진정으로 책임을 지는 것이었다(Kessler, 2005: 110).

5 'Es muss verhindert werden, dass gewisse Gruppen von Menschen, wie etwa die Muslime, die Türken und die Angehörigen aus dem ehemaligen Jugoslawien in die Rolle von Problemausländern gedrängt, dabei noch mehr diskriminiert und isoliert werden.'

이리하여, '통합'은 경제, 사회, 문화생활에 대한 외국인의 참여를 뜻한다. 1999년에 통과된 구외국인 법에서의 통합조항은 보다 주도적인 연방 통합정책을 가능하게 하였고, 또한 FCF의 역할을 강화하였다. 2001년 이후 정부는 언어와 통합강좌, 통합 지도자를 위한 교육을 포함한 통합 프로젝트를 지원하기 위해 연간 1,000~1,200만 스위스 프랑(6~7백만 유로)을 지출했다. 칸톤(州)과 시당국은 통합과 이종문화 간 협력위원회와 사무실을 가졌고, 이곳에서 언어와 통합강좌를 마련했다. 많은 커뮤니티에서 외국인이 교육위원회에 참여했고, 일부 경우, 지방정부에서도 참여했다. 영사관과 지역 교육부의 지원과 함께, 대형 커뮤니티에서는 이주민 자녀를 위한 모국어 강좌와 문화강좌를 제공했다. 교회가 스위스와 외국인구의 공존을 촉진시키는 주요 기관의 하나로 드러나게 되면서, 다른 비정부적 조직도 그 과정에 관심을 가지게 되었다. 이 새로운 의식에 따라 스위스는 처음으로 이주민의 통합에 도움을 주는 이민수용국가로 인식되었다.

1990년대 말에 비해 2000년대 초에는 그 중요성이 통합을 긍정적으로 고무시키는 촉진(Fördern)에 주어진 반면, 공식보고서의 신중한 해석은 강압적인 해석이 항상 존재했다고 지적했다. 사실, '지원과 요구'는 각각이 원하는 대로 통합을 해석하도록 하는 매력적인 함축적 의미를 담았다.

> 이민자의 통합에 대한 책임은 주류사회가 아닌 이민자 스스로의 책임이다. 그렇게 할 준비가 된 사람만이 적절한 기회를 기대할 수 있고, 자신의 개인적 처지를 개선하기 위한 도움을 기대할 수 있다. 통합에 대한 장려는 항상 자립에 도움이 된다(Schweiz. Bundesamt Für Migration, 2006).[6]

6 'Nicht die Aufnahmegesellschaft ist es letztlich, die den Migranten und die

그러나 2003년에 칸톤(州)과 특히 연방정부 수준에서 확립된 정치 체제 대한 급진적 우익 대중주의 경쟁자로 변화한 전(前) 농민당인 스위스국민당(Schweizerische Volkspartei: SVP)은 극적으로 통합에 대한 합의를 변경했다. 카리스마 있는 SVP 위원장 크리스토퍼 블로허(Christoph Blocher)가 새 법무장관으로 임명되면서 이주와 통합에 대한 법안이 2005년 의회 토론 중 거대한 방향전환을 경험했고, 이주민이 스위스에 머무르길 원한다면 제3국 국가가 이행해야 하는 요구사항을 보다 강화했다.

마지막 사항으로, 새 이민법 입법 프로젝트가 크리스토퍼 블로허에 의해 마무리되었으며, 새 이민법은 2006년에 68%라는 다수결에 따라 투표에서 통과(2008년에 발효)되었고, 이주자는 통합을 촉진시켜야 하는 일정한 기준을 충족시켜야만 하는 것이 예정되었다. 영구 거주자와 그 가족은 직업적·사회적 수준에서 통합이 가능한 한 신속히 요구되었다(Efionayi－Mäder *et al.*, 2003). 통합에 실패한 사람은 강제 추방될 수 있었다. 그러나 이 같은 사항은 단지 자격이 미비한 제3국출신에 해당되는 것이었다. 이러한 제한요소는 '질적으로 높은 수준의 이민'이라는 기준에 부합하는 것이다. 교육수준이나 전문자격증은 외국인의 통합을 향상시키는 것으로 이해되며, 실업 시에도 직업적 재통합을 보장하는 것으로 이해된다. 규제는 과거에 범했던 실수를 방지하는 것을 목표로 하는데 예를 들면 임시 노동허가증은 저수준의 계절노동자에게만 허용한다. 뿐만 아니라 통합을 용이하게 하는 데 필요한 모든 노력은 이민자의 의무라는

Migrantin integriert, sondern dies liegt weitgehend in deren eigener Verantwotung. Nur wer dazu bereit ist, soll auch mit entsprechender Chancengleichheit und Verbesserung der persönlichen Lebenssituation rechnen dürfen. Integrationsförderung bleibt somit stets Hilfe zur Selbsthilfe.'

것을 분명하게 보여준다.

가장 최근의 '외국인법(Ausländergesetz)'에 의해 시행된 것처럼, 새 통합 패러다임은 두 가지 요소로 구성되었다. 한편으로, 통합은 이민의 제한과 관계되는 것이며, 다른 한편으로, 통합은 EU/EFTA 시민의 경우 충분히 통합할 수 있는 반면, 제3국 국민은 높은 자격을 갖춘 사람이 아닐 경우 부족함이 있는 것으로 간주된다. 이렇게 가정된 부족함은 이주민의 문화, 종교, 언어에서 혹은 특히 법과 헌법적 권리에 대한 존중과 같이 스위스 사회에 대한 그들의 당연한 의무라고 여겨지는 것을 이주민이 수용하지 않는 데서 발생한다.

FCF가 해산되고 법무경찰부(Federal Department of Police and Justice)로 통폐합되었지만, 원래 이주민 통제를 의미했던 새 접근법은 제외될 수 있었다. 통합을 위한 공공기관을 사회복지 부서와 경찰부서에서 분리하는 일반적 경향은 다른 칸톤(州)에서도 관찰할 수 있다. 그리고 통합이 동화 패러다임을 갖기 이전의 경우와 같이 정치적 이데올로기화와 유동화를 겪는다는 가정도 강조될 수 있다. 통합은 개인의 성취를 지향하는 것으로 강압적으로 이해되었고, 대부분의 경우에 용어의 대안적 이해는 중요성을 잃었다. 다시 말해 통합이 노동과 주택시장에서의 차별, 외국 졸업장의 비승인, 거주권의 성문화, 참여의 장벽과 같은 장애물을 해체하는 것과 관련이 있을 수 있다는 것이 고려되지 않았다. 이러한 형태의 촉진은 단연코 '통합 프로그램'만큼 가격경쟁력이 있지는 않지만, 장려책에 의존하는 자유주의 사회의 개념에 더 부합할 것이다(Wicker, 2009). 새 외국인법이 제3국 국민을 불신하는 것은 잘못된 일이며, 이전 이주자집단의 성공적인 통합과 비교하면 그들의 이주 역사에 대한 반역사적 해석에 근거하는 것이다. 그리고 불신의 메시지가 제2, 3세대 청소년에게 이르면, 역효과를 초래할 수도 있다. 아직도 인상적으로 남는 점은 통합이란 용어가 해방이 포함된 개념에서 현재 강제와 억압이 포함된 것으로 의미적 변화가 일어났다는 점이다.

이익과 적응

앞 장에서 논의한 것처럼 통합은(다문화주의보다는 훨씬) 스위스의 정치적 논쟁의 이슈였다. 이러한 관점에서, 다른 비교연구는 이주정책에 대한 논의에서 이익과 적응(interests and orientations)에 대한 지속적인 연구를 보여주었다(Brubaker, 1992; Hollifield, 1992; Ireland, 1994). 스위스에서는, 이주정책에 대한 논의가 3개의 중요한 이상적이며, 전형적인 논의로 구성되었음을 알 수 있다(Mahnig, 1996을 참고할 것). 이 주장이 순수하게 전달된 것이 거의 없지만, 이 주장은 스위스 이주정책의 논쟁적인 프레임을 형성했다. '자유주의 입장'은 자유시장이 이민규제의 이상적 체제를 대표한다고 주장한다. 이 입장에 따르면 이민은 예방이나 제한이 아니라 자본과 상품의 자유무역과 유사한 방식으로 처리해야 한다. 출입국 관리를 감소시키거나 사업적 수요에 이민율을 맞추려고 하는 것이 아니라면, 모든 형태의 국가 개입은 경제적인 면에서 볼 때 매우 비효율적으로 보인다. 또한 '국제주의자 입장'에서는 국가의 출입국 관리에 대한 비판적 관점을 지지하지만, 지지하는 이유가 좀 다르다. 이 주장은 전 세계적으로 개인을 위한 법적·사회적 평등을 표준화해야 하는 국제적 인권 담론의 확산에 근거한다. 이 관점에서는 이민정책을 부자나 가난한 국가에 관계없이 사회적 보상의 수단으로 간주한다. 마지막으로 '민족주의자 입장'은 이주민에 맞서 스위스의 국가적 이익을 지키려고 시도한다. 이 이익은 한편으로는 경제, 노동시장의 규모(특정 경제분야의 보호, 지역노동자의 선호 등)를 포함하지만 다른 한편으로는 끊임없이 위협받는 것으로 여겨지는 국가정체성을 보호하는 데 목적이 있다. 1990년대 초에 나타난 내부적(종합적인 시민권 개선, 장기적 경제위기), 외부적(냉전종식, 유럽통합과정, 유럽 전반에 걸친 귀화법의 변화) 요인에 따른 일련의 변화는 정부와 정책 결정자로 하여금 '민족주의적인 자유주의'에서 보다 '자유주의적인 국제주의' 입장으로 그 정책 방향을 돌리도록 강요했다(Jacobson, 1996; Soysal, 1994). 유럽연합에의 적응, 이중국적의 수용, 국적법 개정 시도, 인종차별에 대항하여 최근에 만들어진 연방위원회를 통한 문화적 권리의 보호는 새로운 정치 환경에 대한 적응과정의 표시이다. 이민, 국적, 문화적 권리에 관한 명백한 변화는 스위스 정치현장에 늘 참석하는 행위자에게 새로운 도전을 제공하고, 새로운 논쟁의 공간을 개방한다. 우익 대중영합주의 정당에 대해서는 다음 절에서 논의하겠다.

사회적 통합에 대한 이익과 적응의 주장 방식과 특히 그 토론의 결과를 이해하기 위해서는 정책결정과정의 스위스의 제도적 맥락이 고려되어야 한다. 제도적 맥락의 세 영역은 스위스의 연방주의, 협의체민주주의와 직접민주주의이다.

정책결정과정에서의 제도적 맥락

연방주의

앞서 언급했듯이, 국가가 문화적, 종교적 다양성을 수용하는 데 성공한 것은 기본적으로 연방주의의 제도를 통해서이다. 스위스는 23개 칸톤(州)으로 이루어진 연방국가로, 각 칸톤(州)은 교육, 경찰, 조세에 관한 정책과 관련하여 상당한 자치권을 가진다. 이 원칙에 따르면 스위스 의회는 시민을 대표하는 하원(*Nationalrat*)과 칸톤(州)을 대표하는 주의회 즉, 상원(*Ständerat*)의 두 단계로 기능한다. 새로운 법은 양원을 통과해야 하지만 5만 명 이상의 서명이 있는 국민투표에 의해 즉시 거부권이 행사될 수 있다.

이주민의 입국과 통합에 관해서 연방주의는 교육 분야 등 많은 영역에서 중요한 역할을 하며, 전형적인 사례로 이 글에서 제시되었다(종교적 문제 또는 정치적 권리에 대한 탐구도 이러한 목적을 위해 사용되었을 수 있음). 스위스에서 교육제도는 칸톤(州)에 의해 조직되는데, 칸톤(州)은 이주민이 주요 칸톤(州)의 언어와 문화를 채택하기를 원한다. 1970년대 시기 동안 칸톤(州)의 교육제도는 다른 사회적(그리고 문화적) 상황을 수용하는 것에 어려움을 겪었고, 동등한 교육적 기회를 보장할 수 없었다(Schuh, 1987). 연방 교육당국(Schweizerische Erziehungsdirektorenkonferenz: EDK)이 이주민 자녀의 더 나은 통합을 위해 정기적으로 권고사항을 발표함에도 불구하고, 학교차별문제는 교과과정 단계에서 여전히 계속 발생하였다(Schweizerische Konferenz derkantonalen Erziehungsdirektoren, 1972/1976/1982/1985/1991/1993/1995a/1995b/2003). 일부 칸톤(州)은 이주민 자녀에게 많은 지원을 해주고, 지역 학교에 더 많은 자원을 제공하거나, 팀티칭이나 이주배경을 가진 아이의 투입을 선호하는 이(異)문화 간 프로그램을 소개하여 기관의 변화를 유도하는 것과 같은 학교에서의 통합을 촉진한다(Truniger, 2002b). 그러나 모든 칸톤(州)이 이러한 권고를 반드시 시행하는 것은 아니며, 실제는 몇 가지 차별적 관행이 이루어졌다. 대조적인 반응을 보이는 칸톤(州)이 있는데, 언어적·정치적 대립 축과 거의 일치한다. 독일어권 칸톤(州)에서는 일반적으로 이주아동을 위한 특정 기관을 설립하려는 경향을 찾을 수 있다. 주로 독일어권 칸톤(州)에서도 도시칸톤(州)은 제외되는 데 이곳은 인종차별을 하지 않으며, 학교 기관을 지원하는 데 필요한 도구를 가졌다(Truniger, 2002a). 반면, 프랑스어나 이탈리아어권 지역에서는 모든 아이가 주류제도로 통합되었다.

조직적이고 정치적 자치권을 가진 기관과 칸톤(州)의 정당을 허용하기 때문에, 스위스가 수직적 세분화와 수평적 분리로 특징되는 고도로 연방화된 제도적 시스템을 가지게 되었고, 칸톤(州) 수준에 대해 특별한 관심을 가지고 살펴볼 필요가 있다. 선거의 사례에서 볼 수 있듯이, 칸톤(州)은 이주민관련 정치 분야에서 다양한 방식으로 실험하기 위해 그들의 자치권을 사용할 수 있고, 연방 수준의 의사결정에 영향을 미치기 위해 노력한다. 그것의 주체인 '주의회(*Ständerat*, 상원)'는 연방정부당국이 칸톤(州)의 충성을 확보하고, 강력한 칸톤(州)의 정치 사업가가 합의이행을 중지하지 않도록 해야 한다. 따라서 만약 칸톤(州)의 인식이 변하면, 연방에서도 그것에 따라야 한다. 그러나 최근, 전반적인 분위기가 반이민적으로 형성되었을 때에도, 칸톤(州)이 이를 조정할 충분한 여지를 가지며, 이주와 관련된 모든 분야에서 일반적 방법을 함께 사용할 필요가 없다는 것을 자치적 교육시스템의 사례가 명백히 보여주었다.

협의체민주주의와 직접민주주의

스위스 정치시스템의 두 가지 주요 특성이라 할 수 있는, 협의체민주주의와 직접민주주의는 이민문제에 대한 과도한 정치화와 그리고 정치참여를 통한 이주민의 배제에 대한 책임이 있다(Mahnig and Wimmer, 2003). 협의체민주주의는 연방제도에서 다른 (언어적·정치적·종교적) 소수자의 비례대표제, 단순 다수결을 넘어서 정치세력 간의 타협점을 찾는 것 등과 관련이 있다(Linder, 1998). 정부 구성원뿐만 아니라 고위 관리는 그들의 '정당 점유율(magic formula)'과 그들의 언어 및 종교적 출신에 따라 선임된다. 스위스정치는 이 집단 간의 타협을 구축해가는 과정으로 특징지어진다. '협의과정'은 정치적 의사결정에 영향을 미치는 또 다른 중요한 수단이다. 이 절차는 법의 준비단계로, 연방의 법 초안이 수락과 이행의 가능성을 확인하기 위하여 칸톤(州), 정당, 협회, 때로는 스위스 도처의 이해관계에 있는 집단(circles)에 의해 평가되는 단계이다. 그러면 연방내각(Federal Council)은 제안의 주요 핵심을 의회에 전달한다. 연방내각은 협의성과를 감안하여 초안법을 논의한다.

'직접민주주의'는 사회집단에게 국민발안이나 국민투표와 같이 정치과정에 직접 참여할 수 있는 기회를 준다. 이는 연방뿐만 아니라 지역 수준에서도 가동된다. 의회에 투표로 붙여지는 모든 법은 국민투표에 제출될 수 있기 때문에 정치엘리트 내부에 대규모 동맹단체의 지지가 필요하다(Neidhart, 1970). 정치적 시스템의 이러한 두 가지 주요 특징은 이주민정책의 영역에서 이주자문제의 정치문제화와 이주민에 대한 정치참여 배제를 유발한다(Mahnig and Wimmer, 2003). 타협이 이루어져야 하는 협의체민주주의의 긴 의사결정 과정 때문에 이러한 시스템은 이주민문제의 장기화를 초래하였다. 아무래도 정치 분야의 이해가 정당마다 너무 다양해서 쉽게 합의에 도달할 수 없었기 때문이다. 뿐만 아니라 직접 민주주의의 수단이 정치엘리트로 하여금 '과(過)외국인화'라는 개념에 대해 대중영합주의자와 협의할 것을 강요하게 된다. 스위스의 이주민정책은 다양한 행위자가 국가의 경제적 요구를 수용하는 데 동의하도록 허용했었는데, 계속 증가하는 이주자로 인해 스위스가 지나치게 외국인화될 것이라는 급진 우익 대중주의 정당의 주장이 1960년대 이후 대중적 지지를 얻기 시작하였다. 이후 이주민정책은 스위스에서 경쟁적이며 논란이 많은 이슈 중의 하나가 되었다. 직접민주주의라는 도구를 사용하면서, 이러한 외국인혐오 운동은 자유주의 정부의 개혁을 거부하는 데 성공했고, 외국인의 영향력을 제한하는 것을 요구하는 8건의 국민발안과 몇몇 국민투표를 추진하면서 정당을 압박하는 데 성공했다. 비록 이 국민발안이 통과되지는 못했지만, 그들은 스위스 정부가 좀 더 제한적인 입국정책을 채택하도록 촉구하며 이주민문제에 대한 여론과 이주민정책 의제에 지속적으로 영향을 미쳤다(Niederberger, 2004).

가장 최근, 반이주민 의제를 가진 한 정치인은 이민, 통제, 보안, 규제의 비용에 초점을 둔 정치운동을 전개하면서 성공적으로 연방 정부에 진입했다. 우익 대중영합주의 정당인 스위스국민당(SVP)은 2003년과 2007년의 총선에서 하원 사상 최대 지지율을 획득했다. 주요 대표인 크리스토퍼 블로허는 국가정당에 책임을 졌고, 이주민, 유럽, 그가 속한 '정치계층(classe politique)'을 대상으로 캠페인을 시작했다. SVP의 선거 점유율은 11.9%(1991)에서 26.7%(2003)로 증가했고, 2007년의 최종 선거에서 28.9%로 증가했다. 2003년 SVP의 승리는 1959년 이후 주요 4대 정당인 급진자유민주당(Liberal-Radical Party), 사민당(Social-Democratic Party), 기민당(Christian-Democratic Party), 스위스국민당 등에게 연방내각의 7석을 배분하던 전통적 연합 시스템을 뒤엎었다. 선거 후에, SVP는 의회에 한 석 이상(기민당을 대신한)의 연방각료직(장관)과 블로허의 각료 임명을 요구했다. 결국 SVP의 역사적 지도자인 블로허는 이주와 망명 문제를 담당하는 법무경찰부의 장관이 되었다. 정부에서 SVP의 강화된 지위는 거부된 망명자의 재입국과 관련한 불법이민, 밀입국 노동자, 망명법의 남용, 불만족스러운 국제협력에 대한 블로허의 몇 가지 제한적인 제안을 승인하도록 이끌었다(D'Amato and Skenderovic, 2008).

2007년 선거 운동에서 또다시 이주자가 사회적 무질서, 범죄, 청소년 폭력, 복지 남용 등에 대한 책임을 떠안게 되었다. 이주민 범죄자를 강제추방하기 위한 계획 제출과 함께 동반된 포스터에 전 세계적 관심이 집중되었다. 이 포스터는 흰 양이 검은 양을 나라 밖으로 던져버리는 모습을 보여주었다. 뉴욕 타임즈는 '이 캠페인의 숭고한 메시지는 외국인의 유입은 스위스 사회를 어떻게든 오염시키며, 사회복지 시스템을 긴장시키고, 국가정체성을 위협한다는 것'이라고 보도했다(*New York Times*, October 8, 2007). 놀랍게도 캠페인의 마지막은 스위스에서는 일반적이지 않으나 크리스토프 블로허의 모습에 초점이 맞추어졌다. SVP는 의회에서의 큰 지지율을 통해 연방내각에서 그 지위가 강화되기를 원했다. 전략이 가동되었고, SVP는 10월 21일의 선거에서 30% 가까운 지지율을 보여 또 다른 놀라운 성공을 예약하면서 사민당과 급진자유민주당을 2선으로 밀어내렸다. 2003년 이후 연방내각에서 SVP의 강화된 영향력은 정당이 의회에서의 논의를 위한 의제를 설정할 수 있는 윈윈(win-win)의 상황을 만들어냈다. 그리고 만약 SVP가 실패할 경우, SVP는 국민투표를 통해 그들이 반대하는 개혁에 대해 거부권을 행사할 수 있게 되었다. 직접민주주의의 도구는 의회가 견제할 수 없는 방법으로 SVP가 특정 이슈를 강조하는 것을 가능하게 한 것이다. 그러나 정부와 야당 간의 양다리 걸치기가 유권자의 상당수를 차지하는 소수파에 의해 환영받았다고 할지라도, 연방의회는 연방내각의 다른 정당에 한 석의 연방각료 자리도 허락하지 않았던 블로허의 역할에 문제를 제기하며 점차 비난과 반대를 표현하기 시작하였다. 결국, 블로허는 재선에 실패하였고, 연방의회는 2007년 12월 연방내각의 새로운 장관으로 SVP의 온건파 대표자인 에블린 비드머 슐룸프(Evelyn Widmer-Schlumpf)를 선출하였다. 의회는 대중영합주의자, 반의회 전략, 블로허의 개인정당 및 그의 스타일에 대한 반대 입장을 표명한 것이다.

놀랍게도 SVP 지지자가 지난 16년 동안 거의 3배로 증가하였음에도 불구하고, 이주민을 위해 더 많은 기회를 제공하는 것을 반대하는 구성원의 비율은 증가하지 않았다. 더욱이 SVP의 지도자는 1960년대 이후 주민투표에서 외국인혐오증 문제에 대한 지지를 이끌어낼 사회적 동원이 가능하였으나 결과적으로 투표에서는 다른 정당이 선출되었다(Skenderovic and D'Amato, 2008).

정치시스템에 의해 제공되는 직접민주주의의 개입 가능성을 볼 때, 차후에 SVP가 이주민정책을 주요이슈로 이용하여 반대하는 역할을 강화할 것이 명백해 보인다. 왜냐하면 논란이 많은 문제는 의회 단독으로 억제할 수 없기 때문이다. 다른 유럽 국가는 이주민의 정치·사회적 권리를 확장하기 위해 '비공개'로 정책을 채택할 수도 있다(Guiraudon, 2000). 그러나 이것은 스위스에서는 거의 불가능한 일이다. 하지만 완강한 우파전략도 항상 대중의 지지를 얻는 것은 아니다. 우리가 판단하는데 있어 중요한 점은 2008년 6월 1일의 투표에서 SVP가 패배했다는 사실이다. '민주적 귀화(democratic naturalization)'에 대한 이 투표는 스위스 시민권 획득에 대한 법을 국민발안에 의해 폐지하려는 SVP의 의도가 있었다. 심지어 지방자치 당국의 힘을 강화하여 독단적인 결정을 하고자 하였다. 결국, SVP의 실패는 강하고 결의에 찬 정당도 항상 지지를 얻을 수 있는 것이 아니라는 것을 보여주었다. 특히 그들의 주장이 평등과 권리접근을 손상시킬 때 어떠한 정당도 지지를 받지 못한다는 것을 확실히 보여주었다.

결론

그것이 새로워진 다문화주의라 할지라도, 스위스에서 다문화주의에 대한 가능성이 존재하는가? 답은 예, 그리고 아니오이다. 스위스의 정치 상황에서 가장 최근의 변화를 고려한다면, 대답은 아니오이다. 유럽의 주요 우익 대중주의 정당 가운데 하나가 의회에서 상대적 다수를 차지하는데, 이러한 우파정당의 대두는 의회에서 정부의 책임이라는 것과 정부책임이 아니라는 반대의견(부분적으로 '오도하는 다문화정책'에 대한 그들의 사회적 동원에 기인하며, 혹은 이민자를 향한 어떤 형태의 통합적 프로그램에 기인한다) 간의 교환이 있음에도 불구하고, 반시민적인 색채가 짙은 새로운 우익운동의 도래에 해당한다. 그들의 사회적 동원은 외국인에게 문화권과 시민권을 확대하려는 모든 형태에 대한 혐오감에 기인한다. 일반적으로, 서유럽 전역에서 나타난 이와 유사한 운동과 정당의 성공은 자민족중심적 태도의 강조와 안정화로 이어졌고, 새로운 방식으로 현대사회의 화합에 영향을 미치는 잠재적 의식구조를 초래했다. 유럽 전역에 걸쳐 대중주의 정당은 다문화프로그램과 인권담론, 법의 무조건적인 지배에 반대한다는 점을 서로 공유했다. 이는 또한 스위스의 사례이기도 하다. 전략적으로, 대중주의 정당은 보수적이고 실용적인 논쟁을 통해 설득하며, 우리의 인구구성 중에서 확실히 공존할 수 없는 사회적 현실을 인정해야 한다는 의견을 확산시켰다. 그들은 다른 정당이 '참여' 또는 '평등권'과 같은 가치를 여전히 믿고 있는 점을 비난하였다. 그들의 시각에서 보면 그 정당은 국가 내에서 참을 수 없는 상황에 대해 비이성적인 태도를 취하는 것이다. 그들에 의하면, 다문화라고 하는 '엉망'의 상황으로부터 벗어나는 방식은 단지 '진짜 국민'의 이익을 추구하는 '진짜 민주주의자'에 의해 제시될 수 있다. 이들의 정책은 토착인구가 이민사회에 대한 부담으로부터 벗어나도록 해야 한다는 배타적 정체성 정책의 신념에 완벽히 일치한다.

사실, 스위스의 정치적·제도적 구조인 협의체민주주의와 직접민주주의의 절차는 신민족주의 논쟁과 정치적 자주권의 활성화를 지지한다. 그것은 민족주의자라는 의미에 대해 각양각색의 다원적인 사회의 자유주의 개념으로 대항하려는 '다문화주의자'의 능력에 달려있다. 이는 이주민과 관련한 공공기관의 실행을 통해 도움을 받게 될 것이다. 학교교육과 커리큘럼은 비록 다른 맥락에서 다문화주의적으로 이해될 수 있지만, 이미 '인종차별철폐론'이라 불리는 영구적 조치를 채택했다. 일상적인 실행에서 대중의 사회적·민족적 배경이 고려되고, 이주민자녀의 생활에 대한 투자가 확대되었다. 다문화주의자가 그 길의 성공을 보장할지 그렇지 못할지는 여전히 결론지을 수 없는 문제이다. 그렇지만, 중요한 문제는 현실 세계에서 당대의 요구에 대한 적합한 답을 찾는 것이다.

참고문헌

Arlettaz, G. (1985) 'Démographie et identité nationale (1850–1914): la Suisse et "La question des étrangers"', *Etudes et sources*, 11: 83–174.

Bommes, M. (2003) 'The Shrinking Inclusive Capacity of the National Welfare State: International Migration and the Deregulation of Identity Formation', *Comparative Social Research*, 22: 43–67.

Brubaker, R. (1992) *Citizenship and Nationhood in France and Germany*, Cambridge, MA: Harvard University Press.

Brumlik, R. and Leggewie, C. (1992) 'Konturen der Einwan–derungsgesellschaft. Nationale Identität, Multikulturalismus und Civil Sociery', in K.J. Bade (ed.) *Deutsche in Ausland – Fremde in Deutschland*, München: C.H. Beck, pp. 430–41.

Castles, S. (1994) 'Lasociologie et la peur de "cultures incompatibles": commentaires sur Le rapport Hoffmann–Nowotny', in M.–C. Caloz and M. Fontolliet Honoré (eds) *Europe: montrez patte blanche!: les nouvelles frontières du 'laboratoire Schengen'*, Genève: Centre Europe–Tiers Monde, pp. 370–84.

D'Amato, G. and Gerber, B. (eds) (2005) *Herausforderung Integration: Städtische Migrationspolitik in der Schweiz und in Europa*, Zürich: Seismo.

D'Amato, G. and Skenderovic, D. (2008) 'Outsiders Becoming Power Players: Radical Right–Wing populist Parties and Their Impact in Swiss Migration Policy', in M.A. Niggli (ed.) *Right–wing Extremism in Switzerland – An International Comparison*, Baden–Baden: Nomos.

Deutsch, K. W. (1976) *Die Schweiz als ein paradigmatischer Fall politischer Integration*, Bern: Haupt.

Efionayi−Mäder, D., Lavenex, S., Niederberger, M., Wanner, P. and Wichmann, N. (2003) 'Switzerland', in J. Niessen and Y. Schibel (eds) *EU and US Approaches to the Management of Immigration: Comparative Perspectives*, Brussels: Migration Policy Group, pp. 491−519.

Efionayi−Mäder, D., Niederberger, M., Wanner, P. (2005) *Switzerland Faces Common European Challenges*. Online. Available HTTP: http://www.migrationinformation.org/Resources/switzerland.cfm.

Ehrenzeller, B. and Good, P.−L. (2003) *Rechtsgutachten zu Handen des Gemeinderates von Emmen Betreffend das Einbürgerungsverfahren in der Gemeinde Emmen*, University of St Gallen.

Ehret, R. (1999) *Leitbild und Handlungskonzept des Regierungsrates zur Integrationspolitik des Kantons Basel−Stadt*, Basel: Polizei−und Militärdepartement des Kantons Basel−Stadt.

Garrido, A. (1990) 'Les années vingt et la première initiative xénophobe en Suisse', in H.U. Jost (ed.) *Racisme et xénophobies: colloque à l'Université de Lausanne, 24−25 novembre 1988*, Lausanne: Université de Lausanne, Section d'histoire, pp. 37−45.

Guiraudon, V. (2000) *Les politiques d'immigration en Europe: Allemagne, France, Pays−Bas*, Paris: L'Harmattan.

Habermas, J. (1992) *Faktizität und Geltung. Beiträge zur Diskurstheorie des Rechts und des demokratischen Rechtsstaats*, Frankfurt a. Main: Suhrkamp.

Hollifield, J. F. (1992) *Immigrants, Markets, and States the Political Economy of Postwar Europe*, Cambridge, MA: Harvard University Press.

Holmes, M. (1988) *Forgotten Migrants: Foreign Workers in Switzerland before World War I*, Rutherford: Fairleigh Dickinson University Press.

Ireland, P. R. (1994) *The Policy Challenge of Ethnic Diversity: Immigrant*

Politics in France and Switzerland, Cambridge MA: Harvard University Press.

Jacobson, D. (1996) Rights across Borders Immigration and the Decline of Citizenship, Baltimore: Johns Hopkins University Press.

Kälin, W. (2000) *Grundrechte im Kulturkonflikt: Freiheit und Gleichheit in der Einwanderungsgesellschaft*, Zürich: NZZ Verlag.

Katzenstein, P. J. (1987) *Corporatism and Change Austria, Switzerland and the Politics of Industry*, Ithaca: Cornell University Press.

Kessler, T. (2005) 'Das Integrationsleitbild des Kantons Basel—Stadt', in G. D'Amato and B. Gerber (eds) *Herausforderung Integration. Städtische Migrationspolitik in der Schweiz und in Europa*, Zürich: Seismo, pp. 104—11.

Kohler, G. (1994) 'Demokratie, Integration, Gemeinschaft: Thesen im Vorfeld einer Einwanderungsgesetzdiskussion', in *Migration: und wo bleibt das Ethische?* Zürich: Schweizerischer Arbeitskreis für ethische Forschung, pp. 17—34.

Leuthold, R. and Aeberhard C. (2002) 'Der Fall Emmen', *Das Magazin*, 20: 18—31.

Linder, W. (1998) *Swiss Democracy: Possible Solutions to Conflict in Multicultural Societies*, Houndmills: Macmillan Press.

Mahnig, H. (1996) *Das migrationspolitische Feld der Schweiz: eine politikwissenschaftliche Analyse der Vernehmlassung zum Arbenzbericht*, Neuchâtel: Forum suisse pour l'étude des migrations.

Mahnig, H. and Piguet, E. (2003) 'La politique suisse d'immigration de 1948 à 1988: évolution et effets', in H.—R. Wicker, R. Fibbi and W. haug (eds) *Les migrations et la Suisse: résultats du programme national de recherche 'Migrations et relations interculturelles'*, Zurich: Seismo, pp. 63—103.

Mahnig, H. and Wimmer, A. (2003) 'Integration without immigrant Policy: the Case of Switzerland', in F. Heckmann and D. Schnapper (eds) *The Integration of Immigrants in European Societies: National Differences and Trends of Convergence*, Stuttgart: Lucius & Lucius, pp. 135–64.

Neidhart, L. (1970) *Plebiszit und pluralitäre Demokratie. Eine Analyse der Funktion des schweizerischen Gesetzesreferendums*, Bern: Francke.

Niederberger, J. M. (2004) *Ausgrenzen, Assimilieren, Integrieren: die Entwicklung einer schweizerischen Integrationspolitik*, Zürich: Seismo.

Riedo, R. (1996) *Umrisse zu einem Integrationskonzept*, Bern: Eidgenössische Ausländerkommission.

Romano, G. (1996) 'Zeit der Krise – Krise der Zeit: Identität, Überfremdung und verschlüsselte Zeitstrukturen', in A. Ernst and E. Wigger (eds) *Die neue Schweiz? eine Gesellschaft zwischen Integration und polarisierung (1910–1930)*, Zürich: Chronos, pp. 41–77.

Schnapper, D. (1997) 'Citoyenneté et reconnaissance des hommes et des cultures', in J. Hainard and R. Kaehr (eds) *Dire les autres: réflexions et pratiques etpratiques ethnologiques: textes offerts á pierre Centlivres*, Lausanne: Payot, p. 377 p.: ill.; 8.

Schuh, S. (1987) 'Luciano und die Höhle der Elefanten – Selektionsdruck im Spannungsfeld zwischen zwei Welten', in A. Gretler, A.–N. Perret–Clermont and Edo Poglia (eds) *Fremde Heimat: Soziokulturelle und sprachliche Probleme von fremdarbeiterkindern*, Cousset: Delval, pp. 223–39.

Schweiz. Bundesamt für Wirtschaft und Arbeit (1964) *Das Problem der ausländischen Arbeitskräfte: Bericht der Studienkommission für das Problem der ausländischen Arbeitskräfte*, Bern: Eidgenössische Drucksachen–und Materialzentrale.

Schweizerische Konferenz der kantonalen Erziehungsdirektoren (1972)

Grundsätze zur Schulung der Gastarbeiterkinder, vom 2. November 1972, Bern: Schweizerische Konferenz der kantonalen Erziehungsdirektoren.

—— (1976) *Grundsätze zur Schulung der Gastarbeiterkinder: Ergänzung vom 14. Mai 1976*, Bern: Schweizerische Konferenz der kantonalen Erziehungsdirektoren.

—— (1982) *Ausländerkinder in unseren Schulen: nach wie vor ein Problem?* Genf: Sekretariat EDK.

—— (1985) *Empfehlungen zur Schulung der fremdsprachigen Kinder, vom 24. Oktober 1985*, Bern: Schweizerische Konferenz der kantonalen Erziehungsdirektoren.

—— (1991) Empfehlungen zur *Schulung der fremdsprachigen Kinder, vom 24./25. Oktober 1991*, Bern: Schweizerische Konferenz der kantonalen Erziehungsdirektoren.

—— (1993) *Interkulturelle Pädagogik in der Schweiz: Sonderfall oder Schulalltag? Zusammenstellung der Tagungsbeiträge: EDK–Convegno, Emmetten, 1992*, Bern: EDK, Schweizerische Konferenz der kantonalen Erziehungsdirektoren.

—— (1995a) *Empfehlungen und Beschlüsse*, Bern: Schweizerische Konferenz der kantonalen Erziehungsdirektoren (EDK).

—— (1995b) *Erklärung zur Förderung des zweisprachigen Unterrichts in der Schweiz, vom 2. März 1995*, Bern: Schweizerische Konferenz der kantonalen Erziehungsdirektoren.

—— (2003) *Aktionsplan 'PISA 2000' – Folgemassnahmen*, Bern: Schweizerische Konferenz der kantonalen Erziehungsdirektoren.

Skenderovic, D. and D'Amato, G (2008) *Mit dem Fremden politisieren. Rechtspopulistische Parteien und Migrationspolitik in der Schweiz seit den 1960er Jahren*, Zürich: Chronos.

Soysal, Y. N. (1994) *Limits of Ccitizenship: Migrants and Postnational Membership in Europe*, Chicago: University of Chicago Press.

Steinberg, J. (1996) *Why Switzerland?*, Cambridge: Cambridge University Press.

Steiner–Khamsi, G. (1992) *Multikulturelle Bildungspolitik in der Postmodern*, Opladen: Leske + Budrich.

Tanner, J. (1993) 'Multikulturelle Gesellschaft – eine Alternative zur "nationalen Identität"?', *Friconomy. Zeitschrift der Wirtschaftsstudenten der Universität Freiburg*, 2: 16–20.

—— (1998) 'Nationalmythos, Überfremdungsängste und Minderheitenpolitik in der Schweiz', in S. Prodolliet (ed.) *Blickwechsel: die multikulturelle Schweiz an der Schwelle zum 21. Jahrhundert*, Luzern: Caritas–Verlag, pp. 83–94.

Truniger, M. (2002a) *Qualität in multikulturellen Schulen, QUIMS: Schussbericht der Projektleitung über die zweite Phase (1999 bis 2001)*, Zürich: Erziehungsdirektion.

—— (2002b) *Schulung der fremdprachigen Kinder und interkulturelle Pädagogik: Überprüfung der Umsetzung der Empfehlungen (Schuljahre 1999/2000 und 2000/01): Bericht zuhanden des Bildungsrats*, Zürich: Erziehungsdirektion.

Wicker, H.–R. (2009) 'Die neue schweizerische Integrationspolitik', in E. Piñero, I. Bopp and G. Kreis (eds) *Fördern und fordern im Fokus. Leerstellen des scheizerischen Integrationsdiskurses*, Zürich: Seismo.

제 8 장

독일, 자각적 '이민국가'의 통합정책과 다원주의

카렌 쇤밸더

서론

오늘날 독일에서 다문화주의라는 용어의 지위는 매우 낮아졌다. 정치가는 다문화주의에 대해 언급하지 않으려 하거나 자신은 '다문화의 환상'과 거리가 있음을 강조하려고 한다. 스스로 다문화정책과 관련되었다고 인정하는 공인은 거의 찾아보기 힘들다. '다문화주의'라는 용어는 오늘날 독일사회가 직면한 많은 문제를 야기한 좌익 자유주의의 환상 및 병폐와 동의어로, 또한 과거의 부정적 이미지를 나타내는 것으로 여겨지면서 거의 배타시된다.

물론, 독일이 다문화주의와 관련된 공식 정책, 혹은 중요 패러다임을 포기한 것은 아니다. 그러한 공식 정책은 최소한 연방정부 차원에서는 존재한 바 없다. 독일에서 다문화주의에 대한 태도는 미래 발전을 결정짓는 정치적·인지적 틀의 일부로서 중요하다. 이러한 틀은 과거 몇 년 동안 중요한 변화를 보였다. 과거의 경우 다문화주의에 대해 찬성하는가, 반대하는가의 문제는 독일이 이민사회로 전환하는 것을 환영하는 사람과 저항하는 사람으로 구분하는 기준이 되었다. 오늘날 이러한 낡은 구분 기준은 마지막 주요 정치세력인 기독민주연합(Christian Democratic Union: CDU)이 이주민 사회를 점진적으로 수용하는 방향으로 나아가면서 대부분 사라졌다. 기독민주연합 소속 통합장관인 마리아 뵈머(Maria Böhmer)는 보수성향의 앙겔라 메르켈(Angela Merkel) 정부의 공식성명에서 드러난 전형적인 입장에 대하여, 독일이 비록 정통 이민사회는 아니지만 인구 중 140만 명이 이주민이라는 현실에 대처해야 한다고 밝혔다(Böhmer, 2005). 오랫동안 고대했었던 시민법 개정을 추진한 것은 사민당과 녹색당이 정권을 잡았을 때였던 반면, 보수 정치인은 종교의 다원화와 이주민 통합이라는 매우 중요한 문제에 대해 상징적으로나마 용인하는 방향으로 나아갔다. 최초로 공식적인 이슬람 회의를 개최한 것은 내무장관 쇼이블레(Schäuble)였고, 2006년 7월 연방정부의 첫 통합정상회담을 주최한 이는 메르켈 총리였다. 오늘날, 독일이 이민국가인가에 대한 오랜 논쟁은 해결된 듯 보이며, 독일사회 이주민과 그 후손의 지위를 향상시키기 위한 건설적인 노력이 이어질 것으로 보인다. 독일 국민은 이제 어떠한 이민사회의 미래를 만들어가야 할지, 그리고 이주민 문화, 언어, 종교의 발전을 위해 어떠한 공간이 허용되어야 하는지 결정해야 한다. 그러나 과거 이주의 사실, 그리고 독일 인구 구성의 다양화와 경험은 지금 수용되는 반면, 문화다양성과 소수자가 단체를 구성하여 공적 대표성을 갖는 것에 관한 긍정적인 시각은 별로 나타나지 않는다. 독일 스스로 이민국가라고 인정은 하면서도 소수자의 권리나 정체성을 적극적으로 알려 나가는 것에 대해 그다지 우호적이지 않은 분위기이다.

이 글에서는 우선 지난 십여 년간의 정책 변화를 매우 구체적으로 분석하고자 한다. 그리고 대중의 태도를 중심으로 다문화의 지위가 취약한 이유를 밝힐 것이다. 다음으로 정부 정책이 전통적으로 이주에 대해 적대적이었고, 구조적 다양성에 여전히 적대적임에도 불구하고, 독일에는 다문화적 정책요소가 존재한다는 사실에 주목한다. 필자는 명확히 드러나는 다원주의 정책의 발전, 그리고 소수자의 공적인 인정에 관한 향후 전망에 대해 논의하면서 이 글을 마칠 것이다.

정치적 재정립: 자각적 이민국가 독일, 그리고 통합 과제

새로운 시민권법(2000년 이후 시행) 및 이민법(2005년 이후 시행)으로 특징지어지는 과거의 정책 재정립은 총 3개의 정부에 걸쳐 점진적으로 진행된 정책 변화의 일부로 여겨질 수 있다(Schönwälder, 2004/2006). 이러한 변화의 핵심은 과거 이주과정이 노동고용에 의해 초래되었다는 사실을 수정하려는 시도를 없애고, 과거의 이주를 사실로 받아들이는 것이다. 1973년에 고용금지로 시작된, 모국으로 돌아가는 이주민에게 재정적 인센티브를 제공했던 이전의 정책은, 원래 방문노동자로 왔다가 아예 정착해버리는 것을 막고, 영주권자를 최소한으로 유지하려는 목적에 따라 상당 기간 동안 집행되었다. 그러나 1990년경 이 정책은 폐기되었다. 보수주의자 헬무트 콜 총리(Chancellor Helmut Kohl) 집권 시기 시민권법의 조심스런 변화는 방문노동자를 독일 국민으로 공식적으로 수용한 첫 번째 행보였다.[1] 아울러 다른 조치들 가운데 망명권에 대한 엄격한 제한으로 새로운 이주는 예방될 수 있었다. 이러한 정책 변화는 사민당과 녹색당의 연합정부(1998년 탄생) 집권기에 더욱 추진되어, 속지주의 시민권 원칙이 도입되었고, 독일의 국경이 새로운 이민자에게 개방되었다.[2] 2005년에 결성된 보수파 주도의 대연합이 이런 정책을 유지했다는 사실은 보수주의자가 최소한 과거 그들이 고수했던 이민 반대 입장을 폐기했다는 것을 나타낸다.[3] 그러나, 독일 시민권 취득에 더욱 엄격한 조건이 수반되는 것에 관해 갈등이 지속되었다. 어떠한 새로운 시민이 가치 있는지 혹은 환영받지 못하는지에 관한 새로운 제약 및 논쟁의 상징적 효과는 이주민의 귀화율을 증가시키려는 의도를 저해하고, 그들이 독일 사회에 완전히 편입되는 것을 방해할 위험이 있었다.

정책 변화의 한 양상으로, 영구 이주민의 독일사회로의 완전한 통합을 촉진하기 위해 중대한 노력이 필요하다는 정치적 공감대가 과거 몇 년에 걸쳐 형성되었다. 정부는 통합을 향후 정치의 핵심 주제로 선언하였고, 외국인업무위원을 이주민 통합의 책임을 맡는 수상부의 장관급(Staatsminster)으로 승격시켜 이 문제의 중요성을 강조하였다. 이따금씩, 변화하는 현실에 대한 적응과정으로 보수적 정책의 수정이 이루어졌기 때문에, 실제 변화의 정도를 분명하게 반영하지는 못하였다. 쇼이블레 내무장관은 "이주는 더 이상 우리에게 문제가 아니다. 우리에게 있어 문제는 통합이다"라고 주장했다(Schäuble, 2006a). 이러한 관점에 따르면, 끊

1 1990년, 1993년 두 번에 걸쳐 16~23세 어린 나이의 이민자와, 15년 이상 독일에서 거주한 사람을 위한 귀화서류를 간소하게 개혁하였다.

2 정부가 임명한 위원단은 점수제의 도입을 추천했다. 길고 힘겨운 토론 후 국회의원 대부분은 제안에 찬성하지 않았다.

3 하지만 독일당국은 거주권을 자주 빼앗기고, 소위 '안전한 고국'으로 돌아가라는 요구를 받았던 난민의 정착과정을 바꾸려고 적극 노력했다.

임없이 이어지는 난민을 쫓아내고, 다른 나라에 있던 독일민족의 이주를 통제하는 데 모든 노력을 기울인 시기는 끝났다.[4] 이제는 영주 이주민을 사회로 통합시키는 문제에 주의를 기울일 수 있게 되었다. 쇼이블레와 국가통합장관 뵈머(Böhmer, 2005)는 이주정책에서 통합정책으로의 패러다임 변화를 선언하였다. 하지만 '통합'이란 무엇을 뜻하는 것인가? 이 개념은 얼마나 동화주의적인가? 또한 인종적 다원성은 얼마만큼 허용되어야 하는 것인가?

현재의 통합 개념이 오로지 문화적 동화만을 목적으로 한다고 말한다면 이는 너무도 단순하게 본 것이다. 그보다는 사회·경제적, 그리고 문화적 측면 모두에서 통합이 고려되어야 한다. 이주민 개인의 비참한 교육적 상황 및 노동시장 실태[5]는 많이 논의되었던 주제다. 그리고 참여를 위한 더 좋은 기회를 창출해 내는 것(Teilhabechancen)이 정치적 목표로 선언되었다. 그러나 통합과 기회의 평등이 모든 사람에게 약속될 수는 없다. 이주민 집단 중 일부만이 통합될 것이며, 기회는 균등하지 않을 것이다. 게다가 문화적인 동화, 정체성의 동화가 강조되었으며 제재, 압력 그리고 선택과 같은 주제의 논의는 계속해서 되풀이되었다.[6]

사회통합을 설명하는 정부 웹사이트에는 독일에 영주하고자 하는

4 실제로 2005년의 경우, 순수 이주민만 96,000명에 달했다.

5 외국 시민권자를 일컫는 공식용어 – 적어도 공식적인 자리에서는 – 는 'Ausländer'로 대부분 대체되었다. 이주민 출신에 대한 정의는 다양하다. 가장 최근의 표본 조사에서 연방통계국은 최소한 부모 중 한 사람만 요건이 충족되는 사람뿐 아니라, 외국 시민권자, 귀화시민, 그리고 독일 이주민(*spatäussiedler*)도 포함시켰다. 여기에 해당하는 사람은 1억 5,300만 명이다. 영국 통계에서 사용되는 민족성 개념을 독일 통계에서는 사용하지 않는다.

6 통합의무를 지지 않거나 자신의 자녀가 독일인처럼 사는 것을 허용하지 않는 부모는 독일에 잘못 자리 잡은 것이라고 내무장관이 지적한 바 있다(Schäuble, 2006b).

개인이 먼저 독일어를 배워야 하며, 특정 요건을 충족시켜야 한다고 강조하였다. 다른 한편, 독일 사회는 영구적 이주자에게 '가능하다면' 동등한 기반에서 사회적·정치적·경제적 생활에 참여할 기회를 폭넓게 부여해야 한다.[7] 인정받고자 하는 집단적 권리 및 입법화 주장은 이 개념에서 나타나지 않는다. 이와 반대로 그 어떤 사회도 '문화적 차이에 기반한 내부 분열'을 용인할 수 없다는 주장은 다문화주의에 대한 반대로 이해될 것이다.[8]

핵심적 헌법 가치 및 독일 문화가 이주민에게 수용돼야 한다는 요구 외에도, 상호교환 및 공생, 그리고 독일어 주도의 소통이 강조되는 것은 통합에 대한 현 정부의 성명에서 나타나는 전형적 모습이다. 내무장관은 성공적인 통합과정을 위한 기준이 무언지를 질문받았을 때 다음과 같이 답했다. "우리의 가치와 원칙이 수용되고 존중받아야 합니다." 또한 여성의 권리, 언론의 자유 및 폭력의 자제도 언급하였다(Schäuble, 2006b). 통합장관 뵈머는 이주민이 어떻게 확고하게 독일사회에 '뿌리내릴 수 있을지'를 설명하기 위하여 "그들은 우리의 언어를 사용하고 역사를 공부하며, 우리의 가치와 법을 수용해야 한다"고 말했다. 공식(통합 및 일반사회) 정책의 핵심 원칙을 묘사하는 데 종종 사용되는 'fordern und fördern

7 정부 웹사이트 www.zuwanderung.de에는 통합에 대해 다음과 같이 설명해놓았다: 'Zuwnanderern soll eine umffassende, möglicht gleichberechtigte Teilhabe inallen gesellschaftlichen Bereichen ermöglicht werden. Zuwanderer haben die Pflicht, die deutsche Sprache zu erlernen sowie die Verfassung und die Gesetze zu kennen, zu respekiteren und zu beflogen('이주자는 사회의 모든 영역에서 포괄적인, 그리고 가능하다면 동등한 참여를 보장받는다. 이주자는 독일어를 배워야 하고, 헌법과 법을 알고, 존중하고, 따라야 할 의무가 있다').

8 2007년 1월 웹사이트의 문구는 더욱 짧아졌고 더 이상 그 성명을 싣지 않았다. 원래 이렇게 쓰여 있었다. 'Einen inneren Separatimus, der auf kulturellen Trennungen beruht hält eine Gesellschaft nicht aus' (www.zuwanderung.de, 2006년 6월 29일).

(요구와 지원)'이라는 슬로건은, 이주민이 도움을 받되, 그 반대급부로 협력할 의사가 있음을 입증하도록 하고, 고용에 필요한 조건을 취득하도록 끊임없이 요구하는 것을 정당하게 만든다. 인종 간 상호접촉, 독일어 능력 및 교육적 성취의 부족에 대해 주로 비난받는 것은 바로 이주민이라고 흔히, 그리고 다소 분명하게 알려졌다. 이주민이 공동체에서 이탈하여 거리를 두며, 독일사회에 성공적으로 통합되기 위해 필요한 노력을 기울이지 않는다고 비난받는 것이다. 다문화주의는 소수자 문화로 후퇴하는 것을 정당화하는 개념이며, 그리고 사회적·문화적 분리뿐만 아니라 비통합에 대해서도 무관심한 정책이라고 조롱받았다.9

오늘날 보수 정치인은 통합에 대한 논쟁의 분위기를 형성해 나가는 것 같다. 하지만 어떠한 공적 논쟁의 틀을 논하든 간에 당연히 다른 주체를 포함시켜야 한다. 사민당(SPD)은 민족다원주의 정책에 대해 결코 명확한 의사를 밝히지 않았다. 2006년 최고협의회(Präsidium)가 승인한 SPD 정책보고서는 '다문화적 환상'뿐만 아니라, 우파 포퓰리즘과도 공식적으로 동일한 거리를 두는 입장을 채택한 것으로 나타났다(SPD, 2006a/2006b). '공정한 기회, 명확한 규칙'은 권리와 의무에 대한 요구와 지원의 수사를 반복하는 그들의 표어이다. 이주민은 통합을 위해 더욱 노력해야 하고, 헌법에 대한 지지를 더욱 명확히 표명하도록 강요받는다. 동시에, 표어적 표현은 문화다양성의 가치를 강조하는 문구를 종종 포함한다. 그러므로 연방의회 내 사회민주당원은 다른 지역에서 온 사람의 '다른 세상, 가치, 전통'이 독일사회를 형성하는 데 기여했음을 강조했었다. 함께 산다는 것은 이러한 문화다양성의 상호인정을 필요로 한다는 것이다

9 사민당 소속 전임 내무장관 쉴리(Schily)는 'Multijulti-Seligkeit(다문화라는 공상의 세계)'라고 언급했다(Die Welt, 2004). 새로운 사회통합 장관은 이제 안일함과 무관심의 시대는 끝났다고 선언했다(Böhmer, 2006).

(SPD－Bundestagsfraktion, 2006).[10] 보다 광범위한 청중에게 전달되는 문서나 연설은 이주민에게 그들의 의무 및 관용의 한계에 대한 범위를 상기시키는 데 중점을 두었다. 따라서 당시 수상이었던 게르하르트 슈뢰더(Gerhard Schröder, 2004)는 "우리 사회 내 문화의 다양성은 (다양성의 한계를 정의하면서 단지 지속될 뿐) 돌이킬 수 없는 사실이다"라고 언급했다. "그러나 그 어떤 문화도 사회구조에서 없어질 수 없다." 요컨대, 사민당원은 다양성의 가치를 보수주의자보다 더욱 강조하고 싶어 한다. 그러나 그들의 입장은 상당히 중첩되어 있으며, 가끔 사민당은 외국인혐오증을 가진 유권자를 기민당원보다도 더욱 두려워하는 것처럼 보인다.

한때 다문화주의의 주요한 대변인이었던 녹색당은 요즘 더욱 조심스러운 접근을 선호한다. 대중매체에 등장한 의회 내 녹색당의원의 새로운 정책보고서는 과거의 입장에서 후퇴한 것으로 일반적으로 해석된다. 비록 '다문화주의적'이라는 용어가 15페이지짜리 정책보고서에서 단 한 번 등장함에도 불구하고 녹색당은 여전히 이민으로부터의 이득과 다원성의 긍정적 가치를 강조하는 편이다(Bündnis 90/Die Grünen, 2006). 그렇지만 소수집단 문화의 적극적인 장려, 집단의 대표성 등에 대한 요구뿐만 아니라 차별 및 인종주의에 대한 공격적 입장 또한 명확히 후퇴되었다. 대신 녹색당 정치인은 이제 이주민 스스로가 더 많은 요구를 통해 주류사회에 편입되게끔 해야 한다고 강조한다.[11]

10 구체적인 조치는 대중매체, 이중 언어 및 교차 문화적 교육에서의 다양성 대표, 그리고 이주민 조직을 지방 네트워크에 통합시키는 것 등을 포함한다. 이와 유사하게, 2001년 연방의회 내 SPD 의회파는 문화적 차이를 수용하고 공적생활에서 소수자 문화의 대의권을 보장할 필요성이 있다고 강조했다.

11 그 예로 에크하르트(Kartin Göring－Eckart, 2006)의 발언을 참고할 것. 의회 구성원이자 녹색당의 전임 대변인이었던 그녀는, 미래는 다양성이 인정되어야 하며 그러한 약속이 가능해야 한다는 원칙에 따라 민주주의를 만들어가는 것이 자신의 주된 임무라

그럼에도 불구하고, 다양성의 가치를 지켜야 한다는 목소리는 가끔 분명하게도 다문화주의의 주도하에 여전히 정치적인 논쟁의 대상이다. 사민당과 녹색당은 다원적 사회의 가치를 위해 기꺼이 노력하지 않았다는 비판을 받았다(Tagesspiegel, 11 July 2006; contributions in 'Dossier Multikulturalismus'). 터키계 독일인 단체의 산하단체인 독일의 '터키인공동체(Türkische Gemeinde)'는 최근 한 정책보고서를 출판하였는데 이 보고서는 '다문화 사회'를 위하여 다수의 문화를 포괄하는 정책을 요구하며, 그리고 학교 커리큘럼과 대중매체에서 소수자의 대표권을 인정하는 것에서부터, 소수자 집단을 인구의 공식 대표자로 인정하는 것에 이르기까지 많은 전통적 요구사항을 포함하였다(tgd, 2006). 통합 및 이주를 담당하는 베를린 상원 국장은 다문화주의가 적당하게 정의되기만 한다면, 독일사회의 다양성이 미래의 잠재력을 나타내는 데 유용한 개념이라고 주장한 바 있다(Piening, 2006). 베를린 정부의 사회통합 개념은 다양성의 장려를 전파하는 것이다(Senat Berlin, 2005).

그럼에도 불구하고 사회통합은 대체적으로 이주민의 의무, 그리고 주류문화 및 가치로의 적응과 긴밀하게 연결되어 있다. 후자는 단순히 획일성에 대한 소망에 관련된 것이 아니라 개선된 기회를 위한 전제조건으로 여겨지기도 한다. 그리고 여전히 적응은 시대적 요구이다.

고 믿었다. 동시에 그녀는 이주민에게 통합을 준비하고 독일어를 배울 준비를 하라고 요청하는 것이 옳고 필요한 것이라고 생각했다.

민족적 다양성에 대한 여론

정치적 논쟁은 여론을 얼마나 반영하며, 독일 사람들은 다양성 정책에 대해 얼마나 강력히 저항하는가? 여론은 민족적 다양성에 대해 최소한 열광적이지는 않다. 문화다양성에 대한 태도에 관해서는 여론조사가 많이 이루어졌다. 그러나 이 조사가 구체적이고 장기적인 발전상을 제공하는 것은 아니며, 이 조사 중 일부만이 국제적 비교 작업에 활용된다. 그럼에도 불구하고, 이주자가 독일 방식에 적응해야 한다는 요구는 강한 지지를 받으며, 독일인은 다른 몇몇(전부는 아니지만) 유럽 이웃국가에 비해 민족적 다양성이 가져다줄 혜택에 대해 평균적으로 다소 회의적이라고 말할 수 있다.

정기적으로 시행되는 ALLBUS－여론조사에서, 독일에 사는 외국인이 자신의 생활방식을 독일인의 생활방식으로 조금 더 맞추어야 한다는 의견에 대한 찬반 여부를 참가자에게 물었다. 이 질문에 대해서는 1980년대 이래로 대부분 높은 찬성률이 나타났다. 더욱이, 1994～2002년 사이에 찬성 비율은 약 50%에서 70%로(심지어 2002년의 경우 녹색당 지지자의 46%가 찬성하였다) 상승하였고, 2006년에는 79%까지 올랐다. 문화와 생활방식을 수정하라는 요구가 최근 매우 보편적인 것이 되었음을 분명히 나타내는 것이다. 그러나 기타 명백히 차별적인 지위에 대한 지지도는 시간이 갈수록 낮아졌다(Datenreport, 2004: 584～589; GESIS, 2007).[12]

12 외국인은 어떠한 정치적 활동에도 참여할 수 없으며 또한 직업이 만료되면 고향으로 돌려보내져야 한다는 의견에 동의하는지 여부를 사람들에게 물어보았었다. 대부분의 사람은 두 가지 모두에 반대하는 입장이었다.

유로바로미터 조사에 따르면 다문화주의에 대한 저항은 독일에서 비교적 높게 나타난다(그리스가 더 높고, 벨기에와는 비슷한 수준이다). 그런데 몇 년 전만 하더라도 독일인의 대부분은 다양성에 대해 일반적으로 긍정적인 견해를 가졌다. 1997년 독일인의 55%는 '어떤 사회이든 다양한 인종, 종교와 문화를 가진 사람으로 구성되는 것이 좋다'는 문항에 대해 '동의하는 편이다'라고 응답했으며, 2000년에도 53%는 여전히 이러한 입장을 고수했다(SORA, 2001: 55; 영국에서는 1997년과 2000년이 각각 75%, 67%였고, 네덜란드에서는 각각 76%, 74%였다).

그러나 보다 구체적으로 질문을 하자, 유럽 대부분의 지역에서 회의적인 응답결과를 보였다는 점에 주목할 필요가 있다. 독일의 경우, '인종, 종교 및 문화다양성은 독일을 더욱 부강하게 만든다'라는 문항에 대해 1997년에 34%, 2000년에 39%만이 '동의하는 편이다'라고 응답했다(SORA, 2001: 55; 영국은 51%, 네덜란드는 53%가 동의하는 편이었다). 이러한 상이한 반응은 사람들이 다양성을 수동적으로 받아들였음을('~는 좋은 것이다'라는 수준으로만) 나타낸다. 다양성이 그들의 사회를 부강하게 만들어 줄 것이라는 가정은 다소 강한 진술로 인식되기에 폭넓게 받아들여지지 못하는 듯하다.

교육현장에서의의 민족적 다양성에 관해서 독일의 여론은 영국이나 네덜란드와 유사하다. 독일인의 53%는 '학교가 필요한 노력을 기울이면, 학생의 교육은 소수자 그룹에서 온 아이들로 인해 더욱 풍부해질 수 있다'는 문항에 대해 대체적으로 동의한다. 이는 영국과 동일한 비율이며 네덜란드에서는 62%가 이에 동의했다(SORA, 2001: 44).

불행히도 지금 이 유로바로미터는 이미 몇 년 전의 것으로, 2003년의 자료도 아직은 완전한 자료로 사용할 수 없다. 따라서 2001년 이후 테러리즘에 대한 반응 등, 최근의 변화가 반영되지 않았다. 정기적인 선거관련 조사를 진행하면서 얻은 응답을 살펴보면 여론이 상당히 많이 변화되었을 것이라 짐작된다. 2001년 여름(7월, 즉 9.11 테러 이전)에 시행된 문화다양성에 대한 지지의 정도는 유로바로미터와 유사하게 나타났다. 외국인이 곧 문화적 풍요를 의미한다는 것에 동의하느냐고 물었을 때 독일인의 54%는 동의했었다. 그러나 2006년은 38%로 내려갔다(2004년 5월: 43%). 이러한 변화를 반영하듯, 2006년 조사에서 시민 대다수는 외국인을 위협으로 느낀다고 답했다. 독일에 사는 외국인 때문에 '이국화의 위협(eine Gefahr der Uberfremdung)'을 느끼냐는 물음에 대해 54%가 확실히 그렇다고 답하였다. 5년 전만 하더라도, 대다수는 다양성에 대한 지지를 표했었고 응답자의 1/3만이 위협이라고 답한 것과는 대조적이다(2004년 Forschungsgruppe Wahlen 조사에서 48%; Suddeutsche Zeitung 2004/2006 등을 참고할 것).

독일 이주민 중에서 이슬람교도가 많은 비중을 차지한다는 사실을 감안할 때, 2006년 겨우 36%의 독일인만이 이슬람교도에 대해 매우 혹은 다소 호의적이라고 답했다는 사실은 매우 우려할 만하다(The Pew Global Attitudes Project, 2006: 10). 영국과 프랑스의 경우 이슬람교도의 테러와 도심 소요사태에도 불구하고 60% 이상의 사람이 호의적인 반응을 보였다. 독일에서는 응답자의 무려 70%가 현대사회의 삶과 독실한 이슬람교도로서의 삶은 서로 충돌된다고 응답한 반면에 독일 이슬람교인 당사자의 57%는 그러한 갈등은 없다고 답하였다(Pew, 2006: 23). 이슬람 사회의 문화적 업적에 대한 존경심은 가파르게 감소하였다. 2005년 독일인의 거의 과반수는 '이슬람은 존경할 만한 문화를 창출했었다'라는 진술에 대해 부정적으로 답했는데, 이는 2003년의 37%에서 증가한 수치이다(Leiboldb *et al.*, 2006: 4).

왜 정치인이 이주민의 책임과 권리에 관한 자신의 입장을 결정할 때

조심스러운지에 대해서는 사람들의 적대적인 의견이 어느 정도 설명해주었다. 동화주의에 기반한 요구는 대중화되었고, 많은 독일인은 과거 몇 년 동안 민족적 다원주의에 대해 부정적으로 돌아섰다. 그렇지만, 겨우 몇 년 전만 하더라도 다수의 독일인이 민족적 다양성에 대해 긍정적이었다는 사실을 간과해서는 안 될 것이다. 독특한 정체성을 인정하거나 장려하는 정책에 대해 극심한 반대도 없다.[13] 이러한 사실은 비록 다문화주의에 대해 보편적인 거부감이 있음에도 불구하고, 다문화주의 접근의 전형이라고 여겨지는 몇몇 정책이 독일에 존재한다는 사실을 통해 잘 알 수 있다. 다음 장에서 나는 몇 가지 정책에 대해 사례를 들 것이고, 이후 명백히 모순적인 상황이 왜 나타나는지를 설명하고자 한다.

다문화주의가 빠진 다문화정책?

만일 케이트 반팅(Keith Banting)과 윌 킴리카가 제안한 정의를 따른다면, 독일에는 완전한 다문화주의 정책이 거의 존재하지 않는다. 그들의 정의를 따르면, 다문화주의 정책이란 자유민주 국가에서 모든 개인에게 보장되는 기본적 시민권과 정치적 권리를 보호하는 수준 그 이상으로서,

13 뮌헨 당국은 시민을 대상으로 돈이 더 쓰여져야 할지에 관해 설문조사를 실시했다. 놀랍게도 '외국 시민권자 통합'에 더 많은 돈을 투입해야 한다는 의견이 대부분(응답의 거의 50%)이었고, 약 10% 정도만이 지출을 줄여야 한다고 응답했다(나머지 약 40%는 그대로 유지하자는 입장)(Landeshauptstadt Müchen, 2002: 102). 물론, '통합'이 다문화정책과 동일한 것은 아니지만, 그렇지만 최소한 이러한 수치는 이민자가 어떤 혜택을 얻을 수 있는 조치에 대해 상당한 정도의 지지가 있을 것이라는 것을 의미한다.

민족문화적 배경의 소수자가 자신의 독특한 정체성과 관습을 유지하고 표출하는 것을 인정하고 지지할 수 있을 정도까지 되어야 한다(Banting and Kymilcka, 2006: 1). 독일에는 민족적 다양성을 수용하고 촉진시키기 위한 프로그램과 관련된 광범위한 공공 정책이 존재하지 않는다. 그렇지만, 종종 다문화주의와 관련된 정책은 분명히 있다(Banting *et al.*, 2006: 56~57).[14]

슈투트가르트[15]나 마인의 프랑크푸르트[16]처럼 외국인 거주 비중이 높은 도시에서는 다문화적 또는 문화간의(intercultural) 성격을 띤 정책이 시행되었다.[17] 디터 필싱게르(Dieter Filsinger)에 따르면, 1990년대 중반에 문화간의 전환이 발생하였다(Filsinger, 2000: 232). 외국인에게 구체적인 상담 서비스를 제공하는 것에 그치지 않고 주요 조직이나 기관으로 하여금 이주민의 현실을 충분히 고려하게 하는 통합 전략으로 외국인정책은 변화하였다. 이러한 정책이 현재의 주요 개정에 영향을 받는다는 징표는 없다. 현재 집행되는 정책의 실체를 반드시 변화시키지는 않는 가운데 지배적인 트렌드를 형성하는 방향으로 나아가는 것이다. 따라서 2002년 정책 보고서에서는 슈투트가르트가 상호작용 없는 공존을 우호적으로 바라보는 이론적인 다문화주의의 입장과 일정한 거리를 두며, 그

14 아래 부분의 내용은 크라우스와 쇤밸더(Kraus and Schönwälder, 2006)를 참조한 것이다.

15 슈투트가르트는 독일의 남서부에 위치한 도시로 591,000여 명이 거주하는데 그 중 22%는 외국 여권을 소지하였다(2004). 이주자 인구는 – 외국 시민권자, 독일 귀화인, 게르만민족으로 구성된– 34% 정도다(Lindermann, 2005).

16 50만 이상의 인구를 가진 독일 도시 중에서 프랑크푸르트는 외국인 비율이 가장 높다(25%).

17 '문화간의'란, 주로 문화적/인종적 다양성의 인정을 말한다. 기관은 도시 내 인구의 모든 그룹을 위해 봉사해야 하며, 분리 조항은 기각되었다.

대신에 여러 차례의 교류, 만남 그리고 대화로 특징지어지는 '문화간의 접근'을 받아들인다고 기술했다. 이 도시는 도시의 발전을 위한 하나의 자원으로 간주되는 다양성 및 여러 생활방식에 대한 긍정적 태도, 참여에 대한 약속 그리고 배제에 대한 저항을 여전히 강조한다.

몇몇 도시는 이주민 통합문제, 문화간의 활동, 갈등 중재, 그리고 차별의 문제를 관할하는 부서를 창설했다. 가장 두드러진 예는 프랑크푸르트의 다문화주의 사무국(Amt fur Multikultirelle Angelegenheiten: AMKA)이다. AMKA는 문화다양성 문제와 관련된 모든 행정 부처 간 업무를 조율하는 목적을 갖고 1989년 창설되었다. 스태프 구성을 보면, 지방 행정 부처차원에서 이주민에게 정보를 전달하고자 하는 하나의 주무 기관이라고 해석할 수 있다. 이와 같은 부서의 창설은 해당 도시 인구의 다민족적 구조에 대한 조직의 혁신적인 대응으로 여겨졌다. AMKA의 주요 업무 중 하나는 지방 정부 부처로 하여금 반차별 의제에 대해 확신을 갖게 하는 것이었다. 그러한 설득적 접근을 열거해 보면 중재, 갈등 해결, 상담 서비스, 관용 캠페인, 이주기관 지원, 문화활동 장려, 그리고 노동시장 내 이주민 참여를 증진시키기 위한 노력 등이 있다(Amt für Mulltikulturelle Angelegenheiten, 1990; Leggewie, 1993: 46~60; Radtke, 2003: 63~66).

지방정책에 관한 구체적인 연구는 매우 찾아보기 드물다. 명확한 의제 또는 정책발표가 거의 없으며, 그러한 정책의 내용과 목적도 모호한 것 같다. 관련된 전형적인 정책을 살펴보면 독일어학습 지원, 다문화가정 아동의 교육 수준을 제고, 학교 교과과정에 문화간의 요소를 도입, 토착 독일인과 이주민 간 접촉과 교류를 촉진시키기 위한 공동체 기반의 조직과 프로젝트를 개발하는 것 등이 있다. 최근에는 지방행정 구조를 변화된 사회·문화적 환경('조직에서 문화간의 개방')에 적응시키려는 시도가 지방정책의 중심이 되었다(Filsinger, 2002: 16~19; Ireland, 2004: 60~115). 도시는 새로운 입주민을 환영하기 위해 안내문으로부터 오리엔테이션 과정에 이르기까지 일련의 노력을 기울였다.

지방정부(*Länder*)는 이주민의 사회 통합, 민족적 다양성에 대한 사회의 태도와 관련된 정책에서 주요한 역할을 담당한다. 예를 들면, 교육은 지방정부 당국의 소관이다. 사실, 대다수의 학교 커리큘럼은 다문화적 요소, 혹은 문화간의 교육 콘텐츠를 담았다. 1996년, 주 문교부 장관(*Kultusministerkonferenz*)은 독일 학교에서 문화간 교육에 대한 권고안을 통과시켰다. 크뤼거 포트라츠(Krüger－Potratz, 2004)가 주장한 것처럼, 이는 독일 내 문화다양성 증대와 국제화, 유럽 통합에 대한 반응이다. 관용과 인도주의적 원칙, 타문화에 대한 존중과 지식, 혹 발생할지도 모를 민족적·종교적·문화적 분쟁에 평화롭게 대처하는 능력을 촉진시키는 데 이러한 권고안의 목적이 있다. 지방정부 당국은 학교 교육에서 반드시 그 어떤 사회 혹은 문화도 주변화되거나 경시되지 않도록 하고 또한 비독일 국적 학생도 긍정적인 정체성을 구축할 수 있는 기회를 제공받도록 해야 한다.

비록 지역마다 차이가 있고, 반드시 다문화정책의 일부이지는 않지만 모국어교육도 진행되었다.[18] 이주민에게 모국어를 가르치는 것은 소수자의 권리로서 도입된 것은 아니라 이주노동자의 자녀가 원래 모국으로 재편입될 수 있도록 하기 위해서였다. 정책이 폐기된 후에도 그것이 여전히 지속된다는 사실은 모국어 교육이 그들에겐 계속 필요하다는 사

18 1960~1970년대 모국어 교육은 이주민 자녀가 고국으로 돌아갈 경우를 대비한 정책의 일부였다. 1980년대 초 이래로 이러한 목표는 더 이상 추구되지 않았다(Reich, 2000: 114을 참조할 것). 지방의 사례로는 Migrationreport Hessen, 2002: 161을 참고할 것: Hessen의 경우 2000년 이래 모국어 교육이 자발적인 차원에서 시행되면서 참여도는 약 10% 떨어졌다. 모국 국적을 기준으로 상위 7개국으로부터 온 학생의 54%는 여전히 모국어 수업에 참여한다.

실뿐만 아니라 일단 한 번 형성된 구조는 지속성이 있음을 나타낸다. 아마도 또한 '다문화주의자' 관료와 교사의 지원 덕분일 것이다. 언어수업은 대체로 정규 교과목에 포함되지 않으며 출석은 자유롭게 이루어졌다(Gogolin *et al*., 2001). 이주자 언어는 기껏해야 국가의 정규교육과정에서 미미한 역할만을 담당할 뿐이다. 그러나 심지어 현재 CDU가 통치하는 북(北)라인베스트팔렌(Nordrhein-Westfalen)에서의 교육법조차 학교는 여전히 외국국적 학생의 민족적·문화적·언어적 정체성(모국어)을 존중하고 장려해야 한다고 기술하였다. 이러한 규정에도 불구하고 독일어 교육을 중시하는 풍조가 분명히 존재한다. 정치적으로 비우호적인 분위기 그리고 예산 제한 등의 압력 속에서 모국어 교육은 위협받았으며, 교육자원이 독일어 교육에 전환되어 쓰일 것이라는 분명한 징후가 존재한다(Gogolin, 2005).

많은 도시와 지역에서 외국 시민보다는 여러 민족 커뮤니티와 협의를 진행하는 기구가 존재한다.[19] 2004년 북(北)라인베스트팔렌 지방정부는 평균 13%의 유권자 지지를 받고 선택된 97개의 지방 기구가 있다. 그들은 LAGA NRW(*Landesabeitsgemeinschaft der kommunalen Migrantenvertretungen Nordrhein-Westfalen*, www.laga-nrw.de 참고)라는 조직의 산하 기구로 조직되었다. 이들 기구는 지방정부로부터 보조금을 받는다. 북(北)라인베스트팔렌의 '이전' 정부는 외국인이 자기 자신을 대변할 수 있는 능력의 강화를 매우 중요한 문제로 상정하였다(NRW, 2000: 29). 베를린에서는 이주민 공동체의 대표로 구성된 새로운 기구가 2003년에 창설되었는데 그것의 영향력에 대해 평가를 내리기는 아직 이르다. 어느 정도 이 새로운 기구는 기존에 있었던 외국인자문위원회

19 몇몇 주의 경우 귀화한 독일시민뿐 아니라 외국인 시민도 선거권 및 피선거권을 갖는다.

(Ausländerbeiräte)의 대안에 대한 탐색이라고 이해해 볼 수 있다. 이러한 위원회에 대한 평가는 다소 통렬한데 이는 외국인시민의 인지도 부족 및 매우 제한된 권리를 포함한 다양한 요인에 기인한다(Hoffmann, 2002).

민족단체 조직이나 활동은 가끔 그리고 매우 제한된 수준에서 연방, 지역 및 지방 정부로부터 연금을 받는다. 최초의 지역 주 중의 하나로서 북(北)라인베스트팔렌은 1997년부터 이주민 조직 및 민족단체 조직의 몇몇 제한된 프로젝트에 대해 재정적 지원을 하기 시작했다(NRW, 2000: 32; Rütten, 1998: 26~27). 같은 것이 베를린에서는 더욱 빨리 시작됐다. 다른 주와 몇몇 지방 정부 또한 그러한 시도에 대해 자금을 지원한다. 예를 들면, 연방정부의 문화방송청장은 '독일 내 소수 민족의 독립적인 문화적 삶의 촉진'이라는 표제하에 독일 내 아프간난민센터와 베트남문화센터에 보조금을 지급했다(Bundesregierung, 2005: 219). 민족집단 조직에게 제공한 자금에 대해 국가적이고 종합적인 큰 그림은 보이지 않는다. 민족집단 조직 또는 그 정신에 대한 지원이 어느 정도의 효과를 보였는지도 우리는 알지 못한다. 하지만, 비록 매우 한정된 재정적·정치적 지원이었다 할지라도, 소수민족 활동을 위한 공식 기금이 제공되어졌다는 사실은 다양성 촉진을 위한 묘책의 여지가 있음을 나타내는 것이고, 그리고 그러한 정책은 결과적으로 동화주의적이지 않을 것이다. 심지어 최근에 선출된 북(北)라인베스트팔렌주의 기독민주당조차도 '통합을 위한 활동계획(Aktionsplan Integration)'에서 정부는 기회의 평등과 문화적 종교적 차이에 대한 존중을 추구한다고 명시해놓았다. — 그러면서 그 전에 집권한 사민당과 정확히 똑같은 말을 반복한 것이었다(NRW, 2004: 121; NRW, 2006: 14). 심지어 정부는 '이주민의 문화적 관습 촉진'을 위한 지원규모를 양적으로 질적으로 모두 확대하려 하였다. 게다가 통합전략의 수행에 이주민 조직은 유용한 행위자였음을 드러내는 상황도 있다. 독일의 다중적 복지구조 속에서, 이러한 기구는 동일 민족에 대한 그들만의 구체적인 능력 및 접근 가능성으로 인해, 다른 어떤 기구보다도 더욱 효율적으로 통합전략을 수행할 수 있을 것이며, 중개인으로서 역할을 점차 확대할 수 있을 것이다.

반팅과 킴리카에 의해 다문화주의 정책의 전형적인 요소의 또 다른 조치로는 대중매체 내 민족 단체의 등장을 들 수 있다. 서독방송국(Westdeutscher Rundfunk)의 방송위원회(Rundfunkrat)처럼, 공영 방송국을 통제하는 몇몇 기관은 외국인의 대표를 포함한다. 그러나 이주민 출신의 언론인은 여전히 대표성이 불충분하며, 언론보도는 이민 이슈에 대한 부적절한 보도에 대해 광범위한 비판을 받는다(Geißler and Pöttker, 2005).

전반적으로, 독일에는 비록 과거 반이민정책의 성행으로 특징지어지는 정치적 프레임에도 불구하고 다문화정책의 전형이라고 종종 간주되는 개입이 몇 가지 관찰된다. 다문화주의에 대한 적대적인 프레임 속에서 어떻게 이러한 개입이 지속될 수 있는지에 대해 다음과 같은 몇 가지 이유가 있다. 자유민주주의와 연관된 모든 독일의 규범(개인의 권리, 종교적 자유, 자신의 모국어와 전통문화를 배울 자유에 대한 존중)은 언급된 조치의 기반을 형성할 수 있다(그러나, 네덜란드어 이외의 언어 사용을 금지한 네덜란드의 어느 도시의 사례는 그러한 권리가 정말 얼마나 단단하게 자유주의 틀 안에 고정되었는지 의심스럽다는 점을 보여준다). 타문화에 대한 관용과 공존은 오늘날 교육에서는 일반 상식이다. 더욱이 독일헌법은 종교의 자유에 대한 강력한 보호를 보장한다(Lepsius, 2006) — 비록 이슬람 사원의 건립은 종종 지방에서 갈등을 초래하는 이슈이며, 국내에서는 두 곳의 개신교회가 가장 우월한 지위를 누린다고 하더라도 보호를 보장한다. 프랑스와 반대로, 이슬람 학생은 머리에 히잡을 두를 수 있다. — 비록 몇몇 지역

주에서 교사의 히잡 착용이 금지되지만 학생에게는 자유가 허용된다.

다문화적 의도에 부합하는 것처럼 보이는 몇몇 조치는 오늘날 이주민 그룹의 정체성 및 그룹 대표권을 촉진하는 의도에서 대두된 것이며 또한 그러한 이유 때문에 지속적으로 유지될 것이다. 그러므로 독일에서 소수자 문화의 장려는 전쟁 이전 국가의 소수자 정책에까지 이르는 오랜 역사를 가졌다. 특히 독일 소수민족에 있어서 '국민'과 관련하여, 그들 나름 집단적 권리를 누려야 하며, 그들의 문화활동은 지원되어야 한다는 광범위한 공감대가 오랫동안 있었다. 비록 이주자와 독일 소수민족 사이에는 날카로운 경계선이 그어졌었지만 이민자는 한 민족집단의 문화적 유산과 고결함의 보존에 대한 긍정적 태도의 덕을 보곤 했다.[20]

더욱이 위에서 언급한 사례가 나타내듯, 독일은 연방구조이기에 지역 그리고 지방 차원에서 서로 다른 전략을 취할 공간과 여유가 충분하기 때문에, 따라서 심지어 외부적으로 보기에도 명백히 '다문화적'인 프로그램을 수행해나갈 수가 있다(마인 주의 프랑크푸르트처럼).

다문화주의에 대한 공격은 어느 정도는 수사적인 성격을 띠며, 또한 다원주의자의 개입을 반드시 폐기하는 것으로 귀결되지도 않기 때문에 묘책을 위한 그런 여지도 또한 존재한다. 실제로 다문화주의에 대한 기독민주당의 공격은 주로 그 지지자에 의한 것일 수 있다. 다문화적 과거를 상상해서 그리면서, 그들은 자신의 정책이 혁신적인 것으로 보이게 할 수도 있고, 다문화적 과거를 깨뜨려버리기보다는 그들이 자신의 정책을 수정했다는 사실로부터 주의를 딴 곳으로 돌린다. 최근, 실질적인 정책은 등한시되는 반면, 정책의 정치적 의도를 대중에게 보이는 것에만

20 하지만 독일에 대해 독특한 종교적·민족적 소수자를 수용하고 조직화하는 것이 지배적 성향이었다고 평가하는 것은 보편적으로 사라져버렸다(Ports and De Wind, 2004: 843, Kastoryano 인용).

일방적으로만 관심이 몰리기 때문에 이주정책을 분석하는 것이 방해를 받는다고 몇몇 학자가 주장하였다. 예를 들어 크리스티앙 욥케와 이와 모로스카(Ewa Morawska)는 다문화주의에 대한 국가의 공약 또는 거부라는 국가 간의 차이가 과도하게 강조되었으며, 그것을 강조하게 되면서 학계는 정치적·표면적 수사(rhetoric)의 포로가 되었다고 주장했다(Joppke and Morawska, 2003: 7). 실제로, 정치담론과 실제 정책 두 가지 모두가 분석되어야 하며, 그 두 가지 자체가 동일한 것이라고 가정되어서는 안 된다.

다문화 프로그램이 없음에도 불구하고 독일에는 몇몇 정책적 개입이 이루어졌으며, 이것이 다문화 정책의 특징적인 부분이기는 하지만 (외부에) 공표되지 않은 '사실상의' 다문화주의라고 말할 정도까지는 아니라는 것은 의심할 여지가 없다.[21] 위에 적시된 몇 가지 조치는 겨우 작은 범위에서 존재할 뿐이다. 행정부처의 선언 그리고 몇몇 커리큘럼에서 문화간의 교육이 이루어지지만 대다수의 수업에서도 그러한지는 의문이다. 학교 직원, 대학교 직원 혹은 기업이나 공공기관의 고위층에는 아직까지 민족적 다원주의가 거의 나타나지 않는다. 의회에도 이주민은 여전히 드물다. 불리한 조건에 처한 이주자 그룹을 위한 적극적 조치는 존재하지 않는다. 더욱이, 고위층에 이주민 출신이 많지 않은 것이 심지어 독일 기관의 부족한 면이라고 여겨지지도 않는다. 그렇지만, EU 헌법에 따라 반차별법이 결국 2006년 여름에 통과되었다. 하지만 반차별법 집행을 위한 법규나 기관의 힘은 아직까지는 약해 보인다.

마지막으로, 각 지방과 지역의 조치가 연방정부차원에서 선언된 공공정책에 따라 충분히 뒷받침되지 않는다. 정치적 선언이란 어떠한 차이

21 욥케와 모로스카는 자유국가에는 그러한 공적으로 선언된 정책적 버전과 크게 차이나지 않는 '사실상의 다문화주의가 광범위하게 존재하고 있다'고 주장했다(Joppke and Morawska, 2003).

를 가져오는 것으로, 그저 수사에 불과해서는 안 된다. 예를 들어 다양성에 관한 공적 공약은 더 높은 사회적 지위에서 더 많은 소수자 대표의 필요를 정당화하는 데 기여할 수 있다.[22] 소수자 조직과의 협력을 통해 정부는 공적 이미지를 향상시킬 수 있다. 다양성 및 이주민의 기여라는 가치를 높게 평가하는 것은 대중 여론에 영향을 미칠 것이며, 이주자로 하여금 그들 자신이 환영받으며 독일 사회에 없어서는 안 될 소중한 부분으로 여겨진다는 사실을 더욱 확신하도록 만들 것이다. 그러면 이주자는 독일의 미래를 위해 적극적인 역할을 해야 한다고 고무될 것이다. 일반적으로 스스로가 이주민으로 형성되었으며 다양성에서 무언가를 얻는다고 여기는 사회는 "우리" 대 "그들"이라는 심리상태를 덜 갖게 될 것이며, 이주민은 자신을 주어진 것에 맞춰 적응시켜야 한다는 기대를 덜 받게 될 것이다. 그러한 국가는 장기 거주민과 이주민 사이의 공동의 노력을 통해 사회를 만들어나가는 작업을 더욱 잘할 수 있다.

결론

가까운 미래에 독일정부가 다양성을 인지하고 장려하는 뚜렷한 공공정책으로 돌아서게 될까? 현재 다문화에 반대하는 독일 정치엘리트뿐만 아니라 일반 독일국민도 그에 대해 강력히 반대한다. 주류 정치인이

22 연방정부는 이주자에 의해 나타난 가능성의 수용을 증대하고, 고용주로 하여금 피고용자 간 민족적 다양성을 촉진시키도록 장려하는 데에 목적이 있는 '다양성은 기회다(Viefals als chance)'라는 캠페인을 이제 시작했다.

별로 좋아하지 않는 다문화주의는 좌파 민주주의의 범주 내에서 원래의 지배적인 위치를 잃었다. 이제 다문화주의 관련 공약은 주로 독일인의 민족주의나 민족 개념에 대해 균형을 잡아주는 상징추로서 기능하는 정도다. 독일 인구가 상당한 정도로 이주민으로 구성되었음을 이제는 거의 대부분의 사람이 인정하게 되었지만, 캠페인은 주요한 추진 시점을 놓쳤다. 더욱이, 다른 유럽국가에서 다문화정책이 크게 비판받는다는 사실이 상당한 영향을 미치며, 민족적 다양성도 사회통합 및 이주민의 더 나은 삶을 위한 기회를 저해하는 것으로 종종 간주된다. 더욱 평등한 교육 및 고용의 기회를 창출하는 것이 민족적 다양성의 추구보다 활씬 중요한 것으로 간주되며, 기회의 증진이 다양성에 대한 대중의 인식과 긍정적으로 연관된 것도 아니라고 종종 여겨진다.

이러한 상황이 가까운 미래에 변화될 것 같지는 않다. 그렇지만, 대중의 태도는 고정된 것이 아니며, 공식적 논쟁에 의해 영향을 받을 수도 있다. 예를 들면, 대략 10년 전의 경우를 보면, 비록 다양한 민족적 특징이 있는 국가라는 독일의 이미지를 지원하는 공공 캠페인이 없었음에도 불구하고, 대다수 사람은 종교적 그리고 문화다양성이 독일사회에 긍정적인 것이라고 여겼었다. 나아가 다수의 태도가 반드시 국민의 행동을 좌지우지하는 것도 아니었다. — 따라서 독일사회에서 다른 인종 간 결혼의 비율은 증가되었다.[23] 독일사회 내 이주민을 위한 동등한 혹은 최소한 더 나은 기회라는 이슈는 현재에도 의제로 자리하며, 이러한 목적에 부합하는 해결책이 지방 커뮤니티, 복지 및 여가 단체 등에서 생겨나는 등 새로운 동력이 계속 만들어진다. 독일 내 연방주 및 기업의 복지구조에는 다양한 정치적 개입이 가능하다. 더욱이, 독일국적 취득이 증가하고

23 2000년의 경우, 독일에 등록된 결혼의 16%가 독일시민과 외국국적을 가진 배우자 사이의 결혼이었다. 1960년에 그에 해당하는 수치는 4%였다.

투표권이 확대됨에 따라 미래에는 아마 이주민 자신이 스스로 더욱 목소리를 내고 영향력을 가지게 될 것이다. 이주자가 다문화정책을 반드시 옹호하는 것은 아니지만, 다문화를 위한 새로운 로비작업이 그들 속에서 일어나게 될 것이다. 독일사회에 이주자가 있고, 또한 특히 그 후손도 함께 산다는 사실을 감안한다면, 우리는 이주자의 경험과 공헌을 더욱 공적으로 수용해야 한다는 압력뿐만 아니라, 의회 및 기업, 행정부처의 더욱 높은 지위에서 그들의 대표권 확대라는 압력이 생기리라 예상해야 한다. 그리고 그러한 압력이 바로 더욱 적극적인 다양성 정책을 향하여 나아가는 움직임의 원천이기도 하다.

참고문헌

Amt für multikulturelle Angelegenheiten (1990) *Ein Jahr multikulturell Arbeit*, Bericht [Report. One year of multicultural work], Frankfurt.

Banting, K. and Kymlicka, W. (2006) 'Introduction: Multiculturalism and the welfare state: setting the context', in K. Banting and W, Kymlicka (eds) *Multiculturalism and the Welfare State: Recognition and Redistribution in Contemporary Democracies*, Oxford: Oxford University Press, pp. 1–45.

Banting, K., Johnston, R., Kymlicka, W. and Soroka, S. (2006) 'Do multiculturalism policies erode the welfare state? An empirical analysis', in K. Banting and W. Kymlicka (eds) *Multiculturalism and the Welfare State: Recognition and Redistribution in Contemporary Democracies*, Oxford: Oxford University Press, pp. 49–91.

Böhmer, M. (2005) Interview, *Die Welt*, 1 December.

—— (2006) Speech in the federal parliament (Bundestag) on 5 April, extract, www.bundesregierung.de.

Bundesregierung (2005) *Integrationsaktivitäten des Bundes*. Bestandsaufnahme im Rahmen der Interministeriellen Arbeitsgruppe Integration, www.bamf.de.

Bündnis 90/Die Grünen–Bundestagsfraktion (2006), *perspektive Staatsbürgerin und Staatsbürger. Für einen gesllschaftlidchen Integrationsverag*, 30 May.

Datenreport 2004 (2004) *Zahlen und Fakten über die Bundesrepublik Deuutschland*, ed. by the Statistisches Bundesamt in cooperation with the Wissenschaftzentrum Berlin für Sozialforschung and the Zentrum für Imfragen. Methoden und Analysen, Mannheim, Bonn: Bundeszebtrale für politische Bildung.

Dossier 'Multikulturalismus', www.migration–boell.de.

Filsinger, D. (2002) 'Die Entwicklung der kommunalen Intregrationspolitik und Intergrationspraxis der neunziger Jahre' [The development of local integration policies and practice in the 1990s], iza, 24/2: 13–20.

—— (2000) *kommunale Integration asuländischer Kinder und Jugendlicher. Kommentierte Bibliographie,* Müchen: Deutsches Jugendinstitut.

Geißler, R. and Pöttker, H. (eds) (2005) *Massenmedien und die Integration wthnischer Minderheiten in Deutschland. Problemaufriss,* Forschungsstand, Bibliographie, Bielefeld, trascript Verlag.

GESIS (2007) 'Langfristige Trends: Akzeptanz von Ausländern Steigt, die Fordering nach mehr Anpassung auch'. Press release, 9 October.

Gogolin, I. (2005) 'Bilingual Education – the German Experience and Debate' in arbeitsstelle Interkulturelle Konflikte und hesllschaftlice Intergration (ed.) The Effefectiveness of Bilingual School Programs for Immigrant Children, Berlin: Soical Science Research Center, pp. 133–143.

Gogolin, I., Neumann, U. and Reuter, L. (eds) (2001) *Schulbildung für Kinder aus Minderheiten in Deutschland 1989–1999* [School education for minority children in Germany, 1989–99], Münster: Waxmann.

Göring–Eckart, K. (2006) Thüringische Landeszeitung, 4 May.

Hoffman, L. (2002) 'Ausländerbeiräte in der Krise' [Foreigners' advisory councils in crisis], *Zeitschrift für Ausländerrecht und Ausländpolitik,* 21/2: 63–70.

Ireland, P. (2004) *Becoming Europe. Immigration, Integration, and the Welfare State*, Pittsburgh: University of Pittsburgh press.

Joppke, C. and Morawska, E. (2003) 'Integrating immigrants in liberal nation–states: policies and practices', in C. Joppke and E. Morawska (eds) T*oward assimilation and Citizenship: Immigrants in Liberal Nation–States*, London: Palgrave/Macmillan, pp. 1–36.

Kraus, P. and Schönwälder, K. (2006) 'Multiculturalism in Germany: rhetoric, scattered experiments and future chances', in K. Banting and W, Kymlicka (eds) *Multiculturalism and the Welfare State: Recognition and Redistribution in Contemporary Democracies*, Oxford: Oxford University Press, pp. 202–21.

Krüger–Potratz, M. (2004) 'Migration als Herauforderung für Bildungspolitik' [Migration as a challenge for education policy], in R. Leiprecht (ed.) *Schule in der pluriformen Einwanderungsgesellschaft*, Königstein/Taunus: Wochenschauverlag.

Kultusministerkonferenz (1996) Empfehlung der Kultuministerkonferenz *'Interkulturelle Bildung und Erziehung in der Schule'*, Beschluss vom 25.10.1996, www.buendnistoleranz.de ['Intercultural education in schools' – Resolution of the Standing Conference of the Ministers of Educational and Cultural Affairs of 25 October].

Landeshauptstadt München (2002) *Münchenr Bürgerbefragung 2000; Soziale Entwickling ind Lebenssituation der Münchner Bürgerinnen und Bürger* [Munich citizens survey; Social development and life situation of Munich's citizens], München, www.muenchen.de/Rathaus/plan/Stadtent wicklung/grundlagen.

Leggewie, C. (1993) *Multi kulti. spielregeln für die Virlvölkerrepublik [Multi Kulti.* Rules for the multinational republic], 3rd edn, Berlin: Rotbuch Verlag.

Leibold, J., Kühnel, s. and Heitmeyer, W. (2006) 'Abschottung von Muslimen durch generalisierte Islamkritik?', *Aus Politik und*

Zeitgeschichte, 1—2: 3—10.

Lepsius, O. (2006) 'Die Religionsfreheit als Minderheitenrecht in Deutschland, Frankreich und den USA', *Leviatian*, 34 (3): 321—49.

Lindermann, U. (2005) 'Stittgarter Einwohner mit Zuwanderungshintegrund', in *Statistik und Informationsmanagement* (Stadt Stuttgart), vol. 64, no.2, pp. 30—40.

Migrationsreport Hessen 2002 (2002). *Bevölkerung, Ausbildung und Arbeitsmarkt*, Forschungs—und Entwicklungsgesellschaft Hessen, FEH—Report Nr. 637, Wiesbaden.

NRW (2000) Ministerium für Arbeit und Soziales, Qulkifikation und Technologie des Landes Nordrhein—Westfalen, Zuwanderung und Integration in NRW *[Immigration and Intergration in NRW]*. Bericht der Interministeriellen Arbeitsgruppe 'Zuwanderung' der Landeregierung, Düsseldorf.

—— (2000) Ministerium für Generationen, Familie, Frauen und Integration des Landes Nordrhein—Westfalen, *Nordrhein—Westfalen: Land der neun Integrationschancen. Aktionsplan Integration [Nordrhein—Westfalen: state of new integration opportunities. Action plan integration]*, Düsseldorf 27 June.

—— (2000) Ministerium für Gesundheit, Soziales, Frauen und Familie des Landes Nordrhein—Westfalen, *Zuwanderung und Integration in Nordrhein—Westfalen [Immigration and Integration in Northrhine Westfalia]*. 3. Bericht der Landsregierung, Düsseldorf.

Pew Global Attitudes Project (206) *Europe's Muslims More Moderate. The Great Divide: How Westerners and Muslims View Each Other*, 13—Nation Pew Global Attitudes Survey, Washington.

Piening, G. (2006) 'Interview', *Dossier Multikulturalismus*, www.migration—boell.de/web/integration/47_762.asp.

Portes, A. and De Wind, J. (2004) 'A Cross−Atlantic Dialogue. The Progress of Research and Theory in the Study of International Migration', *International Migration Review*, 38(3): 828−51

Radtke, F.−O. (2003) 'Multiculturalism in Germany: Local Management of Immigrants' Social Inclusion', *International Journal on Multicultural Societies*, 5 (1): 55−76.

Reich, H. H. (2000) 'Die Gegner des Herkunftssprachen−Unterrichts und ihre Argumente' [The opponents of mothertongue−teaching and their arguments], Deutsch lernen, 2, pp 112−26.

Rütten, A. (1998) 'Integrationspolitik der Landesregierung Nordrhein −Westfalen' [The integration policy of the state government of North Rhine−Westphalia], in Forschungsinstitut der Friedrich−Ebert −Stiftung, Abt. Arbeit und Sozialpolitik (ed.) [Electronin edu] *Ghettos oder ethnische Kolonie? Entwicklungschancen von Stadtteilen mit hohem Zuwandereranteil*, (Gesprächskreis Arbeit und Soziales; 85, Bonn), pp. 15−28.

Schäuble, W. (2006a) 'Unser Problem ist die integration', Spiegel−Gespräch, Der Spiegel, 21: 36−38.

—— (2006b), Interview, Berliner Zeitung, 6 April.

—— (2006c), TV−Interview in 'Berlin direkt', 9 April, transcript on www.bmi.bund.de.

Schönwälder, K. (1996) 'Minderheitenschutz: Anerkennung kultureller Pluralität oder Ausdruck "völkischen Denken"?' in F. Deppe, G. Fülberth and R. Rilling (eds), Antifaschismus, Heilbronn; Distel, pp. 453−67.

—— (2004) 'Kleine Schritte, verpasste Gelegenheiten, neue Konflikte. Zuwanderungsgesetz und Migrationspolitik' [Small steps, missed opportunities, new conflicts. Immigration law and migration policy],

Blätter für deutsche und internationale Politik, 49(10): 1205–14.

—— (2006) 'Politikwandel in der (bundes–)deutschen Migrationspolitik', in U. Davy and A. Weber (eds), *Paradigmenwechsel in Einwanderungsfragen? Überlegungen zum neuen Zuwanderungsgesetz*, Baden–Baden: Nomos, pp. 8–22.

Schröder, G. (2004) 'Rede von Bundeskanzler Schröder zur Preisverleihung für Verständigung und Toleranz an Johannes Rau', 20 November, http://archiv.bundesregierung.de

Senat Berlin (2005) *Vielfalt fördern – Zusammenhalt stärken. Integrationspolitik für Berlin* [Encouraging Diversity – Strengthening Cohesion. An integration policy for Berlin]. Das am 23.8.2005 vom Senat beschlossene Integrationskonzept für Berlin. Berliner Beiträge zu Integration und Migration, Berlin.

SORA (2001) *Attitudes towards Minority Groups in the European Union*. A special analysis of the Eurobarometer 2000 survey on behalf of the European Monitoring Centre on Racism and Xenophobia, Vienna.

SPD (2006a) *Leitlinien zur Integrationspolitik [Guidelines on integration policy]*. Beschluss des Präsidiums der Sozialdemokratischen Partei Deutschlands vom 10.7.2006.

—— (2006b) *Vogt: Integration braucht 'faire Chancen' und 'klare Regeln'*, press release of 11 July.

SPD–Bundestagsfraktion (2001) Querschnittsarbeitsgruppe Integration und Zuwanderung, *Die neue Politik der Zuwanderung: Steuerung, Integration, innerer Friede. Die Eckpunkte der SPD–Bundestagsfraktion* [The new policy of immigration: control, integration, internal peace. The key points of the parliamentary faction of the SPD] (Berlin).

—— (2006) *Integrationspolitik: Positionen der SPD–Bundestagsfraktion* [Integration policy: views of the SPD Bundestag faction] (as of 14 July

2006).

Stuttgart (2002) Ein Bündnis für Integration. Grundlagen einer Integrationspolitik in der Landeshauptstadt Stuttgart, Stuttgart, September.

Süddeutshe Zeitung, 29–31 May 2004; 29 April 2006

Tagesspiegel (2006), 11 July.

tgd (Türkische Gemeinde in Deutschland) (2006) *Gleichstellungs–und Partizipation–spolitik statt Ausländerpolitik*, Vorlage beim Integrationsgipfel der Bundesregierung am 14.7.2006, Berlin.

Welt, Die (2004) 'Schily warnt vor "Multi–Kulti–Seligkeit"', 18 November.

제 9 장

스페인에서의 역동적 다양성: 오래된 질문과 새로운 도전

리카르도 사파타-바레로

몇 년 전, 스페인의 이민 상황은 스페인이 이민 송출국에서 이민 유입국으로 전환되었다는 사실로 요약된다. 오늘날 이민은 공고한 인구통계학적 현실이다. 하지만, 스페인의 경우 이민은 다양성에 대한 여타 유형(언어적, 종교적, 민족적)과 분리된 어떤 특정한 유형의 다양성이 아니라, 복합적 다양성의 사례(이 책의 제2장을 참고할 것)라고 볼 수 있다. 이 장에서 필자는 스페인으로의 이주가 종교적·민족적 다양성과 같은 이미 존재하는 다양성에 대한 논의를 어떻게 유발하는지를 설명할 것인데, 이러한 논의는 1970년대 민주화로의 이행 기간 동안 무관심 영역으로 남았었다.

'다문화주의에 대한 반격'에 관한 논의의 맥락 속에 오늘날 존재하는 두 가지 연관성 있는 규범적인 의문이 있다. 첫 번째 의문은 스페인에 이미 존재하는 상이한 역동성과 함께 이러한 다양성의 새로운 과정을 어떻게 관리하는가이며, 이때의 과정은 종교적·민족적 다양성에 대한 인식의 과정을 의미한다. 두 번째 의문은 현존하는 정책, 정치적 담론과 한편으로 다양성과 관련된 갈등, 다른 한편으로 여론 사이의 연결에서 시작된다. 즉, 강조하고자 하는 것은 다양성과 정치적 반응 사이의 단순한 관계뿐만 아니라,[1] 다양성과 사회적 반응 사이의 훨씬 더 복잡한 관계의 중요성이다. 이러한 관점과 함께, 스페인의 사례는 이민과 관련한 현재의 논쟁 속에 여러 가지 결함이 존재함을 시사한다. 스페인의 맥락을 이해하는 것은 버토벡이 '초다양성'이라 명한 것에 대한 의미를 확장하는 데 도움을 줄 수 있다. 초다양성은 이주자뿐만 아니라, 버토벡이 강조하듯이, 종교적·민족적 다양성과 같이 이민자의 존재에 의해 부각되는 여타 다양성을 포괄하는 논쟁을 포함하여 다차원적 상태와 과정을 고려할 필요성을 지적한다(Vertovec, 2007).

이 절의 첫 부분에서 필자는 스페인에서 종교적 그리고 민족적 소수자를 관리하는 방법에 대해 이민이 어떤 영향을 미쳤는지, 또 다양성의 상이한 역동성이 실제적으로 어떻게 더 복잡하게 진행되었는지, 또 공적인 담론과 정치적 영역에서 어떻게 좀 더 미묘하고 문제 중심적으로 진행되었는지에 대해 질문을 던지고자 한다. 두 번째 부분에서는 스페인의 이민과 관련된 논쟁의 맥락을 분석하고자 한다. 그러므로 본 장에서는 정책, 정치적 담론, 사회적 갈등, 그리고 이민과 연관된 여론 사이의 상호연결성에 대한 특별한 강조를 둘 것이며, '정부가 무엇을 할 것인가'라는 점과 '시민이 무엇을 믿어야 하는가'라는 점 사이의 연결에 초점을 맞추고자 한다. 이러한 연결은 우리가 '거버넌스 가정(governance hypothesis)'이라고 부르는 것에 기초를 두는 것이고, 이것은 다음과 같이 공식화된다. 즉 시민은 직접적으로 이민에 대해 부정적인 태도를 보이는 것이 아니라, 오

1 모우릿센과 요르겐센(Mouritsen and Jørgensen 2008)을 볼 것.

히려 다문화주의와 관련된 정부 쟁점과 시민의 기대에 대응해야 할 정부(정치) 및 정부의 (무)능력에 대해 부정적인 태도를 보인다. 이러한 거버넌스 가정은 우리가 국경과 스페인에서의 문화적 수용 쟁점을 비교할 때 발견되는 이중성을 이해하게끔 도와줄 것이다.

스페인에서 다양성의 조건: 종교적 그리고 민족적 다원주의

만약 스페인의 정체성으로 이어진 다양성의 역사적 국면이 실로 존재한다면, 최근 몇 년 간 다민족주의로 이해되는 다양성에 이민의 결과로 야기된 또 다른 유형의 다양성이 추가되는 것을 볼 수 있다. 이론적으로, 우리는 이민을 다양성의 한 구성물로 여기기 않고 이민이란 존재하는 다양성을 전면에 나타나도록 이끄는 매개체라고 주장할 것이다. 즉, 상이한 종교, 언어, 문화를 가지고 도착한 이민자는 종교에 대한 관리, 언어적 다원주의, 그리고 문화적 다원주의와 연관된 것과 같이 민주화 시기 이래로 해결되지 않은 채 남겨진 다른 논쟁을 또한 재활성화시켰다. 이러한 관점에서, 다양성에 대한 조건을 어떻게 관리할 것인가에 대한 질문은 스페인이 다양성 사회로서 어떻게 자신을 인식하는가에 관한 하나의 거울 효과[2]를 고려하게 한다. 다음 절에서 필자는 이슈화되는 두 논쟁을 논의하고자 한다. 비신앙국가[3]라고 스스로 인정한 한 국가에서의

2 자기가 좋아하는 사람을 무의식 중에 따라하는 습관을 말한다. — 역자 주

3 신앙국가는 한 가지 특정한 종교만을 공식적으로 채택하거나, 이를 국민에게 강요하

종교적 다원주의에 대한 논쟁과 특히 카탈루냐(Catalonia)[4]의 규범적 관점으로부터 이의를 제기하는 이민과 다민족주의 사이의 연결성에 관한 논쟁이다.

종교적 다원주의에 대한 관리: 새로운 질문에 대한 오래된 답변

국가와 사회의 관점에서 보면, 스페인에서 이슬람이라는 소위 새로운 소수자 종교가 스페인의 역사적 경험이라는 맥락 내에서 개념화되어야 할 필요가 있다. 8세기 이상의 기간 동안 스페인에서 무슬림의 존재는 다른 유럽국가와는 상이한 이슬람에 대한 대응을 형성하였다. 스페인에서의 다문화주의의 대부분의 갈등이 무슬림 공동체와 관련된다는 사실은 일반적인 무슬림에 대한 오랜 부정적 인식 특히 '무어인(the Moor)'이라는 경멸적인 용어로 불리는 모로코인에 대한 부정적 인식을 바탕으로 스페인의 정체성이 부분적으로 형성되었다는 것을 고려할 때 이해될 수 있다(Zapata-Barerro, 2006: 143).

'무어인'에 대한 부정적 고정관념의 집단적 형성은 이베리아 반도에서 8세기 동안 살았던 무슬림에 대한 기독교의 1492년 승리로부터 시작되었는데, 이때 이후 스페인 왕정(이사벨 여왕과 페르디난도 왕)은 무슬림,

는 국가이다. — 역자 주

4 스페인에서 운용되는 두 가지 언어 모형이 있다. 대부분의 비공식적 자치공동체는 단일 언어를 사용하는 반면, 공식적 자치공동체(Autonomous Communities)는 이중 언어를 가지지만, 언어적 다원주의를 관리하기 위한 이들의 접근방법은 상이하다. 중앙정부의 관점에서 보면, 스페인은 전국의 모든 시민이 반드시 배워야만 하는 공식적 국가 언어를 정했지만, 각자의 영역 내에서 사용하는 지역적 언어에 주어진 공식적 지위도 역시 존재한다.

유대인, 그리고 로마인을 스페인에서 추방하였다. 기독교로 개종하여 스페인에 머물렀던 무슬림은 스페인의 재정복(*Reconquista*) 이후 무슬림(*moriscos*)의 추방과 함께 1609년에 완전히 사라졌다(Zapata-Barerro, 2006). 마틴 코랄레스(Martin Corrales, 2002)는 재정복에 대한 선전선동 활동에서 무어인에 대한 표현이 이슬람 종교를 어떻게 평가절하하였는지와 무어인은 불결하고, 불충하고, 거짓되고, 잔인하고, 겁이 많다는 등의 선입견을 어떻게 갖게 되었는지를 설명하였다. 스페인의 역사적인 또 다른 국면, 즉 아프리카 전쟁 이후 (1912년에 보호령이 된) 모로코에 대한 점령과 스페인 내전에서 친프랑코 편에 선 무어인 군대의 참여 등에서 비롯된 무어인에 대한 부정적 이미지는 나아가 '무어인공포증(*Maurophobia*)'을 낳는 데 기여했다. 무어인에 반대하여, 스페인의 정체성은 스페인주의(*Hispanidad*)라는 사고를 토대로 형성되었고, 이것은 언어적 그리고 종교적 기준에 의해 함께 연결된 사람의 공동체라는 생각을 기준으로 한 차별에 대한 정치적 담론이다. 스페인주의는 정치적 용어로서 스페인어를 사용하고 카톨릭을 종교로 믿는 공동체를 지명하고 스페인어를 사용하지 않는 사람, 무신론자, 메이슨주의자,[5] 유대인, 그리고 무슬림을 배제하는 소속감을 가지며 전체 스페인 지역을 영향권에 두도록 창안된 하나의 정치적 용어이다(García Morente, 1938). 프랑코 정부 시절(1940~1975년)에 이 용어는 충성과 애국심을 고양하기 위하여 동질성과 단일성의 상징으로 재형성되었다(González Antón, 1997: 613).

민주주의로 전환한 이후, 스페인은 카톨릭을 국교로 지정한 신앙국가에서 특정 종교를 국교로 지정하지 않는 비신앙국가로 변하였다. 이

5 메이슨주의자(Masons)는 프리메이슨이라고도 하며, 영국에서 18세기에 만들어졌고, 박애사상을 기본으로 하며 기본적으로 기독교와 대립하지 않지만 가톨릭 교회와 정부의 탄압을 받으면서 비밀단체가 되었다. — 역자 주

모형과 세속주의적 모형 사이의 기본적 차이는 비신앙국가가 종교적 평등을 보장하지 않는다는 것이다. 1978년 헌법의 16조에는 개인과 집단에 의한 종교적 자유와 예배의 자유를 제공한다고 명시되었고, 그리고 '믿음(faith)이 국가 종교의 특성을 가져서는 결코 안 된다'고 보장하였다.[6] 그러므로 헌법은 스페인을 비종교국가로 규정하였다. 그러나 또한 종교적 공동체와 함께 관계를 유지하도록 스페인에게 의무를 지웠다. 1992년에 스페인 국가(the Spanish state)와 스페인 이슬람 위원회(Islamic Commission of Spain, Comisión Islámica de España) 사이에 협정서가 체결되었고, 이는 스페인 안에서 소수 종교로서의 이슬람에 대한 제도적 인지의 시초가 되었다. 이러한 협정서는 스페인의 이슬람인에 대해 몇 가지 특권을 인정하는 것이고,[7] 유럽연합에서 이슬람의 인지를 위한 가장 광범위한 법적인 틀로 간주된다.[8]

다양성 관리와 관련하여 필자는 핵심적인 쟁점을 강조하고자 한다. 가톨릭교회의 법적 권력에 대한 쟁점과 관련하여, 유대인과 개신교도가 무슬림과 비슷한 편익을 인정받았던 반면 가톨릭교회는 여러 부가적 특권을 누렸다는 사실이 있음을 인정해야만 한다. 이러한 편익은 1979년에 교황청이 승인한 네 가지 합의로부터 나왔다. 이는 경제적, 교육적, 군사적, 그리고 사법적 문제를 포함한다. 이슬람과 같은 소수 종교의 성장은 특권과 경합하였다. 이러한 맥락에서 가장 중요한 쟁점은 재정인데, 이

6 Constitución Española, 1987(http://www.congreso.es/funciones/constitucion/indice.htm)

7 이러한 특권에는 공적 그리고 사적 학교에서 이슬람의 교리에 따른 훈육을 받을 권리, 무슬림 축일에 축하를 받을 권리, 시민법하에서 인정된 무슬림과 결혼을 할 수 있는 권리 등이 포함되었다.

8 이슬람과 스페인에 관한 권위적인 연구 및 흥미로운 조언은 López García(2002), Martin-Muñoz(2003), 그리고 Lópezsep, Garcia and Berriane(2004)를 볼 것.

재정은 가톨릭교회가 자발적인 세금 기부, 그리고 최근까지 지속되는 직접적인 지급을 통하여 받은 것이다. 2004년에 개신교, 이슬람, 그리고 유대교 공동체의 지도자는 비가톨릭 단체에게 납세자의 세금의 일정 비율을 기부하도록 하는 선택 조건을 납세자에게 허가하도록 국가 소득세 양식을 수정하기를 정부에 요청하면서, 가톨릭교회가 향유하는 것과 비교하여 처리할 것을 주장하였다(US Department of State, Spain, 2006). 이러한 협상이 비록 합의 없이 끝났지만 2006년 9월에 직접적으로 지불하도록 하는 입법적 변화로 종결되었다. 하지만 가톨릭교회에 대한 자발적 기부는 0.52%에서 0.7%로 오히려 증가하였다. 자발적 기부에 대해 두 가지 선택 조건이 납세자에게 제공되는데 그것은 가톨릭교회와 사회사업이다(Zapata-Barerro, 2006).

논쟁의 두 번째 핵심적인 질문은 공공 종교 교육을 제공하도록 정부를 설득하기 위한 무슬림 지도자에 의한 노력과 관련이 있다.

공립학교에서 적어도 10명 이상의 학생이 요구할 때 가톨릭, 이슬람, 개신교/기독교, 그리고 유대교 연구에 대한 교육과정의 교사를 위한 기금을 제공하는 법안이 2004년에 승인되었다. 이러한 교과과정이 필수과목은 아니기 때문에, 여러 종교 연구를 선택하지 않은 학생은 일반적인 사회, 문화, 종교 주제를 포괄하는 대안적 교육과정을 선택하도록 의무화하였다. 2004년에 정부는 또한 공립학교 학생에게 이슬람에 관한 교과과정을 가르치는 20명의 이슬람 교사를 위해 지급할 기금을 마련하였다. 소수종교에 대한 교육에 맞추어 가톨릭, 개신교, 무슬림, 그리고 유대인 학생을 위한 종교 학교 또한 존재하였다(US Department of State, Spain, 2006). 그러나 주된 교육적 문제점은 특정 공립학교에 이민 학생의 높은 집중도, 인종주의자에 대한 입학허용 관행의 존재, 그리고 가톨릭주의와는 다른 종교의 교육에 대한 부족에서 나타났다. 비록 스페인

정부와 스페인 이슬람 위원회 사이에 체결했던 1992년의 협정서가 공립 학교와 사립학교 모두에 있어서 무슬림 학생에 대한 이슬람 교육의 권리를 보장한다 할지라도 실제로 많은 학교는 이러한 기회를 제공하지 않고 또 지방정부는 이슬람 교육에 많은 우선권을 주지 않았다(SOS Racismo, 2003: 193).

가장 최종적인 쟁점은 예배 장소에 대한 권리이다. 스페인 법(종교의 자유에 관한 법(Ley Orgánica de Libertad Religiosa), 2조 2항 법조문)은 종교에 대한 권리와 모든 사람, 모든 민족, 그리고 모든 외국인을 위한 예배 장소를 설립하기 위한 종교적 공동체를 인정하였다(역시 Ley 4/2000의 법조문 3조를 보라). 1992년의 협정서에 따르면 모스크(이슬람 사원)와 여타 인정받은 종교적 공간은 신성불가침하며 우호적인 재무계획으로부터 파생된 이득을 누릴 수 있다고 명시하였다. '성가극(oratorios)'을 공개하고/또는 모스크를 건설하기를 희망하는 이슬람 공동체의 유일한 요청 사항은 스페인 이슬람 위원회로부터의 동의와 예배장소를 기도자와 종교 교육을 위해서만이라도 허용하겠다고 하는 서약이다(Jefatura de Estado, 1992). 지방정부는 예배장소의 개소를 위한 토지를 제공할 의무가 있지만, 실제로 이 법은 종종 지방자치단체에 의해 무시되었다.

요약하자면, 법(Jefatura de Estado, 1992)에 의해 종교적 다원주의를 보장한 1992년의 합의서에도 불구하고, 무슬림 공동체는 정상적인 종교 생활로 이끌 기반시설을 가지지 못하였다. 종교적 요구는 무슬림과 비무슬림, 행정, 그리고 사적 영역 사이에서 몇 가지 갈등적 상황을 야기시켰다. 모스크의 설립은 아마도 가장 중요한 종교적 요구이다. 이웃의 반대 시위와 지방정부의 저항은 사회적 갈등의 한 주요한 원인을 보여준다.

종교적 다원주의를 고려한 논쟁은 아직까지 초기적 상태에 머문다. 스페인 정부가 '이슬람 문제'에 답하는 방법은 스페인이 좀 더 일반적으로 종교적 다원주의에 대한 문제를 해결하고자 하는 방법과 밀접하게 관련된다.

다민족 국가에서 언어적 다양성의 관리: 카탈루냐 지방을 중심으로

이민과 다민족 국가의 연계는 카탈루냐 자치지역의 사례에서처럼 국가가 없는 민족의 맥락에서 이민이 제기하는 차별화된 문제에 대한 하나의 정치적 요건이다. 이민과 다민족주의는 정치적으로 뚜렷하게 구분되어야만 하는 역동적 관계이다. 이러한 관계가 관리되는 형태는 이미 존재하는 하나의 논쟁을 재개하고 주목하게끔 한다는 점에서 스페인의 하나의 중요한 쟁점이다. 민족적이면서 비국가적 정체성이라는 개념이라는 측면에서 이민자의 순응에 대한 요구는 자치적 통치를 위한 요구에 관한 효과를 가질 수 있다(Zapata-Barerro ed., 2009). 예를 들면, 이민자가 민족적이면서 비국가적 정체성의 구축 과정 내에서 어떻게 인식되는가? 이민자의 수용이 지방(sub-state)수준에서의 민족적 정체성의 맥락 속에 어떻게 고려되어야만 하는가?

이민에 관련된 자치적 통치에 대한 카탈루냐의 요구를 정당화하는 이유를 모색한 카탈루냐 자체의 조사연구에서 카탈루냐는 정치적 그리고 입법적 관리에 대한 책임과 연관된 주장에 집중할 뿐만 아니라, 카탈루냐에 대한 특별한 정체성에 관한 논쟁을 공개하였다. 이민에 대한 국가협정(National Pact for Immigration: PNI)[9]이 프로젝트화되는 지금 현재 진행 중인 토론의 틀은 카탈루냐의 정치적 논쟁과 스페인의 정치적 논쟁

9 http://www.gencat.cat/benestar/societat/convivencia/immigracio/pni/index.htm를 볼 것.

속에 정체주의적 주제에 대한 도입을 위한 맥락을 정확하게 제공하였다. 이민, 자치적 통치, 그리고 정체성과 연관된 논쟁은 근본적인 사안이다. 주요한 소수민족(예를 들어 퀘벡과 플랑드르 지역)은 이민의 정치와 그들의 민족주의 정치를 직접적으로 연결짓는다(Zapata－Barerro, 2009).

스페인으로 들어오는 대다수의 이민자가 카탈루냐에 정착한다는 암묵적인 논쟁과 함께 지금까지 논의는 이민자의 유입을 통제할 수 있는 능력에 대한 수요에 그 초점을 맞추었다(카탈루냐는 스페인에서 가장 많은 이민자를 가진 자치공동체로서, 2008년 7백만 전체 인구 중 약 백만 명에 이른다). 이민자가 스페인 국적을 얻기 위해서 왕에 대한 충성을 맹세해야만 한다는 사실, 2개 국어를 사용하는 지역에서 적응하기 위해 또는 단순히 국적을 얻기 위하여 다른 언어에 대해서는 요구하지 않지만 스페인어는 말할 줄 알아야 한다는 사실과 같은 인식에 다른 수요는 더욱 관련되었다. 만약 갈리시아어/바스크어/카탈루냐어만을 말하는 어떤 모로코인이 직장에서 스페인어로 말하길 거부한다면 무슨 일이 일어날 것인가?

논쟁이 민족적(비국가적) 정체성이라는 측면에서 형성될 때, 특정한 규범적 의문이 제기된다. 민족적 정체주의적 담론은, 플랑드르에서 발생했듯이, 생각지도 않은 결과와 함께 민족주의자 프로젝트 그 자체에 대한 민족주의화를 촉발시킬 수도 있다.[10] 이러한 맥락에서, 이미 존재하는(다민족주의) 다양성과 나란히 하면서 새로운 다양성(이민자)에 대한 수용이라는 언어로 분명히 표현하며 그 담론에 다시 초점을 맞추는 것은 유용할 수 있다. 이러한 두 가지 과정은 이들이 똑같은 영토적 공간에서 동시에 일어날 때 반드시 충돌할 필요는 없으며, 차라리 함께 융합시켜야만 한다. 이것은 카탈루냐에 정착하기를 원하는 이민자가 카탈루냐어를

10 플랑드르 지방의 사례에 관해서는 Swyngedouw(1992/1995)를 보고, 또 De Witte and Klandermans(2000)를 볼 것.

역시 구사하는 것을 보장하기 위한 수단을 제공하거나 요구하는 것이 정당하다는 것을 의미한다. 사실, 이것은 이민에 대한 국가 협정(National Pact for Immigration: PNI)에 관한 논쟁에 동기를 부여하는 철학이며, 그 안에서 다른 특성과 함께 카탈루냐어에 기초하여 하나의 '평범한 공공 문화'의 범위가 정해지게 된다.

그러나 이러한 사례에서 역시 우리는 사람들이 작업장에서 자신의 언어를 말한다는 사실을 인식을 해야만 한다. 이민자 출신의 사람이 카탈루냐어를 말해야만 하는 동기는 두 가지 요소와 직접적으로 비례할 것이다. 하나는 카탈루냐에 영구히 정착하고자 하는 의도이고, 다른 하나는 사회적 계층을 향상시키기 위해서 전문직 업무를 위해서 카탈루냐어를 구사하는 것이 필요하기 때문이다. 이러한 사례에서, 통합에 대한 궁극적 측정 잣대로 그 지역의 언어를 이용하지 않도록 조심하는 것이 또한 중요하다. 이를테면 한 이민자가 다음과 같이 확실히 말할 수도 있는데, 즉 "나는 스페인어(카탈루냐어/바스크어/갈리시아어)를 말하지만, 나는 통합되었다고 느끼지 않아"라고 말할지 모른다. 새로이 도착한 이민자의 수용, 사회적 기회의 제공 그리고 카탈루냐어 사이의 연결에 근본적인 중심을 두는 통합법에 관한 실질적인 논쟁은 이러한 질문을 확실히 잘 다루는 것처럼 보인다.[11]

다민족 국가에서 언어적 다양성에 대한 예는 다음과 같은 점을 보여준다. 즉, 국가 이민 정책이 하나의 문화적 공동체로서 바로 그 자체의 발전에 영향을 미치는 과정을 관리하기 위해 민족 자체에 대해 어떠한 도구나 자원도 소수민족에게 제공하지 않기 때문에 소수민족의 상황을 더 악화시킨다는 것이다. 따라서 우리는 자치 정부의 정치와 면밀하게

11 http://www.gencat.cat/benestar/societat/convivencia/immigracio/acollida/index.htm 를 볼 것.

묶인 하나의 쟁점에 맞닥뜨리는데, 즉, 이러한 정치는 주어진 소수 문화적 공동체의 정당성 관리에 대한 궁극적 토대가 된다. 여기서 다루고자 하는 것은 이러한 오래된 쟁점에 대한 조사이다. 그러나 어떤 이중적 소속이 존재하는 사회 내에서의 조사이며 이중적 소속이란 국가의 다수가 참여하는 정치적 공동체에 대한 소속과 소수민족에 의해 표현되는 공동체에 대한 소속을 뜻한다.

다음 절에서 필자는 스페인에서 다양성에 관한 공적 담론을 논할 것이다. 첫째, 나는 스페인에서 다양성과 연관이 있는 이민을 맥락화하고자 한다. 둘째, 나는 스페인에서 가장 부정적인 의견을 특징짓는 유형을 확인할 것이고, 그 맥락적인 초점을 함께 살펴볼 것이며 주된 자료로 2005년의 CIS(Centro de Investigaciones Sociológias, 사회조사센터) 조사를 참고할 것이다. 끝으로 필자는 조사의 주요 결과를 요약하면서 거버넌스 가정을 지지하는 방향으로 결론을 내려 보고자 한다.

스페인에서 이민과 관련된 다양성의 맥락

스페인은 이민에 대한 상대적으로 짧은 역사를 가졌다. 20년 동안 스페인은 이민 송출국에서 이민을 받아들이는 EU의 주된 나라 중 하나로 변화되었다. 비록 스페인이 아직까지 다른 유럽국가(2006년 1월 1일 기준 인구의 6.1%에서 9.3% 사이를 차지함)의 이민자의 수와 비교해 볼 때 상대적으로 낮은 순위를 차지하지만, 외국인 인구는 5년 전에 비하여 두 배나 넘게 증가하였다.[12] 북아프리카와 남미에 대한 경제적 그리고 역사적 연계는 이민의 흐름을 유발하는 주된 요인이 되었다.

2000년에 정당이 선거운동 이슈에 이민을 포함시키면서 시작하였고(Zapata-Barerro, 2003) 또 이민은 몇몇 입법적 변화를 거치면서 제도화되었다. 9.11테러 여파로, 이민은 점차 안전문제와 결부되었고, 이는 국경선 통제의 증가, 불법적 이민 흐름에 대한 단속과 이민법의 제한에 대해 더욱 커진 관심을 초래하였다. 지난 6년에 걸친 스페인 이민법의 변동은 이민에 관한 정치적 담론이 아직까지 진행 중이라는 것을 말해준다. 종합적으로, 이민 정책의 개발은 이민의 흐름을 통제하는 것(제한)에 주로 초점을 두었고(그리고 현재까지 광범위하게 초점을 둔다), 그 반면에 이민자의 사회적 통합을 위한 효과적인 정책은 부족한 실정이다. 유럽의 외부 국경에서 밀입국 이민에 대한 압박은 이민에 대한 사회적·정치적 논쟁의 중심으로 대두되었다. 이러한 불법적 이민의 흐름이 단순히 스페인의 문제만이 아닌 유럽의 문제가 된다는 경고가 증가하였다. 스페인은 유럽연합(EU)에 대해 EU 국경에 대한 책임을 질 것을 압박하였다(Zapata-Barrero and de Witte, 2007).

이러한 '국경통제'의 위기에도 불구하고, 역시 이민으로부터 야기된 문화적 다양성과 연관된 긴장 또한 존재한다. 스페인은 다양한 이민자 인구를 가졌는데 가장 거대한 집단은 라틴아메리카출신(35%)이며, 아프

12 2005년 12월 31일에 타당한 주거증명서 혹은 허가 증명서를 가지고 있는 스페인에서 외국인의 수가 2,738,932명[Informe Estadístico 31-12-2005, 노동사회복지부(Ministerio de Trabajo y Asuntos Sociales)]이지만, 2006년 1월 1일에 지방의 차원에서 등록된 외국인의 수는 3,884,573명[시 인구조사국(pádron municipal), 국립통계청(Instituto Nacional de Estadística), 2006]이다. (지위가 독립적인) 모든 외국인 거주자들이 지방 거주자 속에 그들 자신을 등록할 수 있지만, 노동사회복지부(Ministry of Labour and Social Affairs)에서 제공한 외국인의 수는 타당한 주거 허가를 받은 외국인들만 단지 참고하고 있다. 전체 인구는 국립통계청(Instituto Nacional de Estadística)에서 제공받았다.

리카(23%), 유럽연합(22%) 그리고 유럽연합 이외의 유럽국가(12%)가 그 뒤를 차지한다. 이 절의 앞에서 언급한 바와 같이, 스페인 내 이주 관련 다양성의 갈등은 스페인 사회에서 가장 '눈에 잘 띄는' 집단, 즉 무슬림 이민자의 문화적·종교적 요구로부터 주로 파생되었다.

게다가 이민자에 대한 두 가지 범주가 존재하는데 하나는 '눈에 띄는(visible)' 사람이고 다른 하나는 '눈에 띄지 않는' 사람으로, 일반적으로 공공기관과 사회는 이를 비공식적으로 받아들인다. 잠재적 갈등은 전자와 관련이 있다. 가시성이 명확한 세 가지 차원은 피부색, 언어, 그리고 종교이다. 정책 방향을 위한 기준으로 사용되면서, 이러한 가시성의 많은 부분은 무엇이 스페인주의(기독교인)의 귀환으로 명명될 수 있는가를 설명한다(Zapata-Barerro, 2006).

사회적·정치적 결과와 함께 나타난 첫 번째 사회적 갈등은 2000년에 발생하였고, 이때 모로코 이주노동자에 대한 폭동이 엘 에지도(El Ejido) 지역에서 발생하였는데, 그 곳은 스페인 남동부의 농촌 지역[13]이다. 폭동은 거리의 점령과 모로코인의 존재를 의미하는 그림을 불태우는 것으로 시작되었다. 상황은 곧 '무어인 사냥'으로 또한 묘사될 정도로 악화되었다(Zapata-Barerro, 2003). 몇몇 모로코 노동자는 인종적 공격에 대항한 파업을 선택하였고 노동 및 생활 조건을 개선해 줄 것을 주장하였다. 노동조건에 관한 합의(그러나 합법화는 아닌)에 이르고 난 이후, 이민자는 일터로 돌아갔다(Zapata-Barerro, 2003). 4년이 지난 후 유사한 갈등이 엘케(Elche)에서 목격되었는데 그 곳은 알리칸테(Alicante)의 해안 지방으로 오랫동안 신발을 생산하는 지역이었다. 그 곳의 스페인 노동자는 중국계 신발 공장 두 곳에 불을 질렀고 중국의 신발생산자에 대항하

13 슈다드-코르띠호(ciudad-cortijo)는 스페인 남부 광대한 지역의 전형적인 농장으로 이루어진 지역이다. ㅡ 역자 주

여 거의 500여 명의 사람이 (허가를 받지 않은) 시위를 벌렸다. 시위는 스페인 사람이 자신의 전통적인 사회 관습, 고용 규범, 그리고 노동관계가 새로운 경쟁자에 의해 위협을 받는다고 느꼈기 때문에 아시아계 사업가의 존재에 반대하여 벌였고, 그것은 하나의 결과로서 인종주의를 초래하였다(Cachón－Rodríguez, 2005를 볼 것).

엘 에지도(El Ejido, 2000)와 엘케(Elche, 2004) 폭동 모두는 스페인 사회의 인종주의적 감정을 반영하고 또 이민자의 불안정한 노동과 삶의 조건을 조명한다. 2001년 미국의 9.11테러와 2004년 3월 마드리드의 폭탄공격 이후, 스페인 사회에서는 무슬림에 대한 적대적 감정이 급증하였다고 보고되었다(예를 들면, 인종차별주의와 외국혐오주의에 관한 유럽 감시센터(European Monitoring Centre on Racism and Xenophobia, 2001년과 2006년; 그리고 인권을 위한 국제 헬싱키 연합(International Helsinki Federation for Human Rights), 2005년 참고). 이러한 방식으로 무슬림 이민자 커뮤니티 주변에 사회적 갈등이 집중되었다. 이러한 상황 또한 정치적 담론에 잘 나타난다(Zapata－Barrero & Qasem, 2008).

신문의 분석을 바탕으로 볼 때,[14] 각종 사건이 발생했던 지역에서 뿐만 아니라 전체 스페인 사회에서 맞닥뜨리는 최소한 세 가지 유형의 쟁점이 있는데, 그것은 인종차별주의, 문화적(종교적) 다양성의 관리 그리고 다문화주의의 정치화였다. 다문화주의의 정치화라는 후자의 유형은 정치적 담론과 선거 캠페인의 대상으로서 문화적 다양성에 대한 도전을 이용하는 것과 관련된다. 이러한 정치화는 무슬림의 주장과 명백하게 관련이 있고, 무슬림에 대한 시민의 항의에 대응하는 어려움과도 명백하게 관련이 있다.

14 이민에 관한 신문 기사는 2006년 9월부터 El París, El Periódico, El Mundo, ABC 그리고 La Vanguardia의 기사내용을 중심으로 수집하였다.

그러나 이러한 사회적 갈등은 스페인의 여론을 명백하게 반영한 것은 아니다. 대부분의 여론조사결과는 여론이 문화적 다양성과 연관된 쟁점보다는 국경 문제와 연관된 이민에 뚜렷한 관심을 보인다는 것을 나타낸다. 거버넌스 가정이 설명하고자 하는 것이 바로 이러한 뚜렷한 양면적 가치이다. 부정적인 여론은 정부에 대하여 시민이 가지는 비전과 더욱더 많은 관련이 있고, 또 국경을 관리하는 정부의 능력과 관련된다. 이러한 논쟁은 다음 절에서 더 많이 논할 것이다.

이민에 관한 스페인 여론의 특징

중요한 것은, 스페인에서 이민과 여론을 다루는 대부분의 연구는 이민자의 숫자에 초점을 맞추었다.[15] 따라서 이민자의 숫자와 대중의 인식 사이의 관계는 아주 밀접해 보인다. 그러나 우리는 이러한 관계가 그렇게 직관적이지 않다는 것을 알고 있다. 이민자의 수가 하나의 조건적 역할을 할 것인지의 여부는 다른 변수와 상관관계가 있지만, 부정적 태도를 이해하는 데 그 자체로 중요한 것은 아니다. 예를 들면, 유로바로미터의 결과에 기초한 초국가적인 연구는 한 나라의 이민자의 수와 부정적 인식 사이에 아무런 연계가 없다는 것을 보여준다. 그러나 중요한 것은 이주 흐름의 속도이다. 부정적 태도의 증가는 2000년에서 2005년까지

15 그 중에서도 Valles *et al.*,(1999), Pérez Díaz *et al.*,(2002), Alvira Martín and García López(2003), Campo Ladero(2004), Colectivo IOE(2005), Díez Nicolzs(2006) 등을 볼 것.

35%를 넘을 정도의 이민의 증가에 관련된다.[16] 그러므로 이민 인구의 수에 대한 인식은 흐름의 빈도/속도와 연관지어 고려되어야만 한다. 이것은 유럽의 다른 나라와 비교하여 스페인만의 구별되는 특징이다.

광범위하게 퍼진 또 다른 가정은 효과의 틀 속에 놓여있다. 중요하게도 태도는 이민 효과의 일부를 구성한다. 스페인에서 여론과 이민에 관한 첫 번째 연구가 관심의 초점을 두었던 것은 바로 이러한 효과였다. 우리는 스페인에서 이민 흐름과 연관하여 부정적 여론이 처음으로 강하게 일어났던 것은 우익 인민당(Partido Popular)이 여당일 때인, 6기(1996~2000년)와 7기(2000~2004년) 입법부하에서라는 것을 또한 알고 있다. 정치적으로 '이민이 많으면 많을수록, 부정적 여론의 비율은 더 높아진다'고 가정된다. 그러므로 스페인에 대한 연구는 정부의 정책 그 자체에 의해 도출된 이러한 개념적 틀 아래에서 연구가 이루어졌다.

스페인에서 정보의 주된 원천은 사회조사 센터(Centro de Investigaciones Sociológicas: CIS)[17]의 지표이다.[18] 이 기관의 조사 질문을 살펴보면, 두 가지 다른 해석이 가능하다. 첫 번째 차원에서 지표는 연관된 문제에 대한 여론의 상태를 암시하는 지수로 볼 수 있으며, 유명한 '여론 지표'가 그것이다. 두 번째 차원에서 일련의 특정 질문 및 다양한 몇몇 질문을 포함한다는 것은 어떤 주어진 시간에 구체적인 정부의 관심사를 암시한다고 볼 수 있다. 이민에 관한 조사는 2000년도부터 정기적으로 시작되었

16 1996~2004년 사이의 외국인에 대한 통계와 2005년 12월 31일의 통계 보고(Statistical Report), 노동 사회성과 국가통계청, 지방자치 인구조사(Municipal Census) 1995~2005년으로부터 나온 자료와 따르면, 2000년의 이민 인구는 895,720명이었고, 2005년에는 2,738,932명이었다. 이것은 5년 동안 약 37% 증가한 것이다.

17 사회조사 센터(CIS)는 스페인 대통령부 산하에 있는 기관으로 스페인 사회의 공공 여론 조사를 실시하는 부처이다. — 역자 주

18 사회조사센터 – www.cis.es.

다.[19] 따라서 이 해에 이민은 정부의 의제로 포함되었다.[20]

기존의 주장에서 나타난 스페인의 여론과 다른 나라의 여론은, 스페인의 관용적 성향의 강조(예를 들면, Cea D'Ancona(2004)를 볼 것) 외에도, 이민 입국과 흐름, 국경에 관련된 쟁점에 대한 여론 그리고 이민자의 포섭과 수용에 관련된 쟁점에 대한 여론 간에 차이가 있다. 이러한 구분을 감안하면, 스페인의 부정적 여론은 기본적으로 이민 입국과 흐름의 차원에 집중되었음을 알 수 있다.

다음 절에서, 필자는 어떻게 하나의 기본적인 관심사로서의 이민의 인식이 진화하는지를 보여주기 위해 2006년 3월부터 10월까지의 횡단적 분석을 먼저 수행할 것이다, 이를 통해 부정적 여론의 주요 정점(peak)을 확인하고 또 이 정점을 맥락적으로 해석하고자 노력할 것이다. 우리는 입법적 변화와 정치적 혁신의 기간이 더욱 부정적인 태도를 대체로 야기시키는 경향이 있음을 알게 될 것이다. 그 다음 두 번째 장에서, 부정적 여론의 네 번째 정점(2005년 11월)에 대한 결과를 밝힐 것인데, 이민 관련 질문이 그 지표에서 소개된 것이 바로 2005년 11월이었기 때문이다.

19 이민에 관한 태도를 배타적으로 다루는 첫 번째 조사는 1990년으로 거슬러 올라간다. 그해 3월, 사회 실재에 관한 조사 센터(CIRES, Centro de Estudios sobre la Realidad Social 혹은 Centre for Research on Sccial Reality)에 의해 실시되었고, 9월에는 사회조사센터(CIS)에 의해 실시되었다. 이 조사에 대한 목록은 스페인에서 수행되었는데, Cea D'Ancina(2004)를 볼 것.

20 Zapata-Barerro(2003)를 볼 것.

대중의 관심사로서 이민의 등장

1991년 이후, 사회조사센터(CIS)의 몇몇 연구에서는 이민자에 대한 스페인의 태도에 초점을 두고 연구를 수행했다.[21] 2000년 2월 이후, 이민 쟁점과 관련된 질문은 월 단위로 진행된 조사에 포함되었다(Zapata-Barerro, 2008). '사람들이 국가에 영향을 주는 세 가지 가장 중요한 문제로서 무엇을 고려하는가'라는 질문에서, 이민은 2000년 9월부터 하나의 주요한 항목이 되었다.

<그림 9.1>은 하나의 문제로서 이민의 중요성에 대한 전반적인 개요를 제시하였다. '이민'의 순위는 다른 답변에 비해 그것이 선택된 빈도와 연관되어 규정된다(모든 답변은 사전에 그 범위가 정하여진다). 이것은

그림 9.1 스페인의 이민에 관한 주요 관심의 경향

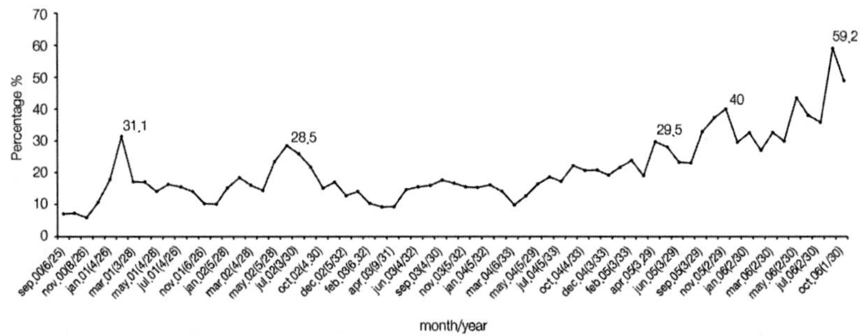

<그림 9.1> '당신의 기준에 따르면, 오늘날 스페인이 직면한 가장 중요한 문제는 무엇입니까? 그리고 두 번째는? 그리고 세 번째는?(최대 3개까지 답변 가능함)'이라는 질문에 대한 답으로 '이민'을 선택한 응답자의 비율

21 http://www.cis.es를 볼 것.

X축상의 괄호 사이에서 찾아볼 수 있다.[22]

대중의 관심사에 초점을 맞추어볼 때 주목해야 할 몇 가지가 있다. 첫째, 전체적인 기간을 통틀어서, 이민은 실업문제, 사회 불안문제, 테러리즘, 주택문제, 경제문제, 정치문제와 함께 스페인에서 가장 중요한 문제 중의 하나로 인지된다. 둘째, 2005년 4월 이래로 이민이 세 번째로 가장 중요한 문제로서 자리매김했다는 것은 실로 놀랄 만한데, 이것은 2004년부터 계속 이민에 관한 관심이 증가하고 확고해짐을 나타낸다. 2005년 10월 이래로 이민은 두 번째 순위를 차지하였는데 첫 번째는 실업문제이고, 세 번째는 테러리즘이 차지하였다. 셋째, 이민에 대한 관심이 높았던 적어도 다섯 개의 정점(peak)이 관찰될 수 있다.[23] 이민의 '문제화'에 영향을 미치는 몇 가지 구체적인 요인이 있는데, 불법 체류 외국인, 이민 흐름의 관리, 차별과 관련된 구체적인 갈등, 법령에 의한 대규모 정책, 정당의 대응적 담론 등이다(Zapata－Barerro, 2009 참고). 모든 것은 입법적 변화와 이민 흐름의 잘못된 관리에 대한 인식과 궁극적으로 관련이 있다. 나는 부정적 태도에 영향을 미친 것이 언론의 관심이라기보다 국경선 관리와 연관된 요인 및 그로 인해 파생된 정책이라고 주장한다.

이러한 차원에서 통치가설이 갖는 의미는 있다. 즉, 이 절에서 앞으로 설명할 부정적 태도는 직접적으로 이민을 향한 것이 아니라, 정부와 정책 그리고 이민과 연관된 쟁점을 관리하고, 또 시민의 기대치에 대응

22 순위는 CIS에 의해 제공된 미리 결정된 답변 범주에 기초한다. 몇몇 사례에서 이민은 그것의 상대적 위치가 다른 답변의 범주와 공유한다.

23 2001년 11월과 12월 그리고 2003년 3월과 4월처럼 상대적으로 낮은 수(10% 이하)는 ETA 테러리즘에 대한 관심의 결과에 주로 기인하고, 또 2004년 3월은 마드리드에 대한 테러리스트의 공격 때문이다.

표 9.1 다섯 개의 정점에 대한 주요 요인

2001년 2월 (31.1%)	- 불법이민에 대한 단속에 목적을 둔 입법적 변화 - 결과: 합법화를 위한 단식투쟁/연좌농성; 로르카 지역에서 교통사고로 12명의 불법 이주노동자가 사망하였고 그들의 불안정하고 불법적 고용 상황이 집중조명됨.
2002년 6월 (28.5%)	- 정치적 의제상 (불법)이민에 대한 통제 - 불법적 이민 대응 단속에서의 핵심적 사건: 유럽연합 세비야 정상회담(EU Seville Summit) - 무슬림과 연관된 갈등, 모스크 건설에 반대하는 인종주의자의 항의 및 예배를 관장하는 성직자(imams)에 대한 갈등
2005년 4월 (29.5%)	- 이민자에 대한 불법적 고용을 종결짓고 또 암시장을 통제하기 위한 두 달간의 합법화 과정('표준화 과정') - 이민자에 의한 시위와 단식 투쟁 - 카나리아 제도(Canary Islands), 세우타(Ceuta) 및 멜리야(Melilla)에 도착한 미등록 사하라 사막 이남의 아프리카인의 수적 증가
2005년 11월 (40%)	- 세우타 및 멜리야에서 이러한 상황의 가속화 - 세우타 및 멜리야의 이런 상황을 통제하려는 수단에 관한 정치적 논쟁과 이어진 멜리야에서의 추가적 국경 철책의 건설 - 유럽 지중해 파트너십 회의(Euro Mediterranean Partnership Conference)에서 불법적 이민에 대한 우선순위적 쟁점 - 프랑스 대도시 내 이민자 인구에 의해 야기된 폭동
2006년 9월 (59.2%)	- 카나리아 제도로 온 불법 이민자의 입국은 모든 기록을 깨뜨림

하는 정부의 (무)능력에 대한 것이다. 지금부터 <표 9.1>에 나타난 정점을 중심으로 논해 보겠다.

2001년 2월의 첫 번째 정점은 여러 가지 요인에 기인한다고 말할 수 있다. 중요한 입법적 변화가 있었는데, 새로운 이민법(외국인의 법적 지위에 관한 법(*Ley de extranjeria*), 2000년 8월)이 2001년 1월에 시행되었고, 이는 최근의 자유법(liberal Law, 2000년 4월)을 몰아내는 것이었다(Aja, 2006). 이 법은 주로 불법이민을 단속할 목적이었지만, 역시 이주노동자의 조합, 시위, 파업에 대한 권리를 박탈하는 것이었다. 이 법은 2001년 1월 이전부터 스페인에 거주하였음을 증명할 수 있는 외국인의 합법화를 위한 요건을 제정하는 칙령(Royal Decree)을 동반하였다. 이러한 법적 변화에 대한 결과는 부정적 인식에 영향을 주었다. 예를 들면, 변화된 법이 효력을 발휘하기 전에 법적 지위를 얻기 위하여 스페인 내 여러 지역의 불법 이민자에 의한 연좌농성과 바르셀로나에서 몇 차례 단식 투쟁이 있었다. 더 나아가, 로르카 지역[24]에서 자동차 사고가 있었고, 거기서 12명의 불법이민자가 죽었으며, 이 사건은 많은 이민자에게 주거와 노동을 허용하지도 않는 불안정하고 불법적인 고용 상황을 집중 조명하였다. 결국, 공직자들은 이민 쟁점에 관해 관심을 재촉하는 목소리를 보였고, 이러한 상황이 관심을 증대시켰을 수 있다(Zapata-Barerro, 2008).

2002년 6월에 두 번째 정점이 나타났다. 이 시기에 (불법) 이민에 대한 통제는 유럽의 다른 나라뿐만 아니라 스페인에서도 정치적 의제로서 아주 뜨거운 주제였다. 무엇보다도 불법이민의 통제는 아스나르[25] 정부의 우선순위 중 하나였다. 이것은 좀 더 제약적인 2000년 8월의 법으로 분명해졌을 뿐만 아니라, 콜롬비아, 도미니카 공화국, 루마니아와 함께 불법이민자를 귀환시키기 위한 새로운 상호 협정서를 서명한 데에서 분명하게 나타난다. 5월과 6월 사이에 이러한 쌍방 협정의 결과로서 나이지리아 이민자의 대규모 추방이 있었다(SOS Racismo, 2002: 116). 불법적 이민에 대한 단속에서 핵심적 사건은 2002년 6월 21일과 22일에 스페인 대통령 주재하에 개최된 유럽연합 세비야 정상회담(EU Seville Summit)이었다. 정상회담의 기본 협정은 만약 송출국가가 자국의 인구를

24 로르카(Lorca)는 스페인 남동부에 위치한 지역이다. — 역자 주

25 아스나르(Aznar)는 1989년부터 2004년까지 스페인 우익 정당인 국민당의 당수를 지냈고, 1996년부터 2004년까지 스페인 총리를 지냈다. — 역자 주

통제할 의지를 설명하지 않는다면 송출국을 규제하는 데 적절한 제한적인 이민 정책을 입안하는 것이었다. 2002년 6월의 정점은 이민에 대해 증가하는 대중의 관심으로 이해될 수 있는데, 이는 이민을 유럽의 의제로 두기 위해 스페인 정부에 대해 압력을 가하기 위해서였다.

카탈루냐의 구체적인 사례에서 이민은 카탈루냐의 정치적 의제 중 주요한 주제가 되었고, 그 곳의 이민자는 카탈루냐 사회와 정체성에 대한 하나의 위협요소로 점점 더 부각되었다. 첫째, 카탈루냐에 정착하는 모로코 이민자의 증가는 카탈루냐 공동체의 자치를 약화시키는 정부정책으로 해석되었다. 둘째, 무슬림과 관련된 갈등이 있었는데, 그것은 모스크 건축에 반대하는 인종차별주의자의 항의와 이맘(imam, 예배를 관장하는 이슬람 성직자)과의 갈등에서 두드러졌다. 이러한 갈등은 카탈루냐 자치정부(*Generalitat*)의 수반이 카탈루냐 이민정책 형성을 주장하게끔 하였다(Aguera, 2002; Pérez, 2002).

세 번째 정점은 2005년 4월에 있었는데, 이것은 이민자의 불법적 고용을 종식하고 또 암시장을 통제하기 위하여 스페인 정부에 의해 채택된 두 달간의 합법화 과정(이 시기에는 '표준화 과정(Normalization process)'으로 불렸다)과 같은 시기에 일어났다. 표준화 정책 그 자체뿐만 아니라 뒤따랐던 정치적 논쟁과 유럽연합 내에서 제기되었던 논쟁에 대한 반응이 부정적 여론을 야기하였다. 합법화를 위한 협상으로부터 이익을 얻기 위해, 이민자는 필요한 조건을 충족시킬 수 없어서 결국 착취 고용주의 손아귀에 내몰릴 것이라고 주장했으며 수많은 시위와 단식투쟁을 바르셀로나에서 일으켰다(La Vanguardia, 2005년 5월 1일; Safont, 2005). 언론은 또한 카나리아 제도, 세우타 및 멜리야에 불법적으로 도착하는 사하라 이남 아프리카인이 증가하였다고 보도하였다. 입국 센터는 들어오는 모든 이민자를 관리할 수 없었고, 이들을 스페인의 다른 지역으로 이송하기 위하여 비행 일정을 재조정해야만 했다(Morcillo, 2005: 19).

세우타 및 멜리야에서 일어난 사건의 증가는 2005년 11월에 (이민에 대한 응답이 40%에 이르는 것으로) 관찰된 가장 높은 정점과 같은 시기에 일어났다. 국경에서 나타난 이러한 드라마의 결과로, 불법이민에 대한 쟁점은 스페인의 사회적·정치적 의제에서 하나의 주요 이슈가 되었다. 이민은 또한 2005년 11월에 바르셀로나에서 열렸던 유럽 지중해 파트너십 회의(Euro Mediterranean Partnership Conference), 그리고 2005년 12월에 브뤼셀에서 열렸던 유럽의회 정상회의(European Council Summit)에서도 논의된 우선적 쟁점이었다. 후자의 회의는 카나리 제도를 포함하여 지중해 지역 전체를 포괄하기 위해 유럽연합이 통합외부 감시 시스템(*Sistema de Vigilancia Exterior: SIVE*)의 확장에 자금을 대는 결과를 낳았다(Missé, 2005). 이러한 정점의 또 다른 이유는 프랑스의 대도시에서 일어났던 이민자가 포함된 폭동으로부터 유래되었고(이 책의 제5장 참고), 폭동은 2005년 9월에 덴마크 신문인 <율란츠 포스텐>에 실린 모하메드에 대한 물의를 일으킨 만화뿐 아니라, 스페인 언론의 지대한 관심을 이끌어냈다(이 책의 제6장 참고).

마지막으로, 다섯 번째 정점은 2006년 9월에 있었다. 그것은 2006년 카나리아 제도에 도착한 불법이민자의 극적인 사건으로 야기되었다. 그 사건은 이민을 스페인 대중의 뇌리를 사로잡는 주된 관심사 중의 하나로 만들었고 스페인과 유럽의 정치적 의제의 선두에 올려놓았다. 1월과 8월 사이, 카나리아 제도의 섬에서는 아프리카 이민자의 엄청난 유입이 목격되었다. 2006년 8월에 카나리아 제도로 4,772명의 이민자가 도착했는데, 이것은 이전의 모든 기록을 깨뜨리는 것이었다. 불법이든 합법이든 이민자의 대부분이 항공편이나 고속도로를 통하여 스페인으로 들어왔지만, 스페인 제도에 도착한 작은 보트로 여행하는 사람(*cayucos*)이라는 이미지와 사람으로 넘쳐나는 입국센터는 2006년 9월 스페인 대중으로 하여금 이민을 가장 중요한 문제로 인식하게 만들었다(59.2%의 응답률). 아프리카 이민자의 엄청난 유입에 대응하고 여론에 영향을 미치기 위하여 로드리게스 사파테로(Rodríguez Zapatero) 수상하의 스페인 사회당 정부는 송출국과 함께 귀환 협정(Return Agreement)의 조정을 시도하였고 동시에 불법적 이민을 단속하는 데 도움을 달라고 유럽연합을 압박하였다. 유럽연합의 국경에 대한 스페인의 통치는 규범적인 질문을 제기하였다(Zapata–Barrero and de Witte, 2007). 여기서 국경 관리, 통제의 부족, 통치, 그리고 여론은 직접적으로 연결되어 있다.

여론의 관심과 연결된 논쟁은 5개의 기본적인 정점에 대한 분석으로 요약된다. 여기서 핵심적 초점은 언론의 관심이라기보다는 부정적 태도에 영향을 미치는 통치와 연관된 요인이다(요약을 한 <표 9.1> 참고).

이민과 평등권에 대한 상이한 태도

네 번째 정점은 유용한 최근의 전문적인 조사 중의 하나와 같은 시기에 일어난다.[26] 여기서 이민은 두 번째 관심사로 간주되었으며(40%), 이것은 실업 쟁점(54%)보다는 낮고, ETA 테러(25.2%)보다는 훨씬 높다(질문 5). 59.6%는 이민자가 너무 많다고 생각하고, 대다수는 규제적 정책을 지지한다(84.7%는 가장 적합한 정책이란 노동계약을 한 사람에게만 입국을 허락하는 것이라는 의견을 나타낸다).

26 http://www.cis.es/cis/opencm/ES/1_encuestas/estudios/ver.jsp?estudio=5118을 참고할 것.

누가 들어와야만 하는가에 대한 질문이 던져졌을 때, 대부분의 응답자는 스페인에서 필요한 노동 자격을 가지고, 교육 수준이 양호하며, 그리고 스페인어(혹은 자치정부가 사용하는 공식적 언어 중 하나)를 구사하는 능력을 갖춘 이민자를 선호하였다. 대략 1/3은 중요한 기준이 되는 것으로 기독교적 신념을 고려하지만 1/5 이하는 이민자가 백인이어야 한다고 생각한다. 이러한 관용(반인종주의)에 대한 증거는 정체성과 감정적 문제와 연관된 모든 질문에서 보일 뿐만 아니라 포용 정책(평등권)과 관련한 질문에서도 관찰된다. 예를 들면, 78.9%의 사람은 이민자가 다른 모든 사람과 똑같은 권리를 가져야 한다고 '상당히 동의' 혹은 '동의'를 표현했는데, 이를테면 교육에 대한 접근(92.5%), 의료보건(81.3%)과 같은 것은 새로운 이주민을 위해 단순화되어야만 할 것이고, 그리고 새로운 이주민은 스스로 원한다면 자신의 종교생활을 해야 하고(81.2%) 지방선거(60.8%) 및 총선(53.4%)에서 투표권을 가져야 한다고 답하였다. 수용과 관련하여 일상적인 삶(자녀 교육, 노동 등)의 영역에서 답변이 긍정적이었는데, 71.7%가 이민자가 자신의 언어와 문화를 유지해야만 한다는 데 동의했고, 이에 대한 반대의견을 표하는 사람은 22.4%였다.

그러므로 우리는 관용이 (학교, 직장 등) 서로 다른 수준에서 표현되지만 포용과 항상 연관되었고 국경 및 이민 흐름 관리의 쟁점과는 연관되지 않는다는 점을 알 수 있다. 그러나 이러한 긍정적인 관용이 경쟁이라는 실제 상황에서 변화한다는 것을 몇몇 연구에서 드러났다는 사실을 고려해 볼 때, 이러한 결과는 좀 더 주의 깊게 다루어져야 한다. 예를 들면, 기메노(Gimeno, 2001)는 부족한 자원에 대한 접근 및 분배를 위한 경쟁과 관련하여 시민의 인식을 집중 연구하였다. 기메노는 만약 사람들이 이민자에 대한 평등적 실행과 한정된 자원에 대한 접근 중에서 선택을 해야 하는 상황이라면, 사람들은 후자를 선택한다고 설명하였다.

표 9.2 스페인에 사는 이민자의 수에 대한 일반 대중의 이미지(%)

전체인구의 10% 미만	15.9
전체인구의 10-19%	20.5
전체인구의 20-29%	13.1
전체인구의 30-39%	8.0
전체인구의 40-49%	4.2
전체인구의 50% 이상	6.6
모름	31.0
무응답	0.6
합계	100.0

초기의 결론은 얼마나 많은 사람이 들어오는가(국경과 이민의 흐름에 대한 주제)에 대해 부정적인 태도를 가짐에도 불구하고, 사람들은 누가 들어오는가(이민자의 국적과 출신을 언급함이 없이, 이민자 개인에 대한 특징을 의미)에 대한 실용적 태도와 평등권에 관한 관용적 태도를 보여 준다는 것이다. 하지만 이러한 모든 의견은 역시 이민자의 숫자에 대한 인식과 연관되었다.

사실, <표 9.2>에 따르면, 인구의 50% 이상이 이민자이고 스페인 거주자의 절반을 차지한다고 전체 인구의 6.6%가 믿으며, 인구의 52.4%는 스페인에 사는 이민자의 수에 대해 과장된 이미지를 가졌다. 평균적인 응답은 '인식된 총량'이 20.4%인 반면에 2005년 정부 자료에 따르면 '실제 수치'는 6.2% 또는 8.5%였다는 것을 보여준다(INE, 2006).[27]

만약 우리가 이민의 흐름과 연관된 쟁점(부정적 태도를 표시하는 사람)과 관련하여 유의미한 상관관계에 초점을 맞춘다면, 우리는 그 추세가

27 이에 대해 31%의 응답자가 의견을 내는 것을 선호하지 않았고(모름), 현존하는 이민자들의 숫자에 관하여 의심을 드러내었다는 사실도 역시 강조되어야만 한다.

타 연구에서 강조되었던 결과와 유사하다는 것을 목격하게 될지도 모른다. 하지만 스페인은 필자가 강조하고자 하는 몇 가지 연관된 차별점을 또한 제시하였다.

스페인에서 사는 것으로 여겨지는 이민자의 비율과 관련된 질문을 고려해 볼 때, 거의 모든 변수에서 '실제적인 총량'과 '인지된 총량' 사이에 맞지 않는 비율이 있다. 이민자의 실제적 비율(%)과 인지된 비율(%) 사이의 불균형은 사회적 범주의 영역 사이에서 발견된다. 평균적으로, 미숙련 노동자는 전체 인구의 23% 이상이 이민자로 구성되고, 여성(23.65%라고 말함), 18세 이상 24세 이하의 젊은이(25.35%라고 답함), 실업자(22.56%로 응답), 학생(평균 20.14%라고 말함), 가정에서 무보수로 일하는 사람(22.16%라고 말함)이 그와 비슷한 비율을 차지한다고 인식하였다. 실제적 비율(%)과 가장 근접한 사람들은 우파(14.81%로 나타남), 상위층 및 중상위층 계급(15.97%로 응답), 고등교육을 받은 사람(15.35%로 나타남), 그리고 관리자와 전문가(16.61%로 나타남) 등이다.

숫자에 대한 인식('이민자의 수가 너무 많다')과 좀 더 규제적인 정책(노동 허가를 가진 사람만 오직 입국을 허가함)에 대한 옹호 사이의 상관관계는 알비라 마틴과 가르시아 로페즈(Alvira Martín and García López, 2003)에 의해 지적되었듯이 2005년 11월의 지표에서 다시 한 번 명백하게 나타났고, 비록 아주 강력하지는 않았지만, 투표했던 84.7%의 스페인 사람이 '고용 계약을 체결한 사람만이 입국을 허가받아야만 한다'는 의견을 제시한 반면, 동시에 59.6%는 '이민자의 수가 너무 많다'라고 답하였다. 그러므로 여론의 양면성은 명백하다.

결론:
다양성 관리에 관한 새로운 민주적 전환을 위하여

이민은 많은 논쟁을 불러일으키는 주제이고, 행정적 모호함, 파편화를 드러내며, 사회를 양극화하고, 통치 능력에 대해 끊임없이 의심을 불러일으킨다. 스페인의 사례가 매우 독특하게 다루어진 이유는 이 책이 사실의 문제보다 해석의 문제를 강조하기 때문이다.

유럽의 맥락 내에서, 종교적 다양성과 민족적 다양성이라는 오래된 질문이 이민이라는 새로운 도전에 직면하게 되는 곳인 스페인이 어떻게 다양성 관리를 위한 하나의 실험실인지를 보여주는 두 가지 쟁점이 있다. 첫 번째 쟁점은 이민이 어떻게 기존의 다양성에 영향을 미치는 요인이 되고, 이 쟁점 때문에 과거에 미해결된 상태로 있던 정체성 관리에 대한 관리를 하게 하는가이다. 두 번째 쟁점은 우리가 탐색해야 하는 해결의 실마리 중 하나인 연결고리로, 정치적 쟁점보다는 사회적 여론과 다양성의 동학을 어떻게 해석해야 하는가에 관련한 문제이다. 이러한 논쟁은 우리로 하여금 다음과 같은 사항을 옹호하게 한다. 즉 스페인에서, 우리는 전례가 없는 사회적·정치적, 그리고 문화적 전이의 과정을 목격하였다. 스페인의 정체성과 전통에 다문화주의가 부여하는 의문점 및 이민에 의해 창출된 새로운 역동성 때문에 스페인에서는 다양성의 관리를 주된 초점으로 삼는 두 번째 민주화로의 진전을 요청하고 이를 자극하는 종교적이고 다민족적인 다양성을 둘러싼 논쟁이 부활하였다.

스페인 사례는 또한 여론의 명백한 모순에 대한 좋은 예라고 볼 수 있는데, 이주 흐름의 수준과 국경 관련 문제에 대한 광범위한 부정적 태도 그리고 포용과 평등권에 관련한 문제에 대한 긍정적이고 관용적인 의견을 나타내는 여론 조사결과가 이러한 모순을 잘 설명해준다. 구체적인 요인은 이민의 '문제화'에 영향을 미치는 것으로 보여질 수 있는데, 다음 사항을 포함한다. 즉, 법제의 변화와 이민자 관리소홀에 대한 인식, 그리고 지자체의 범위를 넘어서 사회·정치적 쟁점화를 요구하는 구체적인 갈등, (특히 합법화/표준화 정책과 같은) 획일적인 이민 결정, 그리고 정당의 수동적인 대응으로 이루어지는 담론 등이다(Zapata-Barrero, 2009).

거버넌스 가정은 스페인의 상황을 이해하도록 돕는다. 여기서 부정적 태도는 이민 그 자체 현상에 대한 것은 아니며, 이민과 연관된 쟁점을 관리하고 시민의 기대에 부응할 능력이 부족한 것으로 간주되는 정부와 정부의 정책에 대한 것이다. 이러한 해석적 틀 안에서, 세 가지 연관된 논쟁이 존재한다. 첫째, 부정적 태도를 키우는 것이 이민 흐름 그 자체의 실제적인 양이 아니라 오히려 그것의 성장률에 있다고 볼 수 있다. 높은 성장률은 통치 문제의 증거로서 해석되고 또 부정적 여론에 투영된다. 둘째, 스페인에서 사회 경제적 변수는 부정적 태도를 설명하는 데 있어 매우 중요하다. 셋째, 이민 포용에 대해 나타내는 관용적 태도는 시민의 의견이 어떻게 형성되는가에 대한 의문을 불러일으킨다. 일련의 의문점이 연이어 나타났다. 즉 만약 정책이 이민자와 스페인 사람과의 공존, 평등권과 포용에 더욱 집중하게 된다면, 여론의 초점이 국경 문제로부터 벗어나지 않겠는가? 새로운 부정적 태도가 이러한 통치의 조치를 둘러싸고 발생하지 않을까? 현재 의문이 드는 것은 대부분의 연구에서 나타난 스페인의 관용적 태도라는 것이 실제로는 근거가 없는 의견에 불과하다는 것이다. 달리 말해, 관용적 태도에 대한 준거점이 될 만한 포용에 관한 정치적 관리가 없기 때문이다. 다른 말로, 정부가 포용에 대한 명백한 정책을 가지지 않고(적어도 시민에게 정책을 밝히지 않음), 그 반면에 국경 관리에 대한 정책을 가지기 때문에, 여론이 그 태도를 형성하는 데 있어 아무런 경험적 참고점도 없다고 볼 수 있다. 그러므로 우리는 스페인에서 이민 현상이 평가되는 어떤 틀 안에서 이민에 대한 태도가 해석되어야 하며, 정책의 집행과 시민의 불확실성에 대응하는 정부의 능력을 고려하여 해석되어야 함을 강조한다.

스페인 사례를 아주 흥미 있게 만드는 것은 여론의 모순을 강조한다는 점과 더불어 스페인 사례가 '정부가 하는 것'과 '시민이 인지하는 것'이 서로 연계되는 방법을 보여준다는 점이다. 좀 더 광범위하게 그리고 이 책의 다른 장과 비교해볼 때, 유럽에서의 다문화주의에 대한 반발은 실제로 존재하는 상황보다 오히려 해석에서 비롯되는 문제라는 것을 알 수 있다.

참고문헌

Aja, E. (2006) 'La evolución de la normativa sobre inmigración en España', in E. Aja and J. Arang(eds) *Veinte años de inmigración España, perspectivas jurídica y sociológica [1985–2004]* (17–44), Barcalona: Fundació CIDOB.

Alvira Martín, F. and García López, J.(2003) 'Opinión pública e inmigación', in *Papeles de economia española*, 98: 182–97.

Aguera, I. (2002) 'Los Partidos catalanes rompen la breve ua en torno a la inmigración', *ABC*, 31 May.

Bader, V. (2008) Secularism or Democracy? Associational Governance of Religious Diversity, Amsterdam University Press – IMISCOE Research.

Cachón–Rodríguez, L. (2005) *Bases sociales de los sucesos de Elche septiemnre de 2004*. Madrid: Ministerio de Trabajo y Asuntos Sociales(Sedretaria Estado de inmigración y emigración).

Campo ladero, M J. (2004) *Opiniones y actitudes de los españoles ante el fenómeno de la inmigración*, Madrid: CIS, Colección Opiniones y Actitudes, 48.

Cea D'Ancona, M A. (2004) *La activación de xenofobia en España. Qué miden las encuestas?* Madria: CIS.

Colectivo IOE (2005) 'Ciudadanos o intrusos: la opinión pública española ante los inmigrantes', *Papeles de Economía Espoñola*, 104: 194–209.

De Witte, H. and Klandermans, B. (2000) 'Political racism in Flanders and the Netherlands: explaining differences in the electoral success of extreme right–wing parties', *Journal of Ethnic and Migration Studies*, 26(4): 699–717.

Díez Nicolas, J. (2006) *Las dos caras de la inmigración*, Madrid: Ministerio de Trabajo y Asuntos Sociales (Observatorio Permanente, n 3).

Gagnon, A.; Guibernau, M. and Rocher, F.(eds) (2003) *The Conditions of Diversity in Multinational Democracies*, Quebec: The Institute for Research and Public Policy(IRPP).

Gagnon, A.G. and Tully, J. (eds) (2001) *Multinational Democracies*, Cambridge: Cambridge University Press.

García Morente, M. (1938) *Idea de Hispanidad*. Buenos Aires: Espasa Calpe.

Garreta Bochaca, J. (2003) La intergracion sociocultural de las minorias, Barcelona: Anthropos.

Gimeno, L. (2001) *Actitudes hacia la inmigración*, Madrid: Centro de Investigaciones Sociológicas (n. 34)

González Antón, L. (1997) *Espana y las Españas*. Madrid: Alianza.

La Vanguardia (2005) 'La Huelga de halbre que siguen 170 inmigrantes se mantendrá hasta el sábado'. 1 May.

López García, B. (2002) 'El islam y la integración en España', *Cuadernos de trabajo social*, 15; 129–44.

López García, B, and Berriane, M. (eds) (2004) *Atlas de la inmigración marroquí en España*, Madrid: Taller de Estudios Internationales Mediterráneos(TEIM), Universidad Autonóma de Madrid.

Martín Corrales, E. (2002) La imagen del magrebi en Espana una perspectiva historica, siglos XVI– XX, Barcelona: Bellaterra.

Martin–Muñoz, G. (2003) Marroquíes en España, Estudio sobre intergración, Madrid: Fundación Repsol.

Missé, A. (2005) 'La UE pagará un sistema de control migratorio en todo el Mediterráneo, Los 25 crearán un fondo para la intergración de inmigrantes promovido por Zapatero', *El País*, 12 December: 2.

Morcillo, C. (2005) 'Los vuelos de sin papeles hacia la Península se extienden desde Ceuta y Melilla tras solicitarlo el PP al Gobierno', *ABC*, 1 April: 19.

Mouritsen, P. and Jørgensen, K.E. (eds) (2008). *Constituting Communities: Political Solution to Cultural Conflict*, Basingstoke: Palgrave Macmillan.

Pérez, M. (2002) 'La alcaldesa de Premiá pide ayuda a los gobiernos ante los brotes de racismo por la futura mezquita Jor야 Pujol reclama más competencias para hacer una política de inmigración diferenciada', *El País*, 21 May.

Safont, C. (2005) 'Protesta de 200 guineanos por el elevado coste del certificado de penales', *La Vanguardia*, 10 April: 48.

SOS Racismo (2002 and 2003) *Informe Annual sonre el Racismo en el Estado español*, Barcelona: Icaria.

Swyngedouw, M. (1992) "L'essor d'Agalev et du Vlaams Block", *Courier hebdomadaire dt CRISP*, 1362.

—— (1995) "Les nouveaux clivages dans la politique balgo–flamande", *Revue française de science politique*, 45(5): 775–90

Valles, M., Cea, M.A. and Izquierdo, A. (1999) *Las encuestas sobre inmigración en España y Europa*, Madrid: OPI IMSERSO.

Vertovec, S. (2007) 'Super–diversity and its implications', *Ethnic and Racial Studies*, 30(6): 1024–54.

Zapata–Bqrrero, R. (2003) 'The "Diversity" of Immigration: The Polticisation of Immigration in the case of El Ejido', *Journal of Interantional Migration and Integration*, 4(4): 523–39.

—— (2006) 'The Muslim Community and Spanish Tradition: Maurophobia as a Fact, and Impartiality as a Desiratum', in T. Modood, A. Triandafyllidou, and R. Zapata–Barrero (eds) *Multiculturalism, Muslim and Citizenship: A European approach*, New York: Routledge (chap. 8, 143–161).

—— (2009) *Fundamentos de los discursos políticos en torno a la inmigración*, Madrid: Trotta.

—— (ed.) (2009) *Immigration and Self–government of Minority Nations*, Brussels: Peter Lang editor, Col. Di versitad.

—— (2009) "Policies and Public Opinion Towards Immigrants: The Spanish Case", *Journal of Ethnic and Racial Studies*, 32(7), 1101–1120.

Zapata–Barrero, R. and Qasem, I. (2008) 'Tje Politics of Discourse towards Islam and Muslim Communities in Europe', in P. Mouritsen and K. E. Jørgensen (eds) *Constituting Communities: Political Solutions to Cultural conflict*, Basingstoke: Palgrave Macmillan: 73–93.

Zapata–Barrero, R. and de Witte, N. (2007) 'The Spanish Governance of EU Borders: Normative Questions', *Mediterranean Politics*, 12(1), March: 85–90.

인터넷 자료(조사 및 보고서)

CIS: Centro de Investigaciones Sociológicas: http://www.cis.es

European Monitoring Centre on Racism and Xenophobia (2006) *Muslims in the European Union – Discrimination and Islamophobia*: http://eumc.europa.eu.eumc/material/pub/muslim/manifestations_EN.pdf

US Department of State, Spain (2006) "International Religious Freedom Report 2006", Released on September 15 by the Bureau of Democracy, Human Rights, and Labor (http://www.state.gov/g/drl/rls/irf/2006/71409.htm).

Ley 4/2000–Ley Organica sobre derechos y libertades de los extranjeros en España y su intergración social.

http://www.boe.es/boel/dias/2000/01/12/pdfs/A01139-50.pdf.

Ley Orgánica de Libertad Religiosa (L) 7/1980. de 5 de julio): http://www.boe.es/g/es/bases_datos/doc.php?coleccion=iberlex&id=1980/15955.Jefaturade Estado (1992) Ley 26/1992, de 10 Noviembre, por la que se aprueba el acuerdo de cooperación del estado con la comisión islámica de España, BOE 272, 12 November www.boe.es/g/es/bases_datos/doc.php?coleccion=iberlex&id=1992/24855

US Department of State Spain (2006) 'International Religious Freedom 2006', Released on September 15 by the Bureau of Democracy, Human Rights, and Labor (http://www.state.gov/g/drl/rls/irf/2006/71409.htm).

INE – Instituto Nacional de Estadística (2006, January 17) *Explotación Estadística del Padrón municipal a 1 de enero de 2005. Datos definitivos*. Available at http://www.ine.es

제 10 장

다문화주의: 캐나다의 대응

데이비드 레이

서론

이 책의 여러 장에서 서유럽에서의 이주민 수용 정책의 복잡성과 다문화주의에 대한 국가 간의 다양한 인식을 보여주었다. 비유럽인은 민족 특유의 시민의식이 반영된 독일의 전통(이 책의 제8장을 참조)과는 대조적인 프랑스공화정의 익숙하지 않은 모델에 관한 지식(이 책의 제5장을 참조)을 이해하는 데는 한계가 있다. 그러나 영국, 네덜란드, 스웨덴, 캐나다, 호주와 같은 나라에서 밝히는 다문화주의는 해당국가의 다문화적 역사를 함께 고려하면, 어느 정도의 공통적인 근거를 찾을 수 있을 것이다. 하지만 명백한 것은 다문화주의는 국가의 정치적 문화에 따라 변화한다는 것이다. 네덜란드의 정치문화는 지배적인 종교집단과 비종교 국가 간에 제도 및 문화적 분리를 통해 오랜 기간에 걸쳐 만들어진 관습인 지주화(수직적 차원의 영역분리: Pillarization)와는 분리된 영역 모델에 의해 형성되었으나(본 책의 제4장을 참조), 반면에 종교에 의해 통치되는 국가의 영향을 받은 영국의 변형모델은 분리파 종교학교와 후임제도의 발전을 가능하게 하였다(이 책의 제3장을 참조). 가장 중요한 깨달음은 민주주의적인 다문화주의를 가졌으나 공식적인 다문화정책이 없는 스위스처럼, 국가마다 다문화주의의 의미가 다르다는 것이다(이 책의 제7장을 참조). 즉, 단어의 의미를 확장하는 것은 허용되나 그 범위를 확대하는 것은 정착과 통합정책의 실패를 비판하는 비판론자의 쉬운 표적이 되었다는 것인데, 이 장의 뒷부분에서 설명할 것이다.

실제로, 유럽 내에서 다문화주의의 의미와 실행에 있어서 무엇보다 중요한 국가적인 변수는 일관된 불안감이며, 이는 이민자와 망명자 수용의 실패를 논하는 데 있어서 일관되게 나타나는 불안감과 주기적으로 등장하는 위기에 대한 인식이다. 통합정책은 여론의 변화와 선거 행태의 움직임, 반사적으로 혹은 때때로 기회주의적인 정치적 반응을 수반하는 주요정책의 격변과 함께 매우 불안정한 영역이 되었다. 예전처럼 문화적·경제적·정치적·사회적 통합이 천천히 이루어질 때 나타나던 낮은 수준의 우려는 국가 내 과도한 긴장이 만들어낸 예측할 수 없지만 자주 나타나곤 하던 충격이 증가함에 따라 중단되었다. 이를테면 네덜란드에서의 테오 반 고흐 암살, 프랑스와 영국에서의 심각한 폭동, 덴마크의 만평 논란, 스페인과 영국에 대한 무자비한 테러공격과 독일의 테러리스트가 바로 그것이다. 이주민 집단에 대한 가시적이며 공공연한 사회적 소외와 무작위 폭력의 가능성과 급속한 문화적 변화의 공존은 당연하게도, 오랜 기간 형성된 정체성의 패턴, 소속, 안전에 대하여 의심하게 만들어 근본적인 혼란을 발생시킨다. 이는 집단 간의 대립과 관계 악화를 동반한 반격을 불러일으키기에 좋은 조건이다. 이런 문제의 상황에서, 새로운 세계의 비교연구도 매우 유용할 것으로 보인다. 왜냐하면 가장 많은 이주민을 수용한 세 국가인 호주, 캐나다, 미국이 통합에 대한 도전이 없었기 때문이 아니라, 세 국가는 정착민 사회로서 이주에 기반을 둔 국가건설에서 문화적 다양성을 계획하고 관리하는 의도적인 전략에 대한 오랜 경험이 있기 때문이다. 세 국가의 초기의 인종 간 역사는 실제로 절망적인 참혹한 실패였으며, 호주의 원주민학살 및 인종학살, 인종차별주의를 포함한다. 특히나 인종차별주의는 북·서유럽 이외의 사람과 비유럽인을 향한 제도화된 사회적 배제에 의해 강화되고 고착화되었다. 하지만 최근 20세기의 마지막 1/3은 문화적이고 제도적인 부분의 재배치 과정으로 나타난다. 이러한 희망적인 시기에, 다문화주의는 특히 캐나다와 호주에서는 중요한 역할을 수행했으며, 미국에서는 그 역할 정도가 약했다. 유럽에서 이론과 실제의 측면에서 다문화주의에 대한 비관주의를 고려해 볼 때, 특히 캐나다의 관점이 도움이 될 것이다.

캐나다의 제도로서의 다문화주의

캐나다 다문화주의의 기원은 의도된 것은 아니었다. 1960년대 퀘벡 지방에서 자기 주장이 강해지던 '조용한 혁명'시기 동안 증대되었던 퀘벡의 도전에 대응하기 위하여, 연방정부는 두 개의 공용어와 두 문화 공존에 대한 왕립위원회(Royal Commission)를 설치하였다. 공청회가 전국에 걸쳐 열렸는데, 대표는 영국계 및 프랑스계 캐나다인에 순응하는 관습적인 국가동화모델에 도전하는 우크라이나계 캐나다인과 비영국, 비프랑스 계열 집단에 의해 구성되었다. 1961년 무렵에는, 이 '인가받은 두 그룹

(Charter groups)' 이외의 시민이 국가인구의 25%를 차지했고, 특히 1967년 개혁 이후의 이주동향은 이러한 공유를 지속적으로 확대시켜갈 것을 제안하였고, 실제로 그러했다. 제외된 것도 아니고, 아직 명백하게 분할되고 분리된 것도 아닌 이들 주민의 애매한 위치로, 왕립위원회는 1969년에 「에스닉집단의 문화적 공헌(*The Cultural contribution of Other Ethnic Groups*)」이란 이름의 4번째이자 마지막인 책을 펴냈다. 그것은, 1971년 10월 캐나다 의회에서의 연설에 담긴 것으로 수상 피에라 트뤼도(Pierra Trudeau)의 정치적 직관력이었는데, 왕립위원회의 '두 문화 공존'(두개 국어 상용이 아닌)의 권고를 뒤바꾸는 것으로 다문화주의를 공식적인 정부정책의 시작이 되었다. 수상의 의도는 '다른 민족집단(Other Ethnic Groups)'이 주류집단의 일부가 되도록 하는 것이었다.

트뤼도 정부는 이후 1982년 헌법에서의 다문화주의에 대한 문장을 검토하였으며, 헌법 제27조 '권리와 자유에 관한 캐나다선언'이 '캐나다인의 다문화적 유산과 일치하는' 권리선언문이라고 주장하였다. 그 권리문제에 대해서는 나중에 다시 설명할 것이다. 또 다른 입법제도는 1988년 다문화주의 법률이다. 이 뒤를 이어 1995년 고용평등법이 제정되었는데 이는 캐나다라는 국가에게 다문화주의에 대한 가장 강력한 법적·헌법적인 기초를 마련해주었다. 최근 몇 해, 캐나다 총독으로서 유색 이주여성 수상과 캐나다 입헌군주제의 공식대표인 영국여왕에 의해 맺어진 조약은 국가적 기준으로서 상징적이며 가시적인 문화적 다양성에 대한 제도화를 마련해주었다. 캐나다에서 카리브출신과 중국출신의 대규모 인구를 반영하여 지금의 캐나다 총독인 미첼 장(Michaëlle Jean)은 아이티에서 태어났으며, 그의 전임자인 아드리안 클랙슨(Adrienne Clackson)은 홍콩에서 태어났다. 흥미롭게도 두 여성 모두 백인과 결혼하였으며, 이는 아마도 핵가족 제도하에서 다문화주의적 도덕이 투영된 결과일 것이다. 뒤이어,

예상되는 몇몇 상황 속에서, 이러한 여러 주의 유색 이주민의 상징적인 배치는 몇몇 지방에서 소수민족 구성원을 부총독으로 임명하게 하는 가시적 변화를 야기하였다. 이들은 연방 캐나다 총독과 동등한 주의 헌법적인 역할을 수행한다. 원주민을 포함시키는 모형을 만들려는 노력은 과거 온타리오의 부총독인 제임스 버틀먼(James Bartleman)에서 찾을 수 있는데 그는 외교관이자 독지가로 믄지카닝 부족단체(Mnjikaning first nation)[1]의 구성원이다. 그의 권한에는 3개의 주요 권한을 포함시키는데, '정신질환의 오명을 없애는 것, 인종주의 및 차별주의와 싸우는 것, 젊은 원주민을 격려하는 것'이 바로 그것이다(Government of Ontario, 2007).

문화유산부(The federal Department of Canadian Heritage)는 문화적 다양성에 대한 공식 보호기관이다. 웹사이트에서는 다문화주의에 대한 공식적인 입장을 보여준다.

> 캐나다의 다문화주의는 모든 시민이 평등하다는 우리의 믿음에 기초한다. 다문화주의는 모든 시민이 자신의 정체성을 유지할 수 있고, 혈통에 대해 자신감을 가질 수 있으며, 소속감을 가질 수 있도록 보장한다. 다문화 수용은 캐나다인에게 안전감과 자신감을 주는데, 그들이 다양한 문화에 보다 개방적이며 포용적이게 한다. 캐나다의 경험은 다문화주의가 인종적·민족적인 화합, 여러 문화 간 이해를 고무시키고, 슬럼화, 증오, 차별과 폭력을 막는다(Government of Canada, 2007).

이 요약문은 매우 공식적이고 공손하게 작성되었음에도 불구하고 몇 가지 중요한 논쟁을 낳는다. 다문화주의는 평등, 정체성, 다양성의

1 온타리오 주에 거주하는 캐나다 최대의 인디언인 치페와 인디언(Chippewas) 단체이다. ― 역자 주

수용, 민족적 이해와 조화와 관련이 되며, 반면에 사회적·공간적 소외, 편견과 증오를 막는다. 이는 강력한 주장으로, 연방 캐나다 문화유산부는 이 같은 주장을 '증거 시리즈: 다문화주에 대한 사실(The Evidence Series: Facts about Multiculturalism)'이라는 네 개의 팜플렛에서 입증하려고 애썼다. 이 팜플렛은 다문화주의가 캐나다에 대한 애착을 고무시키고, 이주민의 통합과 시민의식을 증진시킨다는 것을 보여주는 학술연구를 요약한 것이다. 하지만, 팜플렛에는 잔존한 노동시장에서의 계속적인 편견과 증오범죄의 존재 등에 대한 글도 수록되었다. 하지만, 무엇보다도 모든 자료에서는 다문화주의가 이주민통합프로젝트의 일부임을 강조하며, 편협한 분리에 대해 반대입장을 취했다. 이와 같은 이데올로기는 세계 속의 캐나다에 대한 트뤼도의 범세계적인 시각을 포함하였다. 또한 트뤼도는 퀘벡분리주의가 분열을 초래하고 옹졸하다고 하였는데, 이데올로기는 이러한 지속적 반대도 포함하였다. 다문화주의는 이주민과 장기거주민 사이에서 통합을 이뤄내기 위한 다리를 놓는 도구로서 상위정책에서도 지속되었다(Duncan, 2005). 그것은 시민권 획득 시 캐나다제도에 대한 지식에 대하여 간단한 테스트를 요구하는 이유이며, 시민권 수여식이 상징적 유니폼인 캐나다기마경찰의 장교 앞에서 열리는 기념행사가 되는 이유이기도 하다. 이것은 이주민과 난민신청자를 동등한 파트너로서 시민권을 환영하고, 받아들이는 통과의례이다.

평등이 존재하기 위해서는 반드시 관리되어야 하고, 이것이 이례적으로 문화다양성 지표에 인구조사 기록을 상세히 남겨야 하기 때문이다. 캐나다의 인구조사는 매 5년 동안 사용가능하며 출생지, 시민권, 이주 상태, 자칭 민족, 자칭 인종, 종교, 모국어의 사용, 영어와 프랑스어의 사용 능력[2] 등의 데이터를 볼 수 있다. 이 같은 항목은 인구조사내용의 거의 1/4을 차지하는데 캐나다 전통부에 의해 정해진다. 주요 목적은 1988년 다문화주의 법과 1995년 고용평등법과 같은 법률을 준수하도록 요구하는 기준에 어긋나는 행위가 있는가를 감독하기 위한다는 것이다.

정부가 아닌 외부 영역에서, 다문화주의는 학교 교육과정에 뿌리내렸는데, 주로 어린이를 사회화하여 개방적 사회에서의 이점을 얻도록 하였다. 이는 사회참여 지식인, 특히 정치 철학자인 찰즈 테일러(Charles Taylor, 1992)와 윌 킴리카(Will Kymilicka, 1995/1998)에 의해 촉진되었다. 그 결과, 다문화주의는 종종 캐나다의 정체성을 규정하는 특성이 되었다(Li, 2003). 더욱이, 통합에 대한 긍정적 기여로서 다문화주의는 강력한 대중적 지지를 지속적으로 받을 수 있었다.

2006년 9월, 계층별 무작위 추출을 통해 캐나다인 1,500명을 조사한 결과에서는 적어도 캐나다 내에서의 대중 정서에서 다문화주의의 종말은 과장되었다는 것을 보여주었다(Jedwab, 2006).[3] 응답자 중 76%는 다문화주의는 이주민 통합에 도움을 준다는 것에 동의하였고, 76%는 다문화주의가 사회의 동등한 참여에 도움이 된다고 하였으며, 74%는 다문

2 인구조사 데이터는 정부조사에 의해 수집되어진 현재 및 최근의 이주민과 소수민족의 태도, 성과와 건강상태를 평가한 몇 개의 방대한 데이터베이스에 의해 보충되었는데 이 데이타베이스는 캐나다 이주민에 대한 종단적인 조사(three waves, n=12,000, 2001)와 소수민족 다양성조사(n=42,000, 2002)를 포함하였으며, 모든 이주민에 부여되는 입국심사카드에 의거해 개발된 입국 이주민데이타시스템(LIDS) 같은 데이터베이스와 연동된다. 또한 수입세 환급을 제출하고 1980년 이후 캐나다에 입국한 이주민의 세금 파일과 더불어 입국카드와 연계된 종단적 이주민데이타 베이스(IMDB, 1980)와도 연동된다.

3 데이터는 캐나다 사상 최악의 테러 사건이 일어난 직후 몇 개월 안에 수집되었다. 이 테러리스트 사건은 토론토지역에서만 18명의 테러 혐의자를 체포한 것으로, 평판에 의하면 이들은 알카에다와 협력한 것으로 전해지며, 온타리오의 공공기관과 지도자에 대한 다양한 공격을 계획하였었다. 우리는 조사시점에서 다문화주의에 대한 지지율이 침체되었을 것이라는 예상을 할 수 있었으나 그럼에도 불구하고 지지율이 높게 나왔다. 필자는 이 출판되지 않은 통계에 접근할 수 있도록 해준 잭 제드왑(Jack Jedwab)에 고마움을 전한다.

화주의가 국가적 소속감에 도움을 준다고 응답하였다. 또한 다문화주의가 국가적 정체성과 시민권을 지원한다는 의견에 69%가 동의를 하였으며, 공유가치에 대한 동일시를 강화한다는 의견에도 69%가 동의하였다. 더불어 64%는 문화주의가 사회적 화합을 도와준다는 것에 대해 동의하였다. 이 결과는 캐나다 문화유산부 웹사이트의 공식적인 발표를 지지하는 것 같다. 이 연구는 전문직에 종사하거나 대학교육을 받은 응답자가 평가에 더 긍정적이라는 점과 반면에 저임금의 은퇴한 캐나다인은 지지가 덜하다는 점(그러나 부정적인 것은 아님)을 밝혀주었다. 그것은 모국어가 영어도, 프랑스도 아닌 응답자에게는 약간 지속적인 경향으로 나타났고, 거의 모든 이주민은 다문화주의를 보다 열성적으로 지지하였다. 국가적 조사에서 다문화주의와 이민에는 동일한 태도를 보여주는 것으로 나타나는데, 여론조사는 일반적으로 이민에 대한 캐나다인의 태도는 주기적이기는 하지만 언제나 긍정적이라는 견해를 보여준다. 2002년과 2004년의 국제조사는 캐나다인이 이민에 가장 수용적이라는 것을 보여주었다. 2002년 조사에서, 넷 중 셋은 이민을 지지하지만, 반면에 다른 국가에서는 다수가 이민을 지지하지 않았다(Hiebert, 2006). 어느 정당도 이주를 반대하지 않았고, 과거 15년이 넘도록 보수와 자유 진영 간의 정권교체에서도 연간 입국대상자의 변화는 없었다. 실제로 입국대상자의 수는 느리기는 하지만 지속적으로 증가하였다.

역풍: 다문화주의에 대한 공격

유럽의 독자에게는 이러한 설명이 전적으로 유토피아적인 것으로 보여질지도 모른다. 심지어 국가가 대중의 눈길을 끌기 위해 벌이는 사업으로서는 매력적이지 않는 것으로 비춰질 수 있다. 주요한 업적에도 불구하고, 이민정책과 다문화정책을 무결점적인 것으로 제시하는 것은 솔직하지 못하다. 이러한 태도는 캐나다에서 불신을 만들어낼 것이다. 이주민과 난민신청자의 선택, 난민신청자 판정, 인종의 다양성에 대한 차별적인 반응, 미국과의 국경정책의 조화, 충분한 정착서비스, 해외전문자격증 인증 실패, 캐나다사회에서 이주민의 경제적·사회적·정치적 통합의 지연, 그리고 정부의 가이드라인으로서의 다문화주의의 기본적 지위와 같은 문제에 대한 학술비평과 대중비평이 끊이지 않는다.

캐나다에 있어서 다문화주의는 손쉽게 편승할 수 있었던 것은 결코 아니었다. 오히려 다양한 정치적 입장을 대표하는 반대자와의 활발한, 때로는 고약한 논쟁이 있었다(Ley, 2008). 필자는 우선, 조금 오래된 것으로 전형적이면서도 지적인 도전 중의 몇 가지를 검토하고자 한다. 뒤에서 현재의 대중주의자에 대해서, 그리고 유럽에서 발생한 비판주의에 의해 결합되고 고무되어 좀 더 본능적인 반감이 형성된 상황에 대해서 이야기하고자 한다.

정치적 우파는 다문화주의가 국가건설프로젝트를 해체하는 포스트모던한 정체성 정치의 발현이라는 불안감을 가졌다. '문제적 다양성의 급증'과 함께 국가적 분열에 대한 비난이 널리 퍼지게 되었다(Day, 2000). 이는 1990년대 오스트레일리아에서의 폴린 핸슨(Pauline Hanson)의 호주

일국당(One－Nation Party)에 대한 진심어린 호소(*cri de coeur*)와(Ang and Stratton, 2001), 최근 미국에서의 사무엘 헌팅턴(Samuel Huntington, 2004)의 정책적 개입 등에 근거한다. 캐나다에서는 핸슨 식의 정치적 운동이나 다문화적인 균열에 대한 우려가 과거에도 없었고 현재에도 나타날 조짐이 없음에도 불구하고(Gregg, 2006), 시기적으로는 퀘벡과의 관계 악화와 이주민의 사회적 이동 증가가 겹쳐지면서 국가의 조정능력을 지나치게 확대시킬지도 모른다는 우려가 있다.

다문화주의에 대한 연방정책을 지지하는 사람이 우려하는 더욱 큰 문제는 이주민사회의 대표의 반응이었다. 제드왑(Jedwab)의 2006년 조사에서 드러난 바와 같이, 일반적으로 이주민과 이주민 조직은 다문화주의에 대한 열렬한 지지자이다. 그들은 다문화주의를 관용의 지지, 자신의 문화적 유산, 보다 중요하게는 자신의 시민권에 대한 존중으로 바라본다. 그러나 그러한 지지는 모든 사람에게 공유되지는 않는다. 특히나 일부 핵심 인물에 의해 공유되지는 않는데 이주민은 대체로 보수파를 지지하고, 다문화적인 구분에 따라 한 나라를 조각조작 내는 것에 대하여 반대하며, 더욱이 이주민의 관점에 근거하여 이러한 일이 일어나는 것을 좋아하지는 않는다. 다문화주의의 문화적 본질에 대해서도 동의하지 않는다. 그들은 다문화주의를 문화적 인식에 대한 유순한 프로젝트로 간주할 뿐 아니라, 문화적 차이를 재생산하는 문제성 있는 결과로 여기면서, 결과적으로 '무슨 계－캐나다인'과 같이 하이픈으로 연결된 캐나다인을 위한 적절한 문화적 레퍼토리일 뿐이라고 규정한다. 이러한 논쟁은 닐 비순다쓰(Neil Bissoondath, 1994)에 의한 「환상 판매: 다문화주의에 대한 숭배(*Selling Illusions: The Cult of Multiculturalsim*)」란 책에서 매우 설득력 있게 제기되었다. 그는 이 책에서 그가 지닌 트리니다드 혈통의 과거가 그가 현재 캐나다인이라는 사실과 관계가 없다고 주장하였다. 오히려 그는 그의 민족적 뿌리에 대한 추측에서 벗어나 단지 캐나다인이 되기를 원했다. 국가 목표를 반박하면서 그는 다문화주의가 이주민의 정체성에 대한 견제와 소외, 슬럼화에 기여한다고 비난하였다. 이 주장이 제기된 지 얼마 지나지 않아, 문화유산부는 이러한 비난에 반박하기 위해 학술연구결과를 활용하여 다문화주의를 방어하는 팜플렛 시리즈(Evidence Series: 증거 시리즈)를 발행하였다.

비순다쓰의 비판은 가싼 헤이지(Ghassan Hage, 1998)가 오스트레일리아 다문화주의에 대하여 강력한 공격을 가한 것에 비하면 많이 완화된 버전이라 할 수 있는데, 그는 이주민의 정체성을 민족적 고립이라고 부르는 것에 반대했다. 앵글로-셀틱(Anglo-Celtic) 엘리트에 의한 분류와 견제를 목적으로 한 이 프로젝트는 국가사회의 안내자이자 통제자로서 스스로의 힘의 기초를 유지하기 위한 의도였다고 헤이지는 언급하였다. 그는 명백한 인종차별주의자뿐만 아니라, 중류층의 세계적 다문화주의자의 교묘한 특권에 대해서도 비난하였다. 그는 새 이주민이 문화적 차이에 따라 분류된다고 주장한다. 이러한 문화적 차이란 정체성의 본질로서 오래되고 유해한 인종적, 민족적 분류모델을 떠올리게 한다(Anderson, 1991).

동화주의적 범주화와 그로 인한 정체성 역할에 대한 제한을 관찰하고자 필자는 지역사회 모임에 참여하였다. 그곳에서 가진 프리젠테이션에서 필자는 남아시아 배경을 가진 밴쿠버 거주자의 분포 지도(map plotting)를 보여주었다. 이 지도의 대상자라 할 수 있는 청중 가운데 한 사람은 다음과 같이 말한다. '내가 지도 위 어느 곳에 있다고요? 나는 반대에요. 나는 이 지도 위에 찍힌 다른 모든 점과 공통적인 점이 거의 없습니다. 우리의 개인적 가치를 제한하지 마세요.' 이러한 반대는 지도를 사용하거나 학술적 개념을 구체화하기 위하여 민족적 분류를 사용하는 것이 결국 얼마나 근본주의적이며 억제적 모형에 근거한 것인지에 대한 질문을 불러 일으켰다.

이러한 비판은 캐나다에서의 다문화주의에 대한 다양한 비판을 철저히 다룬 것은 아니었다. 신자유주의시대에 다문화주의 설립목적이 사람을 끌어 모으는 것이며, 다문화주의가 상품화된다는 비난이 거센 것은 당연한 일이다(Abu-Laban and Gabriel, 2002). 캐서린 미셸(Katharyne Michell, 1993)은 멀로니(Mulroney) 수상이 1980년대 이후 한 연설을 인용하였는데, 여기서 그는 다문화주의의의 많은 수용력이 국제무역과 자본의 흐름에 공헌하였다고 생각한다. 다문화주의 덕분에 엘리트는 코스모폴리타니즘을 가졌다는 '에스닉 패(card)'를 가질 수 있었다. 성장주의자는 지역의 프로모션 활동으로 관문이 되는 대도시의 문화적 다양성을 활용하였다. '에스닉 패'는 2000년 시드니 하계올림픽과 2010년 밴쿠버 동계올림픽을 유치하는 데 인종적 이점으로 사용되었고, 실제로 유치에 성공했다.

다문화주의에 대한 마지막 비판은 항상 정치적 좌파에 의해 제기되는 주장인데, 다문화주의가 허위의식의 발현이라고 주장하였다. 미국학자인 리사 로우(Lisa Lowe, 1996)는 캐나다에서 다문화주의 축제의 유쾌함, 이주민의 다양한 요리에 대한 환대, 문화적 평등성에 대한 최면 유도, 국가의 경제적·정치적 통합에서 이주민의 소외감의 실재 은폐 등의 주제에 관한 논쟁에 종종 참여하였다. 이 글에서는 그녀의 주장 일부를 소개하고자 하는데, 다문화주의는 중류층 본토박이의 재미없는 삶에 각양각색의 조미료를 더하는 것이기 때문에 그것이 유지된다고 주장하였다. 그러나 이러한 속물적인 기쁨은 수많은 저임금 서비스노동자에게 유지되는데 그들의 이국적인 자기표현과 웃는 얼굴이 이주민의 가난한 일상과 사회적 소외를 숨긴다는 주장이다.

역경의 시대의 다문화주의에 대한 방어

이러한 도전에 대한 각각의 반응이 있다. 예를 들어, 국가적 분열에 대한 근심이 있는 경우, 그것에 대한 해답은 제드왑의 조사에서 보여주는 바와 같이, 다문화주의는 분열이 아니라 캐나다인의 핵심적 가치이며 통일의 원천이라는 설명을 제시할 수 있다. 필자는 각각의 반응에 대해 점검해 보는 대신에 많은 비판에 직면한 다문화주의에 대한 이해를 도모하기 위해 보다 폭넓은 주제를 다루고자 한다. 종종 다문화주의에 대한 누명으로부터 비판이 유래되는 경우가 있는데 실제로는 대개 진부한 것이다. 국가 문화의 분절화에 대한 불평, 민족문화의 상업적인 이용, 이주민문화의 추출, 문화적 평등성이라는 희망은 캐나다에서 오늘날 다문화정책이 구세계문화의 유지와 간접적으로 관련 있다는 주장을 놓치게 한다. 이러한 비판은 실제에 있어서의 변형과 발전을 따라가지 못했다.

오드리 코바야시(Audrey Kobayashi, 1993)는 캐나다에서 다문화주의를 3단계로 설득력 있게 기술하였다. 첫 번째 단계는 간단히 인구통계학적 다문화주의로, 국가에 의해 공인된 프랑스어와 영어를 사용하는 두 개의 그룹이 캐나다에서 더 이상 유일한 존재가 아니라는 인식을 가진다. 이러한 인정은 캐나다에서 이중언어와 이중문화위원회(Bilingualism and Biculturalism Commission)에 대한 캐나다인의 로비와 연방위원회 보고서 4권에 문화다양성에 대한 그들의 요청을 포함하도록 하는 로비가 이루어지도록 했다. 1971년 공식적 다문화주의에 대한 트뤼도의 선언은 상징적 다문화주의라는 두 번째 단계를 만들어냈다. 이 단계에서는 이벤트, 프로그램, 문화센터에 대한 소규모 자금지원을 통해 문화유산을 기념하는 등의 다소 불분명한 지지가 이루어졌다. 국무장관 조제프 필립 구아이(Joseph-Philippe Guay)는 1977년에 다문화주의에 대해 다음과 같이 선언하였다. '우리가 우리의 문화다양성을 받아들이면 우리는 캐나다의 통일을 보장한다. 동화는 우리 캐나다인이 원하거나 선택하는 선택사항이 아닌 만큼 간단하면서도 복잡한 문제이다.' 이 시기는 음악, 문학, 춤, 이주민의 문화, 초창기 역사 등의 요소와 그들 가치와 평등에 대한 존중에 대해 국가적 지지가 이루어지는 시대였다. 문화적 차이는 보호되었으며, 심지어 촉진되기도 하였는데, 이는 문화적 차이에 대한 강조로 오늘날 일반적으로 혼합 다문화주의로 이해되었다.

그러나 사실 다문화주의는 변화하였다. 다문화주의 법령에 대한 2004~2005년 연간보고서에 의하면 '사회가 진화하는 만큼 요구도 변화하고 다문화주의 프로그램의 우선사항도 변한다'고 하였다(Government of Canada, 2006: 9). 이 보고서에서는 네 개의 프로그램 영역이 문화유산이 아닌 적극적인 시민권을 강조하였다. 이는 다음과 같은 것으로 구성되었다. 1) 상호문화에 대한 이해 육성 2) 인종차별주의와 차별에 대한 싸움 3) 시민 참여의 촉진 4) 캐나다 제도에 캐나다의 다양성을 보다 반영하는 것이다. 이와 유사하게 브리티시 콜롬비아 주의 다문화주의 프로그램은 반인종차별주의와 결합되어 '인종차별주의와 혐오주의 활동을 제거하는 것을 기본 목표로 한다(Government of British Columbia, 2006).' 문화유산을 유지하는 것에 대한 보조금 지원은 더 이상 없다. 하지만 통합을 확대하기 위해 NGO에서 제공되는 공식적 언어프로그램에 대한 보조금은 있다.

다문화주의 법의 통과 이후, 구조적 다문화주의라는 3단계로 옮겨가게 되는데, 이 단계에서는 인권에 대한 진보가 헌법적으로 캐나다의 권리와 자유선언문에서 보호되었다. 반인종차별주의, 고용에서의 평등, 법

앞에서의 평등, 교육과 이민정책, 과거 집단 차별에 대한 배상이 현재 존재하는 다문화주의의 모든 의제였다. 이는 기회와 처우의 평등을 통해 사회적 통합을 시키려는 의도이다. 이와 관련하여 2006년 6월 정부는 중국계 캐나다인과 후손에 대해 캐나다정부가 지원하는 소량의 현금 합의금에 대한 공식적인 사과를 하였다. 캐나다정부는 1885년부터 1923년까지 중국인의 이민을 막을 의도에서 과도한 인두세를 부과하였는데, 이로 인해 모든 중국인은 중국이민법에 의해 입국이 거부되었으나 1947년 취소되었다. 생존하는 인두세 부과자 가족과 그 후손은 과거 부당함에 대한 보상과 인권에 대한 존중과 공정함을 강조하였다. 중국인에 대한 보상은 1988년에 이전의 일본인 보상합의를 따랐다. 그 당시에는 사과와 현금보상합의가 인정되었으며 명목상으로 일본계 캐나다인에게 지급한 보상에 따랐다. 제2차 세계대전 동안에 일본계 캐나다인은 포로수용소에 감금되어 사유재산을 몰수당했는데, 당시의 인권 유예에 대한 보상금을 지급받았었다. 이러한 보상합의의 목적은 과거의 사회적 배제에 대한 오명을 없앨 뿐 아니라, 그러한 배제가 역사적 과오라는 것을 증명하는 데 있다. 그러한 증명을 통해 동시대의 열린 통합사회로의 이행을 강조한다. 보다 일반적으로 말하자면, 캐나다에 있어서 다문화주의가 추구하는 것은 민족적 다양성의 사회적 통합인 것이다.

다문화주의와 현재의 위기

그러나 이 모든 주장은 불필요하고 이해할 수 없는 것으로 받아들여질 수도 있는데, 특히 유럽으로부터 유입된 미디어에 의해 부분적으로 영향을 받은 대중영합주의자의 눈에는 더욱 그렇게 보일지도 모른다. 인권의 문제임에도 불구하고 지난 십년 동안 새로운 비판의 상처를 견딘 다문화주의는 보다 중요한 상황에 처해 있다. 왜냐하면 현재 대중영합주의자는 이러한 문제를 정치적 논쟁거리로 삼고 대단히 충격적인 사건에 대해 널리 알리려 하기 때문이다. 미디어를 통해 알려진 비상사태는 2006년 토론토에서 18명의 테러리스트가 체포되었다는 소식이다. 소식에 의하면 테러리스트는 알카에다와 연결되는 것으로 혐의가 제기되었는데, 그들은 폭탄테러를 하고 의회를 공격하여 수상을 참수한다는 기이한 계획을 가진 것으로 전해진다. 이와 관련한 일련의 논쟁은 캐나다가 비슷한 종류의 반응에서 유럽만큼 면역성을 갖지 못한다는 것을 보여준다.

실제로 미디어 텍스트와 이미지가 국가 간에 전달되었는데, 이들은 위기 부분이 부각되었고, 이 규범이 국가 간의 주요한 차이를 제시하고 인과성을 부여하였다. 이에 자극되어 많은 대중매체의 논설이 나왔다. 이러한 오염된 민족묘사를 다른 지역에서 무비판적으로 받아들이면서, 다문화주의는 모든 정책적 실패가 발생하는 맥락이자, 모든 정책적 실패의 집약으로 묘사되었다.

공간적인 분리에 대한 망령

중요한 한 사례로 토론토 체포 사건은 일어나기 전이지만, 런던 폭탄테러 사건에 뒤이어, 프랑스 대도시교외 주택지구(banlieue) 폭동, 시드니 크로눌라(Cronulla) 해변의 폭력 사건이 일어난 직후에 <왈루스(*The Walrus*)>라는 예술, 정치, 비판 잡지에 실린 기사를 들 수 있는데 이 기사는 아주 널리 읽혀졌다. 2006년에 3월에 실린 주요 기사는 유명한 여론조사 전문가이자 정치해설자인 알란 그레그(Allan Gregg)에 의해 쓰여 졌다. 이 기사는 '정체성 위기'라는 제목에 '다문화주의: 20세기의 꿈이 21세기의 수수께끼가 되다'라는 부제목을 달았다(Gregg, 2006). 기사의 첫 세 문장은 런던, 프랑스, 시드니 사건에 대해서 차례차례로 설명하였다. 특히, 일반적인 것과 불안한 의미론적인 것을 돌려가면서 설명하였다. 네 번째 문단은 캐나다 다문화주의에 대해서 기술하였는데, 캐나다에서의 폭력에 대한 공포를 제기했다. 여론조사를 인용하며 그레그는 캐나다 대중은 다문화주의가 분리가 아닌 통합에 목표를 두기를 바란다고 분명히 말했다. 그러나 이는 항상 다문화주의의 목표였다. 보다 명확하게 말하면 다른 시기가 아닌 구조적 다문화주의의 세 번째 단계에서 목표가 되었다. 분리의 역기능에 대한 인지는 그레그의 논의를 '민족집단의 자체 분리 성향이 있다'는 한탄으로 이어진다. 공간적 분리를 몹시 싫어하는 것은 영국사회의 분리 몽유병에 대한 트레버 필립스(Trevor Phillis)의 우려를 연상시킨다. 지난 25년간 토론토와 밴쿠버로의 거대한 이민은 높은 수준의 거주적 분리를 일으켰다는 점은 확실하다. 이주민의 집중이 거주지구(ghetto)에는 못 미치겠지만, 많은 이주민은 확연하게 여러 민족이 혼재된 지역에 산다.

사회적 소외 및 거주분리와 관련해서 나타나는 불안감은 대중매체에 흔히 보도되는데, 이는 또한 필립스와 그레그와 같은 정책결정자나 영향력 있는 인물에 의해 지휘된다. 예를 들면 현재 분리를 허무는 스웨덴 정책과 비교가 된다(Andersson, 2006). 물론 다문화주의가 예외 없이 비난을 받지만 그러한 비난이 결코 상처는 아니다. 영국에서 데보라 필립스(Deborah Phillips)는 그러한 비난을 무시하였다. 그녀는 적절한 관찰을 하며 영국백인의 분리패턴은 상대적으로 큰 문제가 되지 않는다고 간주하였다: '백인 교외지역과 학교는 대중의 상상에서 정상적이며 중심이 되는 공간이 되었다. 그에 반해 다른 공간과 삶은 이탈적이고 주변적인 것으로 여겨졌다'(Phillips, 2006: 29).

'평행적 삶(parallel lives)'과 무슬림의 '자기분리(self-segregation)'와 관련된 우려에 대해 그녀는 눈에 보이는 소수자의 거주선택이 형성되는 데에는 보다 강력한 집단일 뿐만 아니라, 제도적 인종차별주의자에 의한 도시 내부의 투자중단의 효과를 간과하였다고 지적하였다.

잉글랜드의 북부도시를 예로 들자면 영국 무슬림은 괴롭힘에 대한 공포를 느끼는 곳을 거주지역으로 피한다. 이 문제는 단순히 자기분리의 문제가 아니라 사회의 편협성문제이다. 더군다나 분리는 긍정적인 이득을 제공해준다. 세리 피치(Ceri Peach)가 자주 인용하는 것으로 차이는 상호간의 지원을 격려하고 문제해결을 공유하기에 '긍정적인 분리'일 수 있으며, 동시에 '부정적인 분리'일 수 있다(Peach, 1996). 정책결정자가 파괴적인 행위가 발생하지 않도록 자정노력을 하도록 무슬림 공동체에 호소할 때마다, 구성원의 유대가 조성되면 자연스럽게 사회적 통합이라는 긍정적인 목표가 실현될 것이라는 사실을 스스로 확인시켜주는 셈이다.

그러나 더 중요한 문제는 거주분리가 다문화주의에 의해서는 거의 영향을 받지 않는다는 점이다. 이에 대한 명확한 예를 프랑스에서 찾을 수 있는데, 동화적 측면의 다문화주의를 거부하는 공화정의 공격적인 국가정책이 존재함에도 불구하고, 프랑스 주요도시 교외 주택지구에서 지속적인 이주민 분리 현상이 나타났다(이 책의 제5장). 캐나다와 미국의 도시에서 거주분리의 수준을 비교해보면 미국 도시 안에서의 흑인 분리는 차치하더라도, 두 국가 간 차이는 적으며, 캐나다와 미국 간의 주요한 차이는 드러나지 않는다(Peach, 2005: 22). 분리와 다문화주의 간의 상관관계는 없는 것으로 드러난다.

우리는 오히려 사회적·공간적 분리가 다문화주의와 관련이 많을 것이라는 잘못된 가정에 대해 이의를 제기할 필요가 있다.[4] 역사적으로 다문화의 영향을 받지 않는 예상 밖의 상황에서 살아남은 문화적 차이에 대한 예를 쉽게 찾을 수 있다. 1910년부터 1960년대까지가 강력한 동화의 시기인데, 이 시기에는 시카고학파의 도시사회학자가 미국 도시의 민족적 분리에 대한 연구와 측정을 광범위하게 확산시켰다. 시카고학파는 또한 도시 내의 사회적 영역에 대한 세밀한 연구를 개척하였다. 도시 내부의 사회적 폐쇄성이 독특한 도시 하위문화를 만들게 하였고, 그룹 간의 사회적 차이는 운영가능하고, 측정가능한 개념이 되어 아주 선명한 특수성을 초래하였다(Bogardus, 1925: Ley, 1983). 용광로(Melting pot)와 동화(Assimilation)의 시대로 인정받는 1920년대의 미국도시에서 발생한 다음의 비판을 보면 알 수 있다. 더군다나 그것은 유럽의 이주민에게도 겨냥되었다. 이주민은 도시의 신문에 대해 불평했다. 이주민은 '스스로를 위해 줄곧 일했고, 가능한 한 아주 배타적인 태도로 그들만의 모임을 유지했으며, 영어를 굳이 배우지 않았고, 지역의 법과 시민운동에 대해서도 아는 게 별로 없으며, 여전히 네덜란드인으로 남았다. 그럼에도 이주민은

4 그레그(Gregg, 2006)는 영국의 초기 동화정책하에서도 카리브 이주민이 분리, 불평등, 폭력과 관계되었음에 주목하고 이 점을 인정한 것 같다. 그러나 그는 다문화주의의 역할과 관련된 명백한 교훈을 그려내지는 않았다.

더욱 미국인이 되어야만 했다'(Kalamazoo Telegraph, 1922; cited in Jakle and Wheeler, 1969: 447). 1920년대 동화의 시기 동안 배타성에 대한 당시의 비판 목표는 네덜란드인이었는데, 그들은 미시간 남서부의 차가운 땅을 경작하였던 사람이었다. 그들은 제도적으로 완벽한, 분리된 커뮤니티를 구성하기 위해 다문화라는 보호를 필요로 하지 않았는데, 한 세대가 지난 후 그 커뮤니티는 흩어져 미국인화가 되었다(Jakle and Wheeler, 1969).

적대적인 차이에 대한 불안

그러나 최근의 한 논평에서 그 이해관계에 관한 문제가 제기되었는데, 그것은 오늘날 널리 알려진 우려의 원인이 되는 분리와 차이의 문제 때문이 아니라, 정반대라 할 수 있다. 이는 오히려 사회적 분리와 경제적 주변성이 국가적 가치와 시민적 질서에 대해 강력하게 반대하는 이데올로기와 계획이 수용될 수 있도록 하는 데 도움을 주기 때문이다.

우리는 다문화주의가 문화적 차이와 사회적 소외, 모국에 대한 신념의 보존과 영구화, 그리고 심지어 새로운 국가에 대한 일종의 불성실을 조장하는 것이라 배운다(이 책의 제6장을 보라). 네덜란드의 예는 다문화주의 실패의 교훈대상으로 비판론자에 의해 반복적으로 소개되었다.

그래서 그레그는 다른 많은 사람처럼 경제적 권리를 잃은 집단 속에서는 분리에 대한 불안에서 분리정책이 낳은 폭력에 대한 불안으로 바뀐다고 말했다(Gregg, 2006). 몇 개월 지나 그의 글이 출판되었고, 그의 선견지명을 증명하듯이 18명이 체포되었으며, 그의 글은 선정적이고 사변적인 의견을 내는 미디어에 의해 유통되었다. 토론토에서 2명을 체포한 이후 2주 뒤에 우익 저널인 <내셔널 포스트(*National Post*)>의 베테

랑 저널리스트인 로버트 풀포드(Robert Fulford, 2006)가 쓴 칼럼이 다른 어떤 것보다 냉정한 것이었다. '어떻게 이주민의 땅이 되었는가'라는 그의 제목은 분리에 대한 선정적인 과장(Walks and Bounne, 2006을 참고)으로 신문 지면을 전면적으로 재구성하게 하였다. 그는 모든 것을 다문화주의 탓으로 돌렸다. 그가 제시한 예는 독일에서 터키태생의 여성이 문화적 통합이 매우 부족하다는 것을 보여주는 연구결과였으며, 이러한 것은 '우리에게 다문화주의에 대한 비판적 시각이 상당히 필요하며 다문화주의가 의미하는 것을 재정의하는 것이 필요하다'는 결론으로 이끌었다. 그러나 카렌 쇤밸더가 이 책에서 관찰한 바에 의하면, 다문화정책은 독일에 거의 존재하지 않는다. '현재나 과거의 연방정부 및 지역정부는 다문화적 의제를 명확히 지지한 적이 없었다.' 다문화주의가 크게 부풀려진 곳에서는 눈에 보이는 유일한 표적이 되었다.

이와 유사한 잘못된 결론은 2005년 런던 폭탄테러에 대한 영국정부의 반응에서도 명백히 나타난다. 블레어 총리는 화합·통합 위원회의 창설이 폭탄테러의 여파라고 공식적으로 발표하였다. 이전의 영국 다문화정책이 그러한 목표를 추구하지 않았음을 암시하면서 이에 대한 수정주의 정책이라고 발표하였다. 히드로 공항을 이륙하는 비행기를 폭발하려는 테러 음모가 미수에 그친지 2주 뒤인, 2006년 8월에 위원회가 출범하였다. 테러 미수 직후 루쓰 켈리(Ruth Kelly) 장관은 '영국은 지금껏 다문화주의 가치에 대한 통일된 합의가 있는 곳이었지만, 이제 다문화주의가 분리를 야기하는 것은 아닌지에 대한 질문을 통해 다문화주의에 대한 논쟁을 고무시킬 수 있는 곳으로 바뀌었다'고 선언하였다(Wood, 2006).

테러 사건에 즉각적으로 뒤따른 위원회의 발표와 두 번째 테러사건이 미수에 그쳤던 이후, 즉각적인 위원회의 출범은 시간상의 우연의 일치이나, 다문화주의와 테러리스트 조직의 형성 간에는 귀속관계가 있는 것으로 되어버렸다. 다문화주의는 국가가 '분리로 향하는 몽유병'으로 서 외 환경을 유지시키며 뿌리가 되는 고국문화의 이국적 버전을 고무시키는 관대한 환경을 의미한다.

그러나 캐나다와 영국에서 현재 진행되는 체포의 형태는 그러한 관대함이 유지된다고 보기 어렵다. 혐의자가 예외 없이 영어를 쓰고, 종종 선주민이며, 때로는 중류층이며, 교육을 잘 받은 것으로 모든 것이 상당히 뒤섞여 있다. 2006년의 체포는 토론토와 코롤리(Crawley) 외곽의 중류층 거주지역인 미시소가(Mississauga)에서 일어났는데, 이 지역은 런던 남쪽의 중류층 도시와 비슷하다. 체포된 용의자의 캐나다인 아버지는 그의 아들이 왜 BMW 컨버터블과 고층건물의 고급사무실을 포기하겠느냐며 항의하였다. 용의자와 그의 가족 중 일부는 이슬람으로 개종하였으며, 토론토 조직의 주모자라고 주장되는 아내는 대서양쪽 캐나다의 스코틀랜드-아일랜드계 거주 지역에서 셰럴 매컬리(Cheryl MacAulay)라는 이름으로 태어났다. 영국에서 체포된 용의자도 또한 구체적인 민족이념의 온상에서 자라나지 않은 개종자가 포함되었었다.

여기에서 쟁점이 되는 것은 다문화주의에 의해 유지되는 뒤틀린 문화적 환경에 국한되는 것은 아니다. 중요한 것은 보다 큰 국가적 혹은 범국민적·정치적 이유를 가진 특정 개인의 정체성이며, 극단적인 하위문화에 대한 그들의 탐색 혹은 설득력 있고 카리스마 있는 리더에 의해 이루어지는 하위문화에 대한 세뇌이다. 그 이유는 전형적으로 테러에 대한 전쟁이며 보다 구체적으로는 이라크에서의 전쟁이다. 보다 넓게는 무슬림에 대한 전쟁으로 인식된다. 그러나 이러한 것은 무슬림에 대한 여론조사에서 계속 확인되고, 용의자 스스로에 의해 반복되었듯이, 영국정부에 의해 민족분류적으로나 이데올로기적으로도 배제되었기 때문이다(Ash, 2006;

Bunting, 2006). 즉, 다문화주의는 어떤 면에서 보면 인기가 없는 외교정책보다도 더 만만한 대상이며, 아군의 포격이 쏟아지는 대상이 되었다.

테러조직은 북미와 유럽에서 새로운 것이 아니며 이들은 이민인구 거주지 이외의 지역으로 확대되었다. 오클라호마 시 폭탄테러범이며 미국 반정부 백인무장단체 회원인 티모시 맥베이(Timothy McVeigh)는 다문화주의 때문에 그러한가? 퀘벡의 분리주의자 FLQ는 어떠한가? 이 분리주의자가 1960년대 정치적 테러리즘에 대한 법률 제정에 착수하였고, 1970년대 10월의 위기 동안 퀘벡 부수상의 정치적 암살로 절정에 달하자, 탱크가 몬트리올 거리에 등장하기도 하였다. 그들이 캐나다의 핵심적 가치를 배우지 않았다고 해서 우리가 다문화주의를 비난해야만 하는가? 이슬람의 지하드(Jihad) 투사와 같은 이 극단주의자는 일반적으로 어떤 정치적 비전을 가졌다고 생각하는가? 이러한 정치비전은 거대이론과 비도적적 메타 이념을 지지하기 위해 이주민과 모국의 가치 사이에서 수용되기도 하고 거절되기도 한 왜곡된 것이었다. 그들은 20세기 유럽에서 친숙한 이야기인 ETA와 IRA를 답습하는 것이다. 여기에서는 어떠한 담보비용이든 간에 수단이 목적을 정당화시킨다(Bunting, 2006).

결론

2006년 12월에 범세계적 측면의 이주문제에 대한 연말리뷰에서 이주정책연구소(the Migration Policy Institute)는 다문화주의의 종말을 선언하였다. 이 간단한 리뷰는 친숙한 에피소드를 통해 빠르게 영국, 네덜란드, 덴마크로 번져갔으며, 결국 이는 위니펙(Winnipeg) 저널리스트에 의해 인용되었다. 그는 '캐나다가 잘 돌아가는 것은 아니다'는 의견을 제시했던 사람이다. 놀랍게도 워싱턴의 싱크탱크는 미국이 참고할 만한 것이 없다고 하였다. 2006년 미국은 동화주의로의 귀환에 대한 논쟁이 많이 일어났었다. 결국 새로운 이민법 운동이 일어났고 부시(Bush) 대통령은 다음과 같이 선언하였다.

> 우리가 가진 이민시스템이 효과적이며, 공정하고 질서 있게 작동하도록 하는 한 가지 방법은 이주민에게 적극적으로 접근하여 이들이 우리나라에 동화될 수 있도록 돕는 것이다. … 그것은 미국의 가치와 역사와 언어를 배우도록 돕는 것이다. … 동화에 대해 이야기하는 나를 이주민이 좋아한다는 말이 나온다는 사실은, 바로 우리가 말하는 것이 이주민이 미국으로 동화되도록 돕는 것이며, 우리를 신이 보호하는 하나의 국가로 남게 하는 것이다(Stolberg, 2006).

대조적으로 심지어 도발의 상황에서도 캐나다 정부는 이러한 길을 걷지 않았다. 부시의 선언이 있은 후 2주 뒤, 보수당 출신의 캐나다 수상은 밴쿠버에서 열린 세계도시포럼(World Urban Forum)의 개회식에서 다소 다른 메시지를 보냈다. 스티븐 하퍼(Stephen Harper)의 연설의 맥락은 최근 토론토 테러리스트의 음모에 대한 발견이었다. 그러나 하퍼는 이주와 다문화정책의 유지를 방어하는 연설을 하였다. 그는 '캐나다의 다양성은 적절히 육성되어야 하며 이것은 우리의 위대한 힘이다'고 하였으며, 그는 이주와 다문화주의에 대한 지속적인 지지를 강조하였다(Mickleburgh, 2006).

이 장에서는 캐나다에서 지난 35년 이상의 기간 동안 진화되었고, 진화를 계속하는 다문화주의 정책에 대하여 변호하였다. 첫 번째 전제는 다문화주의의 목적이 새로운 이주민이 캐나다의 주류로 통합되도록 한다는 것인데, 이러한 정의는 캐나다가 항상 유럽식 시스템의 적용의 전면에 있는 것은 아니라는 것을 입증한다(Entzinger, 2008). 소수민족의 지배지역이 아닌 열린사회는 트뤼도의 원래 목표였으며, 시민권 획득을 위한 시험과 시민권 수여식이 현재 유럽에 도입되었는데, 이는 1970년대 이후 국가적 프로젝트에 포함된 신분적 통과의례의 하나였다. 이러한 절차는 인권법 제정에 의해 보호되고 확대되었는데, 이 법은 구체적인 요구조건을 이행하도록 감시와 감사의 대상이 되었다. 또한 인구조사와 다른 데이터베이스를 통해 측정될 수 있다. 이 법은 개인적 권리를 보호하면서도, 캐나다와 캐나다의 가치에 대한 헌신의 의무를 이행하여야 한다는 범주 내에서 집단의 권리를 인식하는 것으로 단순한 동화를 넘어서는 것이다. 치안유지, 교육, 이주정책, 과거 집단에 대한 차별의 시정과 같은 분야에서 반인종주의, 고용평등, 법 앞에서의 평등한 대우 등의 이 모든 것은 다문화주의 의제의 일부이다. 그 의도는 기회와 처우의 평등을 통해 통합과 사회적 포용을 이루려는 것이다. 현재 소수민족문화 프로젝트를 위한 기금이 적은 반면에, 정착서비스를 위한 공공 자원과 특히 영어기반과 프랑스기반 강좌는 하나의 소수민족에 기원을 둔 것이 아니라 문화다양성을 대표해야 하는 NGO에게 가능성이 있다. 모든 국가건설에서처럼 이는 발전하는 작업이며, 당위적인 것인데, 법에 규정된 목표를 도달하는 데 따른 분명한 결점과 실패를 지적하는 비판을 불러일으킨다. 그러나 그것은 대체로 이주민과 잠재적 이주민 사이에서 캐나다에 명성을 인정하면서 불안전하지만 개방사회를 유지시키는 시스템이다(Bloemraad, 2006).

이러한 업적과 다문화주의 캐나다 버전에 대한 지속적인 국가적 지원에 대해 비판주의자는 일반적으로 방향이 잘못된 것이라고 보는 것 같다. 반복되는 논쟁은 다문화주의가 분리를 불러일으킨다는 것이다. 그러나 이러한 사회적·공간적 분리에 대해 중대한 정밀조사를 지속하지는 않는다. 분리는 항상 지속적인 이주의 특징이며, 이는 앞으로도 늘 그러할 것이지만, 분리의 범위와 관련해서는 일반적으로 비판주의자에 의해 과장되었다. 다문화도시 토론토와 밴쿠버의 2001년(Philpott, 1978)보다 1880년부터 1930년까지 다문화도시 시카고에서 보다 많은 분리가 있었다(Walks and Bourne, 2006). 그리고 토론토와 밴쿠버의 경우 보다 많은 이주민이 도시 내부보다는 도시외곽의 소수민족 결집지역에 살았다. 시카고의 이주민이 사는 부근은 가끔 폭력의 장소가 되었는데, 1927년에 프레드릭 쓰래셔(Frederic Thrasher)는 시카고 슬럼지역에 있는 1,313명의 십대 범죄조직 구성원에 대해 상세히 기술했다(Thrasher, 1927). 가난과 사회적 배제가 주된 원인이었으며, 이는 2005년 프랑스 대도시교외 주택지구 폭동의 주요 원인이기도 하다.

테러리스트 조직은 별개의 문제이다. 2001년 뉴욕의 폭탄테러범 중 많은 사람이 고학력의, 범국가적인 커넥션을 가졌다. 핵심멤버는 다문화정책에 대해 동조적이지 않은 나라인 독일 함부르크에서 학생으로 만났다. 그들은 중동에 대한 미국의 정책에 동기부여가 되었으며, 오사마 빈 라덴에 의해 발표된 미국에 대항하라는 1998년 명령을 명시하였다. 무슬림의 젊은이를 자극하는 서구의 외국인정책이 확산되면서 지속적인 시위가 일어났으며, 가장 최근에는 영국의 보수주의 싱크탱크인 Policy Exchange가 수행한 '따로, 함께 살아가기(Living Apart Together)'라는 연구를 통하여 자극받기도 하였다(Mirza *et al.*, 2007). 영국 무슬림 1,000명을 대상으로 한 조사에 따르면, 응답자에게 있어서 영국의 외국인정책은 경제적 문제, 공공서비스, 차별과 같은 무슬림문제 보다 더 중요한 문제로 여겨진다. '세계적으로 "상상의 공동체(imagined community)"라고 하는 무슬림 동포에 대한 박해에 관심을 가지기 때문에, 서구에서 외국인정책의 경우 무슬림이 주요한 대상이 되었으며, 외국인정책에 대한 무슬림의 분노는 과거 몇 년간 많은 조사에서 더 확고해진 것으로 나타난다'(Mirza *et al.*, 2007). 그러나 보고서는 '분리로 향하는 몽유병'의 보수적인 충동을 충실하게 따르며, 스스로 발견한 것을 간과하고 '다문화주의의 패러독스'에 대해 흥미롭게 그려낸다.

최근 다문화주의에 대한 가장 거센 비판 중의 일부는 비논리적인 인과관계에서 비롯되었다. 대규모 이민, 가난과 사회적 배제는 다문화정책이 있는 곳에서도, 그리고 없는 곳에서도 분리를 만들어냈고, 유사한 삶을 만들어냈다. 적대적인 차이와 현재 서구도시에서의 공격적인 이슬람 조직에 대한 적은 규모의 사회적 동원은 중동지역(이슬람세력)이 서구의 외교정책을 거부하는 국제운동을 기본적으로 유지하게끔 만든다. 지금은 오히려 다문화주의라고 하는 과장된 표적에 대한 공격 대신에 이러한 통합정책의 방해요소에 더욱 관심을 가져야 할 때이다.

참고문헌

Abu－Laban, Y. and Gabriel, C. (2002) *Selling Diversity: Immigration, Multiculturalism, Employment Equity and Globalization*, Peterborough, Ont: Broadview Press.

Anderson, K. (1991) *Vancouver's Chinatown: Racial Discourse in Canada*, 1875－1980, Montreal: McGill－Queen's University Press.

Andersson, R. (2006) '"Breaking Segregation": rhetorical Construct or effective Policy?' *Urban Studies*, 43: 787－99.

Ang, I. and Stratton, J. (2001) 'Multiculturalism in Crisis: the New Politics of Race and national Identity in Australia', in I. Ang, *On Not Speaking Chinese: Living Between Asia and the West*, London: Roughledge, pp. 95－111.

Ash, T. G. (2006) 'Divided Loyalties: why young British Muslim are angry', *The Globe and Mail*, 10 August.

Bissoondath, N. (1994) *Selling Illusions: The Cult of Multiculturalism in Canada*, Toronto: Penguin Books.

Bloemraad, I. (2006) *Becoming a Citizen: Incorporating Immigrants and Refugees in the United States and Canada*, Berkeley: University of California Press.

Bogardus, E. (1925) 'Measuring social Distance', *Journal of Applied Sociology*, 9: 299－308.

Bunting, M. (2006) 'Integration and Terrorism have nothing to do with each other', *Guardian*, 4 December.

Day, R. (2000) *Multiculturalism and the History of Canadian Diversity*, Toronto: University of Toronto Press.

Duncan, H. (2005) 'Multiculturalism: still a viable Concept for Integration?'

Canadian Diversity/Diversité Canadienne, 4(1): 12–14.

Fulford, R. (2006) 'How we became a Land of Ghettoes', *National Post*, 12 June.

Government of British Columbia (2006) *Anti–racism and Multiculturalism Program*, Victoria, BC: Ministry of Attorney General, Settlement and Multiculturalism Division. Online. Available HTTP: http://www.ag.gov.bc.ca/sam/bcamp/index.htm (accessed 23 June 2006).

Government of Canada (2006) *Annual Report on the Operation of the Canadian Multiculturalism Act 2004–2005*, Ottawa: Department of Canadian Heritage, Catalogue Number CH31–1/2005.

—— (2007) *What is Multiculturalism?* Ottawa: Department of Canadian Heritage. Online. Available HTTP: http://www.pch.gc.ca/progs/multi/what–multi_e.cfm (accessed 4 January 2007).

Government of Ontario (2007) The Hon. James K. Bartleman, O. Ont. 27th Lieutenant Governor of Ontario. Online. Available HTTP: http://www.It.gov.on.ca/sections_english/welcome/hishonour_main.html (accessed 4 January 2007).

Gregg, A. (2006) 'Identity Crisis: A Twentieth–Century Dream becomes a Twenty–First Century Conundrum', *The Walrus*, March. Online. Available HTTP: http://www.walrusmagazine.com/archives/2006.03 (accessed 12 January 2007).

Hage, G. (1998) *White Nation: Fantasies of White Supremacy in a Multicultural Society*, Sydney: Pluto Press.

Hiebert, D. (2006) 'Winning, losing and still playing the Game: the Political Economy of Immigration in Canada', *Tijdschrift voor Economischeen Sociable Geografie*, 97: 38–48.

Huntington, S. (2004) *Who Are We? The Challenges to America's National*

Identity, New york: Simon and Schuster.

Jakle, J. and Wheeler, J. (1969) 'The changing residential Structure of the Dutch Population in Kalamazoo Michigan', *Annuals of the Association of American Geographers*, 59: 441–60.

Jadwab, J. (2006) *Le Multiculturalisme au Canada*, Montreal: Association for Canadian Studies.

Kobayashi, A. (1993) 'Multiculturalism: representing a Canadian Institution', in Duncan, J. and Ley, D. (eds) *Place/Culture/Representation*, London: Routledge, pp.205–31.

Kymlicka, W. (1995) *Multicultural Citizenship*, Oxford: Clarendon Press.

—— (1998) *Finding our Way: Rethinking Ethnocultural Relations in Canada*, Toronto: Oxford University Press.

Ley, D. (1983) *A Social Geography of the City*, New York: Harper and Row.

—— (2008) 'Post–Multiculturalism:', in Hanley, L., Ruble, B. and A. Garland (eds) *Immigration and Integration in Urban Communities*, Washington, DC: Woodrow Wilson International Center Press & Baltimore, MD: Johns Hopkins University Press. pp. 177–69.

Li, P. (2003) 'The Multiculturalism Debate', in Li, P. (ed.) *Race and Ethnic Relations in Canada*, Don Mills, Ont: Oxford University Press, pp. 148–77.

Lowe, L. (1996) 'Imagining Los Angeles in the Production of Multiculturalism', in L. Lowe, *Immigrant Acts*, Durham, NC: Duke University Press, pp. 84–96.

Mickleburgh, R. (2006) 'Harper defends Canadian Diversity', The Globe and Mail, 20 June.

Migration Policy Institute (2006) 'Top 10 Migration Issues of 2006: Issue #1 Goodbye Multiculturalism – Hello Assimilation?', *Migration*

Information Source, December issue. Online. Available HTTP: http://www.migrationinformation.org/pdf/MISTop10MigrationIssues2006.pdf (accessed 12 January 2007).

Mirza, M. Senthilkumaran, A. and Zein, J. (2007) 'Living apart together: British Muslims and the Paradox of Multiculturalism', London: *Policy Exchange*. Online. HTTP: http://www.policyexchange.org.uk/images/libimages/246.pdf (accessed 30 January 2007).

Mitchell, K. (1993) 'Multiculturalism, or the united Colors of Benetton?', *Antipode*, 25: 263–94.

Peach, C. (1996) 'Good Segregation, bad Segregation', *Planning Perspectives*, 11: 379–98.

—— (2005) 'The Mosaic versus the melting Pot: Canada and the USA', *Scottish Geographical Journal*, 121: 3–27.

Phillips, D. (2006) 'Parallel Lives? Challenging Discourses of British Muslim Self Segregation', *Environment and Planning D: Society and Space*, 24: 25–40.

Philpott, T. (1978) *The Slum and the Ghetto: Neighborhood Deterioration and Middle Class Reform*, Chicago, 1880–1930, New–york: Oxford University Press.

Schönwälder. K. (2008) Chapter in this volume.

Stolberg, S. (2006) 'Bush suggests Immigrants learn English', *New York Times*, 8 June.

Taylor, C. (1992) *Multiculturalism and 'The Politics of Recognition' : an Essay*, Princeton, NJ: Princeton University Press.

Thrasher, F. (1927) *The Gang: A Study of 1313 Gangs in Chicago*, Chicago: University of Chicago Press.

Walks, R. A. and Bourne, L. (2006) 'Ghettos in Canada's Cities?', *Canadian Geographer*, 50: 273–97.

Woodward, W. (2006) 'Kelly vows that new Debate on Immigration will engage critically with Multiculturalism', *Guardian*, 25 August.

인명색인

ㄱ

ㄷ

ㄹ

ㅁ

ㅂ

ㅅ

ㅇ

ㅎ

사항색인

ㅅ

ㅇ

ㅈ

ㅋ

ㅌ

ㅎ

필자 소개

지안니 다마토(Gianni D'Amato)는 뇌샤텔 대학(University of Neuchâtel)의 교수이고, 스위스 이민·인구 연구 포럼(Swiss Forum fo Migration and Population Studies) 소장이다. 그의 연구 관심사는 시민권, 초국가주의, 포퓰리즘과 이민사 등이다. 그는 <외국인에서 시민으로(*Vom Ausländer zum Bürger*)>, <독일, 프랑스, 스위스에서 이민 2세대의 정치적 통합에 관한 논쟁(*Der Streit um die Politische Integration von Einwanderern in Deutschland, Frankreich und der Schweiz*; Lit Verlag 3판, 2005)>이라는 책의 저자이며, 특히 <도시의 도전: 스위스와 유럽에서의 도시 이민 정치(*Herausforderung Stadt, Städtische Migrationspolitik in der Schweiz und in Europa*; Seismo Verlag, 2005)>, <타자의 정치화: 1960년 이후 스위스에서의 우파 포퓰리즘과 이민 정치(*Mit dem Fremden politisieren. Rechtspopulismusund Migrationspolitik in der Schweiz seit den 1960er Jahren*; Zurich, Chronos Verlag, 2008)> 등을 공동 저술하거나 공동편집으로 펴냈다.

랄프 그릴로(Ralph Grillo)는 영국 서섹스 대학(University of Sussex)의 사회인류학 명예교수이다. 그는 <프랑스 도시 지역의 이데올로기와 제도: 이민자에 관한 재현(*Ideologies and Institutions in Urban France: The Representation of Immigrnats*; Cambridge University Press, 1985)>과 <다원주의와 차이의 정치: 비교 관점에서 본 국가, 문화와 민족성(*Pluralism and the Politics of Difference: State, Culture, and Ethnicity in Comparative Perspective*; Clarendon Press, 1998)>의 저자이고 <가족의 문제: 다문화 유럽에서 이민과 소수민족(*The Family in Question: Immigrant and Ethnic Minorities in Multicultural Europe*; Amsterdam University Press, 2008)>의 편집자이며, <법률사무와 문화 다양성(*Legal Practice and Cultural Diversity*; Ashgate, 2009)>의 공동 편집자이다.

울프 헤데토프트(Ulf Hedetoft)는 코펜하겐 대학교(University of Copenhagen)의 국제학 교수이자, 삭소 연구소(SAXO Institute)의 소장이다. 또한 북유럽 이민연구학회(Nordic Association for Migration Research)의 회장도 맡았다. 연구 관심사는 유럽 민족주의, 유럽과 북미의 국제이주와 정치문화이다. 그는 현재 유럽 여러 소국가에서 이민억제 정책과 통합제도 변화의 정치학에 관해 연구 중이다. 그의 최근 저서로는 <사회 문화 심리학 편람(*Handbook of Socio-Cultural Psychology*; Cambridge University Press, 2007)>, <러시아와 세계화(*Russia and Globalization*; Woodrow Wilson Center Press/Johns Hopkins University Press, 2008)>, <국가와 민족주의: 세계사적 개관(Nation and Nationalism: A Global Historical Overview; ABC-CLIO, 2008)>, <국제질서의 형성(*Global Ordering*; University of British Columbia Press, 2008)>이 있다.

윌 킴리카(Will Kymlicka)는 퀸즈 대학(Queen's University)의 정치철학 분야 석좌교수(Canada Research Chair)이자, 부다페스트 소재 중부유럽 대학교(Central European University)의 민족주의 연구 프로그램의 객원교수이다. 그는 옥스퍼드 대학 출판사에서 간행된 여섯 권 저술의 저자인데, 여기에는 <다문화 시민권(*Multicultural Citizenship*, 1995)>과 가장 최근에 출판된 <다문화 오딧세이: 다양성에 입각한 새로운 국제정치 탐색(*Multicultural Odysseys: Navigating the New International Politics of Diversity*, 2007)> 등이 있으며, 케이스 밴팅(Keith Banting)과 공동으로 <다문화주의와 복지국가: 현대 민주주의 국가의 인식과 재분배(*Multiculturalism and the Welfare State: Recognition and Redistribution in Contemporary Democracies*, Oxford University Press, 2006)>라는 편저를 냈다.

데이비드 레이(David Ley)는 밴쿠버 소재 브리티시 콜롬비아 대학교(British Columbia University) 지리학과의 석좌교수(Canada Research Chair)로 재직 중이다. 그의 연구는 대도시에서의 사회지리학, 특히 이주와 도시화, 고급 주택화와 주택 시장 문제를 검토한다. 저서로는 <새로운 중산 계급과 도심의 재구성(*The New Middle Class the Re-making of the Central City*; Oxford University Press, 1996)> 이외에도 태평양을 건너 캐나다로 이주한 부유한 동아시아인에 관한 연구인 <백만장자 이민자: 태평양을 가로지르는 생명성(*Millionaire Migrants: Trans-Pacific Life Lines*; Blackwell, 2010)>이 있다.

바우커 프린스(Baukje Prins)는 네덜란드 흐로닝언 대학교(University of Groningen)의 정치사회 철학 전임강사(Lecturer)로 있다. 1960년대 초등학교 시절 네덜란드계와 몰루칸(Moluccan) 출신 학우의 생애담을 통해 민족집단 간 관계의 역사와 동학에 관해 살펴보는 책을 현재 집필하고 있다. 저술로는 네덜란드에서 벌어지는 이민 통합 관련 논쟁에 관해 연구한 <순수성을 넘어서(*Voorbij de onschuld*; Van Gennep, 2004)> 외에 <유럽 여성학 저널(*European Journal of Women's Studies*)>, <민족성(*Ethnicities*)>, <사회이론과 실천(*Social Theory and Practice*)> 등에 게재된 여러 논문이 있다.

사위트리 사하르소(Sawitri Saharso)는 트웬테 대학교(University of Twente)의 경영 행정학부(the Faculty of Management and Administration)의 문화 간 거버넌스 전공 교수이자, 암스테르담 VU 대학교의 사회학과 교수이다. 연구 관심사는 특히 유럽 내 비교 관점에서 가치충돌에 초점을 둔 이주와 젠더문제이다. 최근 출판물로는 <여성의 권리와 다문화주의의 위기(*The Rights of Women and the Crisis of Multuculturalism; Ethnicities*, 8(3) 특집호, A. Phillips와 공동 편집, 2008)>와 <베일: 시민권, 젠더와 종교적 다양성(*The Veil: Debating Citizenship, Gender and Religious Diversity; Social Politics: International Studies in Gender, State and Society*, 16권 4호 특집호, S. Kilic, B. Sauer와 공동 편집, 2008)> 등이 있다.

발레리 살라 팔라(Valérie Sala Pala)는 프랑스 쌩 에티엥 대학교(University of Saint-Ethienne)의 정치학과 전임 강사이다. 주된 연구 관심사는 국제 비교학 관점에서 도시와 사회정책을 접근하는 작업 외에도 민족 간 관계, 민족 차별, 인종주의, 반인종주의의 사회학이다. 가장 최근의 업적으로는 '분리주의와 보편주의 반차별 정책의 현장: 어느 정도 성공했으며 왜 실패했는가: 영국과 프랑스의 비교(Differentialist and universalist anti-discrimination policies on the ground: how far they succeed, why they fail: a comparison between

Britain and France; *American Behavioral Scientist*, 2009 출판예정)', '무하마드 만평 논란의 프리즘을 통해 살펴본 서유럽 국가에서의 대중적 이슈로서의 이슬람 구성: 영국과 프랑스의 비교(The construction of Islam as a public issue in western European countries through the prism of the Muhammad cartoon controversy: a comparison between France and Germany; *Ethnicities*, 2009 출판예정)' 등이 있다. 또한 리오넬 아르노(Lionel Arnaud), 실비 올리트로(Sylvie Ollitrault), 소피 레티프(Sophie Rétif)와 함께 <동원, 지배, 정체성(*Movilisations, dominations, identités*; L'Harmattan, 2009, 출판예정)>이라는 책을 편집했다.

카렌 쇤밸더(Karen Schönwälder)는 독일 괴팅겐(Göttingen) 소재 막스플랑크(Max-Planck) 종교·민족다양성 연구소 연구단장이다. 이전에는 베를린 소재 사회과학 연구 센터(the Social Science Research Center, WZB)에서 근무했다. 현재 수행중인 프로젝트는 유럽 여러 도시에서 다양성과 융합 관련 이슈와 이주자의 정치적 통합 문제를 살펴보는 작업이다. 쇤벨더의 출판물은 독일과 영국을 중심으로 이민과 통합 정책·과정에 초점을 두었다. 이러한 연구로는 '독일에서 이주자의 정착 구조: 주요 집단의 일반적 집중 패턴과 도시별 집중 수준(Immigrant settlement structures in Germany: general patterns and urban levels of concentration of major groups; *Urban Studies*, 46권 7호, Janina Söhn과 공저, 2009)', '개혁 프로젝트 통합(Reformprojekt Integration; *Zukunftsfähigkeit Deutschlands, Sozialwissenschaftliche Essays*, Jürgen Kocka 편, Bonn, 2008, pp. 315-34)' 등이 있다.

빠트릭 시몽(Patrick Simon)은 파리 소재 국립 인구학연구소(INED, Institut National d'Etudes Demographaques) 소장으로서 '국제 이주와 소수자'라는 연구단 책임자로 있으며, 파리정치학연구소(CEVIPOF, Science Po)의 연구원이기도 하다. 그는 유럽 여러 국가에서의 반차별 정책, 민족 분류, 소수 민족 통합에 관해 연구한다. 그는 EMILIE(다문화 시민권에 대한 유럽의 접근: 법적, 정치적, 교육적 과제)와 같은 몇 가지 유럽 프로젝트에도 참여하였다. 그는 IUSSP(인구의 과학적 연구를 위한 국제 연맹: International Union for the Scientific

Studies of Population)에서 '이주민의 통합'에 관한 학문 패널의 좌장도 맡았다. 최근 <유럽의 국제 이주: 새로운 추이, 새로운 분석방법(*International Migrations in Europe: New Trends, New Methods of Analysis*; University of Amsterdam Press, C. Bonifazi, M. Okolski, J. Schoorl과 공동편집, 2008)>이라는 편저를 냈으며, 유럽의회에 <민족 통계와 정보 보호(*Ethnic Statistics and Data Protection*; Council of Europe, 2007)>라는 보고서도 발표했다.

스티븐 버토벡(Steven Vertovec)은 괴팅겐 소재 막스플랑크 종교·민족다양성 연구소의 소장이자, 괴팅겐 대학교 사회학과, 민족학과의 명예겸임교수이다. 이전에는 옥스퍼드 대학교의 사회 문화 인류학 연구소(the Institute of Social and Cultural Anthropology)의 초국가 인류학 교수였으며, 영국 경제사회연구 평의회(British Economic and Social Research Council) 산하의 이민, 정책과 사회 연구센터(COMPAS)장으로도 근무했다. 그의 연구 관심사는 세계화와 초국가적 사회 구성체, 국제 이주, 민족 디아스포라와 다문화주의와 관련된 것이다. <힌두 트리니다드인(*Hindu Trinidad*; Macmillan, 1992)>와 <힌두 디아스포라(*The Hindu Diaspora*; Routledge, 2000)>, <초국가주의(*Transnationalism*; Routledge, 2008)>의 저자이며, <유럽의 이슬람(*Islam in Europe*; Macmillan, 1997)>, <이주, 디아스포라와 초국가주의(*Migration, Diasporas and Transnationalism*; Edward Elgar, 1999)>, <이주와 사회 통합(*Migration and Social Cohesion*; Edward Elgar, 1999)>, <코스모폴리타니즘의 구상(*Conceving Consmololitanism*; Oxford University Press, 2003)>, <시민적 문화화(*Civil Enculturation*; Berghahn, 2004)>, <이주: 주요 저작(*Migration: Major Works*; Routledge, 출판예정)>을 단독 혹은 공동으로 편집하였다.

주잔느 베센도르프(Sussanne Wessendorf)는 괴팅겐 대학교의 막스플랑크 종교·민족다양성 연구소의 박사후 연구원이다. 현재 런던 주거 지역의 '초 다양성' 패턴에 관하여 연구하고 있다. 최근의 출판물로는 '포용과 배제에 관한 문화주의적 담론: 스위스 시민권 논쟁(Culturalist discourses on inclusion and exclusion: the Swiss citizenship debate; *Social Anthropology/Anthropology*

Sociale, 2008, 16)', '귀환 이주자: 스위스 2세대 이탈리아인의 "귀환"(Roots－migrants: transnationalism and "return" among second－generation Italians in Switzerland; *Journal of Ethnic and Migration Studies*, 33권 7호, 2007)', '유럽의 이주와 문화적, 종교적, 언어적 다양성: 이슈와 추세 개관(Migration and cultural, religious and linguistic diversity in Europe: an overview of issues and trends; *The Dynamics of International Migration and Settlement in Europe: A State of the Art*, Rinus Penninx · Maria Berger · Karen Kraal 공편, Amsterdam University Press, Steven Vertovec과 공저, 2006, pp. 171－200) 등이 있다.

리카르드 사파타-바레로(Ricard Zapata-Barrero)는 바르셀로나의 폼페우 파브라 대학교(Universitat Pompeu Fabra) 사회 · 정치학과의 정치이론 전공 부교수이다. 이주에 관한 학제 간 연구그룹(GRITIM: http://www.upf.edu/gritim/)의 책임자이자, 폼페우 파브라 대학교에서 이주 관리(Immigration Management) 석사학위과정 주임을 맡았다. 현재 다양한 문화 다원주의 유형 간의 관계, 이주 정책의 윤리학, 국경의 정치이론, 유럽－지중해 지역의 이민 정치, 다양성 수용 정책 등의 이슈에 관해 연구하고 있다. 업적으로는 ＜다문화주의, 무슬림과 시민권: 유럽의 접근(*Multiculturalism, Muslims and Citizenship: A European Approach*; T. Modood, A. Triandafyllidou와 공동 편집, Routledge, 2006)＞, ＜이민에서 남성의 정치 담론의 토대(*Fundamentos de los discursos políticos en torno a la inmigración*; Trotta, 2008)＞, ＜스페인 맥락에서의 정치 개념(*Conceptos Políticos en el contexto español*; Síntesis, 편저, 2007), ＜이주와 자치: 규범적 문제와 제도적 전망(*Immigration and Self－government: Normative Questions and Instututional Prospects*; Peter Lang, 편저, 2009) 등이 있다.

번역자 소개

임영호 부산대학교 사회과학대학 신문방송학과 교수
김희재 부산대학교 사회과학대학 사회학과 교수
장덕현 부산대학교 사회과학대학 문헌정보학과 교수
이기영 부산대학교 사회과학대학 사회복지학과 교수
황성욱 부산대학교 사회과학대학 신문방송학과 교수
서재권 부산대학교 사회과학대학 정치외교학과 교수
장임숙 부산대학교 사회과학연구원 전임연구원
이연옥 부산대학교 사회과학연구원 전임연구원
이혜진 부산대학교 사회과학연구원 전임연구원
김태완 부산대학교 사회과학연구원 전임연구원
김현숙 부산대학교 사회과학연구원 前 전임연구원
지종화 부산대학교 사회과학연구원 前 전임연구원
서정경 부산대학교 사회과학연구원 前 전임연구원